21世纪工商管理特色教材

商业伦理

理论与案例（第2版）

BUSINESS ETHICS

于惊涛　肖贵蓉 ⊙ 主　编

清华大学出版社
北　京

内容简介

商业伦理是全球大多数商学院的必修课，也是工商管理工作者不可或缺的一课。

本书的学习，将帮助学员提升伦理敏感性并建立风险意识。具体内容分为三个部分：商业伦理理论基础；实践中的伦理问题；伦理管理与伦理挑战。理论基础部分主要帮助读者理解商业伦理的重要性以及伦理决策所依据的基本原则和规范；对实践中伦理问题的讨论，重在通过案例分析和讨论模拟真实的决策情境，帮助读者树立正确的伦理认知并建立相应的决策框架；对伦理管理和伦理挑战应对的讨论，则主要集中在伦理领导力构建、伦理风险管控以及全球化背景下多元文化中的伦理冲突问题等方面。

本书既适用于商学院经管专业、MBA专业学生，也适用于对工商管理感兴趣的人士阅读。

本书封面贴有清华大学出版社防伪标签，无标签者不得销售。

版权所有，侵权必究。举报：010-62782989，beiqinquan@tup.tsinghua.edu.cn。

图书在版编目（CIP）数据

商业伦理：理论与案例/于惊涛，肖贵蓉主编. —2版. —北京：清华大学出版社，2016（2024.7重印）
（21世纪工商管理特色教材）
ISBN 978-7-302-44458-9

Ⅰ. ①商⋯ Ⅱ. ①于⋯ ②肖⋯ Ⅲ. ①商业道德-高等学校-教材 Ⅳ. ①F718

中国版本图书馆CIP数据核字(2016)第169625号

责任编辑：刘志彬
封面设计：汉风唐韵
责任校对：宋玉莲
责任印制：宋　林

出版发行：清华大学出版社
网　　址：https://www.tup.com.cn, https://www.wqxuetang.com
地　　址：北京清华大学学研大厦A座　　邮　编：100084
社 总 机：010-83470000　　邮　购：010-62786544
投稿与读者服务：010-62776969，c-service@tup.tsinghua.edu.cn
质 量 反 馈：010-62772015，zhiliang@tup.tsinghua.edu.cn
课 件 下 载：https://www.tup.com.cn, 010-83470332

印 装 者：三河市少明印务有限公司
经　　销：全国新华书店
开　　本：185mm×260mm　　印张：22.25　　字数：511千字
版　　次：2012年11月第1版　2016年8月第2版　印次：2024年7月第8次印刷
定　　价：55.00元

产品编号：056378-02

21世纪工商管理特色教材

编辑委员会

名誉主任　王众托
主　　任　苏敬勤
副 主 任　李延喜　李新然
编　　委　王延章　仲秋雁　刘晓冰　李文立
　　　　　李延喜　李新然　苏敬勤　党延忠
　　　　　戴大双　王尔大　刘凤朝　迟国泰
　　　　　郭崇慧　逯宇铎　安　辉　任曙明
　　　　　朱方伟　胡祥培　董大海　秦学志
　　　　　王国红　陈艳莹　原毅军

第2版前言

相对于本书初版的 2012 年，商业伦理已经成为中国全社会共同关注的问题。2008年那场席卷全国乳制品行业的三聚氰胺危机虽然已经渐行渐远，但重构社会公众对当代商业伦理环境和伦理实践的信心，仍然是一个时刻挑动国民神经的沉重话题。

2015 年 8 月，一条名为"正在被抛弃的中国制造：参加德国汉诺威工业展感言"的博文在各大社交网络中快速散播，作者关于中国企业伦理缺失导致竞争力丧失的观点似乎得到了很多人的认同，一时之间对中国企业商业伦理现状的悲观情绪甚嚣尘上。但另外，也有越来越多的企业家、决策者和管理者们开始高举起"社会责任"的旗帜，履行企业社会责任被提升到战略高度，长期以来社会各界关于重构商业伦理的呼吁似乎得到了企业界的普遍响应。

从乐观的角度来看，商业伦理在中国确实得到重视并有了长足的进步，但问题依然不容乐观。当万科董事局主席王石在公众平台讨论不行贿问题，只有大约五分之一的听众相信他的说法时；当世界领先国家进入所谓工业 4.0 时代，而我们的一些企业仍然在为压缩成本而不断削减雇员福利时，当"平等""尊严""公平""正义"原则在实践中因其他更为"重要"的经济考虑而被抛弃时，我们都不得不回到商业伦理实践的现实。当代中国是一个社会人文环境发生巨变的时代：在过去的百余年间，主宰中国人数千年的伦理传统被打破，但现代文明社会的商业逻辑还没被普遍接受；我们还需要更深入地融合到世界政治、经济体系中，需要实现传统与现代、中国特色与全球价值观的和谐与统一。

商业伦理的认知与实践，并不能脱离中国的现实，企业伦理实践不仅受企业自身影响，外部伦理氛围、社会价值观以及身处企业中的个体，共同决定了我们社会的商业伦理水准。践行商业伦理，既是经济活动参与者们在商业决策中必须遵循的准则和承担的责任，也是每一个参与者获得更好商业环境的基石。

作为一本主要面向商学院各专业学员的教材，本书关心的不是传统意义上的对伦理理论的探索与论辩，这些可以由当代伦理学家们做更深入的解析；本书的撰写，希望能在这个纷繁复杂和竞争白热化的时代，为那些即将或者正在从事各种商业活动的读者，提供一个思考其伦理决策及伦理行为正当性和企业伦理风险控制的讨论平台。商业伦理的教学，不仅是一个知识传授的过程，也是一个道德习得、技能提升和伦理敏感性养成的过程。

本书旨在帮助学员理解伦理不仅是一种道德责任，对于企业界人士而言，伦理更是一种竞争力。"工欲善其事，必先利其器"，如同商学院的其他核心课程一样，伦理管理也是现代企业管理必不可少的有机组成部分。我们将尝试通过案例分析、课堂讨论，帮助学员了解哪些行为是普遍被认为不道德因而无法被接受的，以及如何规避不道德的营商行为。更重要的是，我们愿意帮助我们的学员逐渐树立这样一种观点：商业道德不是企业财务报表中的一行数字，可以简单用是否"值得"来衡量，归根结底，商业伦理是关于是非对错的问题，是如何"做正确事情"的问题。践行商业伦理未见得能获得立竿见影的收益，但违反商业伦理却会损害企业长久的利益。

虽然在商业竞争日趋激烈的今天，遵循商业道德看起来可能是困难的，尤其是当代企业管理者们绝大多数都是所谓的职业经理人，他们必须面对股东对公司业绩追求的压力。这种压力甚至是非常严苛的，遵守商业伦理有时可能会妨碍一些短期目标的达成。但从长期的观点来看，一个有道德的企业终究是会战胜不道德的企业。一段时间里，《孙子兵法》《三十六计》等兵书战策被商界广为推崇，但"兵者，诡道也"这种观点并不能够增强企业长期的竞争力；那些具有较高道德水准的企业显然更具有可持续竞争力：良好的道德形象可以帮助他们获取更高的价格、顾客忠诚度和市场份额；可以获得更高的员工忠诚度和创造力；即使面对日常竞争的压力，一个成功的职业经理人也必须懂得，最应该做的事情，不一定是那些看起来最急迫的事情；有时候甚至不一定是最能够盈利的事情。为了长期利益，有时必须牺牲短期利益。

践行商业伦理也是事关个人幸福的大事。积极心理学告诉我们，道德和对幸福的感知之间存在密切关系。一个人，长期生活和工作在不道德的氛围中，会逐渐丧失体认幸福的能力。我们希望通过我们的努力，能够帮助学员重新建构自身的伦理认知和伦理决策能力，从而增强其感知幸福的能力。稻盛和夫先生在《活法》中这样强调："利他本来就是经商的原点"，"以利他之心经营公司，自然而然就能扩展自己的视野，就能看到周围各种各样的事物。据此就能做出客观、正确的判断，避免失败。"

本书再版修订，补充了若干新的案例并调整增加了三个章节的内容。修订后全书共分10个章节：第1章至第3章介绍商业伦理的一般原则与理论基础；第4章至第7章主要讨论企业在经营过程中与不同利益相关者之间的伦理问题，以问题分析和案例讨论为主；第8章至第10章，以伦理问题的解决为目标，重点讨论了伦理领导力构建、伦理风险管理、跨文化中的伦理管理等问题。本书第1章、第4章至第7章、第9章由于惊涛编写，第2章、第3章、第8章、第10章由肖贵蓉编写。

本书再版编纂中，大连理工大学MBA班的学员提供了很多真实案例，部分案例被选入本书，我们对这些同学的努力表示感谢。我们还要感谢大连理工大学MBA中心的张秋艳博士、清华大学出版社刘志彬编辑、大连理工大学管理与经济学部和清华大学出版社的同人和编辑的支持与努力。

囿于编者水平和学识的限制，本书虽经认真修订，但疏漏之处仍在所难免，我们诚恳地希望广大读者提出批评指正。

本书编者

2016年3月

致读者

本书读者主要是商学院的学生、从事商业经营活动的管理者以及那些有志于改善商业伦理环境的政府工作者。中国古代哲学著作《易经》被很多商界人士奉为圭臬，在乾卦九二爻辞中有"君子终日乾乾，夕惕若厉，无咎"，认为君子做事情光明正大，常怀警惕之心，就可避免祸患。所谓趋吉避凶，本质上依赖的不是"风水"和"命运"，而是人的修养和德性。

在数千年之后的今天，我们为什么还要在商学院开设商业伦理这门课程呢？今天的生意人是否还要常怀朝乾夕惕之心，用符合伦理和社会期待的方式经营呢？答案是显而易见的。有很多理由促使人们学习商业伦理，以下几个原因是非常重要的。

首先，商业伦理学习，将帮助我们理解"自律"和"约束"的重要性。从根本上讲，商业伦理是约束商业活动中不同利益相关者之间权利和责任关系的规则。本课程将帮助大家理解为什么我们所做的事情符合或者违背正确的原则和规则？通过理解这些原则和规则，逐步习得并提升我们的伦理敏感性，这可以帮助我们在商业活动中更好地控制风险。我们需要意识到，当商学院的学生成为企业管理者和领导者后，风险控制意识将是至关重要的。

其次，学习商业伦理，它将可能提升我们的职业幸福感。尽管在商业活动中经常存在很多模糊地带，尽管仍然有很多人认为金钱和道德无法并存，但道德的情感力量仍然会使我们在做正确的事情时获得"快乐"和"幸福"的感觉。商业伦理课程将帮助我们确立底线原则，使我们避免陷入痛苦和羞耻的情感。

最后，学习商业伦理课程可以"感受"和"理解"商业社会中不同利益相关者的观点和立场。我们的商业伙伴生活在不同社会、不同阶层，受不同文化和社会背景的影响，形成了可能不完全相同甚至有可能相互抵触的伦理认知。通过学习商业伦理课程，可以避免单纯以经济最优的观点评价商业活动。从人性的角度思考经济问题和理解商业活动中的人际关系，将会使我们更好地理解商业的本质并从每一个商人开始努力完善商业活动的伦理环境，营造"善"的氛围。

琼·罗宾逊在经济哲学中说："道德问题是一个永远无法解决的矛盾，社会生活也将一直为人类提供可供选择的恶事。"正因如此，商业伦理的学习和践行才日益重要，毕竟，"善"的力量是毋庸置疑的。

本书编者
2016年3月

目录

上篇 商业伦理理论基础

第1章 引言 3
引例：福特和通用公司被判天价惩罚性赔偿 3
1.1 伦理、道德与商业伦理 4
　1.1.1 伦理及其本质属性 4
　1.1.2 道德与道德标准 5
　1.1.3 "商"与商业伦理 9
1.2 商业伦理的价值与意义 11
　1.2.1 商业伦理和市场经济 11
　1.2.2 商业伦理和企业竞争力 13
1.3 商业伦理课程的学习 17
　1.3.1 界定"商业伦理" 17
　1.3.2 商业伦理问题的演变 19
　1.3.3 伦理认知分歧与伦理定式 21
　1.3.4 本书要点 24
本章思考题 25
参考文献 26

第2章 人性与伦理 27
引例：在8 000米的高处讲不起道德？ 27
2.1 人性的认知 28
　2.1.1 本性与教养 28
　2.1.2 利己与利他 31
　2.1.3 博弈论 33
　2.1.4 使命论 34
2.2 中西方人性假设比较 34
　2.2.1 人性说与中国传统管理思想 35
　2.2.2 人性说与西方管理思想 35

  2.2.3 寻找共性 ……………………………………………………………… 36
2.3 伦理理论的演变 …………………………………………………………… 37
  2.3.1 伦理的形成 ……………………………………………………………… 38
  2.3.2 中西方伦理特征 ………………………………………………………… 38
  2.3.3 主要伦理理论 …………………………………………………………… 41
2.4 伦理论证与伦理相对性 …………………………………………………… 45
  2.4.1 伦理论证 ………………………………………………………………… 45
  2.4.2 伦理的相对性 …………………………………………………………… 49
本章思考题 …………………………………………………………………… 51
参考文献 ……………………………………………………………………… 52

第3章 商业伦理规范与伦理决策 ……………………………………………… 55

引例：打车软件何去何从？ ……………………………………………………… 55
3.1 商业伦理的经济性与社会性 ……………………………………………… 56
  3.1.1 商业及其合作的演变 …………………………………………………… 56
  3.1.2 商业伦理的经济性 ……………………………………………………… 58
  3.1.3 商业伦理行为的社会制约 ……………………………………………… 59
3.2 商业伦理的一般规范 ……………………………………………………… 60
  3.2.1 商业伦理中的目的论原则 ……………………………………………… 60
  3.2.2 商业伦理中的权利与义务论原则 ……………………………………… 61
  3.2.3 商业伦理中的社会契约论原则 ………………………………………… 64
3.3 商业伦理决策 ……………………………………………………………… 67
  3.3.1 伦理决策的影响因素 …………………………………………………… 67
  3.3.2 伦理决策工具与方法 …………………………………………………… 70
  3.3.3 伦理冲突与协调 ………………………………………………………… 73
本章思考题 …………………………………………………………………… 78
参考文献 ……………………………………………………………………… 78

中篇　实践中的伦理问题

第4章 企业社会责任 ……………………………………………………………… 83

引例：全食超市：有觉悟的零售企业？ ………………………………………… 83
4.1 主要观点 …………………………………………………………………… 84
  4.1.1 企业社会责任的提出与演变 …………………………………………… 85
  4.1.2 企业社会责任的界定 …………………………………………………… 88
4.2 企业社会表现与公众意见 ………………………………………………… 91
  4.2.1 社会责任评价：企业社会表现 ………………………………………… 91
  4.2.2 公众意见及企业的回应 ………………………………………………… 92

         4.2.3 企业公民与责任战略 ……………………………………… 97
    4.3 企业社会责任实践 …………………………………………………… 100
         4.3.1 经验与现实的背离 ……………………………………… 100
         4.3.2 企业实践的动力 ………………………………………… 102
    4.4 案例与讨论 …………………………………………………………… 106
    本章思考题 …………………………………………………………………… 111
    参考文献 ……………………………………………………………………… 111

第 5 章 市场竞争中的伦理问题 …………………………………………… 114

    引例：中国发起汽车行业反垄断调查 …………………………………… 114
    5.1 自由竞争与政府作用 ………………………………………………… 115
         5.1.1 竞争与垄断 ……………………………………………… 115
         5.1.2 伦理问题 ………………………………………………… 119
         5.1.3 政府的作用 ……………………………………………… 122
    5.2 商业信任与伙伴关系 ………………………………………………… 128
         5.2.1 商业合作的伦理基础 …………………………………… 128
         5.2.2 商业欺诈及其动因 ……………………………………… 131
         5.2.3 政府与大企业的责任 …………………………………… 134
    5.3 商业贿赂与权力化腐败 ……………………………………………… 137
         5.3.1 商业贿赂 ………………………………………………… 137
         5.3.2 权力化腐败 ……………………………………………… 142
         5.3.3 监管与企业决策 ………………………………………… 144
    5.4 案例与讨论 …………………………………………………………… 148
         5.4.1 太阳能贸易战 …………………………………………… 148
         5.4.2 Z 公司要支付这些费用吗？ …………………………… 152
         5.4.3 新闻报道：工商银行马德里分行被调查 ……………… 154
    本章思考题 …………………………………………………………………… 154
    参考文献 ……………………………………………………………………… 155

第 6 章 消费者关系中的伦理问题 ………………………………………… 157

    引例：Airbnb：共享平台上的烦恼 ……………………………………… 157
    6.1 消费者权利与企业道德责任 ………………………………………… 158
         6.1.1 消费者权利 ……………………………………………… 158
         6.1.2 企业的道德责任 ………………………………………… 161
    6.2 安全与尽责问题 ……………………………………………………… 169
         6.2.1 产品（服务）质量与安全 ……………………………… 169
         6.2.2 尽责与安全责任分担 …………………………………… 171

6.3 信息披露与道德营销 ·· 176
    6.3.1 信息披露 ·· 176
    6.3.2 道德营销 ·· 181
    6.3.3 消费主义与道德消费 ·· 185
6.4 案例与讨论 ··· 188
    6.4.1 三鹿事件 ·· 188
    6.4.2 章先生应该向顾客说明实情吗？ ···································· 193
    6.4.3 新闻事件：海外品牌在中国打赢侵权官司 ························ 193
本章思考题 ··· 194
参考文献 ··· 195

第7章 股东、管理层与雇员关系中的伦理问题 ································ 196

引例：大众尾气检测作弊是工程师个人行为吗？ ································ 196
7.1 股东、管理层与雇员：权利与责任 ··· 197
    7.1.1 企业与内部利益相关者 ··· 197
    7.1.2 伦理关系与道德责任 ··· 201
7.2 管理层治理：伦理问题及治理 ··· 205
    7.2.1 管理层与企业利益的冲突 ··· 205
    7.2.2 伦理问题的不同面向 ··· 207
    7.2.3 国有企业的特殊性 ··· 213
    7.2.4 股东至上主义的反思 ··· 216
7.3 雇佣关系中的权利与责任 ··· 217
    7.3.1 雇佣伦理的新变化 ··· 217
    7.3.2 管理效率与雇员权利 ··· 219
    7.3.3 雇主责任 ·· 221
    7.3.4 雇员责任 ·· 226
7.4 伦理困境与伦理决策 ·· 230
    7.4.1 公平与歧视 ··· 230
    7.4.2 言论自由与隐私权 ··· 238
7.5 案例与讨论 ··· 241
    7.5.1 小李的交通事故 ·· 241
    7.5.2 张先生的毕业论文 ··· 243
    7.5.3 力霸集团的掏空行为 ··· 243
本章思考题 ··· 245
参考文献 ··· 245

下篇 伦理管理与伦理挑战

第 8 章 构建伦理领导力 ... 249
- 引例：企业高管"高"在哪里？ ... 249
- 8.1 合格的管理者 ... 250
  - 8.1.1 道德榜样 ... 250
  - 8.1.2 伦理文化的营造者 ... 251
  - 8.1.3 伦理型领导 ... 252
- 8.2 伦理领导力及其商业价值 ... 255
  - 8.2.1 领导和领导力 ... 255
  - 8.2.2 伦理领导的商业价值 ... 258
- 8.3 伦理战略构建 ... 262
  - 8.3.1 战略目标与路径 ... 262
  - 8.3.2 德治与法治 ... 262
- 8.4 伦理文化与伦理守则 ... 264
  - 8.4.1 道德、制度与伦理守则 ... 264
  - 8.4.2 伦理文化建设 ... 265
- 本章思考题 ... 269
- 参考文献 ... 269

第 9 章 伦理风险与伦理治理 ... 273
- 引例：卖空大师 James Chanos 揭开安然倒闭序幕？ ... 273
- 9.1 伦理风险的产生 ... 274
  - 9.1.1 公司治理失效 ... 274
  - 9.1.2 经理人机会主义定向 ... 276
  - 9.1.3 伦理缄默与伦理实用主义 ... 279
- 9.2 伦理风险的外部治理 ... 282
  - 9.2.1 若干敏感议题 ... 283
  - 9.2.2 法律治理与控制权市场 ... 289
  - 9.2.3 社会与公众力量 ... 293
- 9.3 伦理风险的内部治理 ... 296
  - 9.3.1 内部治理体系与风险防范 ... 296
  - 9.3.2 举报机制与风险管控 ... 299
  - 9.3.3 伦理型组织建设 ... 303
- 9.4 全球化下的中国公司治理 ... 306
  - 9.4.1 理解全球化 ... 306

  9.4.2 全球化中的伦理冲突 …………………………………………… 309
  9.4.3 中国公司的全球责任 …………………………………………… 311
 本章思考题 ……………………………………………………………………… 315
 参考文献 ………………………………………………………………………… 315

第 10 章 跨文化中的伦理管理 …………………………………………………… 318
 引例：会议室里的冲突 ………………………………………………………… 318
 10.1 存在伦理相对性吗? ……………………………………………………… 320
 10.2 文化认同与文化冲突 …………………………………………………… 324
 10.3 塑造组织文化与价值观 ………………………………………………… 328
 10.4 包容性与适应性 ………………………………………………………… 330
 本章思考题 ……………………………………………………………………… 335
 参考文献 ………………………………………………………………………… 335

附录 考克斯原则(Caux Round Table Principles for Business) …………… 339

上篇

商业伦理理论基础

第 1 章　引　言

> **学习目标**
>
> 了解伦理、道德及商业伦理的基本概念、商业伦理与伦理道德的关系；理解商业伦理对企业经营的重要性；了解本门课程的基本内容。

> **引　例**

福特和通用公司被判天价惩罚性赔偿

1978 年，三名美国少女乘坐福特汽车公司 Pinto 牌轿车出行时被另一辆车撞击汽车尾部，汽车起火后三位少女全部被烧死。福特汽车公司因该车型存在安全问题被控过失杀人。虽然陪审团最后认定公司没有犯罪，但人们普遍认为公司负有道德责任。同样的悲剧此后数次发生。1981 年，詹姆斯先生携儿子驾驶 Pinto 汽车途中起火爆炸，导致其子严重烧伤。这一次，幸运不再站在福特公司这边。在"詹姆斯诉福特汽车公司案"的法庭调查中，公司的一份内部文件曝光。该文件显示公司事前已经知道 Pinto 汽车存在安全隐患，并对是否改进该问题进行过损益分析。

估算结果显示：改进 Pinto 汽车安全性能的成本为 11 美元/车，预期可能减少死亡和严重烧伤人数分别为 180 人。按照当时的标准，死亡赔付 20 万美元/人、严重烧伤赔付 6.7 万美元/人、汽车损失 700 美元/车进行测算，对 1 250 万辆 Pinto 车进行改进的成本约为 13 750 万美元，而收益为 4 950 万美元。据此，福特汽车公司决定不进行召回。在随后的几年中，也没有做出召回决定。

与福特汽车公司的情况相似，通用汽车公司也曾对是否改进雪佛兰汽车油箱和后保险杠之间距离过短容易引起爆炸事故的问题进行过内部成本测算，测算的结果是安装改进设备的成本是 8.5 美元/车，按照事故概率估算的赔付成本为 2.4 美元/车。与福特汽车公司一样，通用汽车公司也没有针对安全问题及时加以改进。

通用和福特公司作为美国最重要的汽车制造商，其内部文件曝光后，公司被视为为获取利润而无视消费者的生命安全，因而受到广泛指责并深陷法律诉讼之中。一位原诉人指出，对这些公司而言，消费者只是数据，是统计数据而已。

最终，在詹姆斯对通用公司的诉讼案中，法庭认为公司严重蔑视被害人的价值，刻意漠不关心他人安全，判决福特公司赔偿受害人惩罚性赔偿金 1.25 亿美元。在数百起针对通用公司的法律诉讼中，最为著名的是"安德森诉通用公司案"。1999 年，法庭判决通用汽车需向 6 位雪佛兰车祸受害人支付 1.07 亿美元的补偿性赔偿和高达 48 亿美元的惩罚性赔偿。

> ✏ 福特和通用公司的问题是损益分析引起的吗？如果你是当时的决策者，你会如何思考？

最近若干年，中国社会对企业履行其伦理责任的期待在不断提高，但人们对其内在意涵和企业应承担的责任却未能达成一致："在商言商"是商人的圭臬吗？企业存在的最高理由就是股东利益最大化？或者，商业伦理是解决各种利益冲突的灵丹妙药？不同的人对此有不同的解答。

早在 20 世纪初期，企业社会责任这一概念就已被提出（Wren，1979），鲍恩和弗里德曼为首的两种截然不同的观点代表了 20 世纪上半叶人们对企业责任的基本看法。鲍恩（1953）认为企业应当按照社会所期待的价值观念和目标，做出符合社会普遍价值观的决策；而弗里德曼（1970）则认为企业唯一的责任就是为股东赚取最大利益。在今天的商学院课堂上，我们仍然需要不断回应这一争议：企业应该如何在其商业决策中回应社会的期待？企业应该如何判断并确定其自身的伦理行为？企业的这种判断对其长期经营有何影响？福特和通用公司的案例，也许可以为我们提供若干启示。

"我们为什么要学习商业伦理？""商业伦理是可以学习的吗？"诸如此类的问题经常在商学院的课堂上被提出。我们无法回避的一个问题是：尽管有越来越多的人士承认商业伦理之于社会的重要性，但他们往往质疑在当前的商业环境下，商业伦理的践行能够给企业带来何种价值。

回顾引例中福特和通用公司的商业决策，我们看到这两个知名公司都因违背商业伦理遭受到了巨大损害。从这个意义上说，商业伦理在避免企业因做出"坏"的决策而蒙受损失方面也许更有价值。

在更系统地解释商业伦理的价值和意义之前，我们首先简要回顾一下有关伦理与道德的相关讨论。

1.1 伦理、道德与商业伦理

1.1.1 伦理及其本质属性

1. 伦理

"伦理"（Ethics）一词，首次出现在《礼记·乐记》中："凡音者，生于人心者也；乐者，通伦理者也。是故知声而不知音者，禽兽是也；知音而不知乐者，众庶是也；唯君子为能知乐。"[①]这段话表面意思是在讨论声音、音乐和乐理的关系，大意是说：音乐是人们

[①] 《礼记》相传是由西汉礼学家戴德、戴圣编辑整理而成，分别称为《大戴礼记》《小戴礼记》，后者即为今日流传的《礼记》，"乐记"为《礼记》第十九篇。

内心世界的体现，音乐的道理与事物的"伦理"相通。只懂得声音而不了解音乐的，是动物；只懂得音乐而不知其理的，是一般的庶民百姓；只有君子才了解音乐之理。这里，"伦理"二字是指将不同的事物、类别区分开来的原则和规范。

在中国传统社会中，"伦理"一词也用来特指一定社会的基本人际关系规范及其道德标准（朱贻庭，2002），偏重于强调"人伦天理"。三纲五常是①自汉以来传统社会中最基本的伦理准则，其中有五种伦理关系被认为最重要，即"父子有亲、君臣有义、夫妇有别、长幼有序、朋友有信"。更多时候，"伦理"强调的是基于"差序格局"（费孝通，1947/2008）的规范要求，而道德则强调作为个人的内在修为。

西方语言学家认为"Ethics"源于希腊的两个词汇，"Ethos"和"Itos"，前者的意思是正义、公正的行为，后者的意思是内心状态。二者合一，便将内在美德和外在行为表现相互联系在一起。

Ethics 在《韦氏大辞典》中被定义为"探讨好坏对错以及道德责任与义务的问题"。②一般的英文词典，对于 Ethics 的解释基本上包含两层含义：①指导个人与群体行为和活动的道德准则，在这个意义上，伦理与道德经常通用；②研究道德准则的科学，用于判断一个人或一个社会的道德标准是否合理，亦即道德之道德。前者强调其主观性，而后者则侧重其客观性。

2. 伦理的本质

在很多情况下，伦理被称为道德哲学或者规范伦理，用以考证个人、群体或一个社会的道德标准是否合理，以及如何应用于个人、群体或整个社会的各种行为中。本质上，伦理回答的是有关生命、有关好坏、是否存在客观上的是非对错以及如何判断是非对错之类的基本问题（Kinnon，2001）。与道德相比，伦理显然偏重于强调秩序规范。

人类社会是在历史的过程中形成的，其形成及其以后的发展、变迁或维护都有其精神与物质的决定因素……如果再区分人类社会中的外在生活秩序和内在生命秩序来表明人类社会精神因素的两个层次，则伦理规范显然是属于内在生命秩序层次的一个重要内容，甚至是唯一重要的内容。如果人类社会没有伦理规范，则其群体生命必然失去自主与自律而面临崩溃涣散的命运（成中英，1991）。

伦理之所以被视为是秩序的关键，其核心就在于它能够指导人际之间的交往。好的伦理规范诸如信任、诚实、忠诚、公平等，是人际交往所必须遵从的基本原则和标准。基于这些基本原则，人类建立了一系列的权利、义务和责任观，从而规定社会关系的结构框架。在这一点上，东西方之间并无二致。

1.1.2　道德与道德标准

道德（Morality）就其本质而言，是一个社会、群体或者个人对于是非对错的认知，是一种内在的省思。我们的先民，面对强大的自然力量时往往抱持一种"敬畏"的态度。

---

① 三纲五常，三纲是指"君为臣纲，父为子纲，夫为妻纲"；五常指"仁、义、礼、智、信"。
② 参见 Merriam-Webster online, http://www.merriam-webster.com/dictionary/ethics.

很多西方社群认为道德来自"神"的意志，是神的启示，是由圣徒传达的戒律。如果说西方的道德起源观强调人的"原罪"，需要谨慎地遵循神的意志而求得宽恕，中国古代社会则更强调道德的自我省思和道德养成。

我们的古人也许更愿意将"道"和"德"分而论之，"道"代表了上天的意志，不同于西方社会浓厚的宗教氛围，中国社会更愿意以抽象的大自然和上天作为"道"的本原，乐于以一种世俗观点讨论"道"的问题，所谓天人相通。老庄学说就是非常典型的代表。"道""德"合一最早出现在《荀子·劝学》中，荀子认为人性本恶，因此不可以停止学习，需要严格遵行礼法规范，才能达到道德的最高境界。此后，儒家学说经过宋明程朱理学代代相传，"道德"成为对个人品性的衡量标准，被提升到一个非常之高度，其最高境界便是"圣人"。中国社会对道德标准的要求优先适用于"士大夫"阶层，所谓"礼不下庶民"，"士"成为中国社会的精神代表。

我们可以观察到，无论东西方社会，道德都受家庭、社群以及整个社会潜移默化的影响。个人的道德标准总是会受制于所在群体和社会，人们对何为道德、何为不道德的理解往往与其所在群体、家庭、社会的习俗和信仰分不开，因而道德往往表现出强烈的社会性。在当代更为全球化的世界中，人们也经常讨论全球社会的价值基础问题。全球化的一个直接后果是传统社区/社会价值观边界的模糊（Kline，2013），日益增加的"外来"理念和价值观使不同地区、不同社会之间不得不寻求共同的规范。个人作为社会的一分子，在全球化的背景下，也会不断自觉不自觉修正原生的道德观念。

1. 德性与德行

道德源于内心价值判断，在实际生活中，有些人在利益和内心的道德之间，能够按照心灵的指引行事，有些人也会违背自己的道德观。那么是什么力量推动我们遵循或违背我们内心的道德判断呢？

康德用"德性"一词描述道德的力量。所谓德性，就是促使人类遵循自己义务准则的力量（康德，李秋零译，2007），是对道德规律的敬重。德性体现了对道德法则的敬重，但并不一定表现为具体的行为。"德行"则意味着出于义务而遵守道德律，是道德法则支配下的行动（康德，邓晓芒译，2003）。德性是道德行为的动力，而德行则是人们遵循道德的实际表现，是对规则的遵守。

如果没有德性的力量，很难想象人们会自觉依循道德法则行事。重新阅读亚当·斯密的《道德情操论》，我们会发现在亚当·斯密时代的人们对"道德"的要求在今天已经不再被视为一种当然的道德标准，而是被视为"美德"；同样，中国传统社会对"士"的道德要求也几乎成为绝响。

专栏 1-1 老人倒地："扶还是不扶？"

2006年11月20日，一位在南京水西门广场等车的老太太被撞骨折，经鉴定，老人为8级伤残。事后，老人指认当时送医的一位小伙子为肇事者，并告上法院索赔十余万元，当事人则否认自己撞人。2007年9月，南京鼓楼区法院一审判定本次事故中双方均无过错，当事人赔偿受害人40%的损失约40 000余元。当事人不服一审判决，提出上诉，二审期间双方达成和解。

该案件审判后，在全国引起强烈反响。一时之间，对倒地老人"扶"还是"不扶"，成为拷问很多人的道德难题。在很多民间舆论中，倒地老人也成为被指责的对象，倒地老人"讹诈"救助者似乎成为这些老人的标签，甚至出现所谓"不是老人变坏了，而是坏人变老了"的民间新谣。

2015年，发生在河南、安徽的两起老人跌倒案例再次搅动全国舆论。8月30日河南开封61岁的张建伟老人骑电动车跌倒在暴雨中，事发路段监控监视有十数位路人经过或围观，却无人施救。几分钟后，老人被三位施救者扶起时已经溺亡。事后，有消息披露张建忠老人40年前是一位军人，曾参加河南驻马店抗洪救灾。

另一起事件发生在安徽淮南，一位骑车女生在扶起倒地老人后，就是否撞人、老人是否"讹人"产生了分歧，双方各执一词。虽然警方调查认为女生负主要责任、老人负次要责任，但舆论并未平息，有关老人倒地该不该扶也依然是一个在网络不断发酵和引起争议的话题。

（资料来源：根据搜狐、新浪等新闻整理。）

倒地老人应不应该扶，本来是一个根本不可能构成争议的话题。数千年前，孟子就将"老吾老以及人之老，幼吾幼以及人之幼"作为大同社会的理想。推己及人，悲天悯人向来是中国传统社会维系人际关系的重要法则。然而，最近十年老人倒地扶不扶的问题一再成为社会热点，显示出我们社会对于"德性"的认知出现了重要的偏差。在扶不扶老人这一问题上，社会舆论更愿意以不友善的态度对待当事老人，认为老人"讹人"的观点经常占据网络舆论的上风。这一问题之所以能成为争论的焦点，其背后若隐若现的逻辑是：如果当事人没有撞人，就不会也无须扶人；如果当事人扶助老人，就证明当事人是肇事者。这种逻辑的产生与社会对普遍的"德性"水准丧失信心不无关系。

显然，一个社会，其成员普遍的"德性"水平越高，这个社会就越容易显示出较高的"德行"。道德自律的内在动力，促使人们表现出更好的"德行"。当代社会的伦理失范，很大程度上与人们轻视甚至蔑视"德性"的价值有关。如果我们想要更好地理解商业环境中的伦理问题，就不能忽视整个社会"德性"力量的变化。

2. 道德标准

既然道德是一种价值的判断，那么，一般性的道德标准有什么样的特征呢？我们如何区别道德标准与其他标准呢？普拉利（Pratley, 2002）和维拉凯兹（Manuel Velasquez, 2002）对此进行了界定，描述了道德标准的5个显著特征。

（1）道德标准与人类自身重大利益密切相关。道德标准关注的是与人类共同福祉密切相关的问题。诚实、信用、善待他人、不偷窃等标准之所以被绝大多数民族视为道德标准，正是因为如果没有这些共同准则作为人类社会关系的约束，人类社会将与丛林世界无异。

普拉利在讨论道德标准时还指出，不仅与人类自身利益相关的事物需要建立道德标准，对于动物以及我们生活的环境，也需要建立相应的道德标准。现代文明已将动物福利以及自然环境的保护纳入人类的道德标准并融入商业伦理中，形成了普遍性的商业规范。当然，来自不同社会的人，在认知上会存在一定的差异，例如韩国和中国等一些国家的人可能认为吃狗肉是理所当然的事情，但是在另外一些国家生活的人可能就完全无法接受。由于动物福利保护在一些发展中国家并没有达成共识，有关动物福利保护的道德标准显然还没有成为全球性的标准，基于这种道德标准而形成的一些贸易准则，在某些地区就会被认为不过是另一种贸易壁垒的方法罢了。有些问题在一些人看来是道德问题，在另外一些人看来就完全不是那么回事。这一点我们会在后面的章节中加以讨论。

（2）道德标准成立与否取决于其自身是否有充分的正当性。道德标准的建立是某个社会或社会群体共同的选择，它不是建立在权威的基础上。例如，中国人认为拥有"己所不欲，勿施于人"的"同理心"是一条很重要的道德标准，而西方人也把"你想别人怎么对待你，你就怎么对待别人"视为"道德金规"（Golden Rule）。这一道德标准，是基于人们内心深处的认同而不是帝王之命令或者法律之威严。

（3）道德标准优先于任何其他标准。道德之所以成为道德，正是因为它来自人类内心对责任的认同而非利益博弈的结果。因此，当道德标准与个人或公司利益产生分歧时，道德标准具有天然的优先顺位。虽然普拉利宣称在战略利益和道德之间需要谨慎平衡，但我们还是更愿意认同维拉凯兹的观点，在道德与战略利益存在冲突时，坚持道德未必一定会损失利益；但如果我们允许将道德标准置于其他标准之下，那么一定会产生更为严重的问题。在极端情况下，道德与法律也可能发生冲突。"二战"时期的纳粹法律与犹太民族生存权之间的矛盾，孰是孰非已经毋庸置疑。

（4）道德标准建立在公正思考之上。虽然道德总是受到法律和人情的影响，但总体上看，道德标准具有普遍价值，不受某一群体或利益相关者损益的影响。现代文明社会与传统社会的主要差别之一在于人们承认平等权利，无论社会形态有何种差异，我们总是能够在差异中找到一些共同之处。共同价值观的存在，使不同社会以及不同社会成员之间能够和谐生存。

（5）道德标准经常与情感密切相连。虽然情感不等于道德，但由于道德根植于人们的内在价值，因而对于违反道德标准，人们会自然而然产生愤怒和厌恶的反应。在商业社会中，不道德行为所引发的社会厌恶同样会严重损害企业的利益。回忆一下2008年的三鹿事件，公众对三鹿的愤怒来自何处？产品质量问题固然是引发事件的根由，但三鹿婴儿奶粉主要销售给低收入家庭的婴儿，三聚氰胺的出现给这些婴儿造成了严重伤害。这种伤害完全违背了人类社会的基本价值观，因而引发了各方愤慨。读者可以设想，奢侈品出现不合格产品和婴儿奶粉出现问题，何种更能引起公众的愤怒情绪。

虽然伦理与道德经常通用，但在规范研究的层面上，伦理被视为应有的理性规范，是对道德的规范与指导。霍尔斯特·施泰因曼（2001）将伦理和道德之间的关系总结为在"理性规范"和"实际规范"之间的相互作用：道德在超验的基础上形成了伦理，伦理则进一步验证了道德的合法性。这里，超验是指抽象和形而上的经验。

更通俗地说，经过伦理论证的"范导理念"，成为在现实生活中占据支配地位的"道德规范"，在一个社会之内往往具有强制性。这里的"范导理念"，类似于数学里面的定理。但与经过科学检验的定理不同，哲学意义上的"范导理念"，并不是一种科学。这种理念本身也会随着时间的推移而产生变化。不同社会各自所竭力维持的范导理念，甚至可能是存在激烈冲突的。

1.1.3 "商"与商业伦理

在商业伦理语境下，我们讨论伦理与道德的关系，更多与商业决策相关联。在此，商业伦理不是一套"理想却不实际"的道德规范，而是"校验、指导决策"（Kline，2013）的价值观的体现。为了更好地理解商业伦理的本质，我们首先需要理解"商"和"商业世界"的责任。

1. 商与商业世界

当我们说到"商"或"商业"的时候，从狭义的角度理解，其仅指与流通领域相关的经济活动。传统社会对社会阶层的划分（士、农、工、商）所取的就是这一层意义。《春秋·榖梁传》说："古者有四民：有士民，有商民，有农民，有工民。"《管子》中也提道："士农工商四民者，国之石。"这里面的"商"，也就是"行商坐贾"，指的就是通过买卖贸易获取利润的商人。

今天我们在谈论"商"这个词汇时，已经不单指特定的贸易或经营活动，而有更宽泛的含义，"商"意味着一切与产品和服务的生产、流通相关的活动。当我们谈论"商科"、"商学"、"工商管理"、"商业活动"、"商人"时，基本上指的都是广义的"商"。在所有的商业活动中，企业是最主要的参与者。对商业伦理的讨论，都离不开对企业责任的讨论。

然而，无论古今中外，人们对商业世界往往充斥偏见Jones（2005）。曾经这样描述人们对商界的感知。

我们所生活的世界可以分为两个部分：一个是商业的世界，这是一个现实而冷酷的世界——在这个世界里，人们获得高额的回报，但是需要付出艰苦的工作，充满了不安全感；而另一个世界是非商业的世界，包括学校、医院、我们的家庭和朋友等，这是一个温暖、舒缓的世界，为我们逃离现实的商业竞争提供了避风港（Jones et al，2005）。

Jones的描述似乎意味着"商业"就是为牟利而进行的冷酷竞争，正如很多传统文化的描述，商业世界是一个单纯追求利润的庸俗、冷漠的世界，毫无伦理道德可言。中国民间有"无商不奸"之说，莎士比亚也将"威尼斯商人"塑造成一个唯利是图的冷血形象。当代中国，呼吁企业家身上要流着道德的血液也成为一时之慨叹。与这些负面认知和评价不同，在商学院里，我们听到和感受到的则多是对"商业世界"的褒奖：CEO、管理者、商界领袖、创业者、企业家、领导力……看似美妙无比，世界上大大小小的商学院也在吸引着莘莘学子，"商业世界"是值得尊敬的，是推动社会进步的重要动力。

在这两种截然不同的感知与评价中，虽然都不是现实世界的真实写照，但却可能影响商界的自我认知与定位，从而进一步影响其对商业伦理的感知。在前一种语境下，商人似乎无须承担任何伦理责任，而在后一种情况下，商业伦理就成为一种庄严的责任。商业活动的参与者尤其是企业家的自我身份认同，将会直接影响他们对自身责任的认同。在真实的商业世界中,人们需要在道德标准和商业利益之间寻找平衡,商业伦理正是基于一种普遍的价值观而指导人们进行这种平衡。

2. 商业伦理的本质是"商"的责任

在一个日益全球化的时代,"商"的力量早已超越了地域的制约,成为我们生存世界中的最为重要的力量之一,其活动已经足以影响整个社会的发展,商业世界也因此发展出一套独立的伦理准则。这一准则体现的是人们对于商业世界的尊重以及商人们的责任感知和自我约束。商业伦理既脱胎于其所生发的社会伦理,也超越了一般的社会伦理规则,这也是现代商业文明的基础。20世纪初期,当韦伯、潘恩在探讨"我是谁?""我来自何处?""我对世界的责任是什么?"的时候,现代商业伦理的雏形就已经奠定了。让我们再一次回顾潘恩的《常识》:

我要做有意义的冒险,我要梦想,我要创造;我要失败,我也要成功。

商人们在建立雄心勃勃的商业帝国的同时,也建立了商人的责任观。与此同时,在大洋此岸,清帝国的商人也开始建立独立的商会并发出"商兴则民富,民富则国强,富强之基础,我商人宜肩其责"的呼吁。遗憾的是,在中国,建立独立工商运行体制的梦想在此后波澜壮阔的历史进程中被无数次打断。缺乏独立的身份认同,其必然结果是没有责任认同(吴晓波,2010,2015)。当商界被迫遵从"权利世界"而不是其自身规则时,很难指望商人们考虑承担"商"的责任。

说到"责任",有三个问题必须弄清楚:①责任的主体是谁?②对什么(谁)负责?③谁来判定责任?

责任可以分为法律责任和期望责任,法律责任是必须实际承担的责任,而期望责任则是出于情感和愿望而可能承担的责任。商业伦理中所讨论的责任,既包括法律责任,也包含期望责任。就责任主体而言,通常可能认为只有"人"才能承担责任,但在商业世界中,商业决策往往是由管理团队做出,由各种形式的"组织"实施的。因此,商业伦理的责任承担者就从个体的"人"扩大到企业组织。经常争论的问题是"个人"和"组织"的责任分担问题。

至于"对什么(谁)负责"这个问题,则要考虑商业决策的后果。商业决策的特点之一就是事前很难采用一套评价指标来准确预测其后果。随着时代的变迁,商业活动所产生的威力越来越大,而决策者对于可能的后果却往往缺乏先见之明,也缺少谨小慎微的态度。商业决策的力量十分强大,而对商业决策后果却缺乏控制。30年前,普通中国人很难想象能够享有丰富的物质财富,但同样也难以想象我们今天所面临的许多灾难性后果:空气污染、清洁水源的消失、儿童血铅中毒、贫富差距的极大化等。

理解商业活动的责任对象,不能仅限于经济后果,也不能仅限于当代。我们今天的商业行为,还会对子孙后代产生影响。"商"的责任是超越时空概念的。今天的决策者们,较之千百年前甚至是数十年前的同侪,负担着前所未有的责任。

理解"商"的责任,还需要考虑"谁来判定责任"的问题。责任判断既可以通过法院、仲裁机构、同行评议等方式,也可以通过省视内心的良知来辨明是非对错。"商"的责任判定问题，其实也就是商业道德标准的确定问题。

如果能够就商业伦理的责任承担者、责任对象以及商业道德标准三个问题达成统一的看法，也就能够对"商"的责任达成一致意见。

1.2 商业伦理的价值与意义

在讨论商业伦理重要性时，有一个颇具争议性的问题是无法回避的：在当代竞争环境中，商业伦理真的重要吗？会不会成为沉重的道德包袱而影响企业竞争力？对此，我们从商业伦理和市场经济以及企业自身的关系进行探讨。

1.2.1 商业伦理和市场经济

商业伦理之于市场经济的重要性似乎是不言而喻的，但这个看似简单的问题却有着截然不同的答案。

1. 伦理与商业竞争冲突吗？

就在不远的过去，一些著名学者仍然将商业竞争与伦理视为对立的主题。

西奥多·莱维特在《哈佛商业评论》中是这样描述商业活动的：

"从事商业活动，就必须像在战场上一样，正如那些最杰出的战斗：必须勇敢、勇猛地战斗，尤其是不必考虑道德制约地战斗"（Levitt，1958）。

西奥多·莱维特的观点听起来颇有些冷漠和无情，但与他想法类似的并不乏其人，只是表述各有不同。例如密尔顿·弗里德曼，虽然并不认为商业世界是一个与伦理道德无关的世界，但是他也认为商业社会所负担的责任就是增加其利润——在不违反法律的情况下，实现利润最大化（Friedman，1970）。

Albert Carr 也曾经将商业世界视为博弈：

商业世界就是一种博弈：法律规定和利润就是道德指南。一个人如果想要赢得这场游戏，就必须怀着博弈者的心态，这意味着什么呢？这意味着必须把他的个人道德观和商业领域中的对错观区分开来（Carr，1968）。

在中国的商界人士中，持有这种想法的也不在少数。残酷的商业竞争，使商业伦理几乎成为一种奢谈，有人甚至用宋襄公的故事加以类比。

相传公元前 638 年，宋襄公打着"仁义之师"的旗号伐郑，在泓水之滨与救援的楚成王一战。楚国军队尚未渡河时，襄公不肯进攻；楚国军队渡河后尚未整队时，襄公仍然不肯进攻。大臣公孙固劝宋襄公趁敌渡河之机一举消灭楚国军队，襄公自命仁义，认为这样做有违仁义之礼，坚持等楚军摆开架势后才发起进攻，结果大败于楚，宋襄公被视为愚蠢的代名词。

在不少人看来，在激烈的商业竞争中坚守商业伦理，与宋襄公的迂腐守礼没有什么区别，这与西奥多的观点大同小异。实现企业利润最大化，成为商业世界免于负担伦理责任最好的借口。

考虑这样做的后果：假定所有商业活动的参与者只需考虑怎样才对自己有利，则任何决定都建立在自我利益基础上而无须考虑道德因素。这将严重削弱商业社会的秩序和自我约束力。

雅克·克里（Cory，2005）引用扑克牌游戏来阐述这一思想：

扑克和商业博弈有许多共同点——人们无法假定对手会按照教会的道德原则出牌，欺骗行为是扑克游戏的技巧；即使对手是一个朋友，也无法知道他是如何出牌的。

全球化竞争使几乎所有的竞争性企业都持续面临生存问题：逼仄的竞争环境、全球性的资源匮乏、低迷的经济环境……几乎没有任何一个企业可以永远免于这些困境。在那些将商业世界看作丛林世界的人看来，为了竞争需要，企业关注利润和生存而无视道德要求是可以理解的。对他们而言，如果必须通过恶劣的不道德行为才能使企业免于破产，为什么不呢？利润永远高于道德，道德只有服务于利润才有意义。这种观点已经在潜移默化中影响了不少企业管理者。在已经披露的各种不道德的商业行为中，许多当事人将其行为归咎于外部环境而不是自身原因。为了生存和竞争而不择手段，不道德的商业行为很容易获得原谅，甚至被视为成功的范例。

下面这个故事在民间流传已久。

专栏 1-2　小山村的品酒会故事

相传有个小村庄，村民们约定每人都要从自己家里带一杯酒倒入酒缸，大家相聚饮酒。一个村民心想，那么多酒，我掺点水没有关系，他就把一杯水倒入了酒缸中。当所有人聚集在一起的时候，他满怀期待从酒缸中舀了一杯酒。故事的结局是大家都知道的，他喝到了一杯水而不是一杯酒。

每个村民都期望他人是诚实的，结果每个人都只带了水而不是酒，最后也只能喝到水。这个故事恰好说明了任何单方面的期望都是无法实现的。

在小山村品酒会的故事中，人们都希望与自己合作（交易）的人是诚实、可信的，人们普遍愿意同那些具有较高声誉的企业或个人打交道。但问题在于，如果人们只希望自己的交易对象诚实可靠却缺少自我约束，这种期望是无法实现的。

2. 有效的市场经济不可能是丛林世界

市场经济被普遍认为是实现资源最佳配置的机制，但如果视商业世界为丛林世界（不妨称为社会达尔文主义的变种），将极大削弱这种能力。

市场经济的有效运作，离不开几个关键性的因素：对财产所有权的有效保护、产品与服务的公平和自由交易的产品与服务、准确透明的信息等（Fritzsche，1999）。

对财产所有权的保护意味着私人财产未经所有者同意不得被侵占，这是保障公平交易的前提条件，可以视为经济活动的重要基础。如果一个市场环境不能尊重和保障财产所有权，市场经济体系就无法正常运作。商业丛林世界无视一切规则，强者可以变相掠夺弱者，这将使一切秩序成为空谈。

特别是，当商业活动参与者依附于权力规则而不是商业的伦理规则时，任何个体的、群体的或组织的财富都无法获得保障。当社会处于封闭状态时，商人可能随时丧失其所创造的财富；而当一个全球化时代来临时，商人们将选择用脚投票，财富和资源也将随之而流出。

公平和自由交易则是调节产品和服务配置的工具。人们可以通过自由选择购买他们认为具有最大效用的产品和服务，从而使资源按照最有价值的方式进行配置。

信息的准确与透明一直被看作是自由竞争的重要条件，如果人们无法得到准确、透明的信息，就可能不得不选择满意度较低的产品和服务，从而用不情愿的购买行为为错误的产品和服务"投票"，这种情况降低了市场经济有效配置资源的能力。

商业伦理帮助我们建立共同的商业道德标准，就如同每个村民都带来美酒，所有人共享畅饮之乐；反之，少数成员掺水，大家喝到的是淡酒；每个人都掺水，大家就只能喝水；如果每个人都强行抢夺，最后可能连喝水也无法保障。从整个社会角度衡量，缺失商业伦理的成本远远高于遵守商业伦理的成本。

当商业活动的参与者继续延续丛林世界的观点时，我们很难期待商业伦理环境能够得到有效改善。如果商业世界真的成为丛林世界，那么所有的人都将丧失安全感。消费者面对企业所提供的产品和服务，却无法知道自己应不应该相信这些产品和服务；生产厂商面对原料供应商，却不知道自己是否会被卷入安全隐患问题中；诸如此类的担忧，只能引发劣币驱逐良币的效应并最终严重损害经济发展的伦理制度环境。

1.2.2 商业伦理和企业竞争力

商业伦理不仅是市场经济的保障，对于个体的企业组织而言，也是十分必要的。进入20世纪90年代中后期，许多领先企业开始不断投入更多资源用于伦理建设以强化企业社会责任形象，这种转变从何而来？

1. 商业伦理价值认知及实践变化

中国企业家是如何看待商业伦理价值的？十五年前，零点集团对北京、上海、广州等300余家企业负责人进行的伦理指向调查（陈勇、苏小平，2001）显示，尽管有高达66%的人没有听说过商业伦理，但96%的企业家仍然坚持企业经营必须考虑道德。在这里，企业家将其在个人经验所感知到的道德意义演绎到企业经营中。多数时候，企业经营与伦理无关的思维仍然是主流思想。

- *新古典主义理论及批评者*

很长一段时间，新古典主义理论及批评者们都认为在一个自由竞争的市场环境下，企业个体为了追求自身利益最大化而做出的努力必然会实现整个社会利益的最大化。在自由市场与商业伦理规范的关系上，他们认为企业经营者不应当把个人的道德偏好加诸企业经营活动中。企业要想获得最大利益，必须提供最能够满足消费者需求的产品和服务，这自然就形成了社会利益的最大化。

☞ 你认同这种观点么？请举出正面例证或反证。

这种观点曾受到很多追捧，甚至有人认为：

新古典主义经济学的范式就是功利主义、理性主义以及个人主义的结合，个人主义可以最大化其效用（这种效用可能是消费的满足，也可能是愉悦与幸福的满足，或者仅仅别的什么目标的实现），理性主义能够选择实现目标的最佳路径……在竞争的市场中，在这些功利的、理性的个人主义作用下，可以产生最高效率和福利（Etzioni，1990）。

但随着越来越多企业暴露出的一系列经营丑闻，人们逐步意识到自由市场经济这只看不见的手并不是万能的。新古典主义的假说至少在三个方面存在问题：第一，所谓完全自由竞争的市场是不存在的，在一个真实的市场中，企业并不一定需要以最佳的方式满足消费者的需求才能够获得最大利润。弱肉强食的丛林理论也正是建立在这一观察上。第二，新古典主义所隐含的利润最大化（社会效用最大化）的假设前提是不成立的。无论是消费者的效用还是整个社会的效用，都不仅仅是经济上的因素，还包含着其他的因素，如情感、愉悦、安全等，人们是在价值观与情感的基础上实现其效用的。第三，新古典主义的论断还忽视了这样一个事实：在我们的社会中，还存在很多弱势群体，他们的愿望和需求并没有体现在实际的社会购买力中，当企业向消费者提供它们最希望得到的产品和服务时，实际上是向那些具有购买力的人群提供产品和服务。

- 对利润和伦理规范关系的新思考

在商业活动中，人们不可能不考虑利润问题。丛林主义将利润和道德相互对立的观点，在今天已经失去了被社会接受的"合法性"。

☞ 如何评价丛林主义对利润与道德关系的认知？你自己的思考是什么？

在通用和福特汽车公司的天价赔偿案中，陪审团的裁决结果显示至少是在社会公众意见和法律判决的层面上，企业不能够再简单地用经济指标决定一切，必须在其商业决策中充分考虑伦理规范的制约。商业伦理强调不仅需要考虑目的的正当性（企业为什么而存在），还必须考虑实现目标的手段与方法的正当性。企业在提供产品和服务时，必须至少考虑道德和愉悦两种效用，以一种合乎伦理的方式运作其经营活动。

利润与伦理规范的关系，不仅体现在产品方面，也体现在企业内外部关系的诸多方面。当企业决定是否在某地建立工厂、如何对待消费者和竞争者、如何进行内部人事管理以及建立怎样的决策结构等问题时，越来越多的企业及其管理者意识到考虑伦理因素的重要性。

2. 商业伦理作为基本信条

中国古语有云：君子爱财取之有道。从长远来看，讲伦理的企业更容易在商业活动中取得成功。下例中默克（Merck）公司的决策就为其赢得了长期的战略优势。

专栏 1-3　Merck 公司面对河盲症的选择

非洲与南美国家丛林地带沿河居住的 1 800 万居民曾深受河盲症之苦。Merck 公司的研发人员发现本公司的一种高端兽药对此症可能有较好的疗效，但如果要使药品能用于人类还需要投入上亿美元研发及人体试验经费。此外，由于河盲症患者多为贫困地区居民，药品必须保持廉价，这有可能损害现有产品的"高端"形象。整体上看，公司几乎不可能从该药品的研发、生产和销售中获益。

面对公司内部的质疑，当时的总裁 Roy Vagelos 先生是这样回答的："如果一种兽药可以造福于人，唯一道德的选择就是毫不犹豫地开发该产品。第三世界的人民会记住 Merck 公司帮助过他们并因此更喜欢我们。日本商界同行告诉我：战后 Merck 公司曾经将链霉素销往日本，治疗了大批肺结核患者。我们并没有从中赚钱，但我们公司今天已经成为日本最大的美国制药企业，这并不是偶然的。"

（资料来源：根据 DavidBollier 的 Merck&Company 改编。）

默克公司的故事已经成为全球商业伦理教学的经典案例，如今，商业伦理对于企业的战略性价值已经被领先公司普遍接受和认同。

哈默尔和普拉哈拉德所提出的核心竞争力理论认为一个企业能长久地获得竞争优势，拥有独特的难以模仿的竞争力是问题的关键。不断创新的产品与服务、强大的技术能力、对特定市场的独特理解以及有效的组织运作系统都被视为核心竞争力的来源。然而，不可回避的问题是为什么一些看似强大、拥有各方面优势条件的企业却在一瞬间轰然倒下？为什么有些企业经历了一次又一次危机，却总是能够转危为安？

小托马斯·沃森在《一个企业和它的信条》中是这样说的（Watson，2003）：

我认为一个企业成功和失败之间的差别经常可以归咎于这样一个问题，即这个组织是否完全调动了其员工的聪明才智和工作激情。它做了什么来让员工找到共同的事业？在经历了一次次的变动时它是如何长期保持这一共同目标和方向感的呢？技术等因素对成功固然起很大作用，但我认为，公司员工是如何坚决拥护和忠诚执行公司的基本信条要比其他任何因素都更重要。

作为 IBM 公司最重要的掌门人，小托马斯·沃森，说出了一个至关重要的关键词：基本信条。

他认为企业可以调整基本信条之外的所有其他因素以适应市场竞争，但基本信条作为最重要的核心竞争力因素，是需要不断强化的。

我们可以看到，许多不道德行为的产生与企业雇主或者管理者有直接的关系，许多不道德行为就暗藏在企业的流程和日常决策体系中。雇员有很多机会识别和发现这样或者那样的不道德甚至是违法行为，忠诚于"社会和良知"和忠诚于"雇主"的矛盾势必会使雇员产生内心的冲突，这会严重损害公司对雇员，尤其是有竞争力的雇员的吸引力。

现代企业组织中，如果失去在授权与分权过程中所必须具备的信任基础将无法运行。这种信任，不单单是建立在正式的指挥链条上，而且还建立在合乎伦理的基本价值观之上。

试想一下如下的五种场景。

A 公司的一位会计师被要求修订公司账务中的某些数据，使公司的财务报表变得更加漂亮，从而方便公司在市场上的融资。

B公司的一位工程师被要求采用成本更低但有可能降低产品安全性的设计方案，这种变更可能不那么容易被顾客发现，但确实增加了产品的风险。

C公司的一位采购人员向国外的供应商要求提供子女的留学费用，并答应在采购中照顾那些提供额外好处的厂商。

D公司的员工经常将生产车间里面的原材料偷偷带回家中，家里面的很多用具都是用这些材料做成的。

E消费者到市场采购时，变得越来越像一个化学家、生物学家和数学家，同时还是一个心理学家。他们必须自己去判断：鸡蛋里面是否有三聚氰胺？蔬菜里面是否有尚未分解的剧毒农药？是否受到价格欺诈？

不难想象，如果你是A公司或者B公司的员工，当你接到上司这些指令时，是否会忐忑不安左右为难？如果你是C公司或者D公司的所有者，你是否放心以分权式的管理减少监督成本？如果你处在E的位置上，你是否感到自己很无助？你是否还愿意将商业世界看作是战场并且理直气壮地认为商业世界就只能是一个战场？

3. 商业伦理作为风险管控的门阀

过分偏重于企业利益而忽视商业伦理的公司，可能面临较大的道德风险。不道德的商业行为与违法行为之间往往只有一步之遥，商业伦理是企业确保其法律安全性的门阀。在这一点上，具有前导意识的企业家们已经认识到设置伦理规范的门阀有助于建立企业核心的价值体系，而这种价值体系正是企业竞争力之源。

对于那些重视商业伦理建设的企业家来说，他们把"建立在合理伦理观基础上的价值体系看作是衡量组织杰出性的基石"（Paine, 1999）。这一价值体系对企业的贡献主要体现在有效提高组织的运作和控制能力、建立良好的内外部社会关系网络以及提高企业的社会声誉等方面。

伦理认知已经成为企业合规性管理的有效基础。与几十年前甚至十几年前不同，社会对企业合规性的要求日益提高，虽然很多组织建立了合规性管理体制，但商业伦理作为判断企业商业决策是否符合价值规范的重要工具，为企业管控其经营风险提供了非常重要的工具。

虽然法律规定经常是企业活动的底线，但商业伦理更多体现了企业对契约的遵从与回应。建立良好的伦理规范，是预防法律风险的重要手段。

另外，良好的伦理规范，也是预防内部风险、保障组织内部顺畅运作的关键门阀。现代社会的一个显著变化是人们不再像以前那样敬畏权威，自由、理性和平等成为主流价值观，基于职位而产生的传统的"权威"和"领导力"经常会面临挑战。

当人们遵从某项指令的时候，通常可以依循两种渠道：一种是基于权威和领导力的——不需要了解这项指令背后的理由，诸如"军人以服从命令为天职"等表达的就是这一思想。另一种则是建立在合理的判断基础之上的，发出命令的人需要提供合理的理由，说服他人听从自己的指令。现代企业的顺畅运作，与后者有着更为紧密的联系。

商业伦理是现代商业社会运行的基础，这虽然看起来可能是一个复杂的系统，但是商业伦理的核心思想是帮助人们区分对错、明辨是非并作出正确的选择。在商业环境中努力去做"对"的事情，这种能力是企业永续发展的基础。

4. 商业伦理之于管理者个人

抛开企业层面，仅就工作在企业中的个体，尤其是那些负有指挥之责的个体来说，商业伦理的重要性也是不言而喻的。遗憾的是，受到各种内外部因素的干扰，人们往往忽略了这一重要性。

多数人不可能脱离其所处的社会、组织和家庭而独立存在，企业管理者也不仅仅扮演他/她的职业角色。在职业之外，他/她还是父母的子女、儿女的父母，也是兄弟姐妹中的一员。除了对企业的责任，他/她还负有对社会和家庭的责任。

好的商业伦理，可以使管理者不必面对不同角色的伦理冲突。可以想象，一个在工作中"造假"的管理者，在面对家人特别是儿女的时候，会是怎样的一种困境？还可以想象，当一个在工作中不得不背负"违法"责任的管理者，又该如何去对家庭尽责？

一些学员可能会提出这样的问题：其他人都可以做，我为什么不可以？或者只要不被抓住，是否就没有问题？想象一下在高速公路上超速行驶的驾驶员，不是每个驾驶员都会被开罚单，但那些逃过惩罚的驾驶员，是以自身和他人安全为潜在代价的。

现代医学研究显示，负疚感可能导致抑郁等心理疾病，也会造成对心脑血管健康的损害。在商业活动中如果经常被迫从事不道德的决策和行为，对管理者个人的健康将造成极大损害。除非完全没有道德感，否则作为个体的管理者可能不得不为企业以及身在其中的自己的行为付出健康代价。

《汉书·霍光传》中有一个曲突徙薪的故事，说的是有个客人在拜访主人时发现主人家里面灶台的烟囱是直的，旁边还堆满了柴火。于是，客人就建议主人改造烟囱、移走柴火。主人听了并不在意，依然故我。后来果然发生了火灾，主人遍请帮忙救火的邻居，却没有感谢当初提出意见的客人。商业伦理看起来就好像那个提意见的客人，好的伦理管理可以防患于未然但其价值却经常被低估。临渴掘井，在现实生活中被视为愚蠢之举，但在商业管理中我们却经常这样做。学习商业伦理，也许无法改变大的环境，但却可以帮助管理者个体更好地自我管理。

1.3 商业伦理课程的学习

商业伦理的学习是一个养成的过程。通过对商业伦理的理论基础的学习、对准则和规则的探讨以及大量的案例分析，可以培养自我的伦理敏感性以及伦理决策能力。商业伦理本质上是关于商业决策中价值选择的问题，学习本课程需要了解商业伦理所探讨的问题边界、问题定义和问题的演变。

1.3.1 界定"商业伦理"

有关商业伦理学研究的定义很多，我们先看一组关于商业伦理学的典型论述。

（1）商业伦理学应用规范伦理学的方法和目的来探讨具体的商业道德问题。它对具体的道德标准加以研究，使其能够应用到现代文明的商业环境中，其研究范围包含营利企业和非营利性企业。(Pratley, 2002)

（2）商业伦理研究的是现代社会中与产品（服务）生产、分配相关的制度、组织以及在这些组织中工作的人所持有的道德标准和这些道德标准如何应用的问题。换言之，商业伦理学是应用伦理学的一种形式，它不仅包括对道德标准和道德价值的分析，还需要将这些分析的结果用于与一切企业、非企业组织、个人经营相关的制度、技术、行为和其他事项中。(Velasquez, 2002)

（3）商业伦理学作为应用伦理学，需要指导我们把规范的伦理思考融入真实的情境中。与纯伦理学不同，商业伦理学绝不仅仅是对道德哲学原理的反映，而是还要考虑到企业和企业经营活动的特殊性，即任何决策的过程都受到经济性的约束。商业伦理学试图通过对经济行为进行伦理思考来扩展经济理性这一概念，在描述原有的经济理性的基础上，还需要对经济行为在哪些方面必须满足道德标准进行解释和说明。商业伦理学必须回答这两个基本问题（Zimmerli, Richter and Holzinger, 2007）：理性经济人这一假设，是否意味着他们有充分的动机做出理性的伦理决策？在多大程度上，自利这一动机（经济理性）将会导致不道德的行为？

上述论述反映了三种不同的观点。按照堪萨斯大学理查德·乔治（1990）的说法，商业伦理学研究三个层次的问题：对经济制度的道德评价；对企业及企业内部群体组织的道德评价；对个人（投资者、经营者、员工、消费者等）行为的道德评价（陈炳富、周祖城，2000）。

在本课程中，我们关注三个层次的伦理问题。

第一个层次，是社会宏观环境中各行为主体尤其是企业在其商业活动中所依循的伦理规范，也即调节和规范经济活动主体商业行为的一系列伦理原则和道德规范。在多数情况下，被称作制度伦理或者结构伦理，是事关经济制度和规则的伦理问题。制度伦理至关重要的影响在于它塑造了商业伦理的环境氛围，直接、间接影响人们的认知和行为准则。

第二个层次，是参与经济活动的单个组织，如何调整自己的行为规范，使之符合社会普遍期待，这常常被称为组织伦理。不同的组织有其自身的伦理准则，这些伦理准则的形成与实施，促使它们在相同的伦理情境作出不同的反应。

第三个层次，是作为群体和个体的人，在从事商业活动中应遵循的伦理规范，可以称为工作伦理或职业伦理。有时候，作为一个"职业"中的个体，可能会在公司利益、公众利益、个人良知之间作出选择。

就本书目标而言，我们更关心如何将商业伦理用于企业实践，我们重点关注以下几个问题，对这些问题的探讨将贯穿本书始末。

（1）商业活动所应遵循的伦理规范是什么？

商业伦理学研究具有描述性特点，同时也具有规范性特点。商业活动中经常会遇到这样一些伦理问题："我们该怎么做呢？""我们为什么应该或不应该做这件事？""我和他人都有什么样的权利、责任和义务？""结果能为手段辩护吗？"这些问题的核心都可以归结到商业活动所应遵循的基本道德标准是什么、商业道德标准与商业组织利益是否存在冲突以及如何处理冲突等问题上。

虽然还有一些争议，但商业伦理学研究仍然可以为相关人士提供一个基础性的思考和解决伦理问题的架构，并对具体的商业伦理规则进行判断和论证。

（2）在复杂的情境下，如何进行伦理决策？

虽然管理者可能意识到伦理决策的重要性，但在伦理决策与商业决策中寻找最佳的结合点的过程有时候是非常复杂的。伦理决策经常同时与社会、企业或者个人利益纠缠在一起，站在不同的角度，决策者需要面对不同的甚至是截然相反的伦理要求，这个时候应如何决策、如何确定各种伦理关系的优先顺序？商业伦理学研究需要对此作出解释和回答。解决真实的伦理问题的过程，也是应用伦理原则并不断评价、修正这些伦理原则的过程。从这一点来说，商业伦理学提供的是解决伦理决策问题的思维方式、决策框架，而不是解决具体问题的灵丹妙药。

（3）如何进行伦理建设？

商业伦理学是仅限于对道德判断进行规范，还是需要提供解决方案？这一争议反映了两种截然不同的观点：商业伦理学研究应保持伦理学的"无用性/超然性"，还是实现其"实用性"。

前一种观点认为伦理学是对真正的道德法则或行为的合理准则的研究，强调的是如何区分某种行为是否符合道德规范；按照这种观点，商业伦理学提供商业道德判断、指出哪些道德准则是必须在商业活动中予以遵行的即可。后一种观点则认为伦理学需要提供对人类合理行为的终极目标的本质及获得此种终极目标的方法的研究，因此商业伦理学不仅应当提供道德判断的架构，还应提供实现目标的方法与手段。商业伦理学之所以成为商学院教育的重要组成部分，并不仅仅因为它提供了道德思考的基础，还在于它提供了解决问题的方法与途径。因此，本书将大量篇幅用于讨论伦理决策和伦理建设问题，而不仅限于是非对错的判断上。

1.3.2 商业伦理问题的演变

自20世纪60年代以来，人们对商业伦理问题的关注点一直在不断演变，这种演变与企业活动对社会的影响密切相关。了解这些变化，有助于我们更好地理解商业伦理的意义以及如何应用伦理规则实现更好的商业运作。

1. 20世纪60年代

现代社会对商业伦理的关注和研究兴盛于20世纪60年代的美国，此前的研究主要还是包含在"神学"和"哲学"学科中，宗教或者大学课堂普遍通过道德说教鼓励"节俭"、"努力工作"以在"资本主义社会取得成功"。1929年经济危机以后，资本主义社会对商业伦理关注的焦点集中在大企业，尤其是那些对社会经济和政治有巨大影响力的大企业集团。对伦理问题的讨论主要体现在公平工资、劳工问题以及资本主义是否具有道德正当性问题上（Ferrel, Fraedrich and Ferrell, 2008）。

进入20世纪60年代，随着战后经济复苏，企业力量开始不断壮大，对社会的影响也开始从本地区逐渐向外扩展。各种公司丑闻开始被暴露在公众视线中，社会上要求对企业的各种不道德行为进行制裁的声浪也在不断增强。在此背景下，美国政府于1962年发布了《企业伦理报告及行动声明》(*A Statement on Business Ethics and a Call for Action*)，以呼应社会公众对企业道德问题的关注。学术界有关企业社会责任的学术探讨也开始出现，鲍恩的《企业家的社会责任》[①]、加瑞特的《企业伦理案例》、沃尔顿的《公司的社会责任》等著述先后发表，他们提倡企业之间的竞争要以道德为基本。

20世纪60年代中期是美国消费者保护运动的开始。这段时期，通用、福特等大企业受到了严厉指责，批评者认为他们为追求利润而置消费者的安全和生命于不顾。在消费者保护运动兴起之前，消费者的权利保护主要依靠消费者个人或消费者团体单枪匹马的努力。随着消费者保护运动的兴盛，尊重消费者的安全权、知情权、听证权和选择权被视为重要的商业伦理。

这一时期，两种商业伦理观念开始奠定，一是所谓"自由经济"的观点，二是平等公平的观点。一直以来美国都自认为是典型的自由经济国家，保障通过个体努力取得成功的环境被认为是最重要的商业伦理。而此时，减少自罗斯福实施新经济政策以来的国家干预成为主流观点。这一时期，国家资本主义思潮和民权运动同时兴起，肯尼迪、约翰逊主持下的美国政府不断向企业施加压力，认为国家有责任为所有公民提供稳定、平等和公平的社会环境，任何破坏自由经济或者歧视性的商业行为都被认为是不道德的。

2. 20世纪70—80年代

20世纪70年代是商业伦理学科发展的重要时期，神学和哲学研究为其研究提供了一般性的伦理规范和原则指导，企业社会责任观点在这一时期也得到了更加广泛的关注。由于尼克松"水门事件"的曝光，社会公众要求提供政府道德支持的呼声也日益增强。美国国会为此成立了专门机构，反对商业贿赂和腐败以立法形式被确定下来，并适用于海外公司。

一些新的商业伦理问题成为这一时期的热点话题：如贿赂、欺诈性广告、价格垄断、产品安全及环境问题等。20世纪80年代是现代商业伦理学传播的重要时期，商业伦理学开始成为商学院教育的必修内容，各种会议、讨论、出版物也层出不穷。1986年发表的《国防工业计划的商业道德及行为》(DII)，开始在企业实务层面上讨论应如何践行商业伦理，包括政策、措施与最佳实践等。DII确定了六项基本原则：支持道德行为及其传播、提供道德培训、培育鼓励检举不道德行为的伦理氛围、内部道德审计、维护行业整体利益、承担公共责任。一些著名公司，如通用电气等都开始在企业内部建立商业伦理委员会解决本公司的伦理决策和规范问题。

与此同时，日本公司基于东方文化和终身雇佣制而形成的独特经验受到西方研究者的广泛重视，被认为是值得研究和借鉴的，尤其是在企业与内部员工、企业与顾客关系方面。

---

① 《企业家的社会责任》，又译为《商人的社会责任》。

3. 20 世纪 90 年代至今

20 世纪 90 年代以来，是商业伦理研究的再反思阶段。商业伦理研究受到空前重视，其中一个重要原因是在商业活动中不道德行为不断地、大量地出现，迫使人们不得不采取行动。1991 年美国通过了《联邦组织刑事责任指南》，对企业违背商业伦理的行为规定了处罚条款，这种胡萝卜加大棒式的政策力图迫使企业采取措施减少不道德行为。

但是，随着新经济的兴起，企业实践与传统企业产生了很大的差异，传统监管体制（无论是社会监督还是企业内部监管）出现了新的漏洞，企业丑闻随之不断曝出，而且有愈演愈烈之势，对商业伦理的研究和教育工作提出了非常严峻的挑战。这一时期，对企业经理人的监督和公司治理问题逐渐成为热门话题，尤其是安然、世通公司丑闻曝光后，对此问题的关注达到了顶点并直接导致许多国家通过立法来进行规范；环境问题、技术创新以及全球化中的伦理问题也受到了普遍关注。

1.3.3 伦理认知分歧与伦理定式

商业伦理学习经常面临的另一个问题是，如何理解伦理认知的分歧。中国的伦理观念当然与西方国家有很大差异，即便是欧美国家之间，也存在一些重要的分歧。

在以英、美、澳大利亚为核心的盎格鲁—撒克逊体系中，所谓"自由资本主义"的观念深入人心，任何反对"个体自由"的观点和行为都被认为是不道德的，对所谓"自由"的追求超出了对"社会公平"的关注；西欧和北欧的一些社会市场经济国家则相反，"社会保障下的个人自由"被认为是基本的伦理标准，对社会公平的追求被看作是商业伦理的重要组成部分，有关劳资关系、社会保障、经济民主等方面的道德标准相对较高。这种差异在今天虽然不像 20 世纪 90 年代那样明显，但仍然存在并影响不同地区的商业伦理决策。

专栏 1-4　德国的公司模式

对企业伦理责任的普遍理解是在追求个体利益的同时必须受到社会责任的约束，法律规定税收是为公众福利服务的，在衡量商业成就时通常会强调整个社会共同利益的创造。公司为社会提供其存续所需的产品和服务，股东及其价值并不是最重要的。企业的理念是建立在公司总体利益概念基础上的，这个总体利益就包含了社会利益。正如德意志银行管理委员会的爱伦·施奈德·勒纳所说：

"利润和我们呼吸的空气一样必不可少，但是如果我们仅仅是为创造利润而工作的话，那就如同我们仅仅是为了呼吸而一日三餐一样，太糟糕了！"

（资料来源：乔纳森·查卡姆，2006.）

伦理认知和实践的背离，经常会造成学习的困难。一方面，随着商业活动中不道德行为的日益增长，公众对商业伦理的重视达到了前所未有的程度，整个社会弥漫着呼唤商业伦理的氛围。一些企业不断发布社会责任报告，力图以"道德形象"和"社会责任"作为对社会期待的回应；另外，社会公众正被迫习惯和忍受各种越来越严重的不道德行为。从一般性的商业贿赂、腐败问题，到产品安全甚至食品、医疗卫生安全问题，还在不断刺激公众敏感而脆弱的神经，商业伦理环境的改变仍有漫长历程。面对这种背离，一些学员会质疑学习的效果：商业伦理是不是说一套做一套的假道学？大量的企业实践告诉我们，好的伦理行为不一定能够立刻带来好的绩效，但人们总是必须为坏的行为付出代价。

在商业伦理的学习中，我们还需要考虑伦理定式（foreclosure）的影响。所谓伦理定式，是指对问题未经成熟的思考而轻易形成的答案。(Campbell et al., 2005) 这些定式被划分为以下几种。

（1）哲学定式

西方的商业伦理学研究缘起于哲学研究，但商业伦理研究很少涉及20世纪的哲学思潮，在商业伦理学中占统治地位的始终是三种传统哲学思想：古希腊哲学、18世纪后期的德国哲学，以及18—19世纪英国的哲学思潮。20世纪爆发了两次世界大战，促使人们不断寻求哲学反思。纵观整个20世纪，对伦理问题的讨论一直持续不断，至今仍然是哲学反思的主要来源之一。因此，商业伦理研究对近百年的哲学发展视而不见，确实起人疑窦。相似的情况在中国也存在，现代商业伦理研究在沉寂了将近几十年后重新被引入商学院教育中，但却或者是西方商业伦理研究的翻版，或者试图寻求中国古代儒家哲学的庇佑。20世纪是中国发生沧海桑田巨变的世纪，但是这一时期的哲学研究在商业伦理学中却被自动屏蔽了。

是什么原因导致了中西方研究者们不约而同的选择？一方面也许是哲学的思辨性阻吓了研究者，除了已经广被接受的古典哲学思想，他们不愿意引入更多的哲学思维来妨碍商学院的学生对商业伦理的兴趣；另一方面也许是因为20世纪以来的哲学思考充斥着太多的争论和政治性，没有经过时间的沉淀，只能徒然增加商业伦理研究的困惑。即便如此，忽视中国近百年的哲学思潮以及隐身其后的社会变化而单纯谈论商业伦理问题，恐怕无法找到解决问题的真正出路。

（2）社会定式

商业伦理的社会定式则经常将伦理问题的归因个体化，即对社会行为的阐释往往归因于个体特征，强调个体特征而忽略或低估了社会环境的作用。

当各种公司丑闻或不道德商业行为被揭露时，人们经常习惯性地将问题归咎于个体的罪恶或自私自利，将批判目标直指当事人。这种将伦理问题定位于个体的做法，很容易成为不道德行为发生的背景和环境。问题的关键在于，当前商业伦理问题的出现绝不仅仅取决于个体特征。来自个体的道德、信念和良知，在对抗商业环境中存在的种种压力时，往往身不由己。那些卷入商业丑闻的当事人在生活中可能完全不是一个有道德问题的人。很多当事人这样阐述他们的处境：

当面临来自上司或者特定利益驱动的压力时，"我"经常面临两难选择：按照上司或者公司的指令行事，将违背社会约定的伦理规范；但如果"我"拒绝，还是会有其他人照样去做。无论"我"是否执行命令，结果并没有什么两样。事情过去后，所有的日子还是照旧，损失的只是"我"的自身利益。

这样的辩解我们固然可以看作是当事人的自我解脱，但如果想要真正解释不道德行为产生的根由，就不仅要看到特定行为的责任人，还要看到这种行为发生的背景，了解人们常常在什么情况下被什么原因驱使去做那些他们本不情愿的事情。

（3）范畴与内涵定式

商业伦理研究还经常面临范畴界定过宽或过窄的问题，对于哪些问题与伦理相关、哪些无关伦理，人们往往有不同的界定。多数人可能认为商业伦理是有关商业世界内部的善恶是非问题（如商业贿赂、欺诈、偷窃、歧视等），但这些可能还不足以涵盖问题的全部。很多人可能对下面的议题并不陌生。

为什么穷国自己的国民处于饥饿当中还要出口粮食？为什么发展中国家在全球化生产体系中仅能获得微薄的报酬？为什么那些广泛应用于发达国家的新能源产业，其污染环节基本上都布局于发展中国家，而这些国家却还要承担制造污染的责任？

日本的商人经常指责那些反捕鲸的西方人士：为什么很多西方人大量宰杀牛羊却没人指责？同样，一些国家的人可能百思不解：提供狗肉的企业就是不道德的企业吗？在这一点上或许意大利人也面临同样的窘境：为什么为吃马肉的人提供服务是不道德的？

✍思考一下：这些现象有关商业伦理吗？为什么？

在这些疑问中，哪些是真正的伦理问题，哪些仅仅是西方文化中心主义的优越感？商业伦理的过于狭隘、模糊或宽泛的问题，正如坎贝尔所说，"为什么有些东西就被认为是常识？商业伦理究竟把什么留在了暗处？"（Campbell et al., 2005）当"伦理"本身还没有一个被普遍接受的定义时，建立在此基础上的"商业伦理"，同样存在诸多模糊之处。夸大伦理问题的泛道德化或者将商业伦理局限在狭窄的商业领域内，恐怕都有失偏颇。

（4）政治定式

否定或过度阐释政治对商业伦理的作用，是商业伦理研究中的又一个定式。早期的商业伦理研究通常将问题看作是偶然和个体的行为，尽力避免政治力的干预，这似乎是西方商业伦理中普遍奉行的一种潜规则："恺撒的归恺撒，上帝的归上帝。"政治定式的另一种变形则是泛政治化。在美国颇具影响力的《美国生活》栏目曾经播放了麦克·戴西的独白剧，剧中对苹果公司的血汗工厂提出了激烈的批评。但事后，美国公共媒体《市场》节目的驻华记者罗布·施米茨却发现了其中的细节造假。[①] 泛政治化并不是西方国家的专利，东方社会中的"阴谋论"和民粹主义情绪经常被视为泛政治化的标本。观察即时通信工具中广泛散播的有关"日货"的小段子，读者不难发现这种泛政治化的情形。

政治定式中的另一个问题是，以英语文化为代表的所谓主流文明似乎总是充满了西方文化优越感，这种优越感尽管被一些有识之士称为"虚伪可笑"，[②]但仍然不乏市场。历经百年沧桑巨变的东方国家，在其数千年传统和西方普适价值观之间如何进行平衡？这个问题值得我们思考。

---

① 参见2012年3月17日美国纽约时报及3月16日BBC公司网站报道，《美国生活》在2012年播出戴西独白剧后引起广泛关注，该节目被下载80多万次。

② 参见潘卡杰·米什拉，荒谬的帝国阴影挥之不去，《英国卫报》2010年3月4日，转引自参考消息（2010.03.10）。

（5）目标定式

最后一个定式是所谓目标定式，即商业伦理常常陷入其目标的两难困境中。一方面，商业伦理试图提供一套令人满意甚至是信心百倍的解决商业道德问题的伦理理念；但另一方面，商业现实和伦理目标的差距又常常使人感到沮丧，为什么人们的思考、信念和行为难以一致？

商业伦理经常认为只要人们知道正确的方法，就可以做正确的事情。如果套用管理学上所谓"正确做事"和"做正确的事"的表达，商业伦理甚至更强调"正确地做事"。对一个具体的管理者而言，也许程序上的正义永远比实质上的正义来的安全无虞。

目标定式的问题在于，如果拒绝向伦理现实和差异性妥协，商业伦理将被很多人视为无用的说教；如果过于妥协，商业伦理又将被看作是谋求利润的工具。一位商学院的教师这样描述他所面临的问题："只有当商业伦理与利润、竞争力这些词汇紧密联系在一起时，我们的学员才愿意倾听。"职业经理人在潜意识里往往认为坚守伦理目标与商业上的成功存在天然的冲突，对解决伦理问题充斥着无力感，而伦理的目标定式有可能加重这种状况。

在商业伦理学习中，突破伦理思维的定式，对于提高学习绩效来说，是非常重要的。在本书后面的章节中，我们将采用伦理学分析方法，辅之以大量案例讨论，来帮助学员摆脱定式思维，以合乎伦理的方式修正自身的商业决策，从而实现"较优"的、"平衡"的决策。

1.3.4 本书要点

商业伦理的基本精神和一般性规范原则是恒久的，诚实、公平、正义、平等、自由等人类共同遵守的道德准则同样适用于商业伦理决策。商业伦理问题总是与所在社会的变革紧密相连。随着社会、经济环境的不断变化，商业伦理决策的重点也在不断变化中。一些现在习以为常的做法，在不远的将来可能就会被视为不道德的决策。例如，传统社会中普遍存在的性别歧视问题，虽然在当代中国职场中仍普遍存在，但人们已经开始注意到这个问题并试图努力改善女性的职业发展。可以预料，在或近或远的将来，因性别、年龄和种族等原因产生的职业歧视必然会受到人们的普遍抵制。结合国内商业伦理实践的现状，本书将重点讨论以下问题。

（1）市场竞争中的伦理问题。商业伦理从来都不是单纯的企业道德自律问题，市场竞争的制度环境塑造和影响着一个社会的商业伦理氛围与伦理决策的基本导向。很难想象在一个仅仅将诚信视为获利手段与权谋之术的社会中，企业家们会乐于遵从诚实守信的商业准则；一个毫不在乎自家庭院之外公共环境和公共利益的社会，其决策者们和管理者们也很少会愿意将公共利益切实纳入他们的决策架构中。对本问题的讨论将集中在三个方面：自由竞争及政府作用、商业欺诈与信用危机、贿赂与腐败。

（2）产品、服务与消费者关系中的伦理问题。当代中国商业伦理实践中出现的产品与服务中的伦理问题是相当令人头痛的。在某种程度上，从产品安全、消费者权益等各方面所存在的诸多问题已经部分抵销了中国近几十年 GDP 高速成长所带来的成就感。由于这方面法律法规存在较大的自由裁量空间，企业的道德自律成为"产品与服务"中商业伦理决策的关键性因素。

（3）企业与内部利益相关者关系中的伦理问题。股东、雇员以及管理层之间的关系中存在很多伦理模糊地带，一方面，若干传统的伦理问题如股东权利与责任、管理层的尽责、雇员权益保护等问题还亟待解决；另一方面，各种新的伦理问题，还在不断衍生（如个性化的追求与企业的规范之间、企业内部的平权问题等）。从雇佣伦理的角度，在包括雇员薪酬与劳动报偿、职业健康与安全、培训与发展、与管理者的沟通、雇员的多元化与劳动歧视等一系列问题上，企业都必须建立合理的伦理准则作为日常决策的指导。此外，如果不能有效解决公司治理中股东权益、经理人报偿、董事会责任、审计与控制、财务报告、利益相关者参与等一系列问题，也会产生相当庞大的伦理成本。

（4）伦理领导力和伦理战略重构问题。解决当前商业伦理中所面临的种种问题，仅仅依赖于公司业务管理经常是不够的。对当代企业而言，从战略和可持续发展的角度认识商业伦理的价值对于提升公司"软实力"是非常重要的。对这一问题的讨论将这集中在伦理领导力、伦理战略和伦理文化三个方面。

（5）伦理风险及管控。这一问题的提出与企业"合规管理"的需求密不可分。与几十年前相比，社会对今天的企业及其经营者提出了更高的要求，企业在经营活动中必须有效管控因其不道德行为而产生的伦理风险，以避免类似安然、世通公司的悲剧重演。对这一问题的讨论，主要集中在伦理风险的产生、伦理风险的内外部治理以及全球化下的公司治理等方面。

（6）跨文化中的伦理管理。在一个全球化的时代，基于文化差异而产生的冲突是制约很多企业取得良好经营业绩的障碍。能够理解不同文化下的价值观、商业规范的差异并适应国际化经营的需求，对于今天的管理者而言已经成为一种基本素质。对跨文化伦理管理将帮助读者以一种更为开放和包容的态度，看待自身以及周边世界。

总体上看，本课程的学习重在伦理认知能力、决策能力和行为能力的培育，因此不仅需要理解商业伦理的基本概念和规则，更重要的是在实践中真正践行伦理行为。

本章思考题

1. 你是如何看待伦理和道德之间的关系的？二者有何异同？
2. 你是如何理解道德标准的？你是否认为存在客观的道德标准？
3. 商业伦理的本质特征是什么？
4. 列举你所观察到的不道德行为并说明其危害性。
5. 商业伦理解决哪些问题？
6. 怎样判断一个商业决策是否关乎伦理？
7. 商业伦理跟企业竞争有关系吗？谈谈你的观察和体会。
8. 你认为有必要学习商业伦理吗？为什么？
9. 你在决策中是否会考虑伦理问题？记录你的决策过程，并思考你是如何考虑伦理问题的。

参考文献

[1] Etzioni A. Moral Dimension: Toward a New Economics[M]. The Free Press, 1990.
[2] Mc Kinnon B. Ethics: Theory and Contemporary Issues[M]. Wadsorth, Thomson Learning, Peking University Press, 2001.
[3] Bowen H. Social Responsibilities of the Businessman[M]. New York: Harper, 1953.
[4] Campbell Jones, Parker Martin, Bos. Rene Ten. For business ethics: A Critical Approach[M]. Florence, KY: ROUTLEDGE, 2005.
[5] Carr A Z. Is Business Bluffing Ethical?[J]. Harvard Business Review, 1968(1): 46.
[6] Daron Acemoglu, James Robinson. Why Nations Fail – the Origins of Power, Prosperity, and Poverty. Grown Publishing Group, 2012.
[7] David Bollier. Merck & Company. The Business Enterprise Trust[M]. Stanford, CA. 1991.
[8] der Sitten D. 李秋零，译. 康德著作全集[M]. 北京：人民大学出版社，2007. 2.
[9] Ferrel O C, Fraedrich J, Ferrell L. Business Ethics: Ethical Decision Making and Cases [M]. New York: Houghton Mifflin Company, 2008.
[10] Fritzsche D J. 杨斌，等，译. 商业伦理学[M]. 北京：机械工业出版社，1999. 4.
[11] Horst Steinrmamn, Albert Lohr. 李兆雄译. 企业伦理学基础[M]. 上海：上海社会科学院出版社，2001. 12.
[12] Jacques Cory. Activist Business Ethics [M]. Boston: Springer, 2005.
[13] John M Kline. 崔新健，陈雨松，等，译. 国际企业伦理[M]. 北京：中国人民大学出版社，2013. 9.
[14] Jones, Campbell. For Business Ethics: A Critical Approach[M]. Florence, KY, USA: Routledge, 2005.
[15] Manuel G. Velasquez. Business Ethics: Concept and cases[M]. 北京：北京大学出版社，2002.
[16] Milton Friedman.The Social Responsibility of Business Is to Increase Its Profits [N].The New York Times Magazine, 1970/9/13.
[17] Pratley P. 洪成文，洪亮，仵冠，译. 商业伦理[M]. 北京：中信出版社，2002.
[18] Paine L. 韩经纶，等，译. 领导、伦理与组织信誉案例：战略的观点[M]. 大连：东北财经大学出版社，1999. 8.
[19] Richard. De George. Business Ethics[M]. New York: Macmillan, 1990.
[20] Theordore Levitt. The Dangers of Social Responsibility[J]. Harvard Business Review. 1958（36/5）.
[21] Thomas J, Watson J. 张静，译. 一个企业的信念[M]. 北京：中信出版社，2003. 10.
[22] Walther Ch. Zimmerli, Klaus Richter, Markus Holzinger (eds). Corporate Ethics and Corporate Governance[M]. Verlag Berlin Heidelberg: Springer, 2007.
[23] William H Shaw, Vincent Barry. Moral Issues in Business [M]. Belmont, CA: Wadsworth. 1992.
[24] Wren D. The Evolution of Management Thought [M]. (Second edition). New York: Wiley, 1979.
[25] 陈炳富，周祖城. 企业伦理学概论[M]. 天津：南开大学出版社，2000. 5.
[26] 陈勇，苏小平. 管理伦理学教学案例精选[M]. 上海：复旦大学出版社，2001.
[27] 成中英. 文化、伦理与管理：中国现代化的哲学省思[M]. 贵阳：贵州人民出版社，1991.4.
[28] 费孝通. 乡土中国[M]. 北京：人民出版社，2008. 1.
[29] 霍尔斯特·施泰因曼. 企业伦理学基础[M]. 上海：上海社会科学院出版社，2001.
[30] 康德. 邓晓芒，译，杨祖陶校. 实践理性批判 [M]. 北京：人民出版社，2003.8.
[31] 乔纳森·查卡姆. 郑江淮，李鹏飞，等，译. 公司常青[M]. 北京：中国人民大学出版社，2006.2.
[32] 吴晓波. 为什么中国缺乏独立的商业伦理[J]. 中外管理，2010（10）：15.
[33] 周祖城. 企业伦理学[M]. 北京：清华大学出版社，2015. 7.
[34] 朱贻庭. 伦理学大词典[M]. 上海：上海辞书出版社，2002：10.

第 2 章　人性与伦理

学习目标

理解人性的基本概念及其与伦理的关系；了解人性观对中西方伦理思想的影响；了解伦理的规范性与相对性。

引例

在 8 000 米的高处讲不起道德？

冒险也许是人类的天性之一。将近大半个世纪以来，珠穆朗玛峰，这个世界上最高、自然环境极为恶劣的地方，已经成了很多探险者的目的地。登上世界最高峰这种终极登山体验开始被商业化运作，为了把自己的名字列入首先登顶的名单，任何一个利益方都可以支付给登山者商业公司高达 6.5 万美元的费用而实现自己的梦想。然而，商业化并不能避免登山的危险性和随之付出的代价，截至 1997 年，约 150 人死于登峰活动，包括 55 位夏尔巴人向导。（Mick, 2003）

斯密斯·米克（Mick, 2003）是这样描述珠峰攀登的危险的：

"珠穆朗玛较高的山坡上到处都是冻僵的尸体、丢弃的氧气瓶，以及不堪入目、凌乱的废物垃圾。探险途中，常常会见到同一登山队或其他登山队生命垂危的队员倒在途中。对于那些对此视而不见或不做任何努力来帮助这些人下山或是陪他们度过生命最后一刻而不顾一切继续登顶的队员，人们众说纷纭。其中一位队员是这样说的：在 8 000 米的高处讲不起道德。而另外的人则反驳道：我无法原谅登山队员竟然如此冷漠地对待自己队友的行为。这和是否有可能救助没有关系，而是关乎人道——在看到生命的存在和逝去时对人的关爱，而不是视其为实现个人雄心壮志的绊脚石……如果登山者'讲不起道德'，那么，这项运动是不是已经被糟蹋了呢？"

在商业活动中，企业是否讲得起道德？应该怎样看待道德与人性的关系？

商业活动涉及很多群体之间的各种利益关系，他们可能是顾客、雇员、股东，也可能是供货商、竞争对手、政府以及各种相关团体,这些关系群体通常被称作"利益相关者"。过去这些利益相关者大多集中在某个国家内,而现在他们更可能分散于不同的多个国家,商业环境的全球化使现代企业管理者身处一系列日益复杂的关系之中。

在这些纷繁复杂的关系中,我们对他们彼此的相互关系究竟了解多少?在讨论商业伦理问题时,我们无法忽略对各种伦理行为主体的认知。皮兹克劳斯基在回应人们对类似珠峰登顶过程中出现的种种伦理问题时曾说过:除非我们理解了人、理解了人类,否则就无法解释旅游业(Przeclawski, 1996)。在更广泛的商业社会中,我们同样也可以说:如果我们不了解人,商业活动的各种行为主体所反映出的问题就无法说清楚,更谈不上解决这些问题。

2.1 人性的认知

不同利益相关者对商业伦理理解的差异往往很大。在一些商界人士看来,学术界的思想被认为太过理想化,最直接的证据就是,我们每个人都会感到自己不可能总是天使,自利几乎是人的天性,特别是在涉及商业行为或巨大投资的时候。但鉴于各种商业规范,许多人又不得不让步,其中的驱动力究竟是什么呢?

联合国宪章或者通行的伦理规范中,有许多大家认同的伦理规则,但如果稍加分析,人们可能就会提出质疑:这些规则的伦理基础是什么?它们是如何提出的?这些规则为什么重要?如何保证其实施?这些规则会不会仅仅是为了展示研究或伦理理论的重要性而被学者们夸大了呢?

很多人在被指令该做什么或不该做什么时,通常会感觉不自在,或者一提到"伦理",就会有这种感觉。(Fennell, 2006)然而,如开篇总论中提到的,无论是否愿意谈论"伦理",人类的道德感始终存在,甚至即使在我们自身的行为可能不甚得体的时候,还是会喜欢把人分成三六九等,并且总认为自己才是最正确的那一群人,就好像 11 世纪的道德十字军[①]。而当今社会又是一个道德问题特别需要讨论的时代,道德似乎无处不在,又似乎可以弃之如敝履。兰德(Rand, 1957)在半个多世纪以前曾经感慨:"是的,这是一个道德危机的时代……道德规范已经达到了定点,也即进入道德轨迹的死胡同。现在需要的不是回到(道德)起点,而是重新发现。"今天的我们是不是也面临着同样的境地呢?

尽管许多人津津乐道于古人的道德,"今不如昔"大概是道德家们最喜欢的表述,著名大学里的总裁国学班似乎印证了这一点,但我们不可能再回到古代社会,只能在新的时代重新发现,重归人性的思索。

2.1.1 本性与教养

人性的争论,有些是关于"本性与教养"的争论,有些是关于基因(生物)决定和环境(文化)影响的争论。当我们回到人性这个话题时,这两种论调中经常会出现看起来完

[①] 十字军源于 11 世纪欧洲的基督教士兵为了从穆斯林手中夺回朝拜圣地巴勒斯坦而组成的队伍,象征自己是正义的一方。

全相反但本质上没有区别的错误：或者认为文化决定一切，或者认为文化什么都不是（Wilson，1993）。

按照布罗诺夫斯基的观点，与动物相比，人类能通过技术、创新、想象力、判断等各种方式更自由地改变世界（Bronowski，1981）。经过人类智慧重塑的自然已经不再是单纯意义的生物进化，而是文化演进。文化是人类自身演进变化的主要驱动力之一，是各种共享的符号及其概念（Hagedorn，1981；卡希尔，2003），包括长期积累起来的、共同帮助人们生存的技术和社会创新。这些创新常常专属于某一群体，从而使文化具有生理和心理双重作用，"是一种包含精神价值和生活方式的生态共同体；它通过积累和引导，创建集体人格（余秋雨，2013）。"由文化差异（或深厚或短暂的文化历史）而形成的民族感，从另一个角度展示了文化所具有的时空性：文化是开启人类想象力的主要工具，使我们的思想穿越时空，连接了一个民族自身的过去、现在和未来。正是基于文化对人类自身演进的认识，几千年来我们似乎一直在探索三种可能性，即究竟怎样才能使人有个好的结果？通过什么手段？能否实现人的真实存在？然而，东西方对人性探讨的原点却似乎产生了截然不同的效果。

西方学者对于人性的探讨与争论，可以归结到对人类不同族群的文化认知能力上，总括起来可分为三种理论："白板论"、"高尚野蛮人论"和"机器灵魂论"（Pinker，2002）。

1. 白板论

"白板论"（blank slate）是指初生之时尚未受外界和自身经验影响的纯净心灵，汉语里面更喜欢用"白纸"来形容这种状态。在白板论中，学习被看作是人生各种经验形成的唯一途径，有时候一些族群看起来似乎比另外的族群更聪明（例如亚裔和犹太人），但没有确实证据表明这些族群比其他族群更聪明，看似聪明的背后则是这些族群可能更重视教育。白板论者相信，如果通过媒介、教育或奖励等方式改变了人的经历，就会改变一个人，任何一个人都有成功的机会，老师在其中的作用至关重要。

行为学家沃尔森（Walson）和斯金尼尔（B. F. Skinner）的论点与此类似，认为人类具有很强的可塑性，人类生存需要的所有方法都源于其在环境中的习得。

2. 高尚野蛮人论

"高尚野蛮人论"（noble savage）的诞生颇具传奇色彩。哥伦布在其探险的航程中，惊愕甚至带点失望地发现他所遇到的野蛮人并不是想象中畸形发育的庞然大物，相反，他们体格完好、俊美端庄（Boorstin，1985）。卢梭将其称为自然人——即赋予了浪漫色彩的"高尚野蛮人"，认为他们比西方人更具操守。卢梭认为，自然状态是简单的完美，没有文明的附属品——贪婪和暴力，比西方人更平和无私（Rousseau，1964），源于自然是真实可靠的，沉浸于自然的人性无疑更具美德。

高尚野蛮人论对19—20世纪的知识分子有相当深远的影响，但卢梭的自然人性论在近期受到了质疑和反驳。例如，有研究者指出，有些"高尚野蛮人"实际上并无操守可言，祭牲、乱伦和杀婴等行为（Fennell，2006）仍普遍存在。

3. 机器灵魂论

与卢梭的高贵野蛮人之说截然相反的是英国哲学家托马斯·赫伯兹（Thomas Hobbes）的思想——"人是人的狼"；赫伯兹认为人的内在自利决定了人性无异于动物，人类的战争和敌视都是必然的①。

机器灵魂论（ghost in the machine）的主要代表人物勒内·笛卡尔（Rene Descartes）对此提出反驳，认为思想和肉体是二元的、是分离的，人之异于动物在于人类是由灵魂控制的，所谓"我思故我在"。英国哲学家莱尔（Ryle，2002）用机器灵魂论描述了笛卡尔的思想与肉体的二元论。

以中国为代表的东方国家也同样不乏对人性的探讨，而且同样集中在本性和教养的论辩中。孟子的"性善论"与荀子的"性恶论"各执一端，而孔子"性相近，习相远"的观点，则概括了人性之双重性的善恶两面。有关这些内容，我们将在第 2.2 节中进一步阐述，这里不再赘述。

所有关于人性的争论最终可能都归结为是什么决定了人性的差异。一种观念认为人性取决于文化（后天的学习与养成），另一种观点则认为取决于生物遗传（基因）。与文化决定论不同，基因决定论是一些生物学家和人类学家的最爱，他们认为文化的普遍性（共相）不仅存在而且非常重要（Brown，1991），人类生物学和进化心理学是理解人类学共相问题的关键（Fennell，2006）。

在卡西尔看来，人并没有什么与生俱来的抽象本质，也没有什么一成不变的永恒人性；人的本质是永远处在制作之中的，它只存在于人不断创造文化的辛勤劳作之中；因此，人性并不是一种实体性的东西，而是人自我塑造的一种过程：真正的人性无非就是人的无限的创造性活动（卡西尔，2003）。

然而，人类的繁衍生息有着不可抗拒的自然法则，人类在演化过程中为了更好地生存也形成了某些一致性的规则。基因决定论和文化决定论的争论与分歧恰恰是对这种一致性规则的渊源的识别，意味着人们开始进一步思考并探讨生物演进的思想能否应用到人类的繁衍生息中（Trivers，1985）。

专 栏

专栏 2-1　社会达尔文主义

托马斯·马尔萨斯（Thomas Malthus）在其《人口论》中写道，人口增长超出粮食增长，包括土地和矿物在内的资源短缺，是经济滑坡、穷困和营养不良的主要原因；这一观点对达尔文产生了重大影响。达尔文提出了"适者生存、物竞天择"的进化理论。进化论的基本前提是自然选择的概念，进化论思想与企业竞争的联系意味着自然法则在商业理念中的渗透。

---

① 语出赫伯兹的著名作品《利维坦》。Leviathan, or the Matter, Form, and Power of a Commonwealth, Ecclesiastical and Civil, 1651 年出版，是对政治理论的述评。

生物学界认为适应性变化也是繁殖成功的一种属性，自然选择偏爱那些能留下最具生存力后代的单个有机体，生殖是一个对传承个体基因具有重要生物意义的过程。额利敕（Ehrlich）等生物学家坚持认为，虽然可能存在某些潜在影响，但基因不能主宰我们的决定性行为。

（资料来源：Trivers, 1985.）

2.1.2 利己与利他

关于人性的最持久的争议是：人类到底是天生自利型，还是合作型的。很多西方研究者认为，无论持何种观点，从哲学和科学的角度来看，人的利己性都是人性形成的重要因素（Griffin, 1998）。

20世纪60年代，威廉姆斯（G. C. Williams）的学说使进化生物学发生了巨大变革，他认为考察进化的最佳途径是通过考察基因；动植物做事不是为了自己或其种族，而是为了自己的基因。因为只有基因才能传承其各种属性（包括持续数代完成自然选择的物质）。基因是物种属性的复制者，长期存在并体现在世代繁衍中。最著名的自利基因论支持者是理查德·道金斯（Richard Dawkins），其著作《自私的基因》（*The Selfish Gene*）最早出版于1976年。另一个赞同威廉姆斯观点的是哈密尔顿（Hamilton, 1964），他运用广义适合度（inclusive fitness theory）概念，提出了亲缘选择论（kin selection）。亲缘选择论认为，基因相关者中更容易产生利他行为，这也是自然选择的一种属性。如果利他行为可以遗传，在近亲中"利他"则更容易普及，因为亲属是共享基因的。

专栏 2-2　蜜蜂的基因遗传：哈密尔顿的观察

哈密尔顿发现，在群居动物蜜蜂的族群中，工蜂（worker）之所以努力工作并不是蜂后（queen）通过化学手段操纵的结果，而是工蜂比蜂后与幼虫的联系更紧密。由于工蜂不能生育，它们只有努力通过蜂后而无法通过自己的子孙实现基因的永存。人们在公司内部排除对手获得晋升，也是这种基因自私性的实现。另外，人们更乐于捐赠器官给兄弟姐妹而不是非家庭成员，也是因为亲族选择（帮助自己的兄弟）比群体选择（帮助家庭以外成员）更能增加捐赠者的基因遗传。

（资料来源：Hamilton, 1964.）

威廉姆斯和哈密尔顿展示的是赤裸裸的利己主义，即使有利他行为发生也是因为利他行为有助于实现族群的利己目标，如工蜂，用"无私"的个体实现蜂巢的安全和族群成长。

基因的利他说（Altruism）则认为在受益者有可能在将来回报施惠者时，互惠（reciprocity）行为就会发生，其典型代表是罗伯特·垂沃斯（Robert Trivers）。他认为，在这种情况下，只要接受帮助的利益不少于回报的代价，双方就会发生合作，并彼此帮助（Trivers，1985）。

专栏

专栏 2-3　血蝙蝠家族的互惠：威尔金森的观察

哥斯达黎加的吸血幅（Vampire bats）会共享食物（把血回流给其他同伴）。血液共享取决于亲缘关系程度，亲缘关系和互惠（非亲缘）关系中血液共享程度不仅是相同的，而且是彼此独立的。互惠需要满足三个条件：①有足够多的彼此互动和角色交换，确保所有捐赠者获得净利益；②得到帮助的净利益平均高于捐赠的成本；③捐赠者能识别那些没有履行互惠义务的受惠者，并不再给他们食物。

（资料来源：Wilkinson，1984.）

在灵长类动物中，邻里间互相关照非常普遍，彼此都会做一些目前有利于对方、之后会各自有利的事情。威尔金森的这种观察结果说明动物界存在互惠行为（Wilkinson，1984）。互惠利他的需求解释了人类在漫长的繁衍生息过程中超越生物演进而形成的社会道德情感：同情和信任使人开始善行、感激和忠诚使人回报善行、内疚和羞耻使人不会拖延回报、恼怒和蔑视使人避免或惩罚欺骗。平克尔认为垂沃斯在社会心理学方面首先提出了较为合乎逻辑的解释，即由于基因的存在，人能够理解那种调节自己利他行为的心理系统。例如，友谊与喜爱：自然选择会青睐于喜欢别人并形成友谊作为激发利他行为的情感回报。人类对利他行动的成本和收益非常敏感，需求越大，互惠的可能性越大。一旦互惠演绎成友谊、道德、内疚、同情和感激等情感来调节人类的心理系统，自然选择就会模仿这些特性，从而影响其他人的行为。互惠利他心理系统的另一个特征表现在利他关系的确立，选择会倾向于建立利他关系的机制，这可能包括为了引发友谊而对陌生人做出的利他行为。因此，互惠利他是一种共生形式，其中的每一个有机体通过帮助另一方而帮助自己。这种共生关系可能会滞后，因为利他者往往需要等待另一方回报某一恩惠。垂沃斯还揭示了互惠利他的演变，认为人类具有识别并排斥欺骗者的能力（特别是那些接受了利他者帮助的欺骗者），从而使互惠者能够在合作中彼此获益并战胜欺骗者。研究者发现，还有其他生物性或心理性需求也会形成互利，如对活动、刺激、新奇、能力、权力、果断、安全、社会认可和预测的需求（Wallach 和 Wallach，1983）。

出于自我利益的利己主义并不是对共同利益的唯一威胁。在一些资源分配的试验中，当个人利益和集体最大利益吻合时，资源就能公平分配。但是，如果利他仅仅是出于同情和友情，则可能是对共同利益的一种威胁。例如，把企业中的重要职务给予朋友而不是其他更称职的更能带来自我利益的"别人"。这也许就是一种人性的博弈，抑或是道德的力量，如人类历史上众多舍生忘死、"三过家门而不入"的故事，并不代表当事人内心没有本能的痛苦。

2.1.3 博弈论

博弈论的提出要归功于纽曼（John Von Neumann）和纳什（John Nash）两位学者。博弈论的核心思想是：一个"选手"采纳的策略必须是根据其他选手所采取的策略而做出的最佳选择（Romp，1997）。

里沃汀（Lewontin，1961）把博弈论运用于生物学，认为基因机理的演变可以视为物种与自然的博弈，某一物种采取的战略决定了其生存的机会。正如史密斯（Smith，1983）所说，所有个体都采用建立在个体内部事先拥有的行为知识基础上的进化稳定战略（ESS），即利益成本分析。如专栏 2-4 中的鸽子，虽没有通过你死我活的争斗一决胜负，但最终却以种群的大量繁殖体现了基因延伸带来的"儿孙满堂"所展示出的最终"胜利"；这也许就是所谓退一步天高地广，许多博弈并不是零和游戏，而是如何保证自身群体的繁荣延续。

专 栏

专栏 2-4　鸽子和老鹰：ESS 战略

研究人员用老鹰和鸽子的战斗展示了 ESS 战略。老鹰总是奋力战斗，不受重伤绝不撤退，鸽子则只是摆个姿势威胁了事。假设老鹰对决鸽子：鸽子撤退，就不会受到伤害；两只老鹰对决：彼此会血战到底，不到一方重伤或战死，绝不停止；两只鸽子交锋，则可能出现长时间相持对阵的情况，任何一方都不会受到伤害。

常识告诉我们，老鹰肯定会击败鸽子。但研究人员观察发现，鸽子的平均回报要高于老鹰，因为前者避免伤害，后者则存在较高的伤害率；鸽子温和行为的结果显示了自己的战略更为实用。假以时日，温和的基因更可能在其种群中传播。该研究形象地向我们展示了动物像人类一样，总是在创造有利于基因和种群长期生存的最优战略。

（资料来源：Fennell，2006.）

博弈论中的囚徒困境是大家非常熟悉的。在囚徒困境中，最符合个体理性的最优选择（两人都招供），却可能是集体非理性的。

经济学鼻祖亚当·斯密认为，在市场机制充分作用的前提下，个体的自利选择会导致社会集体利益最大化（Smith，1776/1964），但现实中反例却比比皆是。许多公地悲剧已让人黯然神伤，即使从大家熟悉的岔路口抢行一幕中，我们也嗅到了这种纠结，自利个体选择的结果是交通秩序大乱，这也体现了一种集体的非理性。

从"利他"出发的个体理性同样也会导致集体非理性的结果。在欧·亨利的小说《圣洁的礼物》中，吉姆和德拉相互为了满足对方心愿而做出的选择（吉姆卖掉了心爱的金表，德拉卖掉了心爱的长发），出于无私爱心的利他行为，却同样使双方利益同时受损。

自私的社会有"囚徒困境"，无私的社会也有"圣洁礼物困境"。个体理性与集体理性的困境，表明社会群体中学习和规则的重要性。商业伦理也是需要习得和加强的，否则当其他情感或欲望占据了主导地位，其形成的氛围往往使应有的规则偏离航线。我们也许应该承认：自利不是问题，但如果被放在了第一位，那可能就成了问题。

2.1.4 使命论

尽管亚当·斯密在其《国富论》中大力倡导个体自利可能带来集体利益最大化，但在其《道德情操论》中，亚当·斯密则不得不承认同情心使人类把他人的需求放在首位，认为所有的人都应该具备强烈的道德情操，即道德的使命。使命感能使我们放弃不加约束的自我利益。

弗兰克在其《理性激情》（*Passions within Reason*）中说，如果我们要达到某种合作状态，就必须随时准备放弃不加约束的自我利益。（Frank，1989）囚徒困境是基于不加约束的自我利益的理性决策，其中最重要的是二人之间根本不存在信任、关爱和自我牺牲等情感因素。在彼此猜忌的阴影里，二人根本无法达成共赢。

利他主义主要是由同情心使然，认为利他和关爱与同情心密不可分。很多社会心理学家认为人类都是群居自利主义者（social egoist），即使思想和行为有时是社会性的，但内心仍然是自我的。巴森（Batson，1990）则指出一个人的利他和对别人的关爱可以被理解为是一种价值观：珍惜别人是出于对方的利益还是自我的利益？如果是前者，则表明珍惜是终极价值（terminal value）；如果是后者，则仅是使用价值（instrumental value）。人类的同情心是有限度的，（Midgley，1994）而且也会面临考验。过于关爱他人而忽视家人和自身的需求，是不是一种理想状态？铁路扳道工面对1个人和多个人的生命，该如何选择呢？

海兹概括了四种构成道德体系的情感：（Haidt，2002）责备他人的情感（蔑视、生气和憎恶促使人们惩罚欺骗者）、赞扬他人的情感（感激、评价或道德敬畏使我们称赞利他者）、对他人受难时的情感（怜悯、同情和支持使我们帮助处在需求中的人）、自我意识情感（内疚、耻辱和尴尬使我们避免欺骗或纠正错误行为）。

许多时候，我们的行为是在遵循社会约定俗成的规则，以及人类自身进化中生成的各种情感。使命论认为，正是这些情感因素维系了人类的道德体系。在商业伦理中，也不乏同样的案例。回想一下三鹿事件中人们的情绪，更多的是对违反人类社会道德底线和基本规则的愤怒。

2.2　中西方人性假设比较

卢梭说过，人类的各种知识中最有用而又最不完备的就是关于"人"的认识（卢梭，李常山译，1962）。中西方关于人性的假设，有相当的差异，这些差异对各自伦理体系的形成有很大影响。

2.2.1 人性说与中国传统管理思想

春秋战国时期是中国哲学思想最为丰富的阶段，先秦诸子留给后世极为宝贵的资产。在之后的两千年来，虽然有过各种思想学说，但在有关人性的探讨中，性善说、性恶说和人性可塑说是最主要的。

孟子是性善说的代表性人物，对中国传统伦理思想影响深远，广为流传的启蒙教材《三字经》中"人之初，性本善"就是这种思想的体现。"性善论"大体上可以从三个方面理解（汤正华，2005）。

孟子的性善说认为人性可以为善，"恻隐之心人皆有之"，人人具备向善的可能，但并不是说人在任何情况下都会自然而然地向善；人之所以为人是因为人性的"善"，也就是孟子所说的仁、义、礼、智是人所固有的四种本能；但人的善同样是需要培育的，"求则得之，舍则失之"。

与孟子性善论相反，荀子否定善是与生俱来的，认为恶是人性所固有的本性。人性中的善是后天社会环境影响的结果，眼睛喜欢漂亮的美色、耳朵喜欢优美的音乐、嘴巴喜欢难忘的美味、心里喜欢获得好处、身体好逸恶劳才是人的本性；人们需要通过教育、引导才能去恶从善；如果放纵人的本能欲求，人本性的恶就会表现出来。

在管理中孟子强调以仁感怀天下，荀子则强调制度管理的必要性，强调运用规则征服而不是通过情感感染人性。

孔子则认为人性是可塑的，"性相近，习相远也。"人的天性无所谓善恶，经过后天的习染则形成了人性的巨大差异。对孔子来说，人性是可以改变的，这也正是他的"德治管理"思想的来源。德治强调道德教化，并且教化者自身要有良好的道德修养，才能做到修身、养性、齐家、治国、平天下。

中国传统伦理思想对人性的这三种假设侧重似乎都有所不同：性善论强调人区别于其他动物的本质特点，即人类具有同情心和良善美德；性恶论则强调人的自然属性，认为人性在本质上与动物没有区别；人性可塑论则综合了性善论和性恶论的观点，更强调后天教养对本性的影响和改造。然而，从先秦开始的这种典型争论，经过两汉经学、宋元理学、明代心学等的变迁，正如前文提到的三字经的盛行所示，"人性本善"逐渐成为中国人人性探索的原点，一切对人之内心的反观和修炼成为实现善的过程，上善若水，只要修身，便可达到齐家、治国、平天下的目的。德治的管理理念以人性本善为前提，也即不去正视人性中可能存在的恶性。

2.2.2 人性说与西方管理思想

如果说传统中国人性理论偏重"人与社会"的探讨，西方哲学则更关心世界本源问题。苏格拉底认为人的本性就是人与动物的根本区别，即人的灵魂的理性，提出了德性主义的人性理论模式，"德性即知识"构成了苏格拉底道德哲学的核心（刘清华，1993）。神将"节制、正义、虔诚、勇敢"等德性平均分配给了每个人，但这种德性只有在理性的指导下才是有益的，是真正的善，否则只能是恶。

柏拉图更进一步认为人的本性即人的灵魂，是由理性、意志和情欲组成的。其中，理性是最优秀的部分，统率其他部分，因而人的本性在于理性。当意志和情欲接受理性的领导而各守其职、各尽其性时，灵魂便有了自然的和谐，就获得了最高的德性——正义。

从柏拉图至亚里士多德，大体形成了关于人性即理性的人性论体系。亚里士多德认为理性原则就是适度和中道；过度或不及都足以败坏一个人的德性。直至经济学家亚当·斯密的理性经济人假说，成为西方经济学说的重要假设前提（Smith，1776/1976）。

与"理性经济人"假设相适应的科学管理将重点放在如下几个方面：①管理效率至上；②专业化管理和标准化管理；③绩效激励导向。

随着资本主义社会的发展，追求个人价值和精神需求的满足，以梅奥和霍桑为代表的社会人的假设，以及马斯洛的自我实现人的假设，开始被广泛接受，行为科学理论的出现改变了西方传统管理模式。人们认识到，主导人的行为的不仅仅是追求个人利益最大化的理性主义，情感、情绪等非理性因素也发挥着重要作用。承认情感的需求，表明对人性的尊重。至此，对人的行为的探索开始从以物为中心走向以人为中心。

美国心理学家和行为学家沙因在已有的人性假设基础上提出了复杂人假设，认为人的需求分成若干种并随着社会发展阶段和生活处境而变化；由于需要与动机的彼此作用，组合成复杂的动机模式、价值观与目标，因此没有所谓的唯一正确的管理策略。在复杂人假设的基础上，还出现了各种人性假说，如自我实现人等。但正如康德所说，人应该永远把他人看作目的，而不是实现目的的手段。德国著名伦理学家弗里德里希·包尔生也说过："所有的技艺根本上都服务于一个共同的目的——人生的完善"（包尔生，1988）。

与中国"人性本善"的出发点相反，西方人的善的外在性与人性本恶的共同性一起构造了他们的求知活动必然由人类自身出发而向外求的重大特征（黎明，2011）。较之对人的内观，他们更侧重外在的探索与社会契约。

2.2.3　寻找共性

卡希尔（2003）在探讨人性时曾经很中肯地想要说明人性反映出的共同之处："如果有什么关于人的本性或'本质'的定义的话，那么这种定义只能被理解为一种功能性的定义，而不能是一种实体性的定义。我们不能以任何构成人的形而上学本质的内在原则来给人下定义；我们也不能用可以靠经验的观察来确定的天赋能力或本能来给人下定义。人的突出的特征，人的与众不同的标志，既不是他的形而上学本性，也不是他的物理本性，而是人的劳作（Work）。正是这种劳作，正是这种人类活动的体系，规定和划定了'人性'的圆周。语言、神话、宗教、艺术、科学、历史，都是这个圆的组成部分和各个扇面。因此，一种'人的哲学'一定是这样一种哲学：它能使我们洞见这些人类活动各自的基本结构，同时又能使我们把这些活动理解为一个有机的整体——人类文化。"

正如文化共相说所指出的，文化的差异性并不足以抹杀普遍规则。例如，在第 2.3 节，我们讨论到世界各地对逝者的安葬仪式，在这些仪式的巨大差异背后，显现的都是对逝者的缅怀与敬重。

比较"理性经济人"假设和"性恶说"的影响，二者都鲜明地指出了人性中自然属性的一面，主张采取的管理办法也极为相似，都强调制度管理，强化监督、指导和控制，用物质刺激工作、进行奖励。

理性经济人假设对人性不作善恶判断，性恶说则将人性的判断直接作为干预人的活动的道德基础。不论理性经济人假设还是性恶论，在管理中的应用都强调利益驱动，强调规制和激励机制。从世俗运用的角度，二者的共同之处也许正在于它们对人的自然属性和社会属性的选择性偏好，都会导致简单化处理问题。正如沙因（1987）所说，最大问题"倒不在于根本没有人符合这种假设，而在于它把人的行为过于简单化了。"

性善论、人性可塑论及社会人假设都强调人的社会属性，社会人假设认为人的主要动机是社会需要，其中自我实现人假设认为，人的动机可归结为有多种动机组成的一个层次系统，人们力求在工作上有所成就，实现自治和独立。这几种假说的共同特点是它们都认识到人不是只会说话的工具，从而为人本管理提供了理论依据。在管理实践中，几种人性假设所倡导的管理哲学都强调以人为中心，重视良好的人际关系的重要性，强调遵守规范的内在自觉性，突出尊重人格的原则。

性善论与社会人假设之间也存在较大的差距。性善论倡导德治，单纯强调人的内在社会性而忽视利益的追求，过度追求精神层面的理想化和人的自律性，忽视物质利益的激励作用，是中国古代"德治"理论的重要特点，也是影响其世俗应用的原因。

与复杂人假设相类似的是"人性可塑论"，该学说不同于性善论与性恶论。对人性的分析，性善论侧重于道德属性，性恶论侧重于心理属性，而人性可塑论则兼而有之。在持复杂人假设和人性可塑论观点的人看来，人性是复杂的，善恶之间不可一概而论。人性可塑论在管理上表现为强调教化过程和"善"的养成。复杂人假设注重在认识人性复杂的基础上选择适合的管理方法，注重多样化的管理和管理的可操作性。

虽然中西方人性的假设有很多共同的地方，但是二者对各自伦理规则的影响却表现出很大的差异性。无论是性恶论、性善论还是人性可塑论，都存在一个共同的特点：较为注重人的社会属性，而忽视了自然属性；相较之下，西方的人性理论强调的是对自然属性和社会属性中认知因素的重视。虽然我们经常指责西方社会物欲横流，但过度强调"德性"养成和精神愉悦的中国传统人性教化理论，显然也存在自身的问题。

传统的主流观点要求普通人按照"圣人"的标准行事，也造成了传统文化过度强调微言大义，普通人无法达到圣人的标准，便只好在生活中采用两套语言、两套标准：外在的圣人的标准和内心的俗世标准，伪君子的大量出现就不难解释了。

如果我们观察现实生活中那些动辄以"社会良知""企业社会责任"自我标榜的企业家，在他们或者他们企业的不道德甚至违法的商业行为被揭穿时的表现，就不难发现传统思想至今仍然在发挥影响。从乐观的角度来看，回归传统，回归"士"的精神，也许有助于呼唤道德的血液重新流在企业家的血管中；从悲观的角度来看，重拾传统的牙慧，也许还会带来更多的问题。

2.3 伦理理论的演变

商业伦理无法自外于社会伦理，理解社会伦理的差异性，对了解商业伦理规范的差异大有裨益。

2.3.1 伦理的形成

达尔文的《物种起源》结束了"天授道德"的信仰，但自20世纪50年代以来，生物学家试图将自然选择运用到人类社会系统的努力（MacIntyre，1981）也没有得到成功。伦理的形成到底是生物进化的一种功能，还是文化和社会的产物，并未有定论。

从生物学的角度，只有人具有预测其行为结果、进行价值判断、对不同行动做出选择的能力（Ehrlich，2000），道德能力是人类区别于动物的重要属性。人的价值观源于幼儿时期，但随着人的成熟，其价值观会发生深刻的变化。维拉凯兹认为，儿童时期的道德标准基于一种自觉逃避痛苦的意识（Velazquez，2000），青少年时期则逐渐将传统道德标准内化，对道德标准的坚持更多地出于满足家庭、朋友和周围社会的期望；只有进入成年时期，我们才具备了进行深刻的道德反思的能力，这个时候才开始对源于家庭、朋友、文化或宗教的道德标准进行反思，也即具备了伦理形成的能力。按照这一说法，显而易见的是：人的道德判断能力在其道德发展后期比早期更为完善。伦理研究是开发一个人处理道德问题的过程，是一个能够使人获得反思能力的过程。

额利敕认为，伦理和价值是从人类开始狩猎和收割的小群体社区中进化的，在这个群体中所有人都彼此了解群体内在的期盼，不需要一套复杂的规制来保护凝聚群体的各种价值，所有的规制都是心照不宣的（Ehrlich，2000）。

当人们对这种规制不再满意时，便自然而然地出现了理性的自我导向的道德判断，继而形成了个体所接受的规范与群体普遍接受的规范之间的对立和紧张，道德哲学也由此而产生。

为了使伦理规则在较大群体中仍然发挥作用，原有的心照不宣的规则必须从亲缘关系延伸到非亲属关系中。这时发挥作用的就是互惠利他作用，大的群体及其伦理进化需要领导、关系、交流、仪式、地理等因素的支持，一些行为规则保留下来，另一些被抛弃。在这一过程中，有益于群体的无私行为将得到奖赏，新的伦理规则经过自由选择而不是亲缘适应性中的利他本能逐渐确立起来，为了适应群体的不断变化，必须通过其中的领导者来影响伦理系统的变革。

此时，群体间的选择可能更青睐于文化上而不是基因上的凝聚力（Boyd和Richerson，1985），凝聚群体的各种仪式具有更大的影响力。群体选择和个体选择的博弈各不相同，前者倾向于有助于群体成功的文化和信仰的传承系统，后者则是取决于基因遗传能力。正如Midgley（1994）所说："人类的道德思考在自由和束缚中不断演化，自由使我们能够进行新的道德思考，从而处于新的道德约束下，也使我们能够在各种相互矛盾的目标中完成对最重要目标的选择。对冲突的不断反思，看似自寻烦恼，但正是这一过程推动了道德规则的不断演化和社会的发展。"

2.3.2 中西方伦理特征

一半是海洋，一半是火焰。人性既来自人的生物性，也来自我们的群体、家族，文化

（教养）和生物性（天性）共同作用于我们的道德观念和行为模式。有鉴于此，东西方伦理存在不同的特征也就不足为怪。

1. 西方伦理特征

古典哲学源于公元前 600 年左右的古希腊，此前西方的各种知识和对事务的解释都来自神话传说，前苏格拉底时代（公元前 1650 年至—公元前 1500 年）哲学的主要特征在于揭示生命的基本意义，认知世界是如何通过自然及宇宙力量而形成的。

在罗马帝国格利乌斯时代，出现了与文艺复兴时期的"人道主义"[①]相对应的两个词：philanthropy 和 Paideia。前者的意思是善行，后者的意思是身心的全面训练，也就是人的教化（杜丽燕，2005）。源于荷马时代的英雄伦理，经过自然哲学家、智者和以毕达哥拉斯－柏拉图为代表的南意大利学派的努力，产生了希腊特有的伦理——道德形而上学，进而发展到亚里士多德时代的用理性对人进行教化的传统。教化的内容在中世纪逐渐发展为大学的文学三科（即法律、修辞和逻辑）以及科学四科（算数、几何、和声学及天文学）。

这种教化方式被称作身心的全面训练，一直保持了两千多年。在中世纪，教会的作用和影响使英雄伦理变成了基督教伦理，修道院学校承担了大部分的教育职能，抄写、保存古代文本的任务，也由修道院承担起来。中世纪基督教的教化，形成了当时西方世界的主流价值取向，以宗教信仰为核心塑造人性，是其最重要的特点。希腊人的理性观加上基督教信仰，以《圣经》作为一切教义基础的加尔文主义最具代表性。

加尔文教信仰和资本主义思想之间存在相互联系（Weber，1958），新教伦理的两个主要因素——坚持人的职业的重要性和所有生命的理性化，形成了自律和义务的道德感。它们相信一个人有责任在上帝赋予的任何尘世岗位上尽最大的努力，而不应退缩、遁世。个人通过努力工作累积财富，但拥有财富不是为了自身的挥霍享受。一个人拥有越多，也就越有义务为所谓上帝的荣耀而看护并努力增加财富。在这种观念下，追求物质财富被赋予了道德含义，财富是努力工作的成果，也是免受天谴或堕入地狱的方式。为了取悦上帝，任何财富都要重新投入更多的财富累积中，从而更进一步体现自己的选择。

在历经中世纪的黑暗时代后，宗教信仰的绝对束缚让位于经济自身的发展轨迹，但追求财富的自律和义务道德对资本主义理性经济行为的形成至关重要，促使人们按照有助于经济迅速增长的方式行动并形成相对一致的价值观（Piere，1999），这一价值观使追求利润和财富积累变得合情、合理、合法（Polanyi，1944）。

新教伦理体系的核心内涵可以概括为道德使命感，不仅包含生产最大化的律令，还包括消费最小化的责任。其所衍生的所谓"新伦理"同样必须追求有效生产（effective production）和有效消费（efficient consumption），即确保生产最大化的同时，还要使节约和潜在的投资资本最大化（Ditz，1980）。对生产的强调变相提高了对剥削、掠夺人和自然的容忍度，经济体系被赋予了独立的生命力，利益驱动成为主要导向。

这种状态几乎一直持续到 20 世纪 50 年代，个人生存伦理观（personal survival）的出

[①] Humanism 是从拉丁文的 Hu—manitas 派生出来的，本意是"人性"、"仁爱"、"教养"、"文明"。

现（Kluckhohn，1958）代表着对个人利益的追求开始从积累财富转向追求快乐和心理生存。生命的终极目标不再是工作和成就，而是消费和享受（Bell，1976）；只要能带给人现世快乐的，就是道德的。自我否定和延迟满足的理念逐渐转变成自我实现的伦理思想（Yankelovich，1981），各种价值观并存，诸如创造性、自主性、参与性、社区、冒险、活力和刺激等包含更广泛人生体验和多元化的生活方式不再被排斥。道德本来依附于宗教信仰，现在其本身也变成了目的。

2. 中国伦理特征

中国两千多年的传统社会最具渗透力的思想流派包括儒、道、释三家，其中以孔孟为代表的儒家思想对中国伦理思想的发展最有影响。儒家文化已经积淀在中华民族的道德意识和道德心理中，并曾经深刻影响了整个东亚文化。儒家伦理本身也随着时代的变迁而呈现出不同的差异性征（赵春福和曹晨辉，1994）。

先秦时期是中国历史上文化最为繁荣的时期，从孔子的以"仁""礼"并重为核心的德政论开始，经过孟子的以"仁""义"为最高道德原则的仁政论以及荀子的"礼""法"并用的发展，儒家文化逐渐确立了在中国社会尤其是精英阶层的主导地位。在"儒、释、道"之外，这一时期的法家、墨家等诸子百家思想同样深刻影响了数千年的中国社会传承，很多朴素的民本思想也发轫于此。

有学者认为，虽然儒家的伦理观念，以"仁""义""礼""智""信"为基本价值观并据此建立了有关君臣、父子、夫妇、兄弟、朋友关系的伦理守则，但自汉代以后，儒家学说已经和法家学说做了有效结合；所谓儒家，似乎更偏向于"外儒内法"，以修身养性培养"士"的精神，以严刑峻法要求百姓遵从国家的意志。所谓国家，不过是"朕即天下"的代名词。

与西方数千年依附于基督教的传统不同，中国社会充满了世俗、实用的气息，真正影响底层社会的是宗族和血脉传承。在长达数千年的历史中，中国底层人民基本上处于宗族的管理下，家族的力量远超过任何其他力量。可以说，"士"的精神、"家族"的血脉相承、多元文化的包容性，是中国屹立数千年、历经劫难和各种主义的洗礼而不倒的核心力量。这种力量使中国人不需要依赖各种格式化规则的指导而能秉承内心的指引行事。

宋明以后，儒家伦理思想逐渐被经学化、神学化，开始走向衰落。1840年鸦片战争以后，西方以船坚炮利打开了中国国门，西学东渐，儒家思想逐渐受到质疑。经过"五四"时期的新文化运动以及随后百年间的历次政治运动，儒家伦理思想彻底失去了传统的政治支柱，结束了在中国社会的统治地位。最近二三十年，倡导重归儒家思想的新儒学逐渐兴起，但并未得到全社会的响应，在很多社会公民看来，试图以儒家文化重建社会秩序被认为是不可思议的。

正如黑格尔所说："我们之所以是我们，乃是由于我们有历史。"[①]相较于基督教伦理的重商主义，中国传统伦理明显表现出重义轻利的特点，同时又强调社会和谐、中庸之道，不患

---

① 语出黑格尔《哲学史讲演录》一卷·导言。

寡而患不均。儒学虽然已经远去，但沉淀在民族精神中的这些特点至今仍影响着中国社会。

3. 中西方伦理比较

比较中西方伦理的演变可以看出，伦理的作用在于制约人本能中的无意识，从而使人的行为符合外在要求。伦理作用可以分为"成人"与"做人"：所谓"成人"伦理，重在抑制或约束本能的无限外化，使人区别于禽兽；"做人"伦理重在经过个体选择或抑制或接受某些道德规则，从而使本能外化的程度不同。"成人"的伦理是"不应该如何"，"做人"的伦理指向"应该如何"。伦理制约及制约程度的不同，体现出个体个性、气质的不同。班尼斯这样分析美国文化，"美国文化传统用弘扬个人荣誉的方式定义个性、成就和人生的目的……我们面临的危险是丧失个人主义的反面，即社区感、集体欲望和公共服务（Bennis，1990）。"

也许这正是中国传统伦理与西方伦理之间的最大差异性：如何处理个体与群体的关系。中国社会的重义轻利、不患寡而患不均，都是强调整体的和谐而忽视个体的利益，家国天下永远高于个体的需求，要求社会成员牺牲个体利益而成就社会利益最大化，而这并未带给我们一个更美好的社会，反而熄灭了宝贵的民本思想。表 2-1 对中西方伦理演变及特征进行了总结。

20 世纪以来的一个显著特点是全球化的盛行，伦理的融合成为一种普遍的趋势，无论是基督教文明还是中华文明，都面临物质世界的挑战。消费社会所带来的消费文化已经跨越了种族、民族和文化的差异，追求高速经济增长和物质享乐而放弃对生命意义的探索成为一种普遍现象，但与此同时要求还原伦理本意的呼声也越来越高。

2.3.3 主要伦理理论

商业伦理的研究建立在规范理论的基础上。规范理论可分为结果论（consequentialist approach）和非结果论（nonconsequentialist approach）。

结果论也叫目的论（teleology）。许多伦理学家认为，行为的善恶完全取决于其产生的结果，如果结果是好的，那行为就是善的，反之则是恶的。通常行为既有好的一面又有坏的一面，此时，善的行为是能够比任何其他可供选择的行为产生（或将要产生或想要产生）至少同样多的净收益的行为。

非结果性原则也称义务论（deontology）原则，由若干套准则组成。这一理论认为判断特定决策是否道德与该决策的结果无关，这些准则为道德的决策提供了指导，是基于原因而不是结果。

在诸多伦理理论中，杰若米·边沁和约翰·米尔的功利主义伦理、依曼纽尔·康德的义务论和道义伦理，以及随后出现的德性伦理是最主要的代表。

1. 功利主义伦理

功利主义伦理是一种典型的结果论，英国哲学家边沁在 1789 年首次出版了《道德与法

表 2-1　中西方伦理演变及特征

	中国伦理特征	西方伦理特征
远古时代	以神话、传说解释世界，作出判断：女娲补天、后羿射日等善行	源于古希腊，以神话传说解释世界，作出判断：荷马时代英雄伦理的善行
前秦两汉 （前 770—220） 古希腊罗马时期 （前 500—300 年）	• 孔子建立了以仁和礼为核心的儒家伦理作为最高道德准则和道德境界；孟子提出了性善论。 • 以老子、庄子为代表的道家伦理思想主张人生哲学，清净寡欲、与世无争 • 以墨子为代表的墨家伦理提倡"兼爱"的原则，主张"志功"统一；在义利关系上，主张义利统一，认为"重利"就是"贵义" • 以韩非子为代表的法家伦理强调法在社会生活中的作用，主张以法代德，即"不务德而务法"	毕达哥拉斯：认为世界的来源是一种精神性的"数"，强调古希腊的传统美德（中庸），反对过分的行为和欲望，注重灵魂的净化 德谟克利特：第一个明确把"快乐"或"幸福"宣布为行为标准 苏格拉底：提出了"美德即知识"的命题，和"认识你自己"的要求 亚里士多德：第一个建立了较为完整的伦理思想体系
魏晋南北朝至明中叶 （221—1500 年） 西方中世纪时期 （300—1500 年）	• 魏晋南北朝时期（220-581），在思想文化领域形成以儒家为主，儒、道、佛三者逐步融合的格局 • 道教：劝善成仙，道德是求得不死成仙的重要手段 • 佛教：劝人在今世行善，以求得来世的好报，或者在死后进入佛的极乐世界 • 隋唐时期（581—907）：儒、道、佛三教并用 • 宋至明中叶（960—1500）：提出以"天理"为宇宙本体和道德本源，存天理灭人欲，儒家文化逐渐僵化与神化	中世纪伦理思想（300-1500）：主要讨论人与神的关系，基督教伦理占据主导地位，强调道德教化和道德使命感，追求有效生产和消费 • 奥古斯丁：基督教奠基人，对后来的西方文化产生了重大影响 • 托马斯·阿奎那：经院神学的代表，把基督教教义与古希腊思想家亚里士多德的思想调和起来，创建了庞大的天主教思想体系
明代中叶到"五四" （约 1500—1900 年） 西方近代资产阶级伦理思想时期 （1700—1900）	• 明代中叶以后，随着封建社会的衰落，儒家伦理也逐步走向衰落。资本主义萌芽开始产生，形成了具有启蒙主义特点的伦理思想。代表人物包括王夫之、颜渊、戴震等。代表思想包括以下几个方面： • 自然及其规律是可以认识的 • 反对灭人欲的禁欲主义观点，要求个性解放 • 提倡功利主义和尊重人的自然欲望及物质利益	社会变革导致道德观的极大变化 霍布斯：提出了人性恶的观点，认为"人是人的狼" 爱尔维修：认为人的本性是利己的，提出了"人是环境产物"的论断 边沁：功利主义的主要代表，提出了"最大幸福"原则 康德：理性是道德的基础，一种行为是否合乎道德，关键在于是否出于"善良意志"的动机 黑格尔：继承和发展了康德的伦理思想，建立了完整的理性主义伦理思想体系
近现代 （1900 年至今）	以"五四"新文化运动为代表，以"科学"和"民主"为号召，几乎彻底摧毁了儒学的统治地位，西方文化开始在中国传播	20 世纪 50 年代出现的个人生存伦理观，从财富积累转向快乐和心理生存的寻求，自我实现，各种伦理思潮涌现

注：编者整理。

律规范导论》一书，直截了当地提出"自然使人类受到两种感受的主宰：痛苦和快乐"，努力使快乐最大化、痛苦最小化就是道德理性。他极力赞成哈迟森的伦理公式：能为最多人产生最大快乐就是最佳行为（Hutcheson，1927/2004），这就是所谓"功效"最大化的伦理思想——功利主义（utilitarianism-teleology）伦理。

功利主义伦理分为行动功利主义和规则功利主义，前者认为应强调具体情况具体分析，建立专门适用于各种情况的"应急"规则（Mill，1861/1972）；后者提倡遵循某些提高功利的规则，即坚持某些能够给最多数的人带来最大好处的规范。

无论行动功利主义还是规则功利主义，其选择都取决于可能产生的最普遍意义上的快乐与痛苦的结果。二者之间的差异性在于行动功利主义强调对规则的遵守应视具体情况而定，其实质是认可了目的决定手段。

长期以来，功利主义伦理观一直被许多人视为商业伦理的基础；以功利主义评价伦理行为，并不是说所有人都有权获得自己的那一份快乐，而是以整体的快乐作为评价标准。亚当·斯密对此深表怀疑，他认为功利主义的整体利益最大化是以牺牲个人的快乐为代价的（Smith，1759/2000）。

中国古代思想家杨朱也曾表达过类似的想法："拔一毛以利天下而不为，悉天下而奉一人，不为也。"他认为在某些情况下，所谓"利天下"很容易成为领导者损害公众利益的借口，这种朴素的民主思想，某种程度上正与亚当·斯密的怀疑相契合。

功利主义的另一问题在于对幸福和快乐的衡量。最大快乐原则听起来公平合理，但很容易被管理者或领导者用来掩盖自我利益或偏见。当年东印度公司为其在印度的殖民统治辩护时声称"这是文明国家对一个半野蛮附庸国的管理"；今天管理者们理直气壮地牟取私利时，其辩护的手段也几乎如出一辙。

此外，行动功利主义认可目的决定手段，为管理者的随心所欲提供了理论基础。以目的为手段进行辩护，常常使规则陷入无用之中。以目的决定行为正当性，忽略了伦理的一个重要环节，即无论结果怎样，某些行为在原则上是错误的。

2. 义务论和道义伦理

许多时候人们义无反顾地做某件事并不是出于功利而是出于责任，中国传统儒家伦理对此有精辟的论述。儒家强调伦理的本分，遵循仁、义、礼、智、信的德性并在充满变化的世界寻找行动的方案。

同样，康德也提出了伦理的道义论，对意愿和责任进行了深刻的剖析，认为大善就是有"善"的心愿，善意的行为等同于出于义务的行为，"善"取决于行为的责任而非结果。康德不是对结果的功利性而是对正式规则的结果感兴趣。近代伦理学家诺曼·宝威认为，康德把哲学分为实践哲学和理论哲学，甚至把前者称为"康德商业伦理"。宝威认为康德的领导实践不一定与目前风行各国的公司股东模型相一致（Bowie，2000），但至少他的伦理思想能够为商业伦理的探索者提供借鉴。

康德对目的重要性的理解不同于功利主义所强调的"快乐"的数量结果，他所说的结果具有非物质性的含义，认为幸福与尊严要比权力和财富更可能在理想王国中站稳脚跟，决定人生目的是基于理性判断而不是人性的结果。对于康德来说，人类虽然也有本能和欲望，但同时也拥有两种不同于动物的能力：可以选择实现目标的方法，更进一步地说，具有忽略目标或选择更高级动机的自由（Mill，1861/1972）。康德认为第二种能力尤为重要，说明人类可以为了责任或义务而放弃欲望或偏好；如果做事情只为了欲望，那么行为动机就是不道德的，只有出于责任或义务而为之，才是道德行为，这就是康德的道德命令或道德律（categorical imperative），是构成康德道德义务论的一个重要内容。

康德的道德命令强调道德的绝对性特征。首先，道德具有普遍性和先验性，可以适用于所有的人和事；其次，道德命令具有强制性，属于绝对命令，它只考虑"应该怎么样"而不考虑"能不能"的问题；即使在实际行动中无法适用道德命令，也不影响道德命令本身的正当性。由此可见，康德的道德律具有强烈的唯心主义色彩。

黑格尔对此表达了不同的看法。黑格尔指出："如果应该为义务而为不是为某种内容而尽义务……就会把道德科学贬低为关于为义务而尽义务的修辞或演讲"，康德的伦理学没有说明为什么和怎样去做的问题（乔法容，1992）。此外康德摒弃了人的情感、兴趣与爱好而单纯谈论义务，没有认识到冲动、兴趣和爱好中蕴藏的"实践理性"。

黑格尔本人将义务的规定分为两个阶段——道德阶段和伦理阶段。在道德阶段，义务尚未成为现实，还只是个人的而非社会整体的。只有到伦理阶段，真实的义务才出现。他认为个人的特殊意志和利益也只有在国家中才得以实现。

黑格尔还将权利和义务作为一个整体对待：一个人负有多少义务，就享有多少权利；他享有多少权利，也就负有多少义务；义务和权利的统一正是国家的内在力量所在。个体的义务表现在个人与家庭、个人与社会和个人与国家的关系中，国家是"家庭"和"市民社会"的真实基础，是"伦理"的最高阶段，是伦理观念的现实化，是自由的现实化。对黑格尔而言，在个人与国家的关系中，为国家而牺牲，是一切人的普遍义务。

3. 德性伦理

从人性的角度去思考伦理，就是所谓德性伦理，也称人性伦理。德性理论认为所有人都具有内在的形成伦理要求终极基础的能力；行为的善恶是按照对这种能力的推进还是阻碍、与之一致还是冲突等标准来评价的（吉尼，2005）。古希腊的苏格拉底、亚里士多德和中国人性论等都可以称为德性伦理的杰出代表。

德性伦理强调知识和教育是德行的必要条件：人类的善需要知识来提升，需要德性来达成。

苏格拉底提出了古希腊德性伦理学中三个核心问题：①德性如何成就人；②人类美好生活如何成为可能；③德性在善的实现中如何发挥作用（Encyclopedia of Ethics，1992）。亚里士多德以系统方式回答了苏格拉底的问题，他认为以人的本质属性为基础，人通过实践构建最有利于人生存、发展和完善的一种"合理状态"，是人区别于其他生物的一种内在能力（魏英敏，1992）。

德性伦理试图从人类固有的本性来实现从意识到规范的伦理演变过程，从把德性视为能够使个人负担其社会角色的品质，到努力实现人的自我塑造和自我控制能力，都是这一过程的具体体现。

养成和自我塑造是德性伦理的关键，无论是相信性善论还是性恶论，都需要后天的学习和养成，否则恐怕就会出现霍布斯所说的"人是人的狼"，人性所展现的将可能是充满自私和好斗的本性。

在这一点上，中国儒家学说所主张修身养性，就是强调后天的习得与修炼，通过后天学习来完善和丰富自身的"德性"，从而有助于"德行"的形成。但儒家学说也具有一定的变通性，并不一味强调"德性"或"德行"，而是鼓励人们养成德性，努力达成德行。

2.4 伦理论证与伦理相对性

2.4.1 伦理论证

由于人们在道德论证的过程中对不同道德原则的重要性存在认知差异，常常会出现道德选择的两难境地，我们称之为伦理困境。尤其是当基于文化和价值观的伦理判断出现冲突时，总会出现一种推理优于另一种的情况。请看法国作家维克多·雨果传世巨著《悲惨世界》中的例子。

冉阿让是一个更名换姓的在逃囚犯，多年来始终被警官耶法追捕。多年后，冉阿让已经成了某个小镇的市长、镇上一家工厂的所有者和经理人，但耶法仍然执着于自己对法律的捍卫。为了逮捕冉阿让，耶法故意把一个流浪汉当作冉阿让抓进监狱并告知冉阿让。冉阿让陷入了困境中：如果他不表明自己的真实身份，一个无辜的人就要因为他而坐牢；如果自己去坐牢，那座依靠他的管理和执政能力而生存的小镇将有很多人会失去他的关照。

无论冉阿让如何选择，都会面临道德两难：做有利于社会的事情，就会产生不公平；做公平的事情，依赖他的社会又会利益受损。与此类似，第二次世界大战时期美国总统杜鲁门必须决定是否在日本广岛和长崎投下原子弹：是牺牲日本八万人的生命去结束战争还是谨慎行事？无论何种选择都会伤及无辜。

如果进一步审视中西方的各种伦理观点，也很容易发现彼此之间存在的矛盾和冲突。这些矛盾和冲突都与伦理论证过程相关，在这一过程中，采用不同的道德推论和伦理判断标准，就会出现对同一"现象"或"问题"截然不同的观点。

1. 道德推论

道德推论（Moral Reasoning），也称道德判断或者道德推理，是指对道德标准进行判断的过程，也是"使用道德语言，通过道德推理的引导，用道德术语界定我们与他人之间交往能力"的过程（麦金太尔，1995）。在道德推论的过程中，常常充斥着对立性的道德论证。表面上看，这些论证都符合逻辑，具有正当性与合理性，但彼此之间却相互矛盾。造成这种现象的原因是在那些看似合乎逻辑的推论过程中，人们所依据的道德准则和价值彼此矛盾。下面，我们通过两个具体例证加以说明。

第一个例子：政府是否应该限制电视广告播出时间。

我们都经历过这样的时刻：手拿遥控器，在各个电视台之间来回转换，电视上不断插播各类广告，一档30分钟的电视节目甚至可能插播15分钟以上的广告。观众经常会为了不愿错过想看的节目而只能无可奈何地等待，或者因为不耐烦等待而错过了精彩的瞬间。2009年，国家广电总局开始限制播放广告时间，这一规定引发了争论[①]。

甲：依据正义和公平的准则，电视受众有权要求获得电视台提供公平合理的服务。过多的广告插播影响了电视节目的服务质量，跟电视台相比，电视受众的弱势地位决定了他们需要政府干预和保护，因此政府有权利对公共电视台广告播出时间进行限制，以保障电视受众的权利。

乙：每个人都有权利决定自己的自由选择，电视台和电视受众之间也是相互选择的。如果电视受众不喜欢插播广告，他可以选择不接受电视台提供的服务。电视台如果没有插播广告的支持，电视受众就必须支付更多费用。因此，自由选择的原则要求政府不应干预电视台广告播出时间的安排。

在这个例子中，甲乙双方分别使用"公平、正义"和"自由选择"作为前提条件，由于这两个准则和价值概念具有哲学意义上的不可通约性[②]，在此基础上的道德推理就可能得出完全不一致的结论。

在商业活动中，我们也可能经常面对类似的矛盾。例如，对雇员来说，"诚实、正义"和"忠诚于企业"都是重要的原则。以三聚氰胺事件为例，那些知情的员工就不得不做出自己的选择："诚实地说出来"或者"为了企业的私利而保持沉默"。遗憾的是，行业内的知情人士，选择了沉默。类似的情况还有很多，读者不妨自己仔细观察。

有时，即使论辩双方使用完全相同的道德推论前提，但仍然可能无法达成一致意见。请看第二个例子。

第二个例子：政府是否应该干预中小学择校问题。

很多人都可能听到过下面的故事：每年入学季节，为了让子女能够进入一个教育条件好的名校，父母或者带着孩子四处赶考，或者花费更多的资金购买名校所在的"学区房"。通常"学区房"的价格要比同类型的非"学区房"高出1~2成。在是否允许自由择校的问题上，要求政府干预和反对政府干预的呼声同样强烈。

甲：现代社会，每一个公民都有平等发展机会，不应当因为家庭贫富而受影响，而平等的受教育权是保障公民获得平等发展机会的最基本的条件。如果允许自由择校，那些名校将招收更多能支付高昂借读费或者成绩优秀的学生，这对那些没有支付能力或者成绩一般的学生，是不公平的，因此不应允许自由择校。

乙：现代社会，每一个公民都有平等发展机会，不应当因为家庭贫富而受影响，而平等的受教育权是保障公民获得平等发展机会的最基本的条件。如果不允许自由择校，那些没有能力购买"学区房"的贫家子弟，即使成绩再好也无法通过考试进入名校。考试面前人人平等，是一种公平的竞争方式，因此应当允许自由择校。

---

① 2009年9月国家广电总局公布了《广播电视广告播出管理办法》，规定自2010年1月1日起，各播出机构每套节目每小时商业广告播出时长不得超过12分钟，电视剧插播广告每次时长不得超过90秒。

② 不可通约性（incommensurability），是指在某一范围内的若干概念缺乏可比性。

论辩双方所依据的基本准则都是教育公平权，但结论却大相径庭，主要原因在于他们双方对具体事实的认知和评价不同。甲方看到的是：事实①——通过收取借读费招收学生和事实②——通过考试招收学生，其结果是事实①造成了对穷人家庭的不公平和事实②造成了对成绩一般的学生的不公平；乙方看到的却是即使不允许事实①、②存在，其背后对穷人的不公平（富人可以购买"学区房"、穷人不能凭成绩优秀升入好学校）。

第一个例子中论辩双方对"公平"和"自由"的重要性顺序认知不同；第二个例子中双方对"公平"原则没有疑义，但对"公平"的解释却不一样，因而不能得出一致的结论。

请举出更多的例子。

在道德推论的过程中，有几个问题特别重要。

（1）我们认定的事实是什么？我们和其他人所看到的事实是否一致？
（2）我们依据什么样的道德准则来对事实进行判断？我们所依据的道德准则是否一致？
（3）我们进行道德判断的过程是否符合逻辑？

如果论辩双方对于事实或基本准则没有达成一致，就很难通过逻辑推理的方式进行论证，双方之争就会变成断言的争论，从而无法达成一致。这种现象同样存在于商业伦理争议中。因此，为了达成一致，我们必须回到对最基本道德准则的讨论，寻求共同的价值准则。

2. 伦理判断

伦理研究有几种不同的思考方式：第一种方式是描述性研究，只记录社会道德现象但不对该现象做出判断；第二种方式是分析性研究，仅对社会道德规范进行意义和逻辑分析，而不做有关是非对错的价值判断；第三种方式是规范性研究，对道德规范本身进行论证，对各种社会关系的内在秩序进行规范。

从社会关系的角度划分，伦理可以划分为个人伦理、家庭伦理、组织伦理、社会伦理等。此外，任何对人类社会产生重要影响的团体行为或专业行为也都有各自的实现其内在秩序的特殊伦理要求（成中英，1991），如商业伦理、法律伦理、职业伦理等。

普拉利指出，应当运用规范性研究的方式从事伦理研究，这是伦理研究与其他学科在讨论伦理问题时的重要区别性特征（Pratley，2002）；其他一些学科如人类学，对世界各地的习俗和伦理也进行描述，但并不需要论证其是非对错。伦理研究作为道德哲学，则必须对道德行为和道德标准做出持之有据的判断并提出充分的建议（康德，李照雄译，2001）。

此外，伦理研究还具有目标双重性（Jones 等，2004）：一方面，伦理研究需要对道德标准、道德行为进行判断（使道德判断超越自由心证）；另一方面，伦理研究还需要对道德实践提出建议和改进的措施。在这里，有几点需要特别了解：规范与价值观、伦理判断与道德判断的模糊性、道德判断与伦理决策。

（1）规范与价值观

规范可以概括为对具体行为的明确期望或者是对其性质进行评价的标准，而价值观则是深植于一个社会的核心的"对人的行为的更为一般性的期望与再现"（Jones 等，2004），是对自然与生命的基本看法。同样的价值观下，规范可能截然相反。请看下面的例子。

世界上多数民族都非常重视对逝去者的安葬。汉民族在漫长的历史阶段都把"入土为安"作为一种非常重要的规范,对逝者遗体的任何损毁都会被视为对其莫大的侮辱。例如,春秋战国时代,楚国大夫伍奢全家为平王所杀,伍奢次子伍子胥逃亡吴国并成为吴王重臣。当伍子胥带领吴国军队攻入楚国郢都后,对楚平王"鞭尸三百",以报父兄之仇。其他一些民族则有完全不同的规范,例如,非洲中部的贝拉尔民族采用"食葬"的方式,由亲人分而食之来表达对逝者的尊重;藏民族选择"天葬",由兀鹫分而食之;古代希腊民族则选择"火葬"的方式。

从表面上看,这些规范完全不同,在任何一个民族内,如果采用其他民族的规范,就会被视为无法容忍的行为。但观察其后的价值观,正如普拉利所说的那样,所有这些规则都表现了敬重逝去者的价值观,其对生命的敬重是一致的。

不同国家、地区或文化之间的差异不仅体现在规范上,在价值观方面也可能存在巨大差异。例如,个体主义与集体主义、自由与秩序、人生而平等与等级森严,这些观念上的差异就属于价值观的差异而不是规范的差异。

☑ **请举出几个商业伦理规范差异的例子。**

(2)伦理判断与道德判断的模糊性

道德标准经常是模糊的,人们对道德标准的态度也充满了矛盾:有时候对习以为常的不良行为视而不见,从而降低了道德高度;有时候又想当然地要求必须达到某种道德高度,从而形成了道德压迫。"不争之事实"这一词语也许最能恰当地反映这种道德认知的模糊性。人们经常会依据自己的习惯、期望而主观认定是非对错。对许多现实中存在的、以"道德两难"形式表现出来的问题,"不争之事实"经常被用作道德评价的标准。下面就是一个典型例子。

四川汶川地震后,网络舆论迅速整理出一份跨国公司捐款"铁公鸡"排行榜。根据南方周末记者资料,该名单最早出现在2008年5月14日,中国消费者非常熟悉的三星、诺基亚、麦当劳、肯德基、可口可乐等跨国公司均榜上有名。5月22日商务部出面否认,但民意仍然汹涌,很多跨国公司后来陆续增加捐款,并高调公布。除"铁公鸡"名单外,网民和部分传统媒体还对国内包括阿里巴巴、万科在内的若干企业的领导者提出批评,认为他们缺乏社会责任感。

中外企业均感受到巨大压力,纷纷增加捐款。这次事件也被称为"逼捐门",在长达数月的时间内引发了舆论特别是网络舆论的冲突。

时任诺基亚副总裁的萧洁云认为,这件事反映了中外对企业道德与企业社会责任认知的巨大差异,他对南方日报的记者说:

我不可能第一时间飞到芬兰去向总部解释为什么需要这么多钱。

7年以后,同样的一幕再次上演。2015年8月12日天津滨海新区塘沽开发区某危险品仓库发生爆炸,造成上百人遇难。在不到三天的时间里,马云的微博评论被清一色的"逼捐"留言所覆盖,不少网友指责马云"你那么有钱为什么不给天津捐款"、"首富就应该捐1个亿"、"你捐了就等于我捐了"、"你不捐款,我再也不淘宝了"、"总裁是时候出来捐款了,是时候彰显财大气粗了,是时候炫富了"等强迫性质的捐款留言。

在是否应该捐款,应该捐多少的问题上,我们看到中国普通民众和企业家在道德判断上存在巨大落差。正是道德判断的这种模糊性，导致了冲突的发生。由于每个人所处的位置不同，对各种道德选择利弊的判断各异，他们做出的道德评价的标准也会有所不同。

（3）道德判断与伦理决策

伦理研究除了对道德判断标准进行研究和评价外，还需要对人们在一定环境下应该如何行动提出规范性的建议，即用理性的方法来回答和解决人们在现在以及将来可能遇到的问题，对伦理决策提出建议，这就是所谓伦理决策的过程。

仍以"逼捐门"事件为例，基于中国传统的家国一体的价值观，我们对公司产权的尊重显然较西方国家为弱，而毁家纾难、扶贫济弱则是人民对领导者的道德期待，越是强者越需要满足这种期待。中国公关网的这一段描述凸显了中外道德判断的差异[①]。很显然，从跨国公司的角度，虽然其道德判断标准和中国普通公民的判断不同，但其决策却不能不考虑对方的判断标准。

诺基亚公司在地震后立即捐款300万元人民币和5 000部手机，却在最早的"铁公鸡"名单上位列第二。随着负面影响的加剧，诺基亚中国的副总裁萧洁云飞往芬兰，申请公司总部追加捐款。但是芬兰的管理层认为公司的捐款额与印尼和缅甸类似灾难之后的数额相当，因此质疑为什么中国应当例外。只是在向总部高管出示了那份"铁公鸡"名单，并描述了中国的严峻形势后，萧洁云才得到准许追加捐款额。

诺基亚总部的最后决策显然是充分考虑了跨国公司所在国家的特殊情况而不得已的行为。

2.4.2 伦理的相对性

虽然伦理研究强调规范性，但道德标准对是非对错的判断更多时候是取决于人们的内心世界和对其外部世界的认知，因此就形成了伦理的相对性。

1. 情感和价值观的影响

人们内心对是非对错的判断是建立在价值观以及对自然、生命和人类自身的理解上的，道德判断与人们的情感、悲欢喜恶密切相连。请看下面的例子。

汶川地震后的"逼捐门"事件中，在舆情汹汹的情况下，跨国公司内部员工之间，也发生了争论。来自人民网记者梁彩恒的一篇报道记录了相关的争议[②]。

某著名计算机公司的一名员工这样写道："我对公司在灾难面前的反应感到非常失望……"

另外一家知名化妆品公司的员工也表达了类似的感受："我自己也觉得很丢人，我们这么大的公司，媒体上到处都是我们的广告，我们就捐了这么点钱，我自己心里很不是滋味，走在街上都觉得丢人。"

天津爆炸事件后，网友评论称这些人是在道德上绑架马云，感叹这种行为在中国似乎越来越流行，痛斥这是一种勒索[③]。

[①] 中国公关网，http://www.chinapr.com.cn/News/ShiDian/36492.shtml.
[②] 梁彩恒，外忧内患，跨国公司直面中国式企业社会责任[EB/LO]. http://mnc.people.cn/GB/7392623.html.
[③] 中华网，http://ent.china.com/star/news/11052670/20150817/20210325_all.html.

这是一个典型的道德判断时依赖情感的例子,而情感判断的背后则反映了多元文化的差异性。

2. 我的"事实"和他的"事实"

所谓"事实",实际上经常受价值观的影响,我们进行伦理判断时会自觉不自觉地去寻找支持自己观点的"事实"或者"论据"。这样一来,针对同一件事情,我所看到的"事实"和他所看到的"事实"可能完全不同。

例如,面对中美贸易顺差问题,部分美国学者看到的是廉价中国商品对美国产业形成巨大冲击这一"事实",而部分中国学者看到的却是贸易顺差背后中国国民福利向美国转移和巨大的环境损害的另一"事实"。这些"事实"又被用来支持各种伦理判断:中美学者互相指责对方的行为是不合规范的,这同样体现了伦理的相对性。

3. 如何看待相对性

伦理相对性受文化和价值观的影响,那么文化和价值观的差异是否必然会导致伦理的相对性?换言之,当人们对道德判断进行规范时,是否只能依据各自的文化和习俗标准来判断呢?

进而,在商业伦理范畴内,如何理解伦理规范的相对性?是否存在具有国别特色、民族特色、文化特色的商业伦理规范?

应该认识到,虽然在某些情况下,伦理相对论有其因由,但如果过度强调相对性,则伦理相对性就会成为一块遮羞布,任何人、任何群体都可以从其本位出发,用自己的标准判断一切规范,那么规范也就不成其为规范了。对于是否存在伦理相对性这一主题,本书在最后一章讨论跨文化管理过程中还会进一步思考。

4. 共性特征

行为或规则功利伦理、道义论以及德性伦理的哲学基础各不相同,有些哲学家认为道德准则可以脱离哲学的支撑(Wenz,1993),也就是持一种道德多元论的观点。在商业伦理研究中,我们试图从各种伦理理论中寻找某些具有指导意义的共性,采用一些基本的道德判断模式,以便分析商业中的伦理问题(Donoldson 和 Werhane,1993)。维拉凯兹是这样描述我们所面对的问题的(Velasquez,1992):

我们的道德体系(morality)包含三种道德思考,每一种都在强调我们行为中重要的道德层面,但没有一种涵盖了我们进行道德判断时考虑的所有因素。功利主义标准考虑了综合社会福利,但却忽略了个人利益及其分配方式。道德权利思考了个人的福祉,忽略了整体利益及其分配。正义或公平标准考虑了分配中的问题,但却忽略了社会及个人的福祉。这三种道德思考似乎都不可以彼此替代,但又似乎是我们道德体系中不可或缺的组成部分。换句话说,有些道德问题必须从功利主义的角度思考,而另一些则可能涉及个体权利或分配公平的原则。目前,我们还没有任何综合性道德理论能够准确断定什么时候功利"足够大",足以超过在权利或公平标准冲突时出现的小小背叛,或什么时候正义如此"重要",能够不考虑权利冲突时出现的侵犯。

各种矛盾的理论都想为解决道德问题拿出某种普遍的方法,但却发出了相互冲突的信号,使人对伦理道德责任视情况或松或紧。

寻找共性并不意味着抛弃传统,事实上不同的群体中总是有很多共同的伦理价值观,公平、友善、自由、关爱他人被视为美德,撒谎、粗暴、偷窃、杀戮、控制欲、自私等总是被看作是贬义的。

在各种具体的道德体验中,道德判断创造性地把现在引向未来,人类在变化的过程中接受或容忍自身行为后果,并修正行为的指南。

像所有体验一样,价值体验既共享又独有。各种价值无法脱离某一群体而依个人的体验独自形成,社会价值不仅仅是个人价值的总和,个人价值也不只是反映了群体的价值。伦理冲突的化解依赖于理性秩序在道德群体中的逐渐演化,在不断地学习和体验中,"人类发展更为先进的标准和理想所具有的责任感与其运用现有标准和理想的责任感一样巨大"(Dewey,1982),通过深化人类对其在共性和差异性中的价值需求的敏感性将会逐渐形成新的共性(Rosenthal,1999)。在这个过程中,自我的观点对于伦理相关的许多问题都有着重要意义,其中最重要的一个问题是:自我究竟是孤立的分散体,还是本身就是社会不可分割的一部分。

在某种程度上,近现代出现的社会契约论是最能够被普遍接受的一种共性,它体现了单个或孤立个体的存在,而且只对为了自我目的选择形成的群体具有道德要求。社会契约理论可以用来理解个体自愿形成的公司的性质。综合社会契约理论认为,在人类作为人而存在的动力中蕴含着各种最高规范(Donaldson 和 Dunfee,1994),依赖这些规范,纷繁多样的文化和体制形成了自己系统的行为模式的框架(Walzer,1994)。有关社会契约论的讨论详见第3章。

经济社会中的道德约束力有别于一般道德理性的制约,从实用主义角度来看,商业中的道德理性比其他领域具有更强的约束性。

本章思考题

1. 你如何理解教养与天性对人的道德的影响?
2. 你如何理解中西方伦理特征?面对全球化和本土化的冲突,中西方伦理的表现形式有什么共性和差异性?二者可否具有调和性?
3. 你如何看待儒家思想和中国的传统思维方式的关系?这种关系对中国的商业规范有何影响?
4. 你如何理解伦理困境?请举例说明。
5. 你是否同意伦理相对论?为什么?

参考文献

[1] Batson C D. How social an animal? The human capacity for caring[J]. American Psychologist, 1990, 45(3): 336-346.

[2] Bell D. The cultural contradictions of Capitalism[M]. New York: Basic Books, 1976: 70.

[3] Bennis W. Why Leaders Can't Lead[M]. San Francisco and Oxford: Jossey-Bass, 1990.

[4] Boorstin D J. The Discoverers: A History of Man's Search to Know his World and Himself[M]. New York: Vintage Books, 1985.

[5] Boyd R, Richerson P. Culture and the Evolutionary Process[M]. Chicago, IL: University of Chicago Press, 1985.

[6] Bronowski J. The Ascent of Man[M]. London: British Broadcasting Corporation, 1981.

[7] Brwon D E. Human Universals. Philadelphia[M]. PA: Temple University Press, 1991.

[8] Campbell J, Martin P, Bos. Rene Ten. For business ethics: A Critical Approach[M]. Florence, KY: ROUTLEDGE, 2005.

[9] Dewey J. Reconstruction in Philosophy[M]. The Middle Works, 1982: 1899-1924.

[10] Donaldson T, Werhane P. Ethical Issues in Business: A Philosophical Approach (4th ed.)[M]. Englewood Cliffs, N.J.: Prentice Hall, 1993.

[11] Donaldson T, Dunfee T. Toward a Unified Conception of Business Ethics: Integrative Social Contracts Theory[J]. Academy of Management Review, 1994, 19(2): 252-284.

[12] Ehrlich P R. Human Natures: Genes, Cultures, and the Human Prospect[M]. New York: Penguin, 2000.

[13] Encyclopedia of Ethics (Volume II) [M]. New York and London: Garland Publishing, Inc. 1992.

[14] Fennell D. Tourism Ethics[M]. Channel View Publications, 2006.

[15] Frank R H. Passions Within Reason[M]. W. W. Norton & Company, 1989.

[16] Gerhard W. Ditz. The Protestant Ethic and the Market Economy[J]. Kyklos, 1980, 33 (4): 626-627.

[17] Griffin J. Value Judgement: Improving Our Ethical Beliefs[M]. Oxford: Clarendon Press, 1997.

[18] Hagedorn R. Essentials of Sociology[M]. Toronto, ON: Holt, Rinehart & Winston, 1981.

[19] Haidt J. The moral emotions[A]. In. R.J. Davidson, K.R. Scherer and H.H. Goldsmith (eds.). Handbook of Affective Sciences[C]. New York: Oxford University Press, 2002.

[20] Hutcheson F. An Inquiry Concerning the Original of our Ideas of our Ideas of Virtue or Moral Good in Two Treatises(ed). Wolfgang Leidhold. Indianapolis, IN: Liberty Fund, 1725/2004.

[21] James Q. Wilson. The Moral Sense[M]. New York: Free Press, 1993.

[22] Kluckhohn C. Have There Been Discernible Shifts in American Values During the Past Generation? The American Style: Essays in Value and Performance (ed). Elting E. Morrison. New York: Harper 1958.

[23] Lewontin R C. Evolution and the theory of games[J]. Journal of Theoretical Biology, 1961, 1: 382-403.

[24] MacIntyre A. A crisis in moral philosophy: Why is the search for the foundations of ethics so frustrating? In D. Callahan and H.T. Englehardt Jr. (eds) The Roots of Ethics (pp. 3-30). New York: Plenum Press, 1981.

[25] Maynard Smith J. Game theory and the evolution of cooperation. In: Bendall D.S. (ed.), Evolution from Molecules to Man, Cambridge: Cambridge University Press, 1983.

[26] Midgley M. The Ethical Primate: Humans, Freedom and Morality[M]. London: Routledge, 1994.

[27] Mill John Stuart. 'Considerations on Representative Government' in H. B. Action (ed.) Utilitarianism. London: Dent & Sons, 1861/1972.

[28] Norman B, Kantian A. theory of leadership[J]. The Leader ship & Organisation Development Journal, 2000, 21(4): 185-193.

[29] Pinker S. The Blank Slate: The Modern Denial of Human Nature[M]. New York: Viking, 2002.

[30] Polanyi K. The Great Transformation[M]. Boston: Beacon Press, 1944.

[31] Przeclawski K. Deontology of tourism[J]. Progress in Tourism and Hospitality Research, 1996, 2: 239-245.

[32] Rand A. Atlas Shrugged. New York: Random House, 1957.

[33] Rand A. Shrugged A[M]. New York: Random House, 1957.

[34] Richard LaPiere. The Freudian Ethic[M]. New York: Duell, Sloan, and Pearce, 1959.16, in Rosenthal 1999.

[35] Romp G. Game Theory: Introduction and Applications[M]. Oxford: Oxford University Press, 1997.

[36] Rosenthal, Sandra B. Rethinking Business Ethics: A Pragmatic Approach[M]. Cary, NC: Oxford University Press, Incorporated, 1999.

[37] Rousseau J J. The First and Second Discourses (Roger and Judith Masters, trans.)[M]. New York: St Martin's Press. 1755/1964.

[38] Ryle G. The Concept of Mind (1949)[M]. Chicago: The University of Chicago Press edition, 2002.

[39] Smith A. The Theory of Moral Sentiments[M]. New York: Prometheus Books, 1759/2000.

[40] Smith A. The Wealth of Nations[M]. London: Dent & Sons, 1776/1964.

[41] Smith A. An Inquiry into the Nature and Causes of the Wealth of Nations[M]. Oxford: Clarendon Press.

[42] Smith M. Ethics of Tourism Development[M]. Florence, KY, USA: Routledge, 2003.

[43] Trivers R. Social Evolution. Menlo Park[M]. CA: The Benjamin/Cummings Publishing Co, 1985.

[44] Velasquez M G. Business ethics (7th ed.). Upper Saddle River, NJ: Prentice Hall, 2009.

[45] Velasquez M G. Business Ethics: Concepts and Cases[M]. 3rd ed. Englewood Cliffs, N.J.: Prentice Hall, 1992.

[46] Velazquez M G. Business Ethics: Concepts and Cases[M]. Pearson Education Inc, 2005.

[47] Wallach M A, Wallach L. Psychology's Sanction for Selfishness: The Error of Egoism in Theory and Therapy[M]. San Francisco, CA: W.H. Freeman & Co., 1983.

[48] Walzer M. Thick and Thin: Moral Argument at Home and Abroad[D]. Notre Dame, Ind.: University of Notre Dame, 1994.

[49] Weber M. The Protestant Ethic and the Spirit of Capitalism[M]. New York: Charles Scribner's Sons, 1958.

[50] Wenz P S. Minimal, Moderate and Extreme Moral Pluralism[J]. Environmental Ethics, 1993, 15: 61-74.

[51] Wilkinson G S. Reciprocal food sharing in the vampire bat[J]. Nature, 1984, 308: 181-184.

[52] Wilson J Q. The Moral Sense[M]. New York: Free Press, 1993.

[53] Yankelovich D. New Rules: The Search for Self-Fulfillment in A World Turned Upside Down[M]. New York: Random House, 1981.

[54] 阿尔·吉尼. 商业伦理学案例[M]. 北京：北京大学出版社，2005.
[55] 杜丽燕. 中世纪基督教是否西方人道主义传统的一部分？——若干误区分析[J]. 外国哲学，2002，15.
[56] 恩斯特·西尔. 甘阳译. 人伦[M]. 上海：上海译文出版社，2003.
[57] 弗里德里希·包尔生. 何怀宏，廖申白译. 伦理学体系[M]. 北京：中国社会科学出版社，1988.
[58] 黎明. 问人性：东西文化500年的比较[M]. 上海：三联出版社，2011.
[59] 刘清华. 欧洲哲学史教程[M]. 北京：首都师范大学出版社，1993.
[60] 卢梭. 李常山译. 论人类不平等的起源和基础[M]. 北京：商务印书馆，1962.
[61] 麦金太尔. 龚群等译. 德性之后[M]. 北京：中国社会科学出版社，1995.1
[62] 沙因. 组织心理学[M]. 北京：经济管理出版社，1987：64.
[63] 汤正华. 中西管理伦理比较研究[D]. 南京理工大学，2005.
[64] 魏英敏. 新伦理学教程[M]. 北京：北京大学出版社，1992: 1.
[65] 余秋雨. 何谓文化[M]. 武汉：长江文艺出版社，2012.
[66] 赵春福，曹晨晖. 伦理精神与中国社会现代化[M]. 北京：北京出版社，1994.

第 3 章 商业伦理规范与伦理决策

学习目标

了解商业伦理的一般性规范及其应用;理解商业伦理的经济学和社会学解释;了解商业伦理决策的主要影响因素,掌握主要决策方法。

引例

打车软件何去何从?[①]

2014 年 7 月 21 日,易观国际当日最新发布的《2014 年第二季度中国打车 APP 市场季度监测报告》数据显示,截至 2014 年 6 月,中国打车 APP 累计账户规模达 1.3 亿元,其中,快的打车以 53.57% 的比例占据国内打车 APP 市场份额第一位,滴滴打车以 45.56% 的比例位居第二。数据显示,截至 2014 年第 2 季度,快的打车覆盖 306 个城市,滴滴打车覆盖 178 个城市。打车软件带来许多便利,使年轻人打车更加便宜,给司机带来每月 1 000~3 000 元的额外收入,将黑车挤出市场;然而,一系列问题也随之而出。

"以前可以随意扬手打车,现在却无法实现,即便是'空车',也不会停车。"杭州市民王紫凌说出了不少人的烦恼,真的有急事要打车,反而不如以前方便了。不少使用打车软件的乘客,同样遇到了"打车难"问题。由于需要输入起点与终点,使一部分司机开始挑活,不符合自己心理预期的活就不拉了。而且打车软件似乎也惯坏了许多司机师傅,如果不加钱,或者乘客不加点电召费(最高 5 元),司机基本无动于衷,但如果软件奖钱了,马上就会有所行动。这似乎意味着,以后如果不用打车软件,或者你所走的路线不好打车而软件又不奖钱,你将很难打到车。

支付故障同样困扰着各地的使用者。全国多地网民反映使用打车软件出现了不同程度的支付问题:先是嘀嘀打车瘫掉,后是快的打车部分用户遇到了网络延迟问题。针对软件的技术漏洞,目前市场卖的"抢单软件",可以提前两秒听到优质订单;也有乘客结账时干脆用两家软件分开结,各得 10 元奖励。

因为接单引发的交通事故也呈上升趋势。浙江泽大律师事务所律师付勇勇认为,出租

[①] 本引例根据网上公开信息整理。

车司机在开车过程中使用手机涉嫌违反交通法规。另外，出租车司机在抢单的过程中容易分神，对安全驾驶还是有一定影响的。有部分出租车上装了多台终端，司机还不断推荐用微信等支付方式。使用打车软件接单，司机每天最高可额外获得 125 元奖励。然而安装终端太多、司机频繁查阅，对于行车安全所造成的影响却令人担忧。

打车软件确实让众多年轻人尝到了甜头，也让"嘀嘀"和"快的"背后的微信支付和支付宝"圈"到人，但这对许多不太会用智能手机的老人而言则产生了消费不公。2014 年 3 月第一个周末，阿里巴巴集团董事局主席马云在阿里系社交网络"来往"上发言，建议"打车软件们"还是坐下来喝茶吧！据说是因为看到自己的母亲不会用打车 APP、在路边打不到车，所以希望打车软件别再打了，虽然"不怕烧钱，更不怕竞争，但最怕伤害用户的利益，特别是老人孩子的利益"。

> 你认为引例中暴露出哪些问题？你觉得应该如何解决这些问题？

3.1 商业伦理的经济性与社会性

伦理与其经济性和社会性结合的结果之一就是"伦理经营"的提出。伦理经营假设意味着企业管理与伦理的结合：追求利润是所有经营活动的重要目标，企业管理必须服务于这一目的；道德的价值在于它是共同利益的维护者。利润体现个体（企业）的利益，道德维护整体利益。

3.1.1 商业及其合作的演变

大猩猩的行为与人类的行为有多少相似之处呢？在新西兰奥克兰动物园大猩猩馆外面立着一块醒目的招牌："你和我的写照！"

无独有偶，德瓦尔在对荷兰一家动物园的大猩猩的观察中发现，这些大猩猩在其社区内形成了各种正式等级、结成联盟、建立稳定关系、把操纵其他猩猩作为一种社会手段，而且还展开交换（德瓦尔，2009）。

大猩猩们交换的是"社交好处"而不是"商品"，它们通过一个中间经纪"人"交换。在集体中表现出极大影响力的猩猩利用自己的地位和尊严来确保集体的安全，当获得大量食物时，大猩猩们会用亲吻、拥抱以及小组庆贺等方式表达心情。更重要的是，大家都愿意超越等级分享盛宴，而且，最具影响力的猩猩往往也是最可能把食物分给集体中其他成员的一只。

回想互惠利他原则，不难发现这种分享并不全是利他，很可能随着某种对未来可能得到回报的期待。德瓦尔一次又一次观察到的这种为了利益而进行的交易表明，虽然大猩猩表现出某种程度的无私，它们的分享与合作程度还是无法与人类相比。

凡尼尔（Fennell，2006）在阐述这一问题时引用了人类学研究的成果，认为人类学的传统智慧始终把社会中的食物分享视为平均主义（egalitarianism）的一种功能，即如果不管是谁得到或生产了食物，都平等共享，那就是社会最大的福祉；因为如果食物共享，就不会激励人们为了自己的利益而进行额外的捕杀或生产，这对大家都有好处。但是，人类学研究也从另一个角度进行了探讨，即理解食物共享背后的动机必须分析个人的需求，而不是社会功能。社会是个体的总和，只有先从个体入手，才能真正了解社会。

为了阐述这一问题，Fennell（2006）进一步列举了不同学者对坦桑尼亚原始部落的研究发现。其中，大型猎物往往作为共有物在通宵狩猎晚会上与所有猎手分享，这与平常打猎回来后猎物只属于打死或采集到猎物的猎手家庭不同。为什么大型猎物就要共享呢？也许可以归结为至少四个原因。首先，狩猎是合作行为，因此，打猎中的合作要求对战利品也要合作。其次，表现在成功或失败上：如果整个一周我都无所猎获，我的家人仍然能够确保有一顿美餐；等到下次我成功了，我只要回报就可以了，即互惠利他。再次，常常指容忍性偷窃（tolerated theft），即所捕获猎物如果太大，猎手不大可能在猎物变质前消费掉，特别是在其他人可能更好地利用猎物的时候，就会出现这种情况，就像狮子和其他猛兽一样，会把吃剩的尸体丢给其他动物。最后，就是用食物共享交换将来可能需要的另一种商品或服务，包括别人的尊敬、地位的巩固、朋友和配偶的青睐等。由此推及人类，为了共同的利益，我们总是努力和他人建立互惠关系，而没有贸易，就可能不需要这种关系了。

瑞德里（Ridley，1998）认为，人们甚至创造可交换产品，并且形成不一定是技术原因导致的劳动分工，从而激励进一步的贸易和巩固联盟。频繁的交往提供了加强联系的手段，否则可能会出现不稳定，甚至交战。但Ridley也提出了两个重要观点，解释了为什么商业完全体现在人性中。他说，贸易不是政治、法律和正义的结果，而是所有这些的先行者。现代商法不是政策发展的结果，而是商人自身行为的结果。我们都知道自然资源和技能的分布不均，导致了不同产品的生产成本大不相同，从而也就会出现不同地区之间的产品交换。但如果再进一步思考，就会发现，劳动分工的专业化其实对我们自己不无益处。首先，分工专业化能够使人避免竞争；其次，它印证了18世纪亚当·斯密（Adam Smith）的发现：社会利益源于个人的恶性，即通过对他人产品和服务的自利依赖，分工使彼此都富裕起来。通过劳动分工的概念，斯密（Smith，1776/1964）使西方世界摆脱了财富有限（即每个国家只能通过从其他国家获取财富，才能提高自己的财富水平）的信条，认为每个民族都可以通过在世界范围内扩大市场和劳动分工而积累财富。要使这一体系运作良好，不是因为政府的参与，而是基于人的道德观，包括自我利益、善良和同情心，这些是帮助人们意识到自己是社会一部分的关键所在。

因此，商业交换的成功只能源于人类进化中形成的信任、诚实和互惠所决定的道德规范，而不是任何社会契约。海逸克（Hayek，2006）曾经深有感触的叹息我们没有理解资本主义，是因为我们生活在两个世界里：一个是小小的利他而团结的狩猎、采集社会，另一个是现代经济系统和巨大政治单元构成的社会；而进化使人类的大脑更适应前一种社会，所以无法理解诸如全球化等当代变革现象背后庞大的政治、经济系统。这种"致命的自负"（认为我们能够通过政治和经济规划社会）也可能解释了我们为什么很难实施可持续发展，因为后者基于经济和其他方面的原理，与我们现有的庞大经济系统根本不相容。

3.1.2 商业伦理的经济性

"经济"一词与中国古汉语中的"经济"是完全不同的,古汉语中的"经济"是"经邦济民""经国济世""经世济民"之义,是对国家治理的解释,与经济学无关。现代经济一词来自西语,源于希腊文 oikonomia,讨论的就是以家庭为单位的经济管理。

人类经济伦理思想的产生和发展有着自身相对独立的历史。早在亚里士多德和孔子的时代,伦理强调的是其人性的一面。随着人类经济社会的发展,伦理的经济性原则逐渐展现。

13 世纪,威尼斯成为西方贸易的中心(Boorstin,1985),银行和商业体系集中在少数人手里,因而少数富人在逐渐出现的行会系统中掌握大权,工人在财富游戏中根本没有发言权(Clark,1969)。随着中世纪市场的完善,西欧整体上开始繁荣起来。但是在经济效率提高、贸易进一步扩大的同时,原来反映劳动价值的公平价格开始受供求关系的制约(Rosenberg 和 Birdzell,1986),人的价值被忽略了。这一过程中就出现了伦理困境:正义与效率的较量。这种较量似乎一直延续至今,从前面谈到的三聚氰胺事件,到近期频繁出现的一些公司员工不堪紧张的工作压力而结束自己的生命等现象,无不反映了在以追求利润和效率主导的经济运行过程中所漠视的其他价值。

马克思把经济学作为理解人类社会、人的活动规律和人类道德、精神现象的手段。他在《1844 年经济学哲学手稿》中写道,国民经济学不过是以自己的方式表现着道德规律(马克思恩格斯全集,1979)。在马克思看来,对经济学的研究和对人类道德规律的研究是密不可分的,从而也不能离开经济学中伦理原则的研究。他认为,伦理学的基本问题包括经济利益和道德关系、个人和整体利益的关系、经济对道德的作用、道德对经济的反作用、经济活动中人的价值实现、经济领域中产生的道德现象和道德范畴,诸如公平、正义、自由、平等均应成为经济学和伦理学共同研究的课题。

通常认为,经济伦理就是人们在现实的社会经济活动中产生并对其评价和制约的道德观念(彼得·科斯洛夫斯基,1997)。它包括两个方面的内容:一是研究经济生活和经济活动中的道德观念及其理论依据;二是对这些道德观念和理论基础进行道德评价。

像所有应用伦理学一样,商业伦理必须随时与现实商业世界保持一致,否则就失去了指导行为规范的意义。

商业伦理受到经济条件的制约,经济决策过程不仅取决于保证稳定和增长,还需要获得利润、巩固市场和不断提高股东的价值(Zimmerli,Richter 和 Holzinger,2007)。这种经济理性主宰着经济行为的其他方面,有时候甚至占据了绝对的决策高地。商业活动中的伦理原则与经济性原则都涉及人类的行为及其决策问题,综合了经济性原则的商业伦理不仅考虑道德上的明辨是非,还考虑决策的效果和效率问题。通常随着效果和效率的道德正确更容易被决策者所接纳,这一点我们在商业伦理一般规则中已经讨论过。

在平衡道德正确与商业决策的经济性方面,对经济性的考虑经常超过了对道德的考虑,这不仅体现在日渐引起关注的各种商业丑闻所暴露出的只追求利益最大化和股东利益的商业战略,还涉及权力集中在跨国大公司、发达国家在发展中国家商业活动的合法性以及公司对待客户和竞争者的方式上;此外,还包括员工管理、公司决策框架和商业目标等内部层面，以及对我们在价值和思维上的经济和物质倾向的指责。

究其原因，从对经济理论的反思不难看出，经济理论主要基于对各种模型的分析，认为通过模型可以决定随个体变量的改变而产生的效应，即行动总是针对个体利益最大化或预期成本最小化。在经济理性所支持的现实下，好坏取决于个体实现的利润而不是其行为的方式、动机或意愿。然而，行为的理性不仅在于其经济成功，还在于决策者的知识、动机和意愿所赋予决策的说服力。

由于经济理性预期所有市场参与者都会使自己的利益最大化，该动机也就赋予了所有竞争者。这就至少产生了与商业伦理相关的两个问题。

首先，所有竞争者都是为了利益最大化是否是理性伦理行为的充分动机？换句话说，仅仅基于个人利益最大化的自我本位行为能不能产生伦理上正确的结果？

其次，以自我利益为动机的行为会导致不合乎伦理结果的程度，即经济上理性的决策能不能导致不合乎伦理的行为？

显然，第一个问题在本质上很关键，说明经济和伦理是否是两个兼容的领域。这可以从三个角度来看。

（1）按照市场形而上学，市场自身的机制会在自我利益之间创造平衡，即亚当·斯密所谓的"无形的手"。据此，市场本身会在经济中引进道德体系，或公平分配原则。

（2）经济体系中的道德地位可以分为规则（rules）和步骤（moves），前者被定义为商业允许的行动模式，要求道德标准；后者是参与者在确立的规则中能使用的战略，不属于道德范畴，即不需要伦理反思，因为所有经济上可行的战略都在既定的规则下进行。因此，经济体系中的道德体系定位在商业主体都能自由运作的情况下。

（3）经济行为是实现其他目标的手段，道德决定只影响个体层面。这里说的经济行为既不是道德的也不是不道德的，其道德性取决于参与者的个体目标。只要不违反个体伦理规范，该经济行为就是道德的。

联系上面商业伦理必须回答的第二个问题，如果伦理和经济是兼容的，那么商业伦理就必须回答：遵守经济理性原则就一定会带来不希望的结果吗？第 2 章中提到的博弈论就是一个很好的线索，即假如所有参与者都采取经济上理性的行动，真正的市场情形会陷入两难境地。没有任何参与者会放弃追求利益最大化，除非能够保证其他人也都愿意这么做。

要考察经济上的理性行为产生商业上预期结果的程度，需要深入分析个体的经济和商业决定。例如，世贸组织的国际商务规则是否违反了公平原则？如何从道德上看待中国当代的就业政策？如何运用伦理规范管理公司员工或应对外部利益相关者？显然，道德行为不再基于遵守康德的"道德律"或边沁的"为最多数的人创造最大的幸福"等责任上，而是以不导致经济不利为必要因素。

对个体利益的追求是否必然导致不道德的商业行为，这就涉及伦理的社会约束问题。

3.1.3 商业伦理行为的社会制约

按照古典经济理论，商业的形成纯属为了经济目的，仅通过市场与社会发生联系，而市场交易构成其存在的全部和理由。企业被认为是一个人们为了自身经济利益而以投资者、雇员等身份走到一起而形成的自愿组织；创造的大部分财富都装入资本所有者——股东的腰包，雇员根据自己的贡献获得薪酬，投资者通过对组织的贷款接受利息。

然而，市场并不是企业的全部，也不是企业存在的理由。从市场功能理解企业，只是从其社会背景和所涉及的多重关系及责任中提取了一部分。单纯考虑企业的经济功能，脱离了赋予企业和市场存在的社会背景，将企业存在的目的只局限于单一方面，在这个过程中丧失了企业作为社会群体一部分的内在道德本质。除了经济功能外，企业的一个重要功能在于丰富企业所依存的社会、文化、自然等多重环境。例如，商业组织的存在还在于要为其雇员提供有意义的生活：通过研发新产品和新技术改善社会、促进环境可持续发展、停止破坏环境的活动、尽可能帮助社会解决最紧迫的社会问题等。公司或企业是一个多重目的的组织，许多目的都是非经济性的。虽然利润是企业继续其活力的关键，但却是企业存在的副产品，是企业机能完好的象征。企业可以只专注经济职能而获取经济上的富裕、为股东带来巨大利润、积累财富，但是不能通过这种方式成长和壮大。

弗里德里克（Frederick, 1995）说过，利润不是商业的初始价值，而是源于随着商业发展和系统一体化形成的初始价值经济化的过程。

罗森塔尔（Rosenthal, 1999）以政府与公共政策关系为例解释了这一过程。在谈到商业与公共政策环境问题时，作者认为，虽然在某种程度上政府是其中的一个利益相关者，但政府的作用却远不止于此，政府是公共政策过程的主要参与者；同样，鉴于其在自由市场过程中所扮演的重要角色，商业也不仅仅是人们通常认为的利益相关者之一。公共政策和自由市场经济是一个社会或社区能动性的两个重要元素，代表着整体"他方"和个体之间保持适当平衡的两种手段。要在市场导向经济中继续社区发展，就必须保持这种平衡。虽然大多数公共政策的制定是通过政府行为发生的，但这些政策并不等于政府，而是一个社会决策过程。同样，商业伦理的形成与应用不是单纯地规范企业的获利之道，而是赋予企业立足社会之本，同时其自身又是社会的产物，蕴含着不可摆脱而且必须遵循的社会发展规律。

不受社会性制约的商业发展将导致恶果，这已经体现在无数的商业丑闻中，包括目前我们正在经历的放纵贪婪形成的经济危机、蔑视公平和关爱引发的三聚氰胺事件等，无一例外。

3.2 商业伦理的一般规范

一个社会所奉行的商业伦理与其基本伦理观念有密切联系，后果性原则、非后果性原则、德性论原则和下面要谈到的综合社会契约论，都深刻地影响着商业伦理的基本准则。

3.2.1 商业伦理中的目的论原则

目的论原则在商业活动中的直接体现就是重视对企业行为的成本和收益评估，费用—效益分析是其经常采用的方法：做"道德"的、"好"的事情是否能获取相应的回报？

在商业伦理中，"好"的含义包含了三重意义：事情本身是"好"的，同时还必须是有效率的、有效果的。在商业伦理中采用目的论原则，道德原则和经济性原则就紧密结合起来。在这个过程中，所谓费用—效益的分析就涉及两个层面的问题。回忆一下我们在第2章所讨论的利己和利他的问题，实际上就是个体效益最大化还是群体效益最大化的问题。

其实，这两种原则在商业伦理中都经常出现并且很难区分。从个体的人的角度，"我"既是整体也是个体；从个人与公司的层面，"我"是个体，"公司"是整体；从社会层面，"公司"是个体，"社会"是整体。

很多商界人士认为目的性原则提高了社会经济运转的效率，并坚持认为评估商业决策是否道德的最佳标准就是比较该项决策的费用和效益。

功利主义原则在商业伦理中的应用就是对任何"道德"的决策和"不道德"的决策的后果进行费用效益分析。在多数情况下，"诚实、守信、友善、关爱"等"好"的行为要比"谎言、欺骗、贿赂"等"恶"的行为有更好的收益：前者降低了经营活动的交易成本，从而使从事商业活动的所有人都可以从中受益。但如同市场经济存在"失灵"一样，费用—效益分析也存在"失灵"甚至"错误"的时候。

回到本书第1章，在福特公司和通用汽车公司的案例中，两家企业的决策者都是采用了费用—效益分析的方法。在福特公司是否改进Pinto牌汽车的安全性问题上，费用—效益分析显示改进的费用为13 900万美元，而收益仅为4 900万美元；在通用公司的案例中，单辆汽车改进的费用为8.5美元，而收益仅为2.4美元；遵循费用—效益分析的结果是不做任何改进。按照这一原则，我们显然遇到了伦理决策上的困难。

在这个案例中，对公司而言的利益最大化却是对事故中个体利益的一种损失；以牺牲某一个体或群体利益实现另一个体或群体利益最大化，显然违背了现代文明的基本准则：公平与正义。

费用—效益分析在实际应用中还可能存在其他一些困难：如何衡量"费用"和"效用"？在经济决策中，费用和效用本身可能是含混不清的，例如在生态敏感区建设水电站，环境成本如何估算？有些决策的后果可能需要在很久之后才能显现出来，例如杀虫剂的使用和转基因食品的推广；不同人对同一行为的"效用"的感觉可能完全不同。20世纪90年代国有企业减员增效，很多员工离开工作岗位，其中多数人认为这是一种严重的"损失"，但少数人从此开始创业过程，将其视为一种"机遇"。另外，如同上述案例中的情况，有关公平与正义的问题就是费用—效益分析无法解决的。

作为对功利主义伦理原则的修正，商业伦理中同样存在一些底线原则（根本性原则），这些原则是无法用费用—效益分析的。正如我们在第2章道德推论与伦理研究中所指出的，总有一些原则是高于另外一些原则的。

3.2.2 商业伦理中的权利与义务论原则

罗伯特·所罗门（Solomon, 1992）曾论述："公司其实就是社区，既不是理想也不是理想化，因而是开始理解德行本质的最佳地方。"因为社区是一个共享特定属性和价值的集体，只有当它与其所置身其中的环境一致、兼容，才有可能生存下去。

沿着所罗门公司社区的思路，我们多数人在公司的工作中并不是机器玩偶，我们投入情感，同时又受到那里所发生的一切的影响，这一切都随着一系列的喜怒哀乐，也遵循着一系列的伦理规范。那么，在各种各样的伦理规范的背后，最基本的原则有哪些呢？

非后果性原则在商业伦理中主要体现为两个大的方面：权利与责任原则、公平与正义原则。这两条原则也是商业伦理的底线原则。

无论在怎样的社会制度中，人的基本权利、正直、公平、信任、尊重和同情等原则（Murphy，1999）同样适用于商业运作和管理，这些基本原则使"公司社区"能够顺利运作下去。历史上，同仁堂以"炮制虽繁必不敢省人工，品味虽贵必不敢减物力"成就了它的金字招牌。松下的"七精神"[①]到范旭东的"四大信条"[②]，都反映了这些基本原则在企业的最佳实践，体现了超越费用—效益分析的人类基本伦理精神。如同多数社会都反对抢劫、勒索、欺骗、施虐一样，公平、关爱、诚信、尊重是我们所有经济活动的底线；越过了这些底线，就失去了立身之本。

1. 权利与责任

道德权利来源于康德的绝对道德（道德命令）。在商业伦理中，对权利与责任的界定是商业社会基本秩序得以保障的基础。

商业伦理中的"权利"同样源于"人"的基本权利。1948年12月联合国大会通过并颁布了《世界人权宣言》，提出了人生而自由的权利、生而平等的权利、生命自由和人身安全的权利、享受人道待遇的权利、财产处分权、思想宗教及工作自由的权利、受教育及享受有尊严的基本生活保障的权利等29条基本人权。

2003年前后，美国劳工委员会起诉了沃尔玛、耐克等跨国公司，认为它们通过在中国等发展中国家建立血汗工厂牟取利润，违反了基本的人权。除了雇员，所有参与经济活动的利益相关者也都有其各自的权利。

在商业活动中，权利是一种重要的机制，能够保障个体有权利自由选择是否从事某项经济活动并保护其利益。商业伦理中的基本权利被归纳为：生存和安全的权利、获得事实权、隐私权、良心自由权、言论自由权、私有财产所有权（Cavanagh，1990）。

"权利"具有个体的属性，因此经常被用来对抗功利主义的伦理观，认为后者强调整体的"效用"而忽视个体的权利；通过权利设计，可以弥补功利主义伦理观所缺失的公平与正义原则。

权利还分为"积极"权利和"消极"权利，消极权利保护个体不被侵犯，如隐私权等；积极权利保护个体有权利去追求自己的利益或完成某件事情。

各种不同的权利可能存在冲突，在如何平衡权利的问题上，Kent提出了自己的观点：首先是法定的权利，即按照法律规定处理权利问题；其次是按照人类情感的指引，你希望

[①] 松下七精神为：生产报国精神、光明正大精神、亲爱精诚精神、奋斗向上精神、礼节谦让精神、顺应同化精神、感恩图报精神。

[②] 范旭东于1917年创办了天津碱厂，他的四大信条包括：在原则上绝对地相信科学；在事业上积极地发展实业；在行动上宁愿牺牲个人，顾全团体；在精神上以能服务社会为最大光荣。

别人如何对待你，你就按照同样的方式对待他人的权利（谢怀栻，2006）。道德权利不是绝对权利，而是相互的：保障自我权利的前提是不得侵犯他人权利。例如，"工作权"并不意味着在任何时候任何人都有责任为某个个体的人提供工作，而是所有的社会成员享有平等地获得工作的权利，享有自由选择的权利。

与权利密切联系的是责任，责任通常通过社会契约的形式得以确认。在这里，责任分为企业的责任和与之相关的个体的责任。随着企业在社会发展中的重要性的增长，对企业社会责任的要求与争论也随之产生，关于企业社会责任将在后面的章节加以讨论。

2. 公平与正义

在商业活动中经常涉及公平与正义的问题，公平与正义被看作是比费用—效益原则更为重要的基本原则，公平与正义意味着在商业活动中所有的参与者能够获得平等的对待，是"建立在对形势的没有倾向性的思考，而不是对相互关系的复杂性和主观性的回应（Simola，2003，p.354）。"这一原则也是建立在道德权利基础之上的。

公平与正义原则体现在以下几个层面（Velasquez，2012）。

（1）分配层面（Distributive justice）。这是基本的层面，所有成员应该平等地分担社会成本也平等分享社会的收益。虽然在理解究竟什么是"平等"方面有相当大的差异，但这一原则却是多数人都赞同的。然而在实际的商业运作中，这一原则也是最容易被忽略的。例如，大量存在的内幕交易、底层劳动者无法获得公平的收入等。就公平与正义的内容而言，分配层面上的分歧也许是最大的，从绝对的平均（不患寡而患不均）到按劳分配、按资本分配、按能力分配、按需求分配，都有其支持者。

（2）惩罚层面（Retributive justice）。惩罚公平需要考察惩罚与错误行为的一致性问题，通常需要衡量三方面的因素：是否明知错误而为之、是否有能力避免错误、是否受到外部因素的强制而犯错。福特和通用公司在汽车安全事故中之所以要支付惩罚性赔偿，是因为它们明知安全隐患的存在但基于经济因素而不加以改善。惩罚的公平还包括对所有错误的行为采用同样的标准，不因其阶级、种族、社会地位而有所不同。

（3）补偿层面（Compensatory justice）。补偿的公平主要涉及对错误或不道德行为的受害者补偿问题，例如消费者损害、医疗事故等，都涉及补偿问题。补偿原则通常涉及过错行为，在确实发生过错的情况下进行补偿。但某些情况下，尽管行为人没有过错，但却对他人造成后果，基于公平的原则也需要进行赔偿。

同权利理论一样，公平也有两个基本的原则：不受侵犯的原则；相对公平的原则。后者通常将个体行为与其后果相联系，例如按照贡献进行分配，就是一种相对的公平。

3. 关爱与应尽之责

相对于公平正义伦理对客观公正的强调，关爱伦理更注重和他人的关系以及对他人所应尽的责任。当Gillian（1982）首先提出这一概念时，主要针对一个人的行为可能会对其他人的情感造成怎样的影响，强调在和他人所建立的关系中对他人需求的回应。关爱伦理背后的深层逻辑是一种心理上的关系逻辑，是对传统伦理更强调按照预定方式贯彻一套道德标准的一种平衡（Robin & Smith, 2013）。关爱包括对他人关心的事情有一种设身处地的思考，是真正站在对方的角度去体会，而且是一种对方能够接受的关心（Noddings, 2010）。

在商业活动的参与者中，有些参与者对特定群体具有特定的责任，这种责任被称作应尽之责，也即关爱之责。在这里，责任的产生不是根据一般性的伦理原则，而是依据彼此特定的关系而确立的友爱、忠诚、同情等。2011年3月，日本发生大地震。佐藤水产的社长佐藤仁、佐藤仁弟弟佐藤充在灾难面前首先抢救赴日研修的中国女工，佐藤充付出了生命的代价。他们将"关爱"原则发挥到了极致。

在商业伦理中，关爱原则并不要求适用于所有的关系，而是特定的群体。有时，关爱原则也被批评有失公平。

3.2.3 商业伦理中的社会契约论原则

1. 社会契约论

综合社会契约不是一种正式的书面合同，而是一种关于行为准则的非正式协议，这些行为规范是从群体或社会共有的目标、观念和态度中产生的。社会契约论可以看作是对各种伦理理论的折中与妥协的结果，商业组织则通过与社会建立社会契约而获得合法性（Dunfee, 1991）。按照大卫·伏里兹士（Fritzsche, 2002）的观点，综合社会契约的基本要素包括最高规范、宏观社会契约和微观社会契约。

最高规范具有普适性特征，是评价其他道德规范的基础。最高规范所确定的原则是人类生存和发展必不可少的原则。核心人权（即人身自由权、人身安全及健康权、政治参与权、知情权、财产所有权和生存权）是全球通行的最高规范，尊重与尊严通常也被认为是最高规范。在商业伦理中，所有商业行为都应受最高规范的制约。

社会契约包括宏观社会契约和微观社会契约两个层次。宏观社会契约可以被看作是社会范畴内的契约，全球性的规范以及微观社会契约都依托于宏观社会契约而存在；宏观社会契约适用于所有社会成员，是全社会的共同契约。微观社会契约则适用于特定的社团，是某个社团成员共同遵守的规范。

在经济社团中，微观社会契约是指导特定经济团体的商业行为的社会契约，这些团体包括从企业内部的正式及非正式群体、企业、行业及各种行业或专业协会、国内和国际组织等，微观社会契约为这些经济组织提供其行为规范。经济社团的微观社会契约同样受宏观契约的影响。

社会契约的一些基本条款包括：①给本地经济社团自由的道德空间，以便通过微观社会契约为社团成员确立强制性道德规范；②微观社会契约必须是在意见一致的基础上确定规范，并且给予成员绝对的退出权；③为使微观社会契约规范对社团成员有强制性作用，它必须与最高规范一致；④微观社会契约的规范有时是竞争的，相互排斥的。在解决这些规范之间的矛盾时必须用与前三条原则一致的优先准则（Donaldson 和 Dunfee, 1994）。

所谓自由的道德空间，是指宏观契约未涉及或最高规范未考虑到的特殊道德领域。它使经济社团能够通过微观社会契约制定适用于社团特殊情况的规范（Fritzsche, 1999）。例如，在我们前面提到的"捐款门"事件中，中国特定的社会道德规范形成了对企业面临非常状况所必须遵循的行为规范。微观社会契约提供了能为不同社团提供最佳服务的道德规范。源于微观社会契约的特殊规范必须允许不同意该规范的社团成员退出社团。一般规范不可违反最高规范。

2. 中西方差异

2008年1月26日，《参考消息》第3版发表了一篇名为《地球危机将导致东方文明复兴》的文章；此前的1月23日，日本《世界日报》上也发表了外交评论家井上茂信的文章《地球危机是新文明诞生过程中的阵痛》。这两篇文章的共同之处在于，它们都认为构成20世纪重要特征的工业化社会正在陷入停滞不前中，建立在物质至上主义和科学万能论基础之上的西方文明，其缺陷也日益暴露出来；而历经数千年传统的东方文明将重新焕发活力，成为全人类的思想基础；人类或许正处于东西方文明的交替期。

姑且不论这种观点是否是一种事实，或者是否能够得到认同，文章所表现出来的对东西方文明差异的理解和偏好，在近一二十年中，其实已经成为一个全球性的论题。在有关不同文明论争的背后，隐含的是人们——特别是非西方主流社会——对西方文明至上主义的厌烦。人们开始重新审视自己的文明。

在商业伦理的范畴内，我们关心的是东西方文明究竟存在怎样的差异性以及这种差异性是如何影响各自伦理规范的构成和表现的。

如果说我们在前面对商业伦理一般性原则的论述侧重表达的是不同规范后面所隐含的共同的基本伦理原则，那么在这一部分，我们将目光转向东西方文明的差异性以及这种差异性对伦理规范的影响。

数千年来，中国文化对周边国家，特别是东亚、东南亚国家产生过巨大影响。时至今日，尽管所谓的西方文明在较长的时间内在全球占据了所谓优越的地位，但是中国传统文明的影响依然顽强地存在，并且深深嵌入商业伦理规范的日常运作中。

如果我们用一句话来概括中西不同文明背景下的商业伦理规范有哪些根本性的差异，那么"关系"理论和"社会契约"理论也许是最好的着眼点。一个有趣的现象是 GuanXi 一词已经成为英语词汇中的正式用语。

对中国文化有着深远影响的儒、道、释、法等学说，尤其是孔子和老子的儒道思想，被认为是中国哲学的源头，中国思想文化根植于其中。这种影响在中国传统伦理观念上最重要的体现就是重视秩序，强调个体对集体关系的"整体至上"特征，所谓"关系"理论也是建立在这一特征基础上的。

一些自认为了解东亚文明的西方学者很容易将"关系"误解为是完全超越契约精神的，是有违西方契约伦理的。甚至近当代的一些中国研究者也将"关系"理论等同于"厚黑学"。

下面一段论述就很有代表性。

如果没有亲历东方的"关系哲学"，许多人对"关系"的理解可能只会停留在人与人之间的一种相关性上，例如客户关系、需求关系等。但在许多东南亚国家（也许还有其他地区的国家），"关系"至少体现了以下三层含义：一是指彼此间的互惠互利；二是表示不道德地利用某个人的权威获得政治或经济利益；三是表示通过和掌管有限资源者的个人关系而逃避法规的办法（Gold，1985）。

如果这种论述能够代表"关系"理论的全部，那么这就意味着正常的商业伦理规范在"关系网"中可能会失去原有的作用。这是不是意味着中国是一个只讲关系而不受社会契约约束的社会呢？

中国传统文化下的道德观将人与自然、社会的秩序和规范视为一个整体系统。自给自足的农业生产方式又决定了中国古代"以家庭为本位"的社会特征：宗法、家族和血脉是联系社会人际关系的坚韧纽带，由此产生的一系列关于人际关系的整体意识、伦理规范便成为我们理解中国乃至受其影响的东亚"关系"伦理的基础。

在这种关系理论中，伦理规范体现的是一个个体的人对其他个体、对其所成长和所依附的群体的责任和义务。西方的"个人"指的是"人本身"，而中国的"个人"是指共同成为一体中的一个，一个人存在的意义必须从其所从属的关系中加以确立。有些西方学者（芬格莱特，2006）甚至认为在中国儒家的观念中至少要有两个人才有"人"的存在，否则就没有"人"（西方意义上的人）。然而，这也许只是对"仁"的构成所形成的表面理解，忽略了其中蕴含的以"仁者爱人"的伦理思想为基础的人与人的关系。在中国数千年的发展中，关系不仅仅是"天人合一"整体观的体现，而是隐含着作为个体的人对"整体"和特定"关系人"的责任、义务和权力。无论在社会生活、家庭生活、经济生活抑或是政治生活中，中国人的伦理规范并不需要通过白纸黑字的契约来加以确认，而是依靠在最基本伦理原则（例如，三纲五常）指导下的个人德性和集体压力来维持的，是一种源自内在的警醒和外在关系监督的结合。

关系网络并不仅仅限于中国。西方许多商人也是各种机构的成员，如高尔夫俱乐部、校友会、狮子会（Lions Clubs）[①]、扶轮社（Rotary Clubs）[②]、商会等。有人认为这些机构集商业、娱乐和工作于一身，使其成员彼此受益，与中国所谓"关系"的差异很大，甚至到了不可同日而语的程度。而这种认知恰恰体现了西方文化的高度优越感。

我们也可以这样表述：中国并不是一个缺少"契约"精神的社会，我们的契约是存在于我们的家族、我们的血液、我们所依存的社群中。这种契约精神是内在的而非外在的，是对与我们有"关系"（家族、朋友、师长甚至是熟人）的人的内在承诺，是在特定规范下的自觉行为。

西方契约能够发挥作用至少存在两个关键的因素：首先，各种契约都需要某种有效的合法系统来规制其运作，否则契约双方将无法保障条款的执行，从而终止交易。其次，如果双方能够建立彼此间的相互信任，任何一方则都不会存有侥幸心理，不会因担心其中存在的不确定性而终止交易。

在中国这种"大而化之"的文化环境下，传统上高度依赖个人、家族自觉的社会中，

---

① 国际狮子会（LIONS，由Liberty、Intelligence、Our、Nation's、Safety首字母组成），创建于1917年，是世界上最大、历史最悠久的服务组织，拥有46 000个分会及140万个会员，会员分布于世界193个国家，总部设于美国。

② 国际扶轮社（Rotary Clubs）由美国保罗·哈里斯等4人创立于1905年2月23日，在全球拥有31.6万多个分支单位，成员逾125万人分布于163个国家和地区的非政治、非宗教、非营利的国际慈善组织。

法制体系确定的是最基本的原则与规范，"关系"则是有效交易的一种支持机制（Stephen 和 Marshall，2000）。随着中国传统社会的解体和传统文化影响日衰，这种源自"内在"、基于"关系"上的伦理规范运行体系也在失去其作用。伴随法制的健全以及市场化的进一步深入，建立新的伦理规范运行方式已经是势在必行；在这个过程中，传统的"关系"，自然会逐渐失去其重要地位。

在中西方文化差异中我们仍然可以找到根本性的共同点；其差异也许不过是体现在"契约精神"的内在性与外在性表现上，或者其适用范围不同。这些差异显然是存在并且可能在很长时期内都将持续。但无论是东方还是西方，哪一种伦理优越感都是毫无理由的。

3.3 商业伦理决策

3.3.1 伦理决策的影响因素

商业活动的参与者经常会碰到诸如此类的问题：怎样才算是好的决策？怎样算作坏的决策？如何评价组织或个人的决策？伦理决策受哪些因素影响？

在商业伦理中，"好"的决策的三个基本属性（道德上"好"的、经济上"有效果"和"有效率"的）并不总是同时具备。向坏的方向越有效率，就越能产生恶果。同时，结果的"好"和过程的"好"也不能够互相替代。

影响企业伦理决策过程的因素有哪些？

1. 商业伦理与道德责任

商业活动是人类为了自身的持续发展而形成的一个社会组成部分，因此一般的社会道德标准同样体现在商业伦理中。与一般的伦理问题不同之处在于商业伦理决策中的道德责任的承担。

商业伦理决策经常是由企业管理者做出的，那么其决策的后果应该由决策者个人还是由商业组织来承担呢？一种观点认为，商业组织作为法人实体，具有相当于个体的行为目标和行为能力，因此商业决策的道德责任应归结于商业组织本身；一个商业组织的行为是否道德与一个人的行为是否道德，具有相同意义。而另一种观点则完全相反，认为商业组织本身并不能做出决策，应由组织的管理者而不是组织本身来承担道德责任。

从本质上看，任何商业组织的伦理决策，都无法脱离其行为主体而独立存在。这里，行为主体的范围是相当宽泛的，企业的股东、雇员、顾客、供应者、竞争者、政府、社区等都是商业活动的参与者，他们的道德水准在相当程度上制约了商业组织的道德标准。但是，各行为主体对商业组织的影响力并不对等，实际参与企业经营活动的行为主体，包括企业的股东、管理层和雇员，其行为是否符合道德标准和社会期待，是会决定企业的伦理表现的。因此，商业决策的道德责任主要应由企业及其成员，尤其是高级管理者来承担。

但是，管理者在进行实际决策时往往要综合考虑多方面（经济、政治、技术、社会和伦理等）的因素，道德标准会被置于何种地位往往取决于管理者本身的道德认知；在相同的情境下，不同的决策者可能会作出完全不同的选择。在这个意义上，企业组织固然需要承担商业决策的道德责任，但显然决策者本身也应承担绝大部分的责任。

管理者对组织道德的影响显然是相当巨大的。在2001年爆发的安然公司和世通公司丑闻中，我们都可以观察到最高领导者的道德责任。

伯尼·埃博斯，世通公司的掌门人，表面上看起来是一位虔诚的基督徒，在董事会与股东会议上，总是以祈祷的方式召开会议。但实际上，在召开董事会的前夜他甚至还在饮酒作乐。埃博斯甚至胁迫公司为其个人的无度消费埋单。世通公司为埃博斯提供了3.4亿美元的低息贷款（2.16%）以换取其不向市场抛售公司股份（韦尔林，2008）。埃博斯的作为给世通公司做了最坏的示范，人们普遍认为世通公司所发生的丑闻与其CEO的行为之间存在直接关联。

2. 商业伦理与法律

需要考虑的另一个问题是商业伦理与法律的关系。请看下面的实例。

因存在油门踏板等问题，丰田在美国召回了850万辆RAV4，而在中国仅召回7.5万辆，数量不及美国的一个零头。丰田汽车（中国）投资有限公司公关负责人徐一鸣表示，目前丰田只通过电话及DM（直投广告）方式通知RAV4车主，也并未提出在更换零件期间给予中国车主的补偿计划。这和美国消费者的待遇完全不同。在美国，丰田将提供"上门召回"的服务，并对亲自驾车返厂召回的消费者给予交通费用的补偿，并在汽车修理期间，提供同型号车辆进行使用。

企业的伦理决策总是需要考虑经济回报和伦理正确两个方面，满足法律要求仅仅是伦理决策的最低标准。在一个社会的发展过程中，通常存在三条杠杆：作为极限或底线的法律杠杆；作为基准或高于法律的道德伦理杠杆；作为愿景或使命的理念杠杆。很多中国消费者抨击丰田公司的行为是不道德的行为，是对中国消费者的歧视和差别化待遇。但就丰田公司而言，这可能只是平衡法律要求和经济收益的一种理性选择。更值得思考的是，为什么在中国经营的企业，总是以满足法律的最低要求为目标。

商业伦理体现了商业道德的自觉性和内在性，法律要求则体现其强制性和外在性。法律的制定与执行，是保障商业伦理大环境的根本条件。丰田公司在中国和美国的差别化政策，其本质反映了中美两国在保护消费者权益方面的差别。

需要注意的是，法律规定与正确的伦理行为之间是有差异的，很多被社会普遍认为是非常重要的道德准则并未写入法律条文。满足法律的最低要求不一定就意味着满足了道德的最低要求。例如，现在很多公司在招聘中存在明显的性别和年龄歧视，由于中国尚未建立平权法，企业拒绝雇用女性雇员不一定明确违反了法律规定，但却是不符合一般道德期待的。

在法律与商业道德的关系中，还应该看到法律反映的是昨天的道德准则，不一定符合今天和明天的社会期待。在法律滞后于现实的情况下，道德就被视作是填补法律空缺和漏洞的工具。有时，道德甚至需要有挑战法律的勇气：例如美国内战时期的蓄奴法、德国希特勒时期的反犹太人法律，都被后世视作恶法。在法律本身就是不道德的情况下，以遵守法律为名所做出的不道德决策,并不能证明决策本身的道德合法性。有关商业伦理和法律的关系,我们在第10章中还会谈到。

3. 商业伦理与组织文化

影响伦理决策的另一组关系是伦理与组织文化:什么样的组织更利于做出合乎伦理的决策呢?

20世纪90年代初的一些实证研究发现那些业绩突出的企业都具有许多共同的特征,他们都拥有符合伦理行为的共同价值观(见表3-1)。

表3-1 经营业绩出色的企业的一些特征

文化特征
1. 有强有力的公司文化
2. 公司文化适合企业经营的环境
3. 公司文化帮助公司预见环境的变化,并帮助其调整以成功地适应这些变化
价值观系统的重点(主要的利益相关者,特别是顾客、雇员和股东)
1. 真诚地关心主要的利益相关者
2. 关心是长期的
3. 强调正直
公司行为
文化表现出色的公司是那些拥有促进符合伦理行为的共同价值观的组织

(资料来源:Kotter 和 Heskett, 1992.[①])

一个公司的文化由其传统和风气构成:文化包含着企业的价值观,传统和风气是长期贯彻企业价值观的结果,是企业价值观的外在表现。企业价值观作为企业和员工所拥有的共同信念和判断是非的标准以及调节行为及企业内外关系的规范,对企业的生存和发展至关重要。

正是在具有整体影响力的商业伦理标准下,才形成了企业为了应对内部环境和外部环境而在组织内部形成和发展了企业文化,并且在新成员中继续发扬光大,以指导他们在这些环境中的行为(Schein, 1984)。文化的重要功能表现在(Smircich, 1983):它使组织成员产生一种同一感;促使组织成员实时忠诚于大于自我的事物(组织);有助于组织的交际体系的稳定性;为行为提供了理论基础和方向。文化还体现在组织内部的规范、仪式、传说、故事和例行习惯中。

了解公司的文化有助于我们解释决策者在决策过程中的各种应急反应。如果公司文化中的共同价值观反对不道德的行为,则决策者做出不道德决策的机会将会减少,否则会导致道德水平低下的行为。

从上述分析我们可以如此理解,即企业文化反映了一种组织层面上对商业伦理的认知,同时也是其道德标准的体现。整体的价值观蕴含着共享的伦理观。正是基于这样的认识,究其根本,企业的各种决策其实是不同程度的商业伦理决策;而如果没有深刻的伦理认知

---

① 整理自 John P.Kotter, James L. Heskett. 公司文化和公司业绩 The Free Press, 1992.

能力,这一过程也不会一帆风顺。

影响伦理决策过程的另外两个重要因素是个人价值观和社会外部环境。

同样的组织中,个体的决策可能完全相反,这其中重要的差别在于个体的价值观不同。决策者个人的特质,例如道德标准、自我发展需求、内在激励,决定了面对同样的问题,决策者可能给出完全不同的行动方案。在对待非洲医疗需求的问题上,默克公司的 Roy Vagelos 选择了人道权利而不是公司利润,而与此相反的选择也不乏其人。

社会环境则是制约伦理决策的外部环境。在一个不道德的社会中,很难期望个体的选择是道德的。

3.3.2 伦理决策工具与方法

对商业伦理决策的关注始于 20 世纪 50-60 年代,是在应对商业活动中不断增长的各种不正当行为过程中形成和发展起来的。

决策伦理分析是从伦理角度来分析评估可供选择的方案,帮助管理者做出正确的抉择。美国密执安大学的拉鲁·托尼·霍斯曼(2005)概括了伦理决策的特点:大多数伦理决策具有延伸的后果,伦理决策和行为的结果不会停留在直接的后果上,而会延伸到整个社会;大多数伦理决策具有多个可供选择的方案;大多数伦理决策具有多重影响,即伦理选择涉及社会、企业的收益和成本;伦理决策具有不确定性并受个人因素影响。

伦理决策从伦理认知开始(意识到需要处理伦理问题),经由伦理判断(根据伦理原则确定应该如何做)而采取具体的行动(伦理行为)。在这个过程中,多数决策都受到组织及个体的道德水准及法律要求的影响。

决策者为了做出良好的伦理决策,就需要了解并掌握一些基本的概念工具和方法。经常使用的方法包括以下两种。

1. 利益相关者分析

利益相关者分析是伦理决策分析的常用工具之一。商业活动中的利益相关者是指受某一商业行为影响或可影响该商业行为的任何个人、群体和组织。利益相关者分析的目标是为了创造一种"双赢"或"多赢"的结果,即在实现利润目标的同时,能合乎伦理地对待利益相关者,使他们的需要也能得到满足。唐纳森和邓菲(1994)、周祖城(2004)所采用的利益相关者分析法,提出了以下问题。

(1)谁是我们现行的利益相关者?谁是我们潜在的利益相关者?

利益相关者识别是分析的第一步。很多时候,我们在做出伦理决策时往往有意或无意忽略一些利益相关者(他们通常缺乏影响决策过程的能力和地位)。

一位 MBA 的学员在讨论中分享了她的感受:

两年前,我从东北来到现在的城市并加入这家国企。我在这里结婚生子、努力工作并参加了 MBA 课程学习。一个月以前,公司把我从分公司调入总部,我期待着更好的职业前景。但是,就在两天前,我突然被告知总部要迁往另一个城市。我感到很沮丧,我的家庭、学业都在这里,如果提前知道,我宁愿待在分公司。我感到自己被忽略了,有些无所适从。

企业在搬迁过程中的人事调配决策显然忽略了这位学员的感受。其他一些利益相关者，包括生态环境等，也很容易被决策者忽视。

（2）利益相关者想从我们这里得到什么？我们想从利益相关者那里得到什么？

在识别利益相关者的基础上，决策者还需要考虑利益相关者的真实需求，这是平衡其利益的基础。一般情况下，决策者很少忽视关键利益相关者的需求，但如上面例子中非关键利益相关者的需求就有可能被忽略。

我们的决策会给哪些利益相关者带去利益？利益有多大？我们的决策会给哪些利益相关者造成伤害？伤害有多大？

对决策后果的分析，是最为关键的步骤。正确识别决策后果，才能够意识到可能产生的伦理问题并对此进行处理。有时候，伦理问题的发生并不是出于主观上的不道德，而是缺乏伦理敏感性造成的。请看下面的例子。

（3）张莉是一位社区工作者，她所在社区附近拟规划一家化工厂。张莉应邀参加项目论证，并作为社区代表参加了赴国外考察团。结束考察后，张莉被要求签署一份同意书。虽然该项目并不符合相关规定并缺乏充分论证（这一点项目方并未向张莉说明），张莉依然签署了同意书。

张莉的行为是否涉及道德问题？考虑到她的专业和职业，张莉的决定很可能是因为她没有意识到该建设项目可能给所在社区及居民带来的不良影响，而不是因为参加了项目方的考察团。对决策后果缺乏想象力，使其没有意识到其中的伦理问题。

一个决策的后果可能是短期的，也可能是长期的。在商业决策中，人们往往容易忽视其长期结果，而专注于短期的利益。

（4）利益相关者受到损害后会不会采取行动？如果会，会采取什么样的行动？可能采取行动的利益相关者的影响力有多大？企业对利益相关者承担着何种经济的、法律的、道德的责任？

前面的分析，集中在对利益相关者的影响方面。这里的分析则关注利益相关者的反应对决策者的影响。上例中的项目方，可能已经评估了其行为被张莉了解后的反应并认为不会带来重大影响。毕竟，人们对木已成舟的事情很难做出更激烈的反对。

观察一下，同样是石油钻探所导致的溢油事件，康菲公司（渤海）和BP公司（墨西哥湾）的不同反应，也许并不能说明这两家公司的道德优劣，只能说明它们是对所在区域政府、公众可能做出的不同反应的反应罢了。

2. 伦理审计

判断伦理决策可以通过多种方式，在实践中经常会使用一些伦理审计模型。

（1）布来查德和皮尔的伦理审计模型

肯尼斯·布来查德和诺曼·V. 皮尔于1988年提出了伦理审计模型（见图3-1），该模型无须考虑抽象的伦理原则并能得出基本合乎伦理的结论，因而受到决策者的欢迎（阎俊和常亚平，2005）。

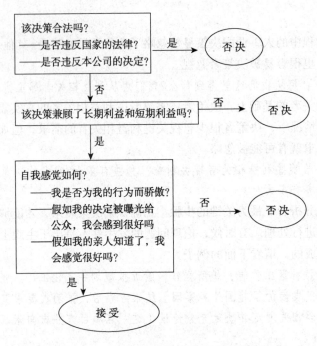

图 3-1　布莱查德和皮尔伦理审计模型

该模型考虑了伦理决策是否具有合法性、是否符合社会基本伦理规范、是否符合企业长期利益、是否能被利益相关者接受以及决策者的自我情感作用。

在这一伦理审计模型中，除了考虑法律和利益之外，对决策者的自我道德情感的审核，是帮助决策者避免做出不道德行为的关键一步。

人类的情感因素，往往是最直接反映道德需求的指标。决策者的道德直觉，可能是最好的评价标准。除了少数道德意识极为匮乏的决策者，多数决策者在伦理决策中能够直觉地感知到其决策中可能存在的问题，不希望自己的决策被公开或者感到矛盾和困窘的决策，这往往是基于利益而不是个人道德标准做出的。

回到前面的例子，张莉在签字前，是否感到困扰和犹豫？再如，一些公司大量雇佣派遣制工人从事有害健康的高危劳动，并在这些雇员发病前将其解雇。在决策时，如果将这些工人看作自己的兄弟姐妹，这个时候你还愿意解雇他们吗？类似的提问可以帮助决策者审视其内心的道德直觉并做出正确的选择。

（2）劳拉·南希伦理决策分析法

与布来查德和皮尔的伦理审计模型相类似，劳拉·南希列举了 12 个问题，帮助决策者做出理性的决策（陈炳福和周祖城，2000）。这 12 个问题被分为八个部分：目的分析、原因分析、价值分析、意图和结果分析和比较、利益相关者分析及协商、长远思考、伦理检验、确定例外立场。

第一步，目的分析。这是一个收集信息、厘清事实并确定伦理问题的过程。很多决策者面对伦理决策，往往直接凭借直觉给出解决方案，缺少理性的、结构化的分析过程。目的分析就是帮助决策者界定问题的过程。具体问题包括：①是否准确定义了问题？②如果站在他人立场上，会有何不同（换位定义）？

第二步，原因分析。其目标是分析问题产生的根源，具体问题如下：伦理问题是如何产生的？

第三步，价值分析。这是用来评估决策者个人对伦理准则重要性的认识的，决策者需要对其重要性做出排序。具体问题如下：作为个人和公司成员，你认为谁最重要、什么最重要？

第四步，意图和结果分析与比较。在这里，决策者需要评估其决策的后果，包括当前以及潜在的后果，并对决策目标和可能造成的后果进行比较，从而判断决策是否符合其利益。具体问题如下：①你的决策想要达到什么目的？②你的决策的后果与想要实现的目标是否相符合？

第五步，利益相关者分析及协调。利益相关者分析过程是一个角色扮演的过程，决策中需要从多方角度审视其决策的影响。具体问题如下：①你的决策会损害哪些相关者的利益？②是否可以在决策前与受决策影响的利益方讨论该问题？

第六步，长远思考。这一步主要思考伦理决策的长期效果，包括对企业组织的象征性影响也应考虑在内。具体问题如下：从长期观点来看，你的决策还能像现在这样看起来那么有成效吗？

第七步，伦理检验。如果说以上六个步骤是对伦理决策的理论分析，第七步就是对伦理决策的直觉审核。具体问题如下：①你能公开地在上司、高管、董事、家庭和整个社会面前谈论你的决策或行动吗？你是否会对此决策感到不安？②他人是否会误解你的决策？你如何面对误解？如果没有误解，他们会如何看待你的决策？

第八步，确定例外立场。任何决策都有可能存在例外。伦理决策也不存在绝对的非此即彼的判断。在这里，决策者需考虑创造性地解决伦理困境。具体问题如下：在什么条件下，你会改变你的立场？有时候决策者可能基于个人利益而做出例外选择，同样也可能基于更重要的目标而做出例外选择。

伦理决策过程是一个反复比较利害的过程，是对"好"、"效果"、"效率"的综合评价，是平衡道德和经济原则之后的选择。通过伦理决策分析，可以帮助决策者综合衡量决策所涉及的各种因素，包括决策者及所在组织的利益、相关者利益、决策后果以及决策的情感因素，从而做出更适合的决定。

3.3.3 伦理冲突与协调

过去二三十年来，在宏观社会及微观企业两个层面的伦理冲突有愈演愈烈之势。2008年始爆发并延续至今的全球性经济危机，似乎在某种程度上印证着这一冲突的剧烈和不可调和。商业活动中经常产生"义"与"利"之间、"公"与"私"之间、"公平竞争"与"等级秩序"之间的冲突，在个人与组织、不同组织、国家与文化之间也存在伦理冲突。有三类冲突是我们常见的。

1. "潜规则"与"正式规则"

分析传统理性的组织和政治组织模式，可以揭示伦理冲突产生的原因。按照公司理性观点，雇员的主要道德责任是实现公司目标，避免任何不利于实现这些目标的行为就是雇员的道德。偏离公司目标、以各种方式满足自我利益，毫无疑问是不道德的。这里所谓的"个人"，可以是公司中的某个员工，也可以是广泛社会背景下的一个公司，而整体则可以小到企业中的一个部门，或大到整个行业乃至社会。在伦理约束松弛的情况下，会出现利益冲突、偷窃，或非法牟利等问题。

任何在大型组织中工作过的人都知道，虽然这些组织多数建立了有序的组织框架，但各种微妙的关系、组织资源的争夺、派系斗争、晋升压力等，往往使组织的"真实"目标和应有目标相互矛盾。维拉斯凯兹（2005）认为，正是组织的政治属性而不是理性原则造成了伦理的冲突。在组织的政治属性模型中，组织被看作是一套争夺权力及其产生的正式和非正式的影响和沟通能力的体系，相对于理性模型，该系统中出现了更为复杂的权力结构和沟通体系，由个人组成的小群体或联盟，彼此竞争；因此，整个组织的"目标"是由那些最有权力或占据最主导地位的联盟确立的，而不是理性组织确立的结果。在这种情况下，"真实"的伦理规则和"道德"的伦理规则之间，很容易产生冲突。

于是，我们会看到各种貌似黑白分明、但却无法自洽的伦理或道德冲突：肆无忌惮地向战争地区出口武器装备，赚取带血的利润；掠夺式开采资源，大肆剥削第三世界的原料资源；想方设法以种种策略性措施将成本负担转嫁给社会底层群体；凡此种种，不一而足。

2. 规则冲突

伦理冲突不仅是体现在"真实"的潜规则与"道德"的伦理规则之间的矛盾，也体现在各种"道德"的伦理规则之间。

当利益相关者的道德权利之间产生矛盾时，各种伦理规则之间的关系就变得更为复杂。例如，当决策者需要对是否进行生产外包做出决定时，所涉及的利益相关者至少有如下一些群体：本地雇员（希望能够保住工作）、股东和投资者（希望降低成本）、外国雇员（希望得到工作机会）、本地社区（希望保护其税收对象不要流失）、本地政府（关心其居民的福利问题）以及外国社区（也想借此增加它的税收对象）等。无论管理者做出何种决策，总会有一些利益相关者获得利益，而他们所获得的也许正是另一些利益相关者所失去的。在这些冲突中，平衡利弊，确定不同伦理规则的优先顺序，是决策者必须做的。

除了利益上的冲突外，不同社群和文化的伦理冲突也时有发生。在商业活动中是否可以向采购方支付佣金？商业贿赂与朋友之间的人情往来如何区分？在美国可能是违反法律的做法在欧洲某些国家却是光明正大的，在中国习以为常的事情在有些地方甚至要承担法律责任；这些冲突属于伦理的不同规则之间的冲突。

社群和文化差异所导致的伦理冲突还经常伴随着某些文化优越感，将组织的政治伦理置于商业伦理体系中，小到微观企业，大到宏观环境，"真实"的伦理规则同样是由那些具有主导地位的个人、群体或社会所确立的。今天，西方文化和商业伦理的优越感几乎无处不在。例如，在谈到微观社会契约冲突时，诸如"在一个亚洲的社团里，微观社会契约规范可能是一种裙带关系，而在西方社团里的规范可能要求机会平等"这样的以亚裔社团和欧裔社团进行对比的文字并不鲜见。同样，如本节开篇所引用的中日评论家们所宣称的西方文化衰亡论在东方国家中也屡屡见诸公开报道中。

3. 个体与组织

伦理的冲突还体现在个体伦理与组织伦理的关系中。回顾一下第 1 章商业伦理与企业竞争力一节中所描述的 ABCDE 等情境，相信读者应该不难体味到个人伦理观与组织利益和目标之间的冲突。

个体伦理与组织伦理的冲突可以在以下两个方面观察到：一方面，个人价值观与组织价值观的冲突。一个相信绝对公平的员工在一个完全以绩效为导向的组织中，将会面临非常严重的挫折感，无论他是否能在这个组织中获得良好的收益；一个正直诚实的人在一个造假成风的机构中也将面临困境。另一方面，冲突还表现在专业伦理与组织伦理的冲突中，专业伦理非常强调专业操守，而组织伦理要求员工的忠诚。当二者存在矛盾时，是坚持专业伦理还是坚守忠诚原则？

在上述两种伦理冲突中，坚持个人价值观往往需要付出利益损失的代价，甚至受到"组织"一方的报复，那么对个人价值观屈从"组织"整体伦理的现象也就无须大惊小怪了。需要考虑的是如何从组织的伦理建设入手改变环境的问题。

在处理不同伦理准则的优先顺序方面，唐纳森和邓斐（1994）指出了一些优先准则：①对于仅在社团内部发生的交易，如果对其他人或社会没有较大的不利影响，应由该社团的规范支配；②只要对其他人或社团无较大不利影响，解决优先权问题的社团规范就应适用；③作为规范来源的社团规模越大，越开放，其规范的优先权越大；④维护交易所处的经济环境所必须的规范应优先于有可能破坏这种环境的规范；⑤当存在多种互相矛盾的规范时，各规范间的一致性典范提供了确定优先权的基础；⑥明确的规范通常应优先于不太明确的较笼统的规范。

商业伦理的冲突在孔子和亚里士多德时代同样存在，亚里士多德的财富伦理问题、中国先秦诸子百家的义利之辩，都是古代社会实际生活中伦理冲突的理论表现。今天的伦理冲突，尽管形式更为多样化，但本质上仍然是义利之争。其实，义利也是可以并存的，中国人说"君子爱财，取之有道"，西方人说"即使不为恶，仍然能赚钱"，二者在本质上是一样的。

4. 实例分析

对于决策者来说，如何在各种冲突中做出自己的选择才是最重要的。让我们回到第 1 章的引例中，试着运用南希的伦理决策理论做出分析。在引例给出的资料外，还有一些额外的信息需要补充。

20 世纪 60 年代末期，福特汽车公司开始面临来自德国和日本汽车厂商的竞争。公司两位主要负责人克努森和艾柯卡之间就福特未来的发展方向产生了分歧和争议。艾柯卡希望抢占小型汽车市场，而克努森则希望将业务集中在大中型汽车市场上。

CEO福特二世支持艾柯卡的决定,在克努森被迫辞职后,福特公司决定用两年时间推出Pinto车,这大大短于正常的研发、制造所需的时间。艾柯卡决定将研发、测试工作同时进行。1971年,Pinto如期完成,但在碰撞测试中,公司发现该车型油箱设计中存在严重缺欠,进行碰撞试验的11辆车中有8辆没有通过测试,另外3辆在加装了防护装置后通过了测试。

当时,该项测试并没有被列为正式的官方标准,因此Pinto车虽然存在缺欠,但却符合当时的汽车标准。如果对此进行改进,福特公司面临两方面的困难。

成本增加:正如引例所描述的,该款车型面向价格低于2 000美元的低端市场,如果改进汽车的安全性,则成本为13 750万美元,收益为4 950万美元。

影响汽车的行李空间:如果进行改进,现有的行李空间会减少,这将影响汽车的销量。至1973年,陆续有报告显示Pinto汽车即使在低速(25公里每小时)碰撞中也可能产生爆炸事故。

在这个案例中,作为决策者,涉及哪些伦理问题呢?如何决策?

第一步:目的分析

在1971—1981年的詹姆斯诉讼案的十年间,福特公司需要做出两个重要决定。

第一个时间点在1971年,作为决策者,需要决定是否增加防护装置,这将带来上亿美元的商业损失;第二个时间点是Pinto汽车投入市场后,随着爆炸事故不断发生,决策者需要决定是否召回该款汽车,这时的损害将会更高。

在每个时间点上,决策者都需要定义自己所面临的问题:这是一个费用—效益分析的问题还是生命价值的问题。

显然,福特的决策者认为这是一个费用—效益分析的问题。他们在司法诉讼中的辩解可以很好地诠释这种思维:公司必须进行费用—效益分析,每个人都知道一些人会发生车祸,但消费者希望得到低价的产品,他们购买低价产品就等同于接受风险。这种思维方式在今天也还大有市场,包括国内很多企业经理人在内,选择低价竞争的同时,也将安全风险留给了消费者。

从企业的角度,费用—效益分析是必不可少的,但也是不够的。缺乏伦理敏感性的决策者将生命安全问题等同于费用效益问题,最终可能付出惨重的代价。

而从消费者和社会大众的角度,可以想象,他们对福特的决策者将是否改进安全措施和是否召回Pinto汽车的决策定义为费用—效益的问题,将会如何的愤怒。联系三聚氰胺事件后社会的强烈反响,就不难理解问题界定的重要性。

第二步:原因分析

原因分析是要找出伦理决策的难点和冲突的要点在哪里。在本案例中,经济利益和生命安全的权衡是最关键的。福特二世的态度可能直接决定了管理者的态度,公司对利润和市场竞争的关注超过了对生命的敬重。

第三步:价值分析

艾柯卡作为福特公司的总裁,在决定是否改进、是否召回方面具有直接的影响力。我们可以试着去理解,对他们来说,什么是最重要的。根据已经披露的资料,福特公司一直在尝试说服当时的高速公路交通事故安全管理局，使他们相信安全的可行性是建立在费用—效益分析基础上的。汽车工业的游说活动几乎取得了成功，虽然早在1968年交通事故安全管理局就推出了相关标准，但直到1977年才获得正式批准。在那之后出产的所有的Pinto汽车都装上了防破裂油箱。

显然，对公司的决策者，安全管理局是重要的，他们决定了公司的行为是否合法；市场销量和成本是重要的，因为决定了公司的利润；消费者的安全不是最重要的因素，因为他们选择了低价产品就意味着需要承担风险。

第四步，意图和结果分析与比较

事态的最终发展显示，福特公司的决策忽略了公众的反应，福特二世和艾柯卡都被认为对此负有严重责任，有些评论人士甚至认为他们是在犯罪。未能正确预见其行为的后果，使其付出了巨大的声誉代价。

第五步，利益相关者分析及协调

如同在第三步中所分析的，低端消费者对价格敏感，其利益没有被考虑进来。

福特公司忽视的重要利益相关者就是社会公众，当社会舆论铺天盖地指责福特公司轻忽生命时，福特将不得不承担其后果。人们将福特二世和艾柯卡的行为称为推动消费者"自杀"。

第六步，长远思考

显然，这是一个典型的为了应对眼前市场竞争而缺乏长期思考的决策。在当时，决策者忽略了他们决策被曝光后可能产生的社会影响以及对公司品牌、声誉的损害。在13 750万美元和4 950万美元之间的选择，在收获短期利润的同时，企业也付出了长期的代价。

第七步，伦理检验

假定你是当时的决策者，在发现测试中存在的问题时，你是否会重新设计油箱？在汽车投产后，你是否会进行召回？

显然，福特公司的决策者并不希望内部文件曝光。他们的内部争议，也显示了他们对决策后果并不是一无所知，但是对经济利益的追逐超越了伦理追求，伦理检验的结果是公司选择任由事故发生。

这种事情今天也并不罕见。问题在于，作为个体的决策者该如何处理这些问题。特别是当决策者个人的伦理理念与公司的决策发生冲突时，你会如何选择。一些人选择辞职，一些人选择随波逐流，一些人选择公开真相。

第八步，确定例外立场

在本案例中，应该允许例外吗？在今天的观点来看，无论是高端消费者还是低端消费者，都应享有生命安全的保障。在生命面前，似乎不应存在任何例外。但事实如何呢？在各种道德困境中，你会做出怎样的选择呢？对福特的决策者来说，生命很重要，安全很重要，但希望购买廉价产品的消费者例外。

想一想，你是否有其他的选择？如果在低端市场上无法获得足够的利润，作为公司是否可以有其他选择？或者你仍然会像福特的决策者一样行事吗？

我们的读者不需要马上给出答案，脱口而出的答案有时并不能代表真实的想法。回顾一下人们在对待广州小悦悦事件的反应，就不难理解这种脱口而出的答案为什么没有意义。商业伦理决策可能充满了矛盾和困境，作为决策者，更需要审慎的思考与评价。

本章思考题

1. 你如何理解中西方对"关系"的理解？二者有没有共同之处？请举例说明。
2. 商业伦理规范是否就是一般伦理规范？请举例说明。
3. 你认为经济法则与道德规范是否具有从属关系？你会怎样平衡二者之间的关系？
4. 试着用本书所介绍的伦理决策方法解决你所面临的伦理问题。

参考文献

[1] Boorstin D J. The Discoverers: A History of Man's Search to Know his World and Himself[M]. New York: Vintage Books, 1985.

[2] Clark K. Civilisation[M]. New York: Harper & Row, 1969.

[3] Edgar H. Schein. Coming to a New Awareness of Organizational Culture[J]. Sloan Management Review, 1984, 25(2): 3-16.

[4] Fennell D. Tourism Ethics[M]. Channel View Publications, 2006.

[5] Frederick William. Values, Nature and Culture in the American Corporation[M]. New York and Oxford: Oxford University Press, 1995.

[6] Fritzsche D J. 杨斌，石坚，郭阅译. 商业伦理学[M]. 北京：机械工业出版社，2002.

[7] Gerald F. Cavanagh. American Business Values[M]. 3rd ed. Engle Wood Cliffs, NJ: Prentice Hall, 1990.

[8] Gilligan C. In a different voice. Cambridge, MA: Harvard University Press, 1982.

[9] Gold T B. After comradeship: personal relations in China since the cultural revolution[J]. The China Quaterly, 1985, 104: 657-75.

[10] Hayek F. The Road to Serfdom. Chicago, IL: University of Chicago Press. 1962. in Fennell, D. Tourism Ethics [M]. Channel View Publications. 2006.

[11] Linda Smircich. Concepts of Culture and Organizational Analysis[J]. Administrative Science Quarterly, 1983, 28(3): 339-358.

[12] Murphy Patrick. Character and virtue ethics international marketing: An agenda for managers, researchers and educators[J]. Journal of Business Ethics, 1999, 18(1): 107-125.

[13] Noddings N. 2010. Moral education in an age of globalization. Educational Philosophy and Theory, 42, 390-396.

[14] Ridley M. The Origins of Virtue: Human Instincts and the Evolution of Cooperation[M]. Toronto, ON: Penguin Books, 1998.

[15] Robin C, Smith G. Teaching care ethics: conceptual understandings and stories for learning. Journal of Moral Education, 2013, 42(2): 164-176.

[16] Rosenberg N, Birdzell L E. How the West Grew Rich: The Economic Transformation of the Industrial World[M]. New York: Basic Books, 1986.

[17] Rosenthal J. Ethics & international affairs[M]. Washington, D.C.: Georgetown University Press, 1999.

[18] Simola S. Ethics of Justice and Care in CorporateCrisis Management. Journal of Business Ethics, 2003, 46: 351–361.

[19] Solomon, Robert. Corporate roles, personal virtues: An Aristotelian approach to business ethics[J]. Business Ethics Quarterly. 1992, 2: 317-339.

[20] Standiford, Stephen R. Scott Marshall. The Transaction Cost Advantage of Guanxi- Based Business Practices[J]. Journal of World Business Spring, 2000: 21-42.

[21] Donaldson T, Dunfee T W. Toward a Unified Conception of Business Ethics: Integrative Social Contracts Theory [J]. The Academy of Management Review, 1994, 19(2): 252-284.

[22] Dunfee T W. Business Ethics and Extant Social Contracts[J]. Business Ethics Quarterly, 1991, 1(32).

[23] Velasquez M G. Business Ethics Concepts and Cases, 7th ed. Pearson, 2012.

[24] Zimmerli W C, Richter K, Holzinger M. (ed.). Corporate Ethics and Corporte Governance[M]. Springer, 2007.

[25] 彼得·科斯洛夫斯基. 陈筠泉译. 经济秩序理论和伦理学[M]. 北京：中国社会科学出版社，1997.

[26] 陈炳福，周祖城. 企业伦理学概论[M]. 天津：天津大学出版社. 2000.

[27] 德瓦尔. 赵芊里译. 黑猩猩的政治[M]. 上海：上海译文出版社，2009.

[28] 赫伯特·芬格莱特. 孔子：即凡而圣[M]. 南京：江苏人民出版社，2006.

[29] 拉鲁·托尼·霍斯曼. 管理伦理学[M]. 北京：中国人民大学出版社，2005.

[30] 马克思，恩格斯. 马克思恩格斯全集第42卷[M]. 北京：人民出版社，1979.

[31] 谢怀栻. 外国民商法精要[M]. 北京：法律出版社，2006.

[32] 阎俊，常亚平. 西方商业伦理决策理论及模型[J]. 企业文化，2005（3）.

中篇

实践中的伦理问题

第 4 章 企业社会责任

学习目标

理解什么是企业社会责任；认识履行企业社会责任的必要性；理解社会责任与企业战略管理的关系；理解利益相关者对企业伦理决策的影响；建立正确的责任观。

引例

全食超市：有觉悟的零售企业？

1978年，时年28岁的John Mackey和他的女朋友Renee Lawson一起在奥斯丁创办了一家专卖有机、天然健康食品的商店：SaferWay。1980年，SaferWay和Graig Weller、Mark Skiles创办的Clarksville Natural Grocery合并，共同成立了全食超市（Whole Food Market）。全食公司专卖有机食品，开创了超市与餐厅混合的业态并迅猛发展：1984年，公司开始走出奥斯丁地区；1999年，公司在加利福尼亚Torrance开设了第100家分店。除美国本土外，全食超市在加拿大和英国的连锁经营也取得了不俗的业绩。

John Mackey，将其经营理念解释为有觉悟的资本主义。在其官方网站，全食公司将它们的核心价值观定义为：提供高质量有机食品、让消费者满意和愉悦、提升团队成员幸福感并促进其职业发展、为股东创造财富、服务并支持本地及全球社区发展、关切并改善环境、与供应商建立双赢合作伙伴关系、动物福利保护八项内容。

全食超市承诺在产品质量方面实现严格而透明的管理，对不同类型产品实行分类分级标准，严格供应链管理，确保顾客健康饮食。该公司宣称它们所提供的食品完全不含杀虫剂、激素或其他转基因成分，以卫生和高营养而著称。全食把自己定义为顾客的"营养师"，餐厅不仅提供有机食品，还向顾客展示绿色的生活方式。

全食超市特别强调他们是一个负责任的企业。为推动公平贸易，全食宣称它们致力于购买本地化产品，设有专门买手负责选择本地供应商。自2007年开始，全食实施全面贸易保障，强调公司伦理责任和社会责任的履行，特别是在公平价格、环境保护、薪酬和劳动条件方面；公司还成立了专门扶持发展中国家有机绿色食品生产的专门基金。

与传统的股东利益最大化不同，全食超市公司的创始人 John Mackey 信奉权益者优先的管理哲学，强调顾客和雇员利益先于股东利益。全食的门店被称为"团队"，其管理人员也被称为"团队领导"而非传统的"管理者"，店员购买所有全食产品均可获得最少 20% 的折扣。自 1998 年以来全食一直被财富杂志评为最佳雇主。

然而，全食超市也被一些人批评为"昂贵的"和"虚伪"的。批评者认为，全食超市的价格昂贵，人们为了购买全食产品，往往要花光全部工资，即使是最常见的意大利面也比寻常价格高出 70%；消费者可以在其竞争对手，如克罗格超市、乔氏超市买到更便宜的有机食品。批评者还指出，全食超市标榜支持本地发展，但全食自有品牌的发展却挤占了本地品牌的发展空间。此外，过多售卖大企业产品、对待动物福利流于形式、产品标准不够严格、向消费者多收费等问题也受到抨击并陷入法律诉讼中。2015 年 9 月 28 日，全食公司宣布将在 8 周内裁员 1 500 人。此前，这家曾被誉为"最能改变世界的公司"，在 6 个月中股票价格已经下跌 40%。

（资料来源：编者整理所得。）

全食超市是一个负责任的公司吗？你怎么理解全食所说的"有觉悟"？

全食超市在成立之初，曾经经历过严重的洪涝灾害，公司损失巨大。在完全没有商业保险的情况下，全食超市完全依靠左邻右舍、公司雇员、消费者和供应商的帮忙，在短短 28 天之后恢复了营业。该公司实施的消费者第一、员工第二、股东第三的权益者优先策略，被视为企业社会责任实践的最佳案例。但全食超市在快速扩张过程中，也受到广泛质疑。全食超市到底是一家怎样的公司：是像其所宣称的那样是一家有觉悟的企业？还是仅仅是以责任作为招牌？

虽然今天企业社会责任已经在全球成为一种政治正确的讲法，但企业社会责任到底是什么、社会责任与公司经营之间是何关系的问题仍然值得讨论。

4.1 主要观点

商业伦理和企业社会责任这两个概念经常被混用，那么，企业社会责任与商业伦理有何区别？爱泼斯坦曾这样解释二者之间的差别：商业伦理处理的是个体组织在与道德相关的决策或行为中所面临的问题或两难处境，而企业社会责任则是从整体上探讨企业组织行为的后果（Epstein，1987）。

商业伦理和企业社会责任之间有着密切的联系。在多数情况下，商业伦理的重点是在商业活动中如何做出合乎伦理的决策，更关注于具体的"道德情境"的识别和道德问题的解决；而企业社会责任则重在探讨企业作为一个整体所负担的社会责任和义务。也可以说，对企业社会责任的认知，是商业伦理决策的重要理论基础和指导。

4.1.1 企业社会责任的提出与演变

1. 企业社会责任：支持与反对者

早在 200 年前，亚当·斯密就阐述了自由经济的观点："每一个人，在他不违反法律时，都应听其完全的自由，让其采用自己的方法，追求自身利益"（Smith，1776/1964）。

1924 年，英国学者谢尔顿在观察了大量美国公司的商事行为之后，首次提出了社会责任的概念（Sheldon，1924）。这一概念最初被限定在道德和伦理层面，然后逐渐过渡到法律层面。1929 年美国股市的崩盘及经济大萧条促使学界开始认真思考企业社会责任问题，哈佛大学法学院多德教授率先提出公司应具有服务社会和追求利润的双重目标：企业不仅应对社会负责，而且应自愿承担这种责任；这种责任可以延伸到雇员、客户、消费者、居民乃至一般公众身上(Dodd，1932)。

我们今天所谈论的企业社会责任这一概念，则是鲍恩在其《企业家的社会责任》一书中提出的(Bowen，1953)。鲍恩被称为现代企业社会责任之父，他认为企业负有无可推卸的社会责任并将企业社会责任与企业中的"人"（经营者、管理者）联系起来。

在企业是否应负有社会责任这一问题上，一直存在争议。当多德提出企业责任问题时，法学家伯利就针锋相对地指出股东利润最大化是企业的唯一目标和责任。虽然伯利本人后来改变了这一观点，但股东利润最大化的思想却一直有不少的支持者。而在伯利之后，莱维特和弗里德曼是最著名的企业社会责任论的反对者。直至 20 世纪 70 年代，弗里德曼仍然宣称"如果公司的经营者接受社会责任而没有尽最大可能性为公司牟取利润，那将从根本上破坏自由社会所赖以存在的基础"(Friedman，1970)，他说："每当我听到商人们夸夸其谈所谓'自由经济体制下的企业社会责任'问题时，我都情不自禁地想起某个法国人的优美诗句，此人直到年近花甲才发现其一生都只是在吟诗作赋。当商人们宣称企业的目标不'仅仅'是追求利润，而且应当致力于理想的社会目标，企业应具有'社会意识'并把改善社会环境、减少犯罪、防止环境污染等都视为庄严的责任时，这些商人相信他们在维护自由经济。如果他们真正严肃对待他们所宣称的责任而不掺杂其他政治的考虑，那也许他们真是这样认为的。但事实上，来自知识界的这种口号式的论调在过去的十几年，已经严重损害了自由社会的基础。"

而西奥多·莱维特则直接提出把企业与政治相关联是非常危险的，企业将逐步演变为具有支配地位的经济、政治和社会权利中心。莱维特认为社会问题只应当由政府来解决(Levitt，1958)。

弗里德曼与莱维特的共同点在于他们都认为企业社会责任观是一种自相矛盾的要求，他们信奉"自利"与"自由"是保障经济活力的根本，而企业社会责任恰恰阻碍了这一点。企业只要遵守法律的约束就足够了，任何超越法律的道德要求都是与企业目标根本背离的。

人性的利己主义似乎是一个永恒的主题，在这一点上中西方没有什么差别，弗里德曼和莱维特的观点至今仍有相当大的市场。但是，随着企业利益相关者力量的增强和自我意识的觉醒，即使是那些最坚定的"利己"主义者，也意识到企业必须考虑其他利益相关者的需求。在这种情况下，企业社会责任观逐渐成为主流观点，甚至成为唯一"政治正确"的选择。

2. 责任观的变化：从经济、法律到社会责任

对企业社会责任的论辩实际上经历了企业责任从经济、法律到社会责任的变化。20世纪50—60年代，对企业社会责任的理解主要源于两个方面：企业的发展是否给社会带来损害和外部成本，企业有无责任保护社会福利免于这种损害和额外成本？企业是否应当在追求自身利润的同时致力于改善社会福利？

弗里德曼以经济学家的视野反对企业社会责任，其主导思想是企业经营者、管理者作为受托人，对股东负责、实现股东利益最大化就是履行企业社会责任。这种论断将企业责任仅限于法律和经济层面，这也就是通常所说的企业责任的法律模型和经济模型。

（1）法律模型：其核心思想是法律可以保护社会利益免受企业活动的损害，只有政府可以采取相应行动（比如征收环境税、资源税等）规范企业行为，企业则只要遵循法律即可。

（2）经济模型：其核心思想是股东价值的实现，企业责任就是实现股东利益最大化。

法律与经济模型下的企业责任观点认为，在法律制约下的自由竞争可以自动调节企业活动，从而保障社会利益的实现，企业无须关心法律和经济以外的其他责任。这一观点忽略了自由竞争下的市场失灵和法律规范的有限性。通常情况下，法律仅是道德的最低要求，且其自身也可能缺乏正义基础。古罗马有一句法律谚语"为了实现正义，哪怕它（法律）天崩地裂"，说的就是法律界对道德与法律的选择。

正是考虑到法律和经济模型的局限性，鲍恩将企业责任扩大到了社会领域。其后伊尔斯、沃顿、戴维斯、布洛姆斯彻姆、迈克盖尔、塞思等人都继承了鲍恩的观点，他们认为企业决策者在追求企业自身利益的同时必须采取行动来保护并改善社会福利（Davis和Blomstrom，1975）；麦克盖尔虽然并没有明确指出企业社会责任是什么，但他认为企业的责任不仅限于法律和经济范畴，仅仅履行创造利润和遵守法律义务的责任是不够的（McGuire，1963）。至20世纪70年代，塞思更进一步明确提出了企业活动应当与社会主流规范、价值观和目标相一致的观点，从而把企业的社会责任与社会期望联系在一起(Sethi，1975）。卡罗尔说，"当人们面对那些触及社会观感或违背伦理原则的事情时，就会想到企业社会责任问题。企业社会责任确立了企业和社会之间的一种关系。（Carroll，1979）"这些学者的观点开启了全新的现代企业社会责任观。与传统社会对商人的责任要求不同，当代企业社会责任已经不再局限于个体的善举，而逐步成为一种企业"必须"。

中国古代社会中，殷实的乡绅通常会把设立"私学"、修桥铺路、赈济灾民、施粥舍药等视为自身的道德责任，富有的商人往往会为家族和乡亲提供较为固定的帮助。例如，清末商人胡雪岩就设立了胡庆余堂，其宗旨并非"利润最大化"，而是定位在慈善与建立胡氏事业的社会形象方面。西方同样不乏这样的传统，弥尔顿·赫尔西就是其中的一个典型，在他的身上体现了"慈善"、"责任"以及"个人专制"的高度集合。作为好时公司的创始人[①]，赫尔西在累积巨大个人财富的同时，积极投入慈善事业，并创办了弥尔顿·赫尔西学

---

① 弥尔顿·赫尔西，20世纪初美国最富有的商人之一，他在1886年成立了自己的企业（the Lancaster Caramel Company）。

校，提供免费教育。

传统商人的行为更多被视为基于个人"德性"的"慈善"之举，而不是履行企业的"义务"和"责任"。现代企业社会责任观的重要变化之一就在于企业履行其社会责任，是一种义务而不是高高在上的"回馈"。企业不仅需要向投资者负责，而且因其消耗大量社会资源（或造成社会成本）而负有"天然"的社会责任。

✍思考一下：股东利益至上或股东价值最大化理论的局限性在哪里？

3. 社会责任：企业存在的合法性基础

所谓社会责任，更多地反映了社会对企业的期待；企业积极回应这一期待，是当今企业存在的合法性基础。从"股东利益最大化"到"企业社会责任"的变化，反映了社会对企业要求的不断变化。社会责任被看作是企业重要目标，在很大程度上也是因为这种观念的变化。这里，有两个"关键词"："资源占用"和"权利配置"。

企业的运营、发展和成长的基础之一是其长期占用本应为社会全体成员所拥有资源，这里的资源包括自然资源、人力资源以及其他社会资源。企业理论指出企业通过某种形式的特许，从政府手中获得了占用社会资源进行经营的权利；综合社会契约理论则指出企业通过与所在社会订立契约而取得了存在的合法性，因此公司必须增加消费者和员工利益、增进社会福利来换取这种合法性以及长期的兴旺发达（Donaldson & Dunfee, 1994）。因此，基于资源占用或者社会契约，企业回报其利益相关者尤其是关键性利益相关者，被认为是理所当然的。以"在商言商"来推卸企业社会责任，显然是不合时宜的。

"权利配置"是另一个关键词，善用权利是企业管理者们必须谨慎考虑的事情。在现在商业社会中，无论在世界哪个角落，大企业都拥有了前所未有的权利；这不仅表现在资源配置和财富分配方面（读者可以自己搜集世界500强企业与世界上最不发达国家、发展中国家的财富数据进行比较），还体现在知识与技能的权利、话语权等其他方面。

（1）知识与技能权利。知识经济时代的专业分工，使企业具有更多知识优势。例如，在企业与消费者关系中，消费者在购买某种产品和服务时，通常处于知识的相对劣势地位，多数情况下只能依赖对企业（也包括企业运营的环境，如行业环境和社会环境）的信任。基于这种不对称关系，企业应该负有更多责任。

（2）话语权。多数情况下，相比较于个人或某个群体，企业尤其是大企业，掌握了话语权的优势。即使是在标榜自由竞争的社会，国家垄断或大企业的垄断、企业力量与政府力量的结合，都使大企业的话语权在日益增强，并能左右社会政治和舆论的运作。

虽然在很多情况下，企业尤其是大企业掌握了资源占有和财富配置的优先权利、垄断性的知识和技能优势以及强大的话语权，但仍须顺应社会的期待才可能获得更大的空间完成其经济责任。如果仅仅将企业社会责任作为宣传企业形象或解决公共关系、处理企业危机的手段，将可能是非常危险的。缺乏社会意识的企业及其管理者，达到其短期目标后难以持之以恒地推进其社会责任目标，也很难通过企业社会责任窗口建立长期的企业形象。想要促使企业社会责任目标成为企业长久竞争力的动力，必须真正理解企业的社会责任。

4.1.2 企业社会责任的界定

在企业社会责任的界定中,经济—社会模型、利益相关者模型和三重底线模型是最为普遍的观点。

1. 经济—社会模型

比较典型的代表是层次责任模型、同心圆模型和相交圆模型(见图4-1)。

(1)层次责任模型。层次责任模型是由卡罗尔(1979)提出的,他采用四分法将企业社会责任划分为经济、法律、伦理和关爱四种类型的责任(见表4-1)。在卡罗尔的解释中,这四种责任并非同等重要,而是自下而上分成若干层次(Carroll, 2003):①在提供合格产品和服务的同时,能够获取利润(满足经济责任的要求);②遵守法律法规(满足法律责任的要求);③遵守"道德正确"的行为准则(尽伦理责任);④积极为社会福利做出贡献(尽关爱责任)。

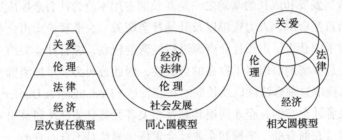

图4-1　企业社会责任的社会-经济观

表4-1　卡罗尔的企业社会责任四分法

责任类型	社会期待程度	举例
经济责任	必须的	利润、收入最大化、成本最小化
法律责任	必须的	遵守法律法规
伦理责任	期待的	做正确的事,公平与正义
关爱责任	理想的、期待的	"好"的企业公民

(资料来源:Carroll 和 Buchholtz, 2003.)

(2)同心圆模型。1971年美国经济发展委员会在其所发布的《商事公司社会责任》中,将企业社会责任划分为三个同心圆(Committee for Economic Development, 1971),其后戴维斯等人也对同心圆模型进行了详细的解释。企业社会责任同心圆(Davis Blomstrom, 1975)分别代表了企业在三个层次上的责任:与企业传统经济角色相匹配的责任以及由此产生的社会和伦理责任(比如基于诚实信任、公平正义等基本原则,企业需要对其员工、客户及其他利益相关者所应尽之责)。第二个同心圆是在第一个同心圆基础上的向外延展,是企业经济活动与社会热点问题的结合(比如生态问题、环境质量问题、消费主义等),在这个层次上,企业被期待负担起基本责任之外的更多责任;最外面的同心圆则代表了企业有责任帮助解决综合性的社会问题(例如贫困问题、健康问题等)并推动社会发展。相较于卡罗尔的层次模型，同心圆模型对企业提出了更多的社会义务和责任。

（3）相交圆模型。除了层次模型和同心圆模型外，相交圆模型同样值得关注。该模型与前两种模型的不同主要体现在：其一，企业社会责任的不同部分是相互联系、相互影响的；其二，不同责任之间并无一定的次序，不对其重要性进行排序。

2. 利益相关者模型

这是一种基于利益相关者观点而提出的企业社会责任论，强调企业社会责任建立在企业与其利益相关者的相互关系之上（Isabelle, Ferrel, Thomas, 1999）。利益相关者模型强调企业必须关注那些受企业政策和活动影响的利益方及其需求（Frederick, 1992）。

所谓利益相关者，通常是指影响或者被企业决策所影响的群体（Freeman, 1984），如股东、雇员、客户、供应商、债权人及社会等。离开这些利益相关者，企业就无法生存。当我们讨论利益相关者时，应当认识到利益相关者需求和一般所谓"社会需求"的不同，我们需要关注的是特定利益相关者的需求而不是抽象的社会政策（Clarkson, 1995）。

利益相关者模型的关键在于确定谁是企业利益相关者。1984年，美国弗吉尼亚大学教授爱德华·弗里曼（Freeman, 1984）在其《战略管理：利益相关者理论》一书中将利益相关者分为股东、雇员、消费者、供应者、社会和政府六种类型，认为企业与这些利益相关者之间存在特定的契约关系，并因此对他们负有相应的责任。随着时代的发展，利益相关者的范畴逐渐扩大，具有非社会属性的生态环境等也逐渐被视为重要利益相关者。

对企业利益相关者的划分，经常依照其与企业的关系属性而定。可以按照利益相关者对企业是否拥有所有权、与企业经营是否发生直接经济关系、或者仅仅与企业有社会利益关系来分类（Freeman, 1984, 1990）；也可以按照消费者、雇员、客户、商业伙伴等进行分类（Isabelle, Ferrell, Hult, Thomas, 1999）。此外，按照利益相关者的关系属性（经济属性、社会属性）、与企业关系密切程度（直接关系、间接关系）进行的分类也比较常见。企业管理者在对利益相关者做出回应时，也经常按照利益相关者对企业影响力的大小将其界定为关键利益相关者、非关键利益相关者，甚至将与影响力相关的其他因素引入分类，建立更复杂的分类系统（Mitchell, Wood, 1997）。

总体上看，对利益相关者的识别，最终还是取决于决策者的认知和他们对社会责任损益的评估。在这点上看，狭义和广义的社会责任观有很大不同（见图4-2）。狭义的社会责任观点，仅将与企业盈利目标直接相关的群体视为利益相关者，例如股东、客户、消费者、供应商、雇员、合作企业以及政府等；他们的共同特点是能够影响企业决策。在这种观点下，社会责任经历了从"企业负担"到"有益投资"的变化，但决策的核心仍然是企业自身损益。与此相对，在广义社会责任观点看来，除了股东、投资者、顾客、雇员等传统意义上的利益相关者外，当地社团、第三方机构（如环保组织、动物福利保护组织）、贸易团体以及生态环境、子孙后代等，均被视为利益相关者，企业决策也不仅仅站在自身损益的立场上。

结合本章开篇案例，全食公司对利益相关者的定义，更多倾向于广义利益相关者。对全食公司而言，最重要的利益相关者首先是消费者，其次是雇员，然后才是股东。此外，

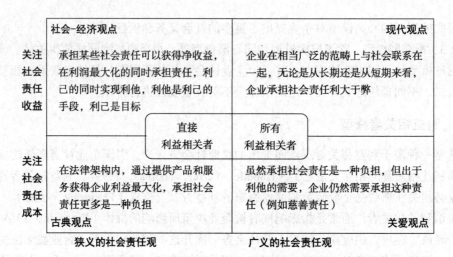

图 4-2 企业社会责任观与利益相关者的认定

本地供应商、全球小种植业者、动物福利和生态环境均为看作是公司的重要利益相关者。

3. 三重底线模型

三重底线（TBL）原则在最近几年非常流行，管理界、舆论界和非政府组织等，都非常乐于采用这一观点。"三重底线"是由英国的约翰·埃尔金顿提出的，其核心思想是将企业社会责任（CSR）与可持续发展（SD）的思想相结合，认为衡量企业是否成功必须考虑经济绩效之外的其他表现：包括社会、伦理和环境表现（Elkington，1997），其创新之处在于将企业的社会绩效、环境绩效与财务绩效评价融合在一起。

图 4-3 企业社会责任的三重底线

与相交圆模型相类似，三重底线模型同样认为企业各种责任的重要性不存在先后顺序。这一模型要求企业对社会公众所关心的社会、环境和经济问题做出适当的回应，强调经济、社会和环境的均衡发展问题，重视公平性、可维持性、可行性、可持续性原则（见图 4-3）。三重底线是企业社会责任的一个较高标准。

表 4-2 总结了一些比较典型的企业社会责任定义。

表 4-2 企业社会责任界定

作 者	定 义
McGuire	企业社会责任意味着企业不仅有经济和法律上的责任，还有超出以上责任的其他责任
Davis	企业应考虑并回应社会对企业在经济、技术和法律之外的要求，以同时实现社会利益和企业所追求的经济收益
Sethi	CSR 意味着企业行为必须与社会主流道德标准、价值观相一致并符合社会期待
Davis 和 Blomstrom	CSR 是一种管理责任，即企业有责任采取行动在实现公司利益的同时保护和改善社会的整体福利
Carroll	企业社会责任包括经济、法律、伦理以及社会所期待的关爱责任（公益责任和其他自愿责任）

续表

作 者	定 义
Brown 和 Dacin	社会观的企业社会责任就是与企业能被社会感知的义务相关的行为
欧洲 CSR	企业社会责任是企业经营活动能满足甚至超出社会对它的伦理、法律、商业和公众期待的要求
欧盟	企业在自愿基础上,将对社会和环境的关注融入其商业运作以及企业与其利益相关者的相互关系中
世界银行	企业社会责任是企业对可持续经济发展的贡献,即企业、雇员及其家庭、当地社区及社会共同努力,以一种既有利于公司经营又有利于社会发展的方式改善其生存状态
世界可持续发展工商理事会(WBCSD)	企业社会责任是企业的行为符合社会伦理要求、负责任地管理其与其他利益相关者的关系、致力于推动经济发展、改善劳工及其家庭、当地社区以及全社会的生活质量
Bloom 和 Gundlach	企业社会责任是超出法律和股东责任之外的、对所有的利益相关者的责任,其目标是使企业对社会的不利影响最小化、对社会的积极影响最大化

(资料来源:本书作者整理。)

4.2 企业社会表现与公众意见

4.2.1 社会责任评价:企业社会表现

对企业社会责任的认同催生了对企业社会责任表现进行测度和量化评价的需求,从而形成了企业社会表现(CSP)理论。企业社会表现评价起源于赛思的社会表现分析,他将企业的社会表现行为分为三种状态:社会约束、社会责任状态和社会反应。

社会约束是一种受制于法律或市场制约状态下的被迫反应,企业的经济责任和法律责任就是在这种状态下形成的;社会责任状态体现了企业对社会规范、价值观和社会期望的回应;社会反应则是企业对社会需要的预期或预见性的行为。对企业社会表现的评价因企业所处的环境的不同而有较大差异,文化、经济制度、公众意见等都是影响企业社会表现的重要因素。

1. 社会表现模型

伍德根据卡罗尔的企业社会责任层次理论提出了一个相应的评价企业社会表现的模型,他认为企业社会表现体现在制度层面、组织层面和个人层面。他在制度层面上,强调企业社会表现的"合法性"原则;认为企业如果长期不合理使用社会赋予的权利,则将导致其失去社会信任而逐渐丧失其合法性;他在组织层面强调企业对公众的责任;在个人层面则强调社会责任在管理决策上的体现,是在特定组织环境下个体的选择与决策(杨帆和吴江,2006)。

企业社会表现是对企业社会责任原则、企业社会反应过程和企业社会责任相关的政策、规划以及可观察到的后果的综合评价(Wood, 1991)。伍德等人还将社会责任相关的政策效应划分为:内部利益相关者效应、外部利益相关者效应和外部制度效应,认为利益相关者约束企业行为并承受其后果的同时,也在评价企业的行为(Wood & Jone, 1995)。

2. 企业社会表现的多重驱动因素

对企业社会表现的研究将企业社会责任（CSR）、企业社会表现（CSP）和财务绩效（FP）评价融合起来。这些研究通过对大量企业样本的分析发现企业的社会表现与企业的财务绩效之间存在相关性。虽然现有研究还无法断定 CSP 与 FP 之间是否存在明确的因果关系，但它们之间的相互影响已经得到了一些统计学上的支持。

对那些想要获得长期竞争力的企业而言，设定多重底线目标被认为是非常重要的，企业社会表现与企业财务绩效和商誉具有同等地位（Carroll & Buchholtz, 2003）。在企业社会表现、企业财务绩效和商誉三者关系中，一直存在何者为先的讨论。社会表现驱动、财务绩效驱动和双重驱动论是三种主要的观点。

社会表现驱动。在这种观点下，企业将企业社会表现作为"好"企业的评价标准，并认为"好"的社会表现将带来好的财务表现，并最终获得好的商誉。在这个过程中，好的社会表现和商誉最终也会带来好的财务表现［见图4-4（a）］。

财务绩效驱动。在这种观点下，一个"好"企业的评价标准首先是"财务"上的"好"企业，然后才有可能考虑好的社会表现，从而获得好的商誉［见图4-4（b）］。

双重驱动。双重驱动观点认为"好"企业应同时具备"好"的财务绩效和"好"的社会表现，二者之间相互促进、相互影响，并在这两种力量的驱动下最终获得好的商誉［见图4-4（c）］。

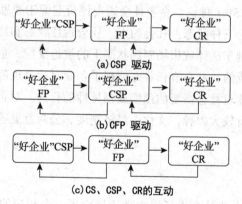

图 4-4 企业绩效的多重驱动视点
（资料来源：Carroll 和 Buchholtz 2003）

双重驱动体现了企业社会责任不同观点的融合，企业承担责任的同时也能够带来利润和企业不断成长。社会责任不仅"利他"，也是在"利他"的同时实现"利己"目标，包括市场、品牌、商誉、利润等。这里的他者，主要指企业利益相关者。

4.2.2 公众意见及企业的回应

随着公民意识的觉醒，公众意见对企业社会责任的影响已经变得越来越关键。观察一下充斥大众传媒的各种广告信息：从电视、网络到平面媒体，甚至我们在等候电梯上上下下的几分钟内还要不断接收各种各样的广告信息。在这些信息中，企业是如何向我们传达它们的价值观和社会责任认知？社会公众是否能感知企业的种种传达呢？在回答这些疑问之前，我们先看看曾经先后担任麻省理工学院和哈佛大学教授的斯蒂文·平克的一篇文章。

专栏

专栏4-1　道德直觉

特蕾莎修女、比尔·盖茨、诺曼·博洛格，你觉得谁最可敬？你又觉得谁最不可敬？对大多数人来说，这很简单。特蕾莎修女以在加尔各答帮助穷人而闻名，并因此受到梵蒂冈的赐福，获得诺贝尔和平奖，在一次美国民调中位居20世纪最可敬的人首位。比尔·盖茨曾因office软件的"跳舞别针"和"蓝屏死机"而广受指责，他的肖像在"我恨盖茨"网上惨遭斩首和涂鸦。诺曼·博洛格……他又是何方神圣？

然而再往深处想一想，你可能就不这样认为了：博洛格，"绿色革命之父"，采用农业技术减缓世界饥饿，被誉为十亿生命的救星——超过了历史上的任何一个人。盖茨，出人意料地把他巨额财富投入解救发展中国家人民的苦难，抗击疟疾、痢疾等常见病。特蕾莎修女，以苦行为美德，并以此为标准来经营她的慈善事业：那些因贫病困苦而托庇于她的人，尽管得到了许多祷告，但生存条件极为艰困，缺乏镇痛剂，医疗手段既原始又不安全。

我们不难理解为什么这三个人的道德名声跟他们所做的善事完全不成正比：特蕾莎修女简直就像是圣徒的化身——白袍罩身、目光哀伤、禁欲苦行，在照片中她常常与那些可怜人在一起；盖茨，这个世界上最富有的人，则比任何一个书呆子都像书呆子，他上天堂的路怕是比蜀道还难，用一句众所周知的谚语——好比骆驼穿针眼；至于博洛格，现年93岁，一个农学家，把一辈子光阴都花在了实验室里和非营利事业上，极少在媒体曝光，他从来就没走进过我们的视线。

我不太相信这些例子能让人相信盖茨比特蕾莎修女更圣洁，不过还是足以反映我们是多么容易被所谓"神圣"的光环所吸引，从而无法用更客观理性的眼光对行为本身（不论这些行为让人更痛苦或更快乐）作出评断，我们的眼睛似乎总是被那些五颜六色的道德幻象所欺瞒。

感知科学家喜欢用"幻象"这一工具去解释人们的感知，哲学家们喜欢用它来解释为什么所谓眼见为实是靠不住的（既然我们的眼睛会被幻象所欺瞒，我们怎么能相信眼见为实呢）？今天，"幻象"又被用来揭开第六感（道德直觉）的真相，可以在实验室、在网络中或者使用脑扫描仪实验进行验证，博弈论、神经科学、进化生物学等都被用来解释这一现象。

"有两种东西，我们越是长久地凝神细思，就越对其充满与日俱增的钦佩与敬畏，"康德写道，"那便是天上的星空和心中的道德律令。"即便是如今，人们对道德律令也仍然充满着敬畏，即便不总是那么钦佩。人类的道德感是相当复杂而多变的，其背后伴随着漫长的演变历史，或许还有生物学基础。

道德的变迁也许暗示了人类的某些困境，道德不仅仅是心理学中的传统题目，也是我们现实生活中的概念。实现道德上的"好",意味着我们不愧对"人"的称号。我们在我们的朋友、我们的伴侣中寻找它,在成长中巩固它,在政治中发扬它,道德的正当性与我们的信仰相伴随,背叛道德使我们有罪恶感和羞耻感,在这种感觉的重压下,道德高于一切。

(资料来源:Steven Pinker. The Moral Instinct[N]. The New York Times. 2008.1.13)

斯蒂文·平克的文章提出了一个非常有趣的问题:特蕾莎修女、盖茨和博洛格,为什么特蕾莎修女被那么多人认为是神圣的?是因为特蕾莎的行为更具有道德意义,还是她的宗教外衣?人们的这种印象到底是来自她的形象还是因为她的贡献?显然,公众的认知并不完全与他们的所作所为一致。

1. 公众期待与企业社会表现的分歧

当问题从个人"道德形象"转到企业社会表现评价上,也出现了类似情况。提到"企业社会责任",我们可能自觉不自觉地在头脑中勾勒出一幅幅图画:哪些企业是最具社会责任感?哪些企业又是最没有责任感?我们也可能情不自禁地偏爱或者讨厌某些企业,这些印象是怎么形成的呢?又会如何影响我们的态度呢?

以石油行业为例,中国石油、中国石化、壳牌、BP公司,谁更具有社会责任感呢?2009年,网络上热炒中石化天价吊灯事件[1],当时社会出现了相当强烈的批评声浪。对此,中石化发布的社会责任报告中称公司承担了大量"政策性亏损"来回应公众质疑。但这一说法并未缓解公众批评。与此形成对照的是,一些跨国能源公司在华宣传,往往以为经济发展提供动力和创新引领绿色发展为口号,更能契合公众和消费者的要求。例如,BP在1997年开始在中国与国家教育部、世界自然基金会联合发起了"减碳"活动,BP的能源计算器在电视广告中不断出现,"我们不仅贡献石油"的口号几乎人人耳熟能详。与BP类似,GE的"梦想启动未来"也同样诉诸"环境"、"绿色能源"。同样是以社会责任为感召,中石化诉诸所谓"政策性亏损"问题,BP和GE则诉诸于"环境"和"发展动力——能源",显然二者在构建企业社会责任形象的认知上是有差别的。

社会公众对企业社会责任表现的评价,与企业的实际贡献之间可能存在差异。企业表现与社会公众的期待之间同样存在差异。这可能源于几个方面:企业管理者对公众期待的理解与公众期待本身、管理者的理解与相关政策的制定与实施、企业对外沟通的障碍以及公众期待与企业实际表现之间,都可能存在落差,这些落差最终形成了二者的分歧(见图4-5)。

企业管理者,尤其是高层管理者必须认真考虑以下几个问题,从而减少公众期待与企业实际表现之间的落差(Swaen,2002):① 从管理者的视角和社会公众的视角,企业社会

---

[1] 2009年7月26日,一位署名"寒芯"(寒心同音)的作者在中华网论坛中以"大家来猜猜这个灯值多少钱(油价贵的原因之一)"为题发帖称:中石化大楼大堂中间一个吊灯的价格为1 200万元,后中石化回应吊灯实际价格为156万元,引起公众广泛质疑,仅以"中石化天价吊灯"进行检索,就有84.4万余条结果。

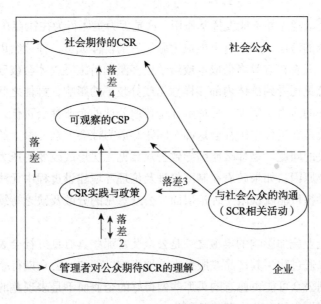

图 4-5 公众与企业的分歧

责任到底是什么？②从管理者的立场考虑，企业社会责任相关活动对企业的顾客最终将产生怎样的影响？③在企业社会责任相关活动中，管理者和社会公众的参与程度如何？管理者如何设计与社会公众的沟通？④管理者依据哪些信息决定他们在何种社会责任活动上进行投资？

对这些问题的回答和理解，直接影响企业的伦理决策。例如，国内公众对在华外资企业处理产品质量问题时的国内外双重标准普遍存在不满情绪，但外资企业管理者认为已经按照中国法律处理产品质量问题，双方存在歧见。那么这些外资企业是否会改变现行做法以回应社会期待呢？这就需要在第②个问题的答案中寻找依据：如果中国顾客虽然感到不满但仍然继续购买，则企业管理者就不会感受到改变的急迫性。

2. 从分歧到压力

当公众意见能够转化为强大压力时，将会对商业伦理的制度环境和企业伦理决策产生非常重要的影响。

早在 20 世纪初，一部美国小说《屠场》[①]的发表，引发了社会公众对食品安全和卫生问题的强烈反响，直接推动了 1906 年美国《纯净食品及药物管理法》的通过。今天，公众意见对企业社会责任的看法以及对企业履行社会责任的评价同样能够产生重大的影响。

公众意见是一个相对宽泛的概念，包括特定利益相关者集团以及外部环境等，其对企业社会责任影响的大小则视其所掌握的权利（包括话语权）大小（权力性）、其合法性地位（合法性）、其压力的强度（急迫性）等因素不同而各有不同。

---

① 《屠场》，美国批判现实主义作家辛克莱的代表作，通过描写一个立陶宛移民家庭（尤吉斯一家）的悲惨遭遇揭露了 20 世纪初美国食品工厂的真实场景以及美国肉食品加工行业的黑暗内幕。

很多时候，公众意见并不能发挥其作用。这是因为集体行为往往存在"免费搭车"[①]现象，基于人性自利的考虑，那些有可能成为施压者的群体成员，往往会因施压成本的考虑而放弃施压行为；只有在有效降低成本或给予更多激励措施时，才会鼓励更多人成为施压者。同样，公众意见还受到群体内部多样性（或分歧）的影响，群体之间的意见分歧也会减弱企业承担责任的压力。例如，环境责任是普遍公认的企业社会责任，提供安全产品更是责任的底线，但是在当代中国社会这两个问题却成为社会大众（最大的利益相关者）意见最多且最难解决的问题。是什么原因导致公众意见无法形成改变的压力呢？政府管理缺位也许是一个重要原因：如果政府在制度伦理及伦理环境建设过程中无法施加有效干预，企业社会责任的承担可能就仅限于理论层面。公众意见的分散及缺乏持续性压力，则是另一个原因。

公众意见对企业施加影响的渠道之一是公众奖赏那些具有良好社会表现的企业。公众作为消费者，可以通过购买其产品或服务来施加影响。例如，公众期待企业在环境绩效上有良好的表现，则公众可能更愿意购买那些做得好的企业而不是表现差的企业的产品或服务，从而诱使企业做出符合公众期待的行为。

3. 企业的回应：现代社会责任观

企业只有在认识到良好社会表现能够带来更多收益时，才会认真对待其责任。因此，很多企业管理者把是否与企业经营直接相关视为决策的关键。对一些具有较大影响力的利益相关者，管理者们更倾向于对他们的关注做出积极回应，如对投资者、股东、客户、雇员以及为企业提供必要基础设施的政府和社团等（见图 4-6）。

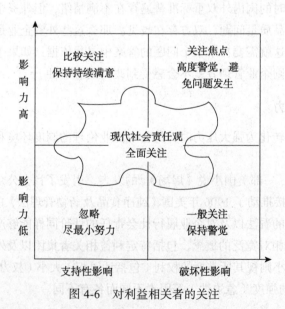

图 4-6　对利益相关者的关注

---

① 免费搭车（free-riding），在这里是指特定利益相关者群体中的个人或团体为迫使企业履行其社会责任需要付出成本，但其成果却被所有人分享。因此，Olson 认为集体行为存在效率问题。

对那些具有高破坏性影响力的利益相关者，企业经常会保持较高警惕性，并关注其需求；相反，对那些有支持性影响但影响力较低的利益相关者，企业往往不太关注甚至可能完全忽视。在这种情况下，政府的干预和治理就变得非常重要。例如，在就业市场上处于弱势地位的劳工群体，往往需要政府通过设定最低工资标准以保障其基本权益。

随着社会压力的增长，企业已经开始倾向于对所有利益相关者，包括弱势利益相关者（生态环境、动植物、特定的客户与消费者），承担更多责任。按照现代企业社会责任观，对利益相关者认知的扩展以及对利益相关者责任的承诺，更容易为企业获得好的回报。

有三类活动是决策者必须关注的：①企业如何识别重要的利益相关者、收集相关数据并评价企业与利益相关者之间的相互影响和作用；②如何在企业运营中使用这些信息；③如何对利益相关者的需求做出回应。这三类活动贯穿了企业社会责任管理的始终，是企业伦理决策的重要基础和组成部分。

在第一个环节中，可以通过利益相关者分析识别主要的利益相关者（内部和外部利益相关者），对利益相关者进行分类（确定利益相关者的所属群体）并在此基础上识别每一类群体的需求，分析不同群体对企业的期望以及这些期望是否获得满足。

在第二个环节中，关键是要对企业如何处理利益相关者的需求和影响做出评价和反应。所谓评价，主要是评估利益相关者尚未满足的期待是否能够达成以及企业需要付出多大成本和努力才能达成这些期待（在此，需要进行损益分析，包括经济、声誉、社会福利等）。在这个过程中，企业决策者经常考虑的是企业为履行社会责任所付出的努力是否能够得到足够的回报（狭义和广义的回报），但不同的决策者对"回报"的界定和着眼点（长期和短期）可能是完全不同的。

在第三个环节中，企业会依据自身价值观和目标，对不同利益相关者的需求做出回应。在早期的管理决策模型中，商业伦理决策的核心是关键利益相关者和企业关键职能。在这一框架下，企业所有者、雇员和消费者被视为关键利益相关者，而会计、管理、财务和营销职能则被视为关键职能（Ferrell, Fraedrich & Ferrell, 2005）。但近期对伦理决策问题的讨论已经更多与企业社会责任结合起来，更偏向于在现代社会责任观框架下做出决策。在某种程度上，我们可以说决策者最终需要确定企业的价值观和共同目标，才能使社会责任成为企业共同价值观和使命感的有机组成部分。只有在这一基础上，企业才可能真正回应其利益相关者的期待，这是一个执行与反复强调的过程。

企业越来越倾向于对公众意见做出积极回应这一趋势显示出现代企业社会责任观正在被普遍接受的事实。企业决策者在考虑商业伦理决策问题时，必须充分考虑社会对企业责任的要求，否则最终将损害企业的长期利益。

4.2.3 企业公民与责任战略

1. 企业公民思想的确立

"企业公民"这一理念的核心在于：企业努力实现共同社会目标的责任，来自企业所拥有的社会资源与社会权利；是企业在广义社会责任观下的最佳表现。在这一观点下，企业有责任解决社会问题,把自身定位于社会的一分子而努力推动社会共同目标的达成。企业公民能够把企业和社会利益视为一体并有效管理其对社会的影响,(Jorg and Chris, 2000)企业的公民义务是与公司和社会关系的影响范畴联系在一起的,企业公民既承担其在所在社区的责任(包括企业与其雇员及与企业产品和服务相关的各环节的利益相关者所组成的广义社区),也通过其产品/服务、供应链、交易网络、广告等各种行为承担对全社会的责任。

企业公民的一个典型特征就是全面履行企业社会责任,推动社会福利的发展。费雷尔将其总结为六个关键步骤:评价企业文化、识别利益群体、识别真正的伦理问题、评估组织对社会责任的承诺、组织资源配置与优先顺序的确定、反馈意见(Ferrell, Fraedrich & Ferrell, 2008)。这六个要点包含了企业社会责任目标的确定、决策、评估、反馈与参与全过程,其实现需要企业内部规制与流程的保障。

(1) 评价企业文化。企业价值观、企业使命与发展愿景,这些都与企业社会责任的全面履行有直接关系。在企业社会责任协会评选的百佳企业公民中,很多公司都着力营造良好的企业伦理文化。在这种文化氛围中,企业决策者的伦理决策相对较少受到干扰,并易于执行。

(2) 识别利益群体。重要的是识别利益群体的需要、想法和期待。企业公民理论特别强调公司对利益相关者的责任,对弱势利益相关者的关注也是公司的责任的重要体现。

(3) 识别真正的伦理问题。有些重要的伦理问题经常被忽略。例如,员工福利与工作保障问题,不是在所有地方、所有人眼中都是一个值得考虑的问题。欧洲的社会思潮提倡社会保障、公平与个人竞争、努力并重的观点,欧洲企业在处理与员工保障相关的伦理问题时就格外慎重。当全球化进程逐步加快之后,原有的那些伦理容忍度较高的地区也可能发生变化。以中国为例,雇员权利、商业贿赂等这些在过去经常被忽略的问题已经开始受到重视。

(4) 评估组织对社会责任的承诺。前三个阶段是理解企业社会责任,从这一阶段开始就是走向行动的阶段。企业社会责任承诺在有利于企业利益(可能是从长期的角度)的情况下是没有问题的。但是如果超出了企业的实际能力,其可实现性就值得怀疑。企业公民责任,并不意味着空想。企业公民是社会的一分子,是社区中的一个"好"成员,"好"邻居,但不太可能是一个永远先人后己的"神"。评估组织实现社会目标的可能性,从而提出一个"恰当"的承诺,有助于企业切实履行其社会责任。

(5) 组织资源配置与优先顺序的确定。我们在确定资源总量情况下,对需要优先解决的问题要加以关注。例如,在发达国家和发展中国家,在落后地区和领先地区,人们对所谓"人权"、"环境"、"气候变化"、"员工权利"的理解是不一样的。企业需要结合社会需求的急迫性和企业自身的实际能力,确定社会责任的优先顺序以及相应的资源配置。

(6) 意见反馈。企业利益相关者反馈意见有三种渠道:满意度或商誉调查、特定利益相关者的调查、专业机构调查。企业通过对反馈所获得意见的分析,可以更好地调整企业的责任战略和目标。

企业在对其社会责任进行管理时,需要强调组织目标、政策以及利益相关者的参与。组织目标的保证来自领导与授权;如果在决策过程中决策者并未被给予充分的授权,企业社会责任的考量因素就很难真正纳入决策体系中。

2. 责任战略与竞争优势

"企业公民"这一概念的提出，是从战略高度来衡量企业社会责任履行问题。对那些面向长期竞争优势而实施企业社会责任战略的企业来说，社会责任已经不仅是应该做什么的问题，而是如何通过实施社会责任战略获得长期竞争优势的问题。

实施社会责任战略的核心是如何将社会责任嵌入企业核心竞争力的构建过程。观察一些领先企业的社会责任实践，其突出特征之一就是社会责任的关注重点与企业经营密切结合。例如，食品生产企业将责任履行的重点置于"绿色"和"安全"这两个主题，并具体细化到企业的业务流程中。在本章开篇全食超市公司的案例中，全食超市的创始人提出了"有觉悟"的概念，其重点就是安全、绿色，其他如动物福利保护、雇员发展、支持本地农场主、支持发展中国家有机农业等，都是围绕其核心业务展开的。

相形之下，国内一些企业仍然将社会责任的重点放在慈善和就业两个主题上，很难在众多企业中凸显自己的责任形象。个别企业在主营业务上一团糟，更难说服公众和消费者相信。

3. 特殊企业的责任

企业所处地位、行业、所掌握资源的差异，也使社会和公众对它们的期待有所不同。企业公民的内涵相当丰富的，正像最佳企业公民获奖理由中所表现出来的一样。

企业群体作为社会公民的一分子，如同社会群体的构成一样，有强弱之分。强势的企业不能把它的成功和强大完全归结于自身的努力和能力，很多时候诸如垄断地位、资源占有等因素也有非常重要的影响。因此，对这类企业寄予更高的期待和要求也是必然的。

（1）跨国公司。跨国公司在全球化体系下，面对多元文化和宗教体系、不同的甚至可能是相互冲突的法律体系以及完全不同的经济发展状况，在推动企业社会责任和企业公民的实践方面会有不同的表现。人们争论的焦点在于跨国公司因其所拥有的巨大影响力，到底应承担何种责任。

与一般企业不同，跨国公司不仅需要遵从本国的法律，还应当在东道主国的法律、文化和社会规范下承担其责任。由于跨国公司往往拥有庞大的业务体系，在产业链条中具有绝对的优势，因此，它们也被要求不仅规范和约束自身的责任，同时也要对其所影响的商业合作伙伴加以约束和指导。通常认为，跨国公司应承担更多的企业公民责任。

跨国公司的社会责任与义务主要体现在尊重法律，在安全、环境保护、劳资关系、消费者保护、公司治理、反对商业贿赂和腐败行为、信息披露、尊重人权等方面做出表率。联合国全球契约组织的十项原则也体现了这些内容。此外，社会责任国际标准（SA8000），也已经成为全球企业社会责任管理的基本架构。

（2）国有企业。多数国家都有为数不等的国有企业，国有企业往往是资源型企业或提供公共服务类企业或掌握国家经济命脉的企业。

国有企业占有相当多的社会资源与垄断权力，其社会责任体现就更为复杂。一方面，"提供就业机会"、"保护环境"、"发展低碳经济"、"推动社会公益事业发展"等固然是企业公民非常重要的责任，但另一方面，国有企业因其特殊地位，诸如国有企业的低效率、管理者报偿等基本问题也常常引起争议。

此外，中国国有企业在全球化过程中还常面临水土不服、文化差异的问题。一些在国内习以为常的做法，在海外常常受到诟病。

（3）资源消耗型企业。资源消耗型企业中有许多跨国公司或国有企业，这类企业是通过占有、使用稀缺资源而形成其运营过程和利润来源，并因其所掌握的资源而在经营过程中拥有更大的话语权（例如，产品的定价、能源的产销与配置等）；在运营过程中，它们也不可避免地对所在环境造成各种各样的负面影响。

虽然有些影响是短期的，但多数可能是长期的甚至是不可逆的。例如，石油行业、煤炭行业、电力行业、采掘业等，这些行业在给社会提供了发展的基本动力之外，所影响的利益相关者也是非常广泛的。不仅对社会属性（人类）的利益相关者，对非社会属性（如自然环境、生态系统等）的利益相关者也有巨大的影响。因此，对这些企业履行社会责任的要求也不同于一般类型的企业，通常，对其在有关环境、安全以及社会补偿方面的责任和义务，相较于其他行业更高一些。

4.3　企业社会责任实践

4.3.1　经验与现实的背离

经验告诉我们，跨国公司和国有企业应当是一个"好"的社会责任实践者和"好"的企业公民，但现实却往往给出不一样的答案。经验与实践的背离，使有关企业社会责任实践的争论不时发生。经济评论员马丁·沃夫这样写道：企业社会责任，"不仅仅只是令人不快的，而且可能在政治上是相当危险的"，他甚至认为"从本质上看，企业社会责任是不合民主原则的，因为它迫使企业不得不在有关环境、社会问题上加入政治的考虑"，这将导致全球性的"新社团主义（neo-corporatism）泛滥，从而使大企业、国际组织、激进主义者和少数政府掌握不受控制的权利"（Wolf，2001）。相反，更多的人认为企业自愿责任的基础就是对社会政治保持高度敏感性，企业对政治因素的考虑还远远不够。

有关企业社会责任实践的经验，似乎总是存在各种自相矛盾之处。美国的现代公司治理制度被视为其商业伦理和社会责任的重要组成部分，但自2000年以来屡屡暴露出来的公司丑闻却使事情看起来不那么简单。中国的国有企业在履行企业社会责任方面似乎有更多的合法性基础，但社会对国有企业的信任度似乎远不如人们的预期。欧洲的劳动保护制度被视为其社会福利的重要基石，但也受到很多批评：过度的劳工保护是否制约了欧洲的创新与企业活力？下面，我们重点讨论两个问题："隐性"社会责任与"显性"社会责任、"内部"内部利益相关者与"外部"利益相关者。

1．"隐性"社会责任与"显性"社会责任

虽然企业社会责任有"自愿"责任与"非自愿"责任之分，但很多情况下企业社会责任实践仍然高度依赖政府引导和社会公众压力。因此很多人质疑，企业社会责任的基础应当是企业自愿，法律规制是否应成为企业社会责任的一部分？企业应该如何考虑其社会责任的履行呢？

（1）隐性责任。是指社会责任嵌入公司的正式或者非正式的制度设计中，企业对社会责任的理解更多隐含在企业的文化、价值观或公司的强制性规定中，企业在制度上保障自身履行其社会责任。

（2）显性责任。是指用清楚明白的社会责任语言所阐述的企业对社会责任的看法，该看法将企业社会责任视为一种"自愿"责任，认为企业社会责任政策是由"自愿"和"利己"而非"制度"驱动的。

通常认为，在市场驱动的自由经济制度环境下，企业往往倾向于显性责任；而在政府或其他因素干预的协调经济制度环境下，企业比较倾向于隐性的责任（Matten & Moon，2008）。前者更重视企业的战略考量，把企业社会责任视作战略发展的一部分，后者则偏重于对制度环境的要求做出反应。企业实践对显性责任和隐性责任的选择，与制度环境（政治、金融、教育和劳动力、文化系统）有直接的关系，制度规制的力量越强，企业就越倾向于隐性的社会责任。

中国的情况与多数发展中国家的实践相似。根据世界银行与北京大学中国经济研究中心的调查，无论有无制度化的规制，经济责任、法律责任、环境保护、保护顾客利益、保护员工利益、发展公益事业等，在全球很多地方都被视为共同的责任；公司治理、公民权利保障等被较多西方企业纳入其责任体系中，而诚信、纳税等被较多中国企业纳入其责任体系中。（徐尚昆和杨汝岱，2007）

当我们用这一框架对中国企业实践进行分析时，就会发现事情远没有这么简单：中国企业的社会责任是隐性责任还是显性责任，企业应如何选择其社会责任之路？很多人发现，无论是"自愿"责任或通过"正式"规制，企业社会责任的履行都面临诸多问题。现阶段，在刚性的政策规制、商业伦理教育、企业社会责任观的普及等诸多方面，很多企业都还存在相当差距。

2. "内部"利益相关者与"外部"利益相关者

目前，还有许多企业和社会公众，将慈善事业视为企业最主要的社会责任，甚至单纯以慈善为标准对企业进行评价，这种认识显然忽略了企业社会责任的根本。在实践中，包括 OECD（经济合作与发展组织）跨国公司行为准则、ICCR[①]全球公司责任准则、联合国"全球契约十项原则"等，都没有将慈善事业纳入企业社会责任的范畴。

从企业社会责任外部利益相关者的角度，产品安全、环境问题以及慈善是国内目前讨论最多的几个焦点。有关产品安全的问题，对很多人来说都是一个无法承受之重。从三聚氰胺事件被曝光开始，短短数年时间，被披露出来的各种产品安全事件显示，在与衣、食、

---

① ICCR(Interfaith Center on Corporate Responsibility)，多译为泛宗教企业责任中心，是由 200 多家以宗教信仰为基础的机构投资者组成的联盟，重点关注与环境相关的问题。

住、行等基本民生相关的产品和服务领域，其安全问题还相当严重，甚至出现治病救人的医院对儿童使用"工业氧气"的事件。

环境责任则是另一个充满矛盾的论题。很多企业在高喊社会责任的同时，为追求经济收益不断挑战环境承载力的极限，所造成的恶果，包括儿童血铅污染、大气污染、清洁饮用水短缺等问题，都在不断冲击社会公众的眼球并挑战其道德底线。

从内部利益相关者的角度来看，忽视劳工福利甚至践踏雇员基本权利，如性别歧视、年龄歧视、侵犯隐私权和尊严、缺乏劳动安全保障等有关事件频发，都显示一些企业内部的基本伦理问题尚未解决。

企业社会责任的发展，需要来自企业内外部的推动力。

4.3.2 企业实践的动力

从企业社会责任的争论到企业公民共识的达成过程中，企业社会责任实践的丰富性远多于理论探讨，并早已超出纯粹的商业背景，企业与其他利益相关者之间的伦理伙伴关系已经成为一种常态。国内外经验表明：企业履行社会责任，是诸多内外因素共同作用的结果。如果缺乏内在动力和外部压力，决策者们在面对诸如利润最大化、企业公民、相关者利益的矛盾与冲突等问题时，很难做出正确的选择。

1. 内在动力

推动企业实践其社会责任的内在动力来自组织文化和组织中的"人"，来自提升企业竞争的需求。

（1）获取竞争优势。有社会责任感的企业往往在产品和服务上更能满足用户和消费者的需求并且符合他们的价值观。例如，采取公平贸易手段、提供较好的员工福利、采用绿色环保设计、绿色制造等，都能提高产品和服务使用者的消费效用，从而创造缝隙市场或引导企业的创新活动，使企业获得高于竞争对手的优势地位。与此同时，履行企业社会责任还可以给企业带来较高的商誉，并转化为企业的竞争优势并最终提升企业的营利能力。与传统的将企业社会责任视为负担的观点相反，企业社会责任的履行有时甚至不一定给企业带来财务负担，Dell 公司就是一个例子。

专栏 4-2　为我植一棵树计划

最近的一个阶段，气候变化和温室气体排放问题是美国企业社会实践的一个非常普遍的话题。Dell 公司在 2007 年发起了"为我植一棵树"计划，倡导绿色理念。

Dell 与相关的非政府组织合作，呼吁其产品购买者捐赠 2~6 美元，以抵消使用计算机等产品所排放的温室气体，减少个人的碳排放足迹。

Dell 的"为我植一棵树"活动营造了绿色、环保的形象，很多消费者乐于在购买其产品时支付这一款项。Dell 在赢得"好"名声的同时，也并没有让股东支付一分钱。

（资料来源：Dell 官方网站。）

（2）领导者。企业社会责任的履行往往源自企业高层和领导者而不是自下而上的运动，领导者在塑造伦理氛围上具有高度的主导权。一个社会责任导向的高层领导，在其组织运作体系的各个方面都比较倾向于以一种合乎伦理要求和社会期待的方式从事运营活动，而一个毫无社会责任感的高层领导所起的作用则恰恰相反。

（3）企业雇员。社会责任感可以增强雇员的荣誉感，从而使其产生好的工作绩效；履行社会责任较好的企业对有责任感的雇员也有较高的新引力，已经有越来越多的企业开始以"社会责任"的光环吸引新雇员加入本企业。从另一个角度来看，企业雇员既是社会责任实践的推动者和实践者，也可以从中获益，他们可以获得更好的收入、工作条件和尊重等。以多次荣获最佳雇主的谷歌公司为例：免费午餐、疗养计划、免费诊疗及其他健康服务都是员工福利的一部分，很多最佳雇主公司还提供免费托儿服务、洗衣服务等。

（4）营销与公共关系。企业社会责任直接与企业的商誉和形象联系在一起，有很多投资者关注所投资企业的社会责任形象，他们更愿意投资于那些具有良好道德形象的公司；消费者和其他利益相关者通常也更愿意与这样的公司打交道。很多企业在发生灾难性事件后，经常会以"承担社会责任"作为包装来修补其形象，例如三鹿集团在三聚氰胺事件发生前的 2004 年，就曾被牵涉到产品质量问题中。该集团以快速公关解除了危机，并着力打造肩负企业社会责任的形象，从而反败为胜。遗憾的是，危机背后所隐藏的问题最终仍然导致了灾难性的后果。这一案例显示，如果仅仅将社会责任视作解除公共关系危机的手段，不仅无助于企业履行社会责任，而且也可能是危险的。

2. 外部压力

决策者通常会面临以下几方面的外部压力。

（1）财务分析与机构投资。随着投资者社会意识的觉醒，在一些国家和地区出现了大量的由非政府组织和资本市场推动的社会责任投资。所谓社会责任投资就是投资者不仅考虑投资的经济回报，还考虑投资对象在社会责任和其他社会活动中的表现。社会责任投资的兴起有逐步扩大之势，并可能推动企业及其管理者更加关注社会责任。根据社会责任投资论坛的统计，2005 年美国有 10% 的投资属于社会责任投资，其总额从 1995 年的 6 390 亿美元增加到 22 900 亿美元，其中股东支持的社会责任投资从 4 730 亿美元增加到 7 030 亿美元，社会责任筛选投资从 1 620 亿美元增加到 16 850 亿美元[①]。

（2）非政府组织与行业组织。非政府组织在诸如环境、资源、生态动物福利、人权及

---

① 社会责任投资包括三种类型：社会责任筛选（在筛选股票时将社会责任指标纳入评价标准）、股东支持、社区投资，很多共同基金都采用社会责任筛选投资。例如，美国最大的社会责任共同投资基金之一卡尔弗特基金就将环境影响列入选股标准。

劳工权利保护等各方面对企业的社会责任实践具有重要影响，这种影响可以是社区性的，也可以是地区性的甚至是全球性的。例如，美国劳工权利组织曾经多次起诉沃尔玛等跨国公司，并迫使它们进行改进。近期，一些第三方机构也成功施压促使苹果等公司强化对其供应链的道德管理。

行业组织在推动企业社会责任实践方面也有相当大的影响力。例如，英国注册会计师协会（特许公认会计师公会 CAAC）发布了可持续发展报告，从而对包括英国、中国香港、新加坡、美国、爱尔兰、加拿大、新西兰、澳大利亚、斯里兰卡、印度、巴基斯坦等国家和地区的企业，都起到了规范和指导作用。

（3）其他利益相关者。供应商等商业合作伙伴、消费者、所在社区等，都影响企业社会责任实践。当这些利益相关者本身对社会责任给予高度重视时，就会形成较大的外部压力迫使企业主动履行其社会责任。

（4）政府规制。政府在企业社会责任实践中既可以起到积极推动作用，也可以是一种障碍因素。在劳工权利保护、财务信息披露、公平交易、环境保护等诸多方面，政府的作用是至关重要的。很多跨国公司在其母国和在东道主国的表现有天壤之别，重要的原因就在于制度环境的差异。这种差异，跟各国政府的行为有直接关系。

3. 政府作用

企业内外部的动力和压力，推动越来越多的企业加入企业社会责任实践中，使之呈现全球化色彩。虽然由于文化、经济、政治等原因，不同地区在企业社会责任实践方面各有特色，但共同的经验之一就是政府、企业合作推动企业社会责任的实践。政府引导企业社会责任实践通常有几种表现形式。

（1）倡导企业社会责任。对企业社会责任活动予以支持和奖励，向企业和社会公众提倡企业社会责任观。

（2）推动企业社会责任实践。以向企业和社会公众提供信息支持、提供研究资助等方式来推动企业社会责任运动的发展。

（3）推动伙伴关系。推动公共机构和私人机构之间的合作，推动利益相关者之间的合作。

（4）发布法律规制。制定相关法律，强制企业履行社会责任。

政府参与企业社会责任实践主要通过市场机制或直接干预而实现。美国的企业社会责任实践主要体现为自愿性责任，政府以引导和服务为主。例如，由美国能源部发起的能源之星计划，吸引了超过 8 000 多家公私机构参与活动，成功推动了企业在绿色节能方面的合作。其突出特点之一是依靠市场机制，政府引导、组织并搭建合作平台，发挥企业自身的作用。相对而言，另外一些国家，市场机制在社会责任实践方面发挥的作用相对较弱，而政府的作用显得更为突出。例如中国的节能减排活动，从目标设定到企业实践，都是由政府主导的。强制性的减排目标引导企业必须通过技术创新或加大环境投资的力度，达到政府规定的目标，从而迫使企业履行其环境责任。而一些欧洲国家的特点则介于二者之间，例如，法国企业社会责任实践强调政企合作伙伴关系，企业在政府规制和法律引导下，通过设定政府采购标准，参与到环境责任活动中（见图 4-7）。

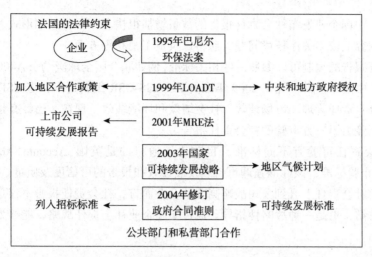

图 4-7　法国政府参与企业社会责任实践

（资料来源：Harribey, 2009.）

注：LOADT 地域规划与可持续发展指导法；新经济法（Nouvelles Régulations Economiques，NRE）

4. 企业社会责任报告

多数企业乐于有技巧地向社会和利益相关者展示其社会责任实践，发布"企业社会责任报告"和网络宣传是比较常见的两种形式。观察上市公司网站，多数企业都将企业社会责任列在明显的位置。

企业社会责任报告的内容包含了从推动社会发展、创新和变革到改善雇员工作条件等不同方面，其重点通常与企业拟塑造和突出的形象密切相关。很多中国企业倾向于传达对社会的传统贡献，如慈善事业、绿色环保等。

在实践中，企业对社会责任的理解与外部制度和文化环境密切相关，不同地区有较大的差异性。以欧美企业为例，美国强调企业自愿责任，并辅之以严格的法律规制，企业社会责任实践主要依靠市场机制达成；欧洲国家企业社会实践的主要动力与压力还是来自政府、公会、劳工团体、社会公众等外部压力，其社会责任实践更偏重于环境、劳工权利以及可持续发展。这些差异通常都反映在其社会责任报告中（见表 4-3）。

表 4-3　欧美对企业社会责任理解的差异

CSR 层次	美国的理解	欧洲的理解
经济责任	企业政策的重点是"好"的公司治理结构、报偿和消费者保护	是一种法律架构，成文法，35 小时工作制、最低工资制度、对医药产品开发和检测进行详尽的法律规制
法律责任	企业的法律义务相对较低	企业的法律义务相对较高
道德责任	公司政策主要体现在本地社会	用于提供较高水准的国家福利、公共福利相关的税赋
关爱责任	企业应主动为文化、艺术、大学教育提供赞助资金	由于税赋较高，因此认为国家应是教育、文化服务的主要提供者

（资料来源：Matten and Moon, 2005.）

近年来,中国企业发布社会责任报告的数量增加很快。在报告编制形式上较多借鉴国际标准,在内容上较多关注环境问题、慈善以及员工福利等方面。

社会责任报告的编制可以参照一些相关标准,例如联合国全球契约、SA8000、ISO26000等国际标准。中国社会科学院在2009年推出了CASS-CSR编制指南,将CSR报告主体总结为四个部分:责任管理、市场绩效、社会绩效和环境绩效。现在,已经有越来越多的中国公司发布了经由第三方审验的社会责任报告。

企业社会责任审验有不同标准,目前比较通行的是英国Account Ability发布的AA1000CSR审验标准,该标准强调可持续发展绩效和报告的可信度及质量。

对那些将社会责任上升到公司战略高度的企业而言,社会责任报告不仅是对企业责任活动的事后总结,更是一种战略性指导。通过实施企业社会责任战略,能够为企业带来更多的商业价值。

4.4 案例与讨论

C公司的绿色创新:责任战略或商业策略?

2013年3月,N集团年报和企业社会责任报告正式发布:集团公司在成都、深圳、吴江、东莞等地浮法玻璃和太阳能玻璃生产线全面建立了余热发电站,总装机容量51MW,2012年累计发电2.29亿度。

C公司总经理赵英达先生凝视着报告,不禁回忆起自己在集团内率先建立玻璃熔窑烟气余热发电项目的经历。如今,该项目已在集团全面推广并取得了良好的经济和环境效益。然而,新的挑战又摆在了面前:公司近期拟采用低温脱硝技术以减少大气污染排放,但与余热发电技术不同,该技术的采用会影响现有余热发电项目的稳定运行并减少公司财务收益。公司管理层对是否采用该技术的决策出现了分歧,是否应该上马该项目?在下一次董事会上,他该如何提出自己的建议呢?

1. 公司历史

N集团是一家成立于1984年、A、B股同时在深圳上市的股份公司,公司总资产150亿元,在长三角、珠三角、西部、中部和京津地区设有5大生产基地。公司设有平板玻璃、工程玻璃两大事业部,下设19个子公司,现有雇员1万余人。集团主营业务集中在平板玻璃、工程玻璃、硅材料、光伏组件及超薄电子玻璃等新型材料和高科技产品的生产、制造和销售等领域,业务范围主要布局在节能玻璃、工程玻璃和太阳能三个产业链中。

C公司成立于2004年7月,现有总资产约15亿元人民币,雇员1 300人,是N集团位于成都地区的一家子公司,距市中心约20公里,地处城市副中心黄金三角地带。公司所在关西镇总面积80.4平方公里,周边人口约有5万人。

公司主营平板玻璃、工程玻璃制造。平板玻璃面向光学、电子、信息、汽车等领域销售,工程玻璃主要为高档建筑节能玻璃。目前已建成投产的三条浮法玻璃和节能玻璃生产线日熔化量分别为 550t/d、700t/d、1000t/d，年产浮法玻璃 80 万吨、深加工镀膜玻璃 500 万平方米，中空玻璃 300 万平方米。除国内客户外，公司采用 Low-E 镀膜技术制造的玻璃产品主要销往欧洲、俄罗斯和中东国家和地区。

2. 玻璃制造行业及环境污染问题

（1）玻璃制造行业的竞争

国内玻璃制造业市场主要集中在建筑、汽车制造、工业、新能源、电子科技等领域，其中建筑玻璃需求约占 70%。C 集团主营业务面临的竞争集中在浮法玻璃制造和节能玻璃制造两个领域。

浮法玻璃制造业务的主要竞争对手为福耀和洛阳玻璃两家公司。福耀公司的汽车玻璃制造业务约占国际市场的 18%、国内市场的 65%；洛阳玻璃公司则主营浮法平板玻璃制造，产品销售以华中、华南、华东、西南及华北地区为主。节能玻璃市场的竞争主要来自金晶科技公司和上海耀皮玻璃公司，尤其是上海耀皮公司的 EA 在线硬镀膜低辐射玻璃生产，因其大幅减少二氧化碳排放，具有很强的市场竞争优势。

除国内竞争者外，圣戈班（法国）、泰姆—巴伐朗尼（芬兰）、旭硝子（日本）等国际玻璃制造巨头已经进入中国市场，给国内企业造成了很大的竞争压力。

（2）玻璃制造中的大气污染和热污染

在中国很多地区，钢铁、水泥、电力和玻璃制造是最主要的污染行业。按照玻璃成分，可以将其分为氧化物玻璃和非氧化物玻璃，前者以硅酸盐玻璃、硼酸盐玻璃、磷酸盐玻璃为主，后者主要以硫系和卤化物玻璃为主。

玻璃生产窑炉烟气中含有大量二氧化硫和氮氧化物，以普通玻璃生产工艺标准测算，二氧化硫（SO_2）、氮氧化合物（NOx）的初始浓度在 $200\sim400mg/Nm^3$，这两种污染排放物是造成酸沉降和雾霾的重要原因之一；酸雾可以侵入人体肺部的深部组织，诱发呼吸道疾病。

玻璃制造过程中的另一个问题是热能污染。玻璃制造需要大量能源消耗，以 450~500t/d 浮法玻璃生产线计算，折合重油年消耗量为 30 000 吨，约占玻璃制造成本的 40%。按照重量箱（50kg）计算，中国玻璃生产平均耗煤量为 18.85kg 标煤，而国际平均水平为 16.5kg 标煤，国际领先企业则为 15kg 标煤。在整个制造过程中，玻璃熔炉热能损耗在 55%~60%，不仅加大了企业成本，也增加了污染排放。

（3）相关环境法规

1989 年 12 月 26 日中国通过了首部《环境保护法》，但对工业大气污染控制尚未制定详细标准。

1997 年，中国出台了《大气污染物综合排放标准 GB16297-1996》，工业生产二氧化硫最高允许排放浓度为 $700\sim1\,200\ mg/m^3$，氮氧化物最高允许排放浓度为 $420\sim1\,700\ mg/m^3$。在相对宽松的污染控制标准下，除了少数浮法玻璃生产线外，多数企业均没有建立严格的环保措施。

2003 年 7 月，中国开始征收工业废气排污费，每一排污当量征收标准为 0.6 元。2004 年 7 月，对工业氮氧化物和二氧化硫排放征收排污费，征收标准与其他工业废气相同；规定每千克氮氧化物和二氧化硫污染排放当量值为 0.95。

2007 年，环保部进一步出台了《平板玻璃行业清洁生产标准》；2013 年，环保部对该标准进行了修订。按照修订后的标准，多数玻璃制造企业需要新建烟气脱硫除尘、污水处理、固体废物处理回收利用、粉尘及噪声控制等环保设施。

3. 玻璃熔窑余热发电项目

（1）成本压力和绿色机会：余热发电项目

自 2003 年开始，国际市场大宗商品价格悄然上涨；2008 年，受国际市场原油价格暴涨影响，重油价格也开始飙升，迅速推升了玻璃行业的制造成本。很多玻璃制造企业陷入亏损，C 公司也未能幸免，赵英达和他的管理团队也同样为成本问题所困。

在 C 公司的制造成本中，纯碱占 25%，重油占 40%，电能消耗占 7%~10%，三者合计超过了 70%。面对飞涨的燃料成本，业内多数公司试图采用天然气、焦炉煤气、石油焦等作为替代燃料，但控制能源成本仍然是一个大问题，C 公司玻璃制造成本也已经从 30 元/重量箱上升到 70 元/重量箱。正在赵英达千方百计寻觅对策之际，一则来自水泥行业的新闻吸引了他的注意。余热发电项目在水泥行业开始大量应用，政府对此给予节能补贴。

余热发电技术在玻璃制造行业还没有得到重视，最主要的困难在于余热回收对玻璃生产的稳定性有较大影响，同时由于单条生产线融化量不高，余热应用受到限制。

C 公司现有三条日熔化量为 550t/d、700t/d、1 000t/d 的生产线，余热量较高，如果能够实现余热发电，既可直接为生产线和办公、生活提供电力供应，减少电费开支，同时还可以获得国家与地方财政补贴，补贴额度可达电站建设投资的 10%左右。

赵英达开始思考是否可以在本公司实施该项目，建设余热发电项目的设想得到了集团公司的支持。很快，C 公司成立了一个余热发电项目筹建小组。

（2）寻找技术供应商

2008 年 6 月，一份关于 C 公司玻璃熔窑余热发电项目建设的项目分析报告摆在了赵英达的桌上。

C 公司玻璃制造以重油为主要燃料，玻璃熔窑废气含有大量腐蚀性（酸性）气体和黏结性油灰，玻璃熔炉生产要求在窑龄内（7~10 年）不停炉。玻璃熔炉余热发电技术开发需要进行烟道保温实验、烟气成分分析、余热资源检测、清灰实验等。余热发电和关键装备技术供应商的选择将直接决定项目成败。

经过初步调查，项目小组初步选定秦皇岛玻璃工业设计研究院、洛阳玻璃工业设计研究院、国家建材局蚌埠工业设计研究院、中国新型建筑材料杭州工业设计研究院等研究机构，他们均可以为余热发电总承包提供服务和技术支持。

经过多方论证，并考虑到公司长期盈利能力以及后续运营与制造过程的结合等问题，赵英达和他的团队以竞标方式选定杭州新材院作为技术总承包商。2008 年 9 月 28 日，C 公司与新材院举行了签约仪式。

最终，双方确定了以现有浮法玻璃生产线的熔窑烟气余热（276 000Nm³，535℃）为基础，设计装机容量为 12MW，年平均发电量 10MW 的电站建设方案。项目总投资约 8 000

万余元，预计初期可为 C 公司提供 80%~90% 的工业用电。

（3）初获成功

2009 年 10 月，12MW 余热发电项目通过验收并网发电，该项目成为国内玻璃行业余热发电项目单机容量最大的电站。2010 年项目正式运营，当年发电量 7 200 多千瓦时，年节约标煤 2.5 万多吨，减少二氧化碳排放 6.22 吨。由于被列为国家重点节能领域，发改委、财政部给予重大节能技术项目财政奖励和补贴（250 元/吨标煤）。扣除发电成本，年均成本节达 3 000 万余人民币。余热发电技术的应用，使 C 公司玻璃液的制造成本降低了近 40 元/吨。项目稳定运行后，上传电网的反送电量采取"并网不上网"方式返回企业，多余电量则直接无偿输入电网。经过 2 年运行，公司每年无偿输送电量达到 2 000 余千瓦时。

C 公司余热发电项目的成功运行，被视为国内玻璃行业余热发电的重要事件。在 N 集团内部，余热发电项目也迅速推广，总装机容量达到 51MW。

同时，赵英达和公司管理团队开始思考在公司内部推行节能管理和绿色技术改造的可能性。C 公司建立了综合能源管理小组，开展员工综合能源管理，生产线天然气用量下降了 10%。C 公司还为员工管理小组订阅了欧洲能源管理专刊，鼓励员工学习和借鉴发达国家经验。

绿色环保理念得到了雇员的认可，一位一线管理者这样表示：

"我喜欢这家公司。在我们厂区，你可以看到废弃排放在减少。""也许有一天，通过我们的努力，我们再也不用面对雾霾。"

4. 再起涟漪：做还是不做？

（1）另一项绿色技术：低温脱硝项目

当公司上下还沉浸在成功的喜悦时，环保部相继公布了《平板玻璃工业大气污染物排放标准 GB26453-2011》《电子玻璃工业大气污染物排放标准 GB29495-2013》两项标准。

C 公司所在成都市，由于大气污染严重，在全国 113 个环境保护重点城市中位列倒数第 4，仅优于乌鲁木齐、兰州、北京 3 座城市。成都大气污染的主要来源为燃煤、燃油和扬尘，其中可吸入颗粒物（PM10）平均浓度为 0.121 毫克/立方米，二氧化硫平均浓度为 0.029 毫克/立方米，二氧化氮平均浓度为 0.050 毫克/立方米。控制大气污染成为当地环境治理的关键性问题，当地社区对 C 公司的环境治理行动也十分关注。

赵总建议公司环保和技术部门着手研究进一步采用大气污染控制技术的方案。2013 年 4 月，项目小组向公司管理层提出了上马低温脱硝除尘环保改造工程的建议。

该方案采用 SCR 选择催化剂还原烟气脱硝技术，利用 NH_3 和 NO_X 在催化剂作用下使 NO_X 还原，从而减少外排烟气中的污染物排放量。SCR 由氨储存系统、氨与空气混合系统、氨气喷入系统、反应器系统、省煤器旁路、SCR 旁路、检测控制系统等组成。以 C 公司现有三条 550t/d、700t/d、1 000t/d 玻璃生产线计算，预估窑炉烟气除尘脱硝装置、液氨蒸发系统以及相关配套工程投资约为 4 000 万，项目建设期周期为 8 个月。C 公司本身并没有相关技术资源，为了上马该项目，公司需要寻找新的技术供应商。

（2）来自管理层的质疑

针对项目团队的建议，公司管理层出现了两种不同意见。

支持者认为，虽然投资低温脱硝项目将减少公司现有财务收益，但作为一家负责任的企业，C 公司有义务尽最大努力减少公司生产对当地环境的影响。在当前的商业利益和公司的社会责任之间，我们有绝对的道德责任承担环保义务。

反对者也提出了自己的疑虑：公司的首要责任是保障股东利益最大化。2012 年，集团公司营业收入较上一年度减少 15.43%，平板玻璃和工程玻璃库存量增加 22%，营业收入同比减少 8.89%；在这种情况下，公司应将资源用于更能增加企业盈利能力的项目中。

反对者还注意到，低温脱硝项目与现有余热发电项目存在利益冲突。SCR 反应器对熔窑烟气温度有一定要求，烟气运行温度需要稳定在 290℃~420℃。这将直接导致现有余热发电系统温损，烟气温度大约下降 6.5%，年均发电损失 1 300 万余元。此外，低温脱硝项目还可能造成现有系统运行稳定性和可靠性下降。

按照反对者的说法："目前阶段，即使不上马这个项目，公司也不违反环保规定。可以等公司效益更好时再考虑项目上马，这样岂不是更两全其美吗？"

（3）赵总举棋不定

面对正反两方的争论，赵英达眉头紧锁，似乎有点犹豫不决。

一方面是显而易见的环境效益：如果在现有三条生产线同时启动窑炉烟气除尘脱硝工程，可以将 NH3 的逃逸率控制在 3ppm 以下，每年可削减氮氧化物约 5 700 吨、减少烟尘排放 120 余吨。通过减排，每年可以为公司节省排污费 350 万元。

低温脱硝工程具有良好的环境效益，对改善 C 公司及所在区域的工作、生活环境有显著作用。虽然不产生直接经济收益，但能够使公司在未来一段时间内满足日益严格的环保要求、提升清洁生产水平，这不仅对公司绿色形象有一定好处，而且也能获得当地政府的好感。

事实上，2011 年 N 集团已经因其出色的企业社会责任表现，荣获了《每日经济新闻》"最具社会责任奖"、第二届中国上市公司与城市发展论坛"中国上市公司最具竞争力十强"企业。年初公司还入选了"平板玻璃行业重点支持培育大企业集团"名单，列居首位。公司在政策导向、项目核准、企业融资、境内外并购重组等方面都获得了国家相关部委的支持。

然而，另一方面，在公司经济效益下降时，低温脱硝项目不仅没有财务收益，还会减少公司现有利润。毕竟 1 300 万元对于现在的 C 公司来说，也不是一个小数目。

赵总又想起了年初在上海举行的一次行业年会，他的老朋友、咨询顾问吴先生所做的报告：欧盟的绿色采购政策。吴先生在报告中指出：很多国家在政府采购中已经将绿色标准引入合格供应商准入体系。当时，吴先生向赵总建议，玻璃产品的绿色化将有助于提升 C 公司未来的市场地位。

想到这里，赵总的目光再次落到了桌面，公司年报赫然跃入眼帘："平板玻璃行业将继续面临产能过剩及成本上涨的压力，同质化竞争的加剧使工程玻璃行业面临挑战。"

"公司未来的发展战略仍将围绕节能产业和可再生能源产业这两条发展主线,通过技术创新及规模效应,巩固和确立公司在节能玻璃领域和太阳能光伏领域的技术优势和市场地位,精心打造和提升公司在玻璃行业、显示器件行业及光伏太阳能行业的核心竞争力及可持续发展能力,为精细玻璃产业打造能够独立运作的资本及产业平台,使公司各个业务版块均进入国际一流制造者阵营。"

这一次,面对低温脱硝项目的争议,他该如何决策?是不是还有更好的方案去说服董事会呢?

案例讨论

1. C公司在国内率先进行玻璃熔窑余热发电项目建设的动机是什么?该项目有哪些收益?
2. 低温脱硝项目与玻璃熔窑余热发电项目有什么不同?赵总面临的主要问题是什么?你会从哪些方面对他所面临的问题进行分析?
3. 综合考虑C公司商业利益和环境责任,你会为赵总经理提出何种建议方案?
4. 设想你就是赵总经理,十年后你将会如何评价你为他设计的方案?

本章思考题

1. 你认为企业社会责任是什么?社会对企业的期待与企业社会责任之间是一种怎样的关系?
2. 根据你的观察,中国企业对社会责任的感知与国际主流观点有何异同?你认为文化差异对此有何影响吗?
3. 结合你自己的经验,谈谈你对利益相关者的认识。
4. 你在决策中如何考虑利益相关者的作用?
5. 你认为当代企业社会责任的关键是什么?为什么?
6. 企业社会责任与企业战略之间存在何种关联?CSR有助于提升企业的长期竞争优势吗?

参考文献

[1] Berle A A. The Equitable Distribution of Owership: A Symposium on Business Management as a Human Enterprise, 1930.
[2] Carroll A B. The Pyramid of Corporate Social Responsibility: Toward the Moral Management of Organizational Stakeholders[J]. Business Horizon, 1991: 39-48.
[3] Andriof Jörg, Marsden Chris. Corporate Citizenship: What is it and how to assess it?[C]. Third Annual Warwick Corporate Citizenship Unit Conference. UK: University of Warwick, July 10, 2000.
[4] Bowen H. Social Responsibilities of the Businessman[M]. New York: Harper, 1953.

[5] Carroll & Buchholtz. Business and Society: Ethics and Stakeholder Management(5 Edit). South-Western, a division of Thomson Learning: 2003.

[6] Carroll A. A Three-Dimensional Conceptual Model of Corporate Performance[J]. Academy of Management Review, 1979, 4(4): 497-505.

[7] Carroll A B, Buchholtz A K. Business & Society: Ethics and Stakeholder Management[M]. Mason, OH: South-Western Educational Publishing, 2003.

[8] Clarkson M E. A Stakeholder Framework for Analyzing and Evaluating Corporate Social Performance[J]. Academy of Management Review, 1995, 20(1): 92–118.

[9] Committee for Economic Development. Social Responsibilities of Business Corporations[M]. New York: Committee for Economic Development, 1971.

[10] Matten D, Moon J. A Conceptual Framework for Understanding CSR. In Andre Habish etl eds. Corporate Social Responsibility across Europe[C]. Verlag Berlin Heidelberg, Springer, 2005.

[11] Davis K, Blomstrom R L. Business and society: Environment and responsibility[M]. New York: McGraw-Hill, 1975.

[12] Donaldson T T. Dunfee W. Toward a Unified conception of Business Ethics: Integrative Social Contracts Theory[J]. Academy of Management Review, 1994(19): 252-284.

[13] EM. Epstein. The corporate social policy process: beyond business ethics, corporate social responsibility, and corporate social responsiveness[J]. California Management Review, 1987, 29(3): 99-114.

[14] Ferrel O C, Fraedrich J, Ferrell L. 陈阳群译. 商业伦理：伦理决策与案例[M]. 北京：清华大学出版社. 2005.

[15] Freeman E. StrategicManagement: A Stakeholder Approach[M]. United States: Pitman Bowen, 1984.

[16] Freeman R E. Strategic Management: A Stakeholder Perspective[M]. Boston Englewood Cliffs, Pitman, NJ: Prentice-Hall, 1984.

[17] Freeman R E, Evan W M. Corporate Governance: A Stakeholder Interpretation[J]. Journal of Behavioral Economics, 1990, 19(4): 337–359.

[18] Jennifer J Griffin, Ben Vivari. United States of America: Internal Commitments and External Pressures. In Samuel O. Idowu. Walter Leal Filho eds. Global Practices of Corporate Social Responsibility. Verlag Berlin Heidelberg, Springer, 2009.

[19] John Elkington. Cannibals with Forks: The Triple Bottom Line of 21st Century Business[M]. Oxford, 1997.

[20] Laurence Eberhard Harribey. France. In Samuel O. Idowu ·Walter Leal Filho eds. Global Practices of Corporate Social Responsibility[C]. Verlag Berlin Heidelberg, Springer, 2009.

[21] Liangrong Zu. Corporate Social Responsibility-Corporate Restructuring and Firm's Performance[M]. Springer-Verlag Berlin Heidelberg, 2009.

[22] Dodd M. For Whom Are Corporate Managers Trustees?[J]. Harvard Law Review, 1932, 45(7).

[23] Maignan Isabelle, Ferrell O. C., Hult G. Thomas M. Corporate Citizenship: Cultural Antecedents and Business Benefits[J]. Journal of the Academy of Marketing Science, 1999, 27: 455-469.

[24] Mason. OH: South-Western Educational Publishing, 2003.

[25] Matten, Moon D J. "Implicit" and "explicit" CSR: A conceptual framework for a comparative understanding of corporate social responsibility[J]. Academy of management review, 2008, 33(2):

[26] McGuire, Joseph W. Business and Society[M]. New York: McGraw-Hill, 1963.

[27] Milton Friedman. The Social Responsibility of Business is to Increase its Profits[J]. The New York Times Magazine, September 13, 1970.

[28] Mitchell A, Wood D. Toward a theory of stakeholder identification and salience: Defining the principle of whom and what really counts[J]. Academy of Management Review, 1997, 22(4): 853-886.

[29] Monique de Wit, Esther Schouten. CSR in the Extractive Industry: An Integrated Approach. In Jan Jonker etl eds, Management Models for Corporate Social Responsibility. Verlag Berlin Heidelberg, Springer, 2006.

[30] Ferrell O C, John Fraedrich, Linda Ferrell. Business Ethics: Ethical Decision Making and Cases[M]. Boston: Houghtoun Mifflin Company, 2008.

[31] Oliver Sheldon. The Social Responsibility of Management. The Philosophy of Management, 1924.

[32] Edward Freeman R. Strategic Management: A Stakeholder Approach (IV)[M]. Harpercollins College Div, 1984.

[33] Sethi S P. Dimensions of corporate social performance: An analytical Framework[J]. California Management Review, 1975, 17(3): 58-64.

[34] Smith A. The Wealth of Nations[M]. London: Dent & Sons, 1776/1964.

[35] Theodore Levitt. The Dangers of Social Responsibility[J]. Harvard Business Review, 1958(9/10): 41-50.

[36] Valérie Swaen. Corporate Social Responsibility: Do Managers and Consumers Have the Same Conception of "Doing Good"?[C]. The 10th international conference of the Greening of Industry network, June 23-26, Göteborg, Sweden.

[37] William C Frederick. Social Issues in Management: Coming of Age or Prematurely Gray?[J]. Paper presented to the Doctoral Consortium of the Social Issues in Management Division of the Academy of Management, Lasegas, Nevada, 1992.

[38] Wolf, Martin. Sleep-walking with the enemy[N]. Financial Times, 2001, May 16th.

[39] wood D J, Jone E J. Stakeholder Mismatching: A Theoretical Problem in Empirical Research on Corporate Social Performance[J]. The International Journal of Organizational Analysis, 1995, 3(3): 229–267.

[40] 徐尚昆, 杨汝岱. 企业社会责任概念范畴的归纳性分析[J]. 中国工业经济, 2007 (5): 71-79.

[41] 杨帆, 吴江. 国外关于企业社会责任的理论评介[J]. 暨南学报(哲学社会科学版). 2006(9): 67-71.

第 5 章 市场竞争中的伦理问题

学习目标

了解与市场竞争、商业合作相关的基本伦理规范；理解政府在市场竞争中的作用以及企业和政府之间的关系；认识商业贿赂与权力腐败的危害、成因及应对策略；明确企业在改善商业伦理环境中的作用。

引例

中国发起汽车行业反垄断调查

自 2013 年 6 月中国商务部宣布对汽车等行业的垄断行为进行调查开始，在不到 2 年时间内，包括汽车整车、经销商、零部件企业收到了超过 20 亿人民币的罚单[①]。

这些企业主要因涉及纵向和横向垄断而受到处罚。中国汽车行业的纵向垄断主要体现在汽车供应商控制经销商从而限定整车价格以及捆绑营销等行为；横向垄断主要表现为通过串联不同经销商达到限制竞争、抬高价格的行为。

2014 年 8 月，国家发改委针对东风日产进行了反垄断调查。根据广东发改委的调查，东风日产在 2012—2014 年 7 月，通过下发商务管理规定、价格管理办法、经销商考核制度、对违反价格管控措施的经销商进行处罚等方式，对整车销售价格（包括网上销售、电话销售和营业厅销售的报价及成交价）进行限定；此外，东风日产还通过协调广州地区经销商并多次召开会议达成固定相关车型价格的垄断协议。2015 年 9 月 10 日，广东发改委宣布了对东风日产汽车垄断案的处罚决定，开出了 1.233 亿元人民币的罚单，并对旗下 17 家经销商罚款 1 912 万元。

此前，国家发改委于 2014 年 9 月对一汽大众销售公司的价格垄断行为罚款 2.48 亿元，对奥迪湖北经销商罚款近 8 000 万元；2015 年 4 月，江苏省物价局则对奔驰公司罚款 3.5 亿元，对其经销商罚款 3.5 亿元。

针对中国政府的反垄断调查，东风日产已经根据法律规定修改了公司对经销商的管理

---

① 中国国家发展与改革委员会官网，http://www.sdpc.gov.cn/。

政策、停止价格协商并废除区域价格协议。与东风日产相类似，捷豹、路虎、奥迪、克莱斯勒、宝马等先后宣布下调整车或配件的指导价格。

部分汽车界人士认为，2005年开始实施的《汽车品牌销售管理实施办法》明确了整车企业的市场支配地位，从而形成了经销商依附于整车企业的行业架构；问题的核心在于重新建立汽车行业的生态系统。对于中国政府开展的反垄断调查，还有部分国外媒体认为这只是利用国际通用工具来保护本国产业和支持国内企业，并对美国进行反制。

📖 思考一下：中国政府反垄断调查是针对外企的吗？反垄断的意义是什么？

反垄断调查是一种国际上通用的市场治理工具，中国在反垄断方面的起步较晚，欧美国家早已将反垄断视为维护市场自由竞争的重要手段。本章我们将围绕自由竞争、商业伙伴及政府关系中的伦理问题进行讨论。理解自由竞争、公平和信任以及政府作用的重要性，对商业活动的参与者尤其是企业的商业伦理活动是非常关键的。

5.1 自由竞争与政府作用

5.1.1 竞争与垄断

很多经济学家喜欢讨论伦理问题，认为伦理经济学是经济理论的重要补充和市场经济的前提条件（Cowton，2008），只有合乎伦理才是真正"有效率"和"好"的经济体系。很多经济学家认为，市场的自由竞争是维持好的伦理行为所必不可少的。需要指出的是，即便是支持"自由"美德的经济学家，也不得不强调公平问题，认为实现收入和财产的公平分配，与自由同等重要。

1. 市场竞争的基本形式

自由竞争通常被认为是市场经济的重要特征。所谓竞争"是个人、集团或国家间的竞逐：凡是两方或多方力图获取并非所有参与者都能获得的某些东西时，就会有竞争产生"（《新帕尔格雷夫经济学大辞典》，1992）。市场竞争源于资源的稀缺性，竞争者在努力选择最佳资源利用方式的同时，也必须不断争夺资源。

理论上存在完全竞争的自由市场和完全垄断市场。在完全竞争的自由市场上，任何买者和卖者都只是价格的接受者而不能影响价格的确定。一个理想的完全竞争的自由市场具有如下四个显著特征：存在大量分散的买者和卖者，其中没有任何人能占据市场支配地位；买者和卖者可以不受限制地及时进出市场，所有资源在市场上充分流动；任何卖者所销售的产品包括质量、性能等都是没有差异的；消费者、厂商和资源的所有者掌握完全信息。在该市场上，买卖双方均期待以最小成本实现效用的最大化，不存在任何外部力量（例如政府监管）对产品质量、数量、价格进行干预（Samuelson & Nordhaus，2004）。由于不存在市场壁垒，当某一个行业能够获得较高收益水平时，新的竞争者会不断进入，从而迫使该产业中的厂商无法获得长期超额经济利润。在自由竞争市场下，存在厂商长期利益最大化的均衡点，此时产品价格等于生产该产品的社会边际消耗。理论上，完全竞争的自由市场能够实现资源最佳配置，自由竞争的结果将使市场上买卖双方实现利益均衡，最终有利于提升整个社会的福利水平。

完全的垄断市场则是完全竞争自由市场的另一极端。首先，在完全垄断市场上不再有大量竞争者，取而代之的是唯一的、可以控制市场供给数量的卖者；其次，市场存在进入壁垒，使其他竞争者无法自由进出该市场（Heller，1972）。在这种情况下，竞争者缺乏自由竞争使"唯一"的卖者获得了垄断地位，从而拥有超过正常水平的定价权。由于包括资金、技术、人力资源以及原材料等各种生产要素无法在行业间自由转换（龚维敬，2007），产业竞争力将无法得到提升。此外，由于信息资源被控制在"唯一"的卖者手中，买卖双方交易的公平性也无法得到保障。从资源配置的角度来看，垄断市场将造成社会福利的无谓损失，不利于全社会经济效益的最大化（Velasquez，1988）。

现实中的市场则是介于完全垄断和完全竞争市场之间的两种类型——垄断竞争市场和寡头垄断市场。垄断竞争市场是与完全竞争市场相近似的一种市场状态。经济学家张伯伦（Chamberlin，1933/2009）和罗宾逊（Robinson，1933/1961）都对垄断竞争市场的特点进行了总结，他们的著作奠定了微观经济学基础。

垄断竞争市场存在数量众多的竞争者，几乎没有任何一个卖者可以占据市场支配地位，他们所提供的产品之间存在差异，因而可以进行市场细分，且不同卖者之间的产品具有良好的替代性；由于不存在市场壁垒，竞争者可以自由进出该市场；竞争者的决策和行为是彼此独立的，任何厂商的价格都无法影响整个市场的平均价格。自由竞争的存在，使市场上竞争者必须不断改善产品质量、价格和营销策略，从而更好地配置市场资源。

寡头垄断市场上的竞争企业数量很少，单个企业占据相对支配地位。当市场上只存在两个寡头时，被称作双卖主垄断。这些寡头企业数量稀少，各自均拥有很高的市场份额。

寡头市场也存在数量和价格的竞争，经济学中的古诺模型和斯泰克伯格模型分别解释了实力均衡及实力相差悬殊情况下的寡头竞争决策，垄断者在确定价格策略时也必须考虑其他厂商的反应。由于寡头之间的竞争将削弱各自的利润，寡头们更倾向于通过彼此勾结以获得超额经济利润。如果市场不存在对垄断的监管，寡头之间相互勾结的可能性就远高于竞争的可能性。寡头之间的竞争，如果存在占绝对市场支配地位的寡头，则该寡头可以依照自身利益最大化确定价格，否则就需要考虑领先寡头的定价策略（朱善利，1999）。总体上，寡头垄断市场的效率高于垄断市场但低于垄断竞争市场。

读者如果希望深入了解竞争与垄断市场理论，可以进一步阅读经济学相关教程，张伯伦、罗宾逊、萨缪尔森、斯蒂格利茨、迈克尔、平狄克、巴德及其他一些经济学家的著作在国内均有出版。

2. 四种类型的垄断

"市场垄断"是一种"特权"，这种特权可能来自无法抗拒的技术领先或经济需要，也可能来自制度性安排。不同类型的垄断其影响也不尽相同，自由竞争并不能完全排除垄断，但需要对垄断进行"适度"的监管。

你能举出两个市场垄断者的例子吗？

基本上，垄断分为自然垄断、经济垄断、法律垄断和行政垄断四种类型。

（1）自然垄断。自然垄断多数是由于产品或服务兼具公共属性和商品属性的特征而形成的。如铁路、公用事业、电力行业，基本上都属于自然垄断行业。

以城市供水供热行业为例。供水供热企业必须铺设遍及其服务地区的管网设施。如果在同一区域存在两家或更多企业提供竞争性服务，每个企业都必须建设独立的管网，这将造成资源的浪费。反之，在垄断的情况下，由于存在规模经济性，供水供热企业的边际成本随用户数量增加而降低。自然垄断行业由于具有规模报酬递增的特点，少数供应商就可以满足市场需求，且厂商数量越少成本越低；如果有许多竞争厂商，其平均成本将高于垄断成本。在有监管的条件下，垄断价格将低于竞争价格。

（2）经济垄断。是随生产、技术和资本的高度集中而逐渐形成的，通常具有高度的排他性。在某一市场中，企业数量较少甚至只有一个规模巨大的企业，其对生产要素或产品的定价权就具有支配地位。

早期垄断者主要是控制资源型生产要素。例如，美国制铝公司在"二战"前控制了主要的铝土矿，其他公司因无法获得铝土资源而不能进入铝制品生产行业；这使美国制铝公司凭借对原材料供应的控制而取得了垄断地位。战后，随着科技革命的兴起，对资本、技术和知识资源要素的控制成为经济垄断形成的主要原因。微软等一批高技术公司在不同时期对市场的垄断，都是因其创新能力而取得垄断地位的典型案例。

随着世界各国政府监管力度的不断增强、科学和技术创新的加速以及生产要素的全球流动，当代商业竞争中，新垄断者的不断出现，使单一垄断者难以长久维持垄断格局。

（3）法律垄断。法律垄断主要是以专利、版权等知识产权和市场特许权形式存在。通常，政府会因公共利益而授予个人或企业排他性专有权利（如专利权），该权利禁止其他人在没有获得专利权人许可的情况下生产某种产品或使用某种技术。政府通过授予专利人一定期限的专利保护，使其能及时收回创新成本并取得创新收益。这种垄断的存在，是为了保护创新者的投资，鼓励创新和技术进步。

市场特许权则是另一种形式的法律垄断。早在14世纪，英国政府就开始授予商人特许经营权。1601年英国下议院对垄断进行了解释（埃克伦德和赫伯特，2001）："垄断是将某种公共物品（城市或国家的）交由某一私人使用，这个使用者就是垄断者；某些具有私人利益的人同时支配公共财富，我们完全可以称这种人为巨额财富的支配者。"市场特许权一般只适用于少数行业，这些行业通常与公共利益、国家安全等有关。

（4）行政垄断。行政性垄断的行为主体是拥有行政权力的机构，其形成是政府直接挑选市场竞争赢家和输家的结果。胡汝银（1988）在其著作《竞争与垄断：社会主义微观经济分析》中提出了行政垄断的概念，认为行政垄断与一般市场垄断不同，是通过行政手段和具有严格等级制的行政组织而实现的。国家行政机构通过计划模式直接干预或管理企业的投入、产出，从而控制全社会的生产和流通，形成绝对垄断。也有学者认为行政垄断是国家经济主管部门和地方行政机构滥用行政权，排除、限制或妨碍企业之间合法竞争而形成的(王保树,1990)。一般认为,行政性垄断会直接造成市场竞争的不公平性,是一种破坏市场竞争的行为并产生"寻租"和权力化腐败等问题。

3. 垄断的伦理危害

对商业行为进行道德判断时经常考虑三个基本准则:①道德上的"好";②社会效用;③经济效率。仅在少数情况下,垄断具有一定的合理性。多数情况下,垄断与自由竞争的原则背道而驰,是很多国家市场监管的重点。通常认为,垄断损害市场竞争的公正和自由原则,并损害社会整体福利和整体效率。

(1)对公正和自由原则的破坏。在一个自由竞争的市场上,产品生产要素的长期均衡价格等于其社会边际价值,买卖双方都只是价格的接受者,可以按照自由意愿以公平的价格进行交易。但在一个不受监管的垄断市场上,垄断者可以凭借其市场支配地位或者彼此串谋定价,从而获得超过公平水平的超额利润。垄断者通过操纵产品和要素市场价格而获取超额利润的做法,显然有违公平、正义原则,损害了与之相对的买方和卖方的权利。

(2)减少社会福利。虽然垄断者能够通过提高产品价格获得超额利润,但却将减少整个社会的福利水平。观察图 5-1(考虑只有一个垄断者的市场),假定由该垄断者替代完全竞争产业中所有厂商的产品,并且假定完全垄断和完全竞争两种市场具有相同的成本曲线 MC(注意,这里只有垄断厂商的成本曲线而没有市场的供给曲线)。图中,E、F 分别代表垄断和竞争两种市场的均衡点,E 点所对应的 P_e 和 Q_e 分别为垄断市场的长期均衡价格和均衡数量,F 点所对应的 P_f 和 Q_f 分别为竞争市场的长期均衡价格和均衡数量。观察这两种市场状态,竞争市场长期均衡时产品的价格等于其边际社会成本,从而实现了资源最优化利用;在垄断市场的长期均衡点,价格 P_e 高于 P_f,而产品数量 Q_e 小于 Q_f。显然,消费者必须支付较高价格,同时获得较少数量的产品;这意味着社会生产能力没有得到充分利用,资源配置效率低于竞争市场。

进一步观察消费者和生产者剩余的变化情况。当均衡点从 F 向 E 变动时,消费者剩余

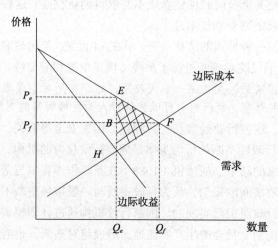

图 5-1 垄断的社会成本

的净变动$=-S_{EFPc}P_m-S_{EGF}$，生产者剩余的净变动$=-S_{GFH}+S_{EFPc}P_m$，社会福利的净变动$=-S_{EGF}-S_{GFH}=-S_{EFH}$，整个社会福利水平下降（图 5-1 中阴影部分是损失的社会福利）。福利经济学中将这种整体福利的损失称为无谓损失（曼昆，2015），这是由于垄断定价使一些对卖者和买者双方均有益的交易无法进行，是垄断者运用市场势力所引起的整个社会的经济福利减少。

（3）降低经济效率。垄断不仅降低社会整体福利水平，垄断者的效率同样受到影响。在垄断组织中，技术性低效率是一种普遍存在的现象。莱宾斯坦使用"X—非效率"理论来解释为什么垄断者在给定条件下无法达到其最大产量，他认为导致这一现象的原因在于大型垄断企业组织内部资源配置的非效率性（Leibenstein，1966）。由于享有垄断利润，企业内部利益集团的行为不受竞争约束，就会倾向于偏离组织目标而追求个体或小群体利益，从而导致组织缺乏竞争力。例如，经理人可能为获得提高自身报酬，或者为获得更大管理权势而盲目扩大组织规模；管理层可能会为获得员工支持而放松内部管理，其雇员劳动效率也随之下降。在垄断条件下，特别是当企业所有权和管理控制权分离时，垄断组织的低效率问题更加突出（彼得森和刘易斯，1998）。

5.1.2 伦理问题

本节重点讨论与垄断和不公平竞争相关的伦理问题，我们从价格竞争和非价格竞争两个方面加以讨论。

1. 价格竞争中的不道德行为

价格竞争中的不道德行为主要表现为滥用市场地位控制价格（如价格操纵、排他性协议和搭售、价格歧视）和倾销等。

（1）价格操纵。价格操纵是指占据市场支配地位的垄断者，利用垄断地位或者相互串谋人为推高产品价格，其手段主要是串谋操纵或转售价格控制。

垄断或寡头垄断市场的价格串谋行为，通常都具有较强的隐蔽性。例如，宝洁、汉高、欧莱雅等 8 家日化制造商在欧洲实施价格操纵达 20 年之久才被监管部门发现。2011 年 3 月西班牙对其罚款 5 000 万欧元，4 月欧盟对其罚款 3.2 亿欧元；12 月，宝洁、汉高、高露洁又因与联合利华在法国操纵洗衣粉价格被罚 3.613 亿欧元[①]。根据华尔街日报的描述，长期以来，包括宝洁在内的几家巨头在巴黎的隐秘饭店会面，密谋操控清洁剂价格。在会面时，它们使用化名来掩人耳目，汉高以"Hugues"替代、宝洁被称作"Pierre"、高露洁棕榄改称"Christian"，而联合利华则化名为"Laurance"。占据市场优势地位的厂商以串谋手段操纵价格的行为并不罕见，2011 年年底，苹果公司也因为与出版商串通密谋操纵价格，面临欧盟的垄断调查。

[①] 参见 http://finance.sina.com.cn/chanjing/cyxw/20111214/025610988266.shtml。

> 专栏

专栏 5-1　苹果公司遭欧盟调查

2011年12月6日，英国《每日电讯报》报道苹果公司因涉嫌与五大出版商勾结操纵电子书价格而面临垄断调查。

人们发现由于苹果公司和主要出版商勾结，操纵电子书价格，消费者可能在购买他们心爱小说的时候，不得不花更多的钱。欧盟将调查苹果与五大出版商之间是否存在"非法协议和业务"，从而可能"限制竞争"。调查的重点是书商和苹果公司采用的一种颇具争议的"中介模式"系统。

包括英国企鹅图书有限公司和哈珀·柯斯林出版集团在内的书商，通过这一模式为在互联网销售的图书定价，作为零售商的iBookstore则从中抽取佣金。这一营销模式与亚马逊的自由市场模式不同，亚马逊网站作为零售商批量进货，就能以竞争性价格出售商品。自互联网零售商大量涌现以来，电子书价格一直在不断下降，现在的平均零售价格通常是建议零售价的七五折。

苹果和书商之间的这一新系统则可能阻碍竞争，被认为有可能违反欧盟的反托拉斯法。欧盟委员会昨天（12月5日）宣布，已对该系统启动"正式"调查。欧盟委员会担心该"中介模式"可能会形成"价格卡特尔"和"限制性经营措施"。欧盟委员会在一项声明说，五大书商"可能在苹果帮助下，从事反竞争业务，从而影响在欧洲经济区的电子书销售价格，破坏欧洲反托拉斯规定"。

（资料来源：财经透视，参考消息，2011年12月8日。）

转售价格控制（Retail Price Maintenance，RPM）是另一种纵向价格操控，上游生产商（供应商）与下游经销商（分销商）会以契约形式限定最终销售价格水平从而操控市场价格。转售价格控制经常被用作消除价格竞争的工具，垄断者通过控制下游销售价格，减少价格降低的可能性。转售价格控制还有助于上下游厂商结盟形成"卡特尔"协议和"水平价格协议"，从而使竞争市场蜕变为垄断市场。本章开篇案例中所提到的东风日产等公司的行为，就是比较典型的转售价格控制，这种行为在损害经销商自由定价权的同时，也减少了消费者剩余。转售价格控制不仅是不道德的商业行为，而且在很多国家属于非法行为。

（2）排他性协议和搭售。排他性协议是指上游生产商不允许经销商销售其他供应商的产品或者向指定地区之外销售产品的行为。对排他性协议的道德评价具有不确定性，因为此类协议既可能消除经销商之间的竞争，也可能促进单个经销商与其他产品经销商之间的竞争。通常情况下，排他性协议如果不损害自由竞争和消费者利益，则不被视为不道德的商业行为。

搭售则是指垄断者利用其支配地位，强制经销商搭售其他产品的行为。搭售实质上是对商业伙伴利益的剥削，也是一种不被接受的不道德商业行为。

（3）价格歧视。价格歧视是指垄断者凭借其市场支配地位，对不同的消费者执行不同的价格策略，这种差别在很多时候是基于种族、年龄、性别、国籍、信仰等原因而给予特定群体不公正的待遇。价格歧视分为三级。

三级价格歧视是指垄断者对在可以分割的不同市场或人群中销售的同一种产品执行不同的价格。由于这些市场的需求弹性存在显著差别，通过区分不同市场的定价，垄断者可以实现利润最大化。二级价格歧视又称作批量定价，垄断者对一定数量的产品执行一种价格，对另外数量的同一种产品则执行另一种价格。二级价格歧视仅剥夺部分消费者剩余。一级价格歧视是指对每多销售的一份产品都执行不同的价格，理论上完全的一级价格歧视可以剥夺所有的消费者剩余，这种情况在现实中很难发生，但存在类似的情况。例如，一些互联网课程学习的销售，经常针对单个客户定价。

差别定价是与价格歧视经常混淆的另一个概念，在市场营销中，差别定价是经常被采用的方式。价格歧视因其有损消费者的公平和自由选择权，而被认为是不道德的竞争行为。那么，二者的区别主要体现在哪里呢？判断是否构成歧视的重要标准是"公平"原则。公平原则所要求机会的公平、等价交换原则，是判断公平与否的关键。价格歧视对相同成本执行不同销售价格，而合理的差别定价则是因为相同的产品有不同的边际成本。例如，供电公司销售"谷电"和"峰电"、旅游业"淡季"和"旺季"、民航业"日航"和"夜航"价格的差别，通常不被看作价格歧视。

（4）倾销。倾销是另一种形式的价格竞争，指为将竞争对手排挤出市场，以低于成本的价格进行销售的行为，这被认为是严重干扰市场竞争的行为。倾销的界定需要若干基本条件，其中以低于成本价格销售并对竞争者造成损害作为最主要的两个判定条件。在全球贸易摩擦中，反倾销诉讼是经常被采用的手段之一，而中国是遭遇反倾销诉讼最多的国家。由于主要发达国家尚未承认中国市场经济地位，在反倾销诉讼中，中国厂商经常处于被动地位。

☞ 在有关反倾销诉讼中，中国与发达国家的分歧主要在哪里？

2. 非价格竞争中的不道德行为

非价格竞争也是市场竞争中常用手段。厂商使用非价格竞争手段，通过产品的差异化吸引目标客户，其改进产品的努力，体现在从提高产品使用功能、改进产品服务到提高品牌知名度、提升产品的文化价值等不同层次，涉及产品创新和性能的改善、产品设计和包装的改进、广告与市场推销等多个方面。非价格竞争的根本目标是实现厂商利润最大化，只要边际的改进成本低于边际收益，厂商就可以从改进中获益。非价格竞争可以使厂商更努力提升消费者满意度和忠诚度，并驱使市场更接近于竞争市场。

但非价格竞争中同样存在不道德的商业行为，这些行为的产生与竞争环境与竞争状态、企业组织伦理文化、决策者的个人道德水平等有密切关系。非价格竞争中的不道德行为包括欺诈、偷窃、胁迫与诽谤。

（1）欺诈。以虚假信息进行欺骗行为，一般可分为商业混同行为和欺骗行为两种方式。商业混同行为是指采用假冒、仿冒、伪造等手段，使自己的产品或服务与其竞争对手相混淆，从而获得不正当的竞争利益。其中，一种是假冒仿冒，即在自己的劣质产品上假冒他人商标、品牌，误导购买者从而获取利益；另一种则是反向仿冒，即在自己所有的他人产品上标示自己的商标。有些竞争者会故意用劣质产品仿冒他人产品，从而达到中伤、打击竞争对手的目的。

欺骗行为则是指对产品和服务质量标志、产地或其他因素做不真实标注，或者利用契约进行欺诈；欺骗行为往往以在广告或其他媒介发布虚假宣传的形式出现。例如，商场上经常出现的"庞氏骗局"，就是一种典型的商业诈欺行为。

（2）偷窃。商业竞争中的偷窃行为的表现形式是侵犯商业秘密和知识产权。违反约定或者违反权利人有关保守商业秘密的要求，以不正当手段获取、披露、使用他人商业秘密或者允许他人使用通过不正当手段获得的商业秘密以及不合法使用他人知识产权等都属于此类不正当竞争行为。虽然不同国家对商业秘密和知识产权保护的力度有所不同，但对商业秘密和知识产权的侵犯在本质上都是对私人财产权的侵犯。本书读者需要理解，在国际竞争场合，对私人财产权的侵犯，其严重性不应当被低估。

（3）胁迫与诽谤。胁迫行为具有隐匿性。在很多国家的经济发展历程中，一些行业如建筑业、运输物流业都曾存在胁迫交易行为。商业诽谤则指捏造、散布虚假事实，损害竞争对手商业信誉、商品声誉的不正当竞争行为。

观察下面的例子：在汽车销售旺季，很多4S店要求用户加价提车或额外购买4S店的内饰服务，否则就需要等待更长时间才能提车。

✍ *这是否属于不正当竞争？是哪一种类型的不正当竞争？*

价格竞争或非价格竞争中的不正当竞争行为，与市场的自由竞争程度往往有直接的关联性。通常，垄断市场下的不正当竞争行为比自由竞争市场更多见。这主要是因为自由竞争将迫使经济活动参与者以更符合人们期待的方式提供更高质量的产品和服务。

5.1.3 政府的作用

美国Sears公司前总裁伍德说过："一家大企业，不仅仅是一个经济机构，而且还是一个社会和政治机构"。政府和企业的关系如此紧密，讨论市场竞争而不讨论政府问题几乎是无法想象的。虽然传统的伦理经济学家强调自由竞争市场可以自动解决伦理问题，但现实经济中并不存在所谓"完全竞争"市场，由于垄断、信息不完全、外部性以及公共产品等原因而形成的市场失灵，需要政府干预以保障公平、自由竞争。政府在自由竞争中的作用，是商业伦理无法回避的问题。

1. 基本观点

英国泰晤士报首席经济评论员卡列茨基的《资本主义4.0：一种新经济的诞生》曾一度登上畅销书排行榜，作者宣称该书之所以受到欢迎，是因为人们在寻求变革，是书的标题吸引了读者。

2008年以来的经济危机，导致人们重新认识政府与市场关系。即使在那些公众对政府干预有着天然厌恶的国家如美国，也有相当多的声音支持政府干预，并认为现有的政府干预对遏制大公司的贪婪几乎毫无作用。在政府与市场关系的诸多主张中，反垄断被认为是政府最重要的职责。

（1）政府与市场的关系

讨论政府与市场的关系，其本质是研究政府在干预市场资源配置中的作用。计划经济和市场经济是两种截然不同的经济体制，目前世界上仅有极少数国家采取计划经济体制。市场经济大体上可以分为三种形式：自由市场经济、社会市场经济和政府诱导型市场经济。

自由市场经济以英美最为典型，主张政府调节市场环境、市场引导企业，企业是微观经济活动的主体。自由市场思潮起始于18世纪，直至整个20世纪初期，亚当·斯密、穆勒等人所主张的自由竞争思想一直在欧美国家占据主流地位。1929—1933年爆发的世界性经济危机使国家干预获得了合法性，以凯恩斯为代表的经济学家对市场失灵做出了系统性论述，并为政府干预提供了理论基础。

社会市场经济又称莱茵模式。1957年艾哈德与阿尔马克发表了《来自竞争的繁荣》，认为市场经济不是放任的市场经济，市场自由应与社会保障相结合，必须从社会政策的角度加以控制。社会市场经济以鼓励竞争、限制垄断、稳定货币和价格、促进全民繁荣为目标，强调市场自由竞争与社会公平的结合，在诸如反垄断、劳工保护、社会福利等方面，政府控制的力度较自由市场经济更强。

政府诱导型市场经济主要以东亚国家为代表，政府在调整市场环境中起着关键性作用，经济计划和产业政策是政府干预市场的重要手段。政府对垄断的干预较少，甚至为推动经济发展而主动促成某些行业垄断的形成。例如，日本在20世纪50年代，就曾通过政策指引推动企业集团的合作与合并以提升国家竞争力。

个人主义和社群主义经常被视为两种极端的社会类型。美、英是个人主义的典型代表，其典型特征是重视自由竞争，国有干预经常被视为"原罪"，其经济运行主要依靠企业的高度分散决策完成，政府与企业之间有着明确的、通过法律界定的责权关系。日、韩则被视为社群主义的代表，其经济体系带有浓厚的政府干预和指导色彩，是一种典型的"政企同盟"关系（高桥龟吉，1983）。

介于二者之间的国家则兼具多元化性质。例如，德国政府介入范围较广但干预程度较低（陈炳富和周祖城，2008）；法国则具有典型的二元性，垄断行业的政府高度干预和自由竞争行业的减少干预并存。20世纪90年代以来，放松管制一度成为市场经济国家的主导倾向，这一趋势一直持续到21世纪初期大量公司丑闻的出现。

尽管政府与市场的关系复杂而多变，但政府干预应以反垄断监控为重点，干预目标是为了保障市场竞争环境的公平性，这一观点已经得到广泛认同。

（2）反垄断干预

反垄断干预是各国政府调整市场竞争的主要手段，早在19世纪末一些国家就已经开始出现反垄断立法。例如，1889年加拿大通过了《禁止限制性贸易合并法》，1890年美国通过了《谢尔曼法》。

美国在《谢尔曼法》的基础上形成了以反托拉斯法为典型代表的现代法律体系，此后1890年通过的《克莱顿法》确立了以"合理预见垄断后果"为依据的反垄断原则，1950年的《赛勒-凯佛沃反兼并法》对企业通过取得财产达到兼并目的的行为进行了限制；1976年的《哈特-斯科特-罗蒂诺反托拉斯改进法》进一步提出对大型企业合并实施申报制度；1980通过了《反托拉斯程序修订法》，将合并、兼并申报制度扩大到5亿美元销售额以上的非公司企业和社团。在反垄断相关法律中，判断垄断的重要标准就是对市场竞争的影响程度，包括市场集中度和反竞争效果。

进入20世纪90年代，为促进高技术行业的发展，美国修订了反托拉斯法，将垄断后果的判定由合理预见制度改为实际发生制，这在一定程度上放松了反垄断力度。芝加哥学派认为如果企业仅有垄断地位而没有垄断行为，就不应被视为垄断。反垄断监管的目标是禁止滥用市场支配地位限制竞争而不是反对一个或几个企业在市场上占有支配地位。如果企业滥用其支配地位，就构成垄断。但在实践中，如何判断是否滥用市场地位则存在很大分歧。请看专栏5-2给出的案例。

专栏5-2　欧美对微软的反垄断调查

1998年5月18日，美国司法部联合19个州就浏览器捆绑销售问题对微软提起反垄断诉讼。1999年11月5日，美国联邦地区法院法官托马斯·彭菲尔德·杰克逊做出初步裁决，认定微软涉及垄断并判决将微软分解为两个独立公司，一家公司专门从事计算机操作系统业务，另一家公司则负责操作系统之外的其他业务。微软公司随即诉至哥伦比亚特区联邦上诉法院，上诉法院驳回了杰克逊法官的判决，并要求地区法院重新指定新法官审理此案。

二审法官认为由于微软的IE浏览器是免费赠送的，其捆绑行为因为未涉及固定价格安排，并无损害美国消费者利益，故而不构成违法；但微软在其操作系统的适用许可中不允许OEM厂商改动"Windows"启动画面、要求互联网服务公司ISP使用微软浏览器且不得宣传或推广微软以外网络浏览器，甚至与一些商业伙伴达成秘密协议以阻止其与司法人员合作的行为，被认定为不正当竞争。

最终，上诉法院维持了地区法院对微软在操作系统市场上"维持垄断罪"的认定，同时撤销了对微软"企图垄断浏览器市场"的裁决。2001年9月，美国司法部放弃了拆分微软公司的诉讼请求，并在11月1日和微软公司达成了一项临时性协议，宣布双方就"美国诉微软公司垄断案"进行庭外和解，微软由此避免了在美国被拆分的命运。

微软在欧洲也遭遇了反垄断诉讼。欧盟委员会于2004年认定微软凭借其在个人电脑操作系统市场的优势地位打压竞争对手，并向其开出了高达4.97亿欧元的罚单，要求微软公司须在规定期限内提供不捆绑微软媒体播放器的"Windows"操作系统版本、向其在服务器软件行业的竞争对手开放兼容技术信息。

同年6月，微软向欧洲初审法院提出诉讼，初审法院在2007年9月17日裁定，维持欧盟委员会2004年所做出的反垄断处罚决定，裁决欧盟委员会所认定的微软两项违法垄断行为均成立。

由于微软并未执行初审法院的处罚，欧盟于2007年9月再次做出对微软追加2.81亿欧元的罚款。但欧盟法院同时认定欧盟委员会的技术专家在评估微软是否遵守2004年裁决结果的过程中也存在不当行为。微软再次提出上诉。2012年6月27日，欧盟法院做出最终裁决，维持欧盟委员会做出的垄断行为成立判决，但调降了罚款金额。

（资料来源：根据美国司法部网站资料和新浪财经报道整理。）

☞ *你如何看待微软的捆绑销售行为？试着做出你的道德论述。*

值得注意的是，本案例是第一次针对高科技企业发起的反垄断诉讼。本案例争论的焦点在于：① 微软将"IE"浏览器与"Windows"视窗系统捆绑销售是否构成垄断法中所禁止的"搭售"？② 其捆绑销售是否可以用"正当行使知识产权"的理由加以解释？

在美国本土的反垄断诉讼中，哥伦比亚地区法院在一审判决中认为捆绑销售行为本身就构成了"搭售"，且微软与制造商之间的排他性协议形成了纵向限制，因而构成垄断。哥伦比亚上诉法院驳回一审判决的主要理由是：虽然"Windows 95"和"Windows 98"分别占据了全球PC市场85%与95%以上份额，微软企图通过捆绑浏览器和视窗系统获得市场垄断地位的事实存在，但并未提高垄断产品价格从而损害消费者利益，二审法院最终认定微软在视窗系统上维持垄断罪名成立而在浏览器市场上的垄断罪名不成立。微软公司最终与美国司法部达成庭外和解放弃捆绑销售，允许计算机制造商自行选择浏览器并决定是否更改视窗操作系统的原始画面。

在欧洲市场，欧盟委员会与微软的"垄断"之争则有所不同。欧盟法院认为虽然微软公司没有对媒体播放器另外加收费用，也没有强迫消费者使用这些播放器，但这些事实都与微软是否构成垄断无关。微软拒绝向其竞争对手开放兼容技术信息使竞争对手无法开发与微软操作系统兼容的浏览器软件本身就损害了市场自由竞争，而捆绑销售行为则剥夺了消费者的选择权，这同样严重威胁了市场自由竞争。

欧盟法院的裁决对微软、谷歌、英特尔等科技巨头公司来说，显然是一种令人不那么愉快的信号：利用高科技实现垄断是不受欧盟欢迎的行为。

在欧盟国家之外，一些亚洲国家日本、韩国等也对微软进行了反垄断调查，并认定其存在不正当竞争行为，要求微软改变捆绑销售行为。在巨大的反垄断压力下，微软解除了捆绑销售并于2013年8月开放了Windows 8.1兼容中心。

中国对垄断的法律约束开始较晚，2007年8月通过并于次年8月生效的《中华人民共和国反垄断法》是中国第一部反垄断法。其中对垄断协议、滥用市场支配地位、经营者集中、滥用行政权力排除和限制竞争、对涉嫌垄断行为的调查、法律责任等方面进行了规定，明确禁止具有竞争关系的经营者达成固定或变更商品价格、限制生产或销售数量、分割市场或限制购买和开发技术、设备以及联合抵制交易等垄断性协议，禁止滥用市场支配地位从事高价销售或低价购买产品、倾销产品、搭售、价格歧视等活动，并对市场支配地位进行了明确界定："一个经营者在相关市场的市场份额达到二分之一的；两个经营者在相关市场的市场份额合计达到三分之二的；三个经营者在相关市场的市场份额合计达到四分之三的，被推定为具有市场支配地位。"该法案还对政府行政垄断进行了明确的定义和禁止，具有积极的意义。2011年11月开始的对中国电信和中国联通两大巨头的反垄断调查是国内第一次针对国有企业的反垄断调查。该调查启动后，中国电信和中国联通向发改委提出了终止调查的请求，并承诺降低公众用户价格、改善与竞争对手的互通互联服务和加强价格监督。发改委的反垄断调查在实践中向市场传递了监管大型国有企业的一些积极信号。此后，各家公司开始逐步下调通信资费。

（3）其他干预

除了反垄断干预外，政府对影响市场效率的其他因素，包括信息不完全、外部性及公共产品、市场不完全等因素也需要进行干预。

- 对信息不完全的干预。政府是否应当对信息不完全问题进行干预以及如何干预，对这一问题理论界还存在一定的争议。经济学家德鲁克（1993）认为，凡是能够通过市场解决的问题，政府都不应进行干预。很多经济学教材喜欢用旧车市场交易作为例证。在旧车市场上存在所谓劣币驱除优币的效应，但为了达成交易，买卖双方可以采取更积极的措施，向市场发出积极信号以消除信息不完全的弊端。他们认为二手车市场一直存在并运行良好，就证明市场有能力进行自我调整。

在市场经济条件下，信息透明是自由竞争的重要基础，因而很多国家通过了阳光法案和信息自由法案，以保障公民和市场竞争者能获得充分、公正和自由的信息。中国的信息公开条例制定于2007年并于2008年5月开始实施，该条例是中国首个信息公开条例。依据该法规，中国公民有权利向政府部门申请信息公开。行政机关应当在收到申请15日内予以答复，延迟答复亦应限制在15日内。

- 对外部性的干预。所谓外部性是指经济活动对他人造成影响但未计入市场交易成本和价格中的部分。外部性既有正外部性（有益的），也有负外部性（有害的）。前者如技术创新所产生的技术溢出，后者如企业污染排放所产生的周边居民的健康损害等。

在经济学相关著作中，有关自由市场竞争的帕累托最优[①]是以不存在外部性为前提进行的。但在现实中，社会边际成本和边际收益经常会发生背离，从而使负外部性产品的生产数量过高而正外部性产品的数量过低，因此需要政府通过税收、补贴、数量管制以及制定标准等方法进行干预。

另外一些经济学家则认为可以通过明确私有财产权来解决外部性问题（朱善利，1999），但私有产权的明晰无法完全替代政府干预。

- 对公共产品的干预。公共产品也许是最需要政府干预的领域之一，很多经济学家认为在医疗、卫生、公共服务等具有重大社会影响的行业，政府就应发挥积极干预作用。

公共产品由于其非排他性和非抗争性[②]，无法靠竞争市场提供；但公共产品的缺乏，将严重影响社会、经济运转效率，因此必须由政府提供。公共产品又分为纯公共产品（具有完全的非排他性和非抗争性）、准公共产品（具有部分非排他性和非抗争性）和拟公共产品

---

① 帕累托最优的基本条件是产品在消费者之间的分配、生产要素在不同产品部门之间的投入、交换与生产之间（产出的组合）达到最优。当完全市场竞争达到长期均衡时，将自动满足帕累托最优的三个条件，资源配置效率最优。

② 公共产品的非抗争性：是指在其给定的产出水平上，消费人数的增加所产生的边际成本等于零。

（采取公共产品支出方式的私人产品）。对公共产品的政府干预，并不排斥私人市场。自20世纪80年代以来，很多国家对政府垄断的公共服务进行了私有化改革。在这种条件下，政府干预仍然是必要的。例如，中国的一些BOT高速公路项目的收费问题上，政府的干预不是太多而是太少。迄今为止，这一类项目一直具有高度的争议性，政府价格监管的失控不能不说是一个重要的原因。

• 对不完全市场的干预。不完全市场是指即使消费者愿意支付高于生产成本的价格，私人市场仍无法提供相关产品或服务。

一种情况是由于高风险特点所形成的不完全市场。例如，老年人健康保险、地区性农业保险等。以农业洪涝灾害保险为例，如果没有政府干预，很少有商业保险公司愿意承担此类业务，一个显而易见的理由是，如果保费过低，保险公司很难从中赢利；如果保费过高，则失去保险意义。在这些高风险市场上，政府干预就具有必要性。

另一种情况则是因互补性缺失形成的不完全市场。在互补性市场还没有建立起来之前，需要政府进行规划和支持。例如，落后地区在引进外来投资者以创建新的产业时，由于本地资源供给能力不足，有必要通过政府的适度干预，提供相应的支持。

2. 政府失灵及政府干预的伦理问题

政府干预也存在"失灵"和不道德行为。如何在发挥政府干预积极的作用同时，又避免或减少政府干预过程中的不道德行为，一直是经济伦理中讨论的热点问题之一。

（1）政府（公共）失灵

著名经济学家斯蒂格利茨（1998）曾提出了政府干预的四大优势：政府可以通过征税监督生产、行使行政权力禁止某些宏观上无效率活动、利用行政权实施比私人合同更严厉的处罚，以及政府作为常设性组织在交易费用上的优势。但斯蒂格利茨同样也指出，政府本身并不是市场的理想替代品，其本身的弱点同样可以导致公共失灵问题。例如，针对自然垄断产业的干预，政府可能通过引入激励性管制加以调整，但在激励过程中存在发生不道德行为的可能性（包括在实施特许投标、价格管制的过程中可能存在投标企业之间合谋、管制机构"寻租"的风险），这足以招致权利化腐败和效率低下。有关权利化腐败问题我们将在5.3中加以讨论。

有关政府失灵问题的解决，经济学家认为政府应该做也只能做那些必须由政府垄断、公众也要求由政府垄断的活动，如国家安全、武器生产、社会秩序、市场规则等。按照德鲁克的说法"凡是非政府组织能够做得更好，或者能做得同样好的，那么这个工作就不应该由政府来承担"。对政府作用的关注，需要从重视政府应该做什么转向政府能够做什么，以及如何做的问题。

（2）政府干预的伦理问题

约翰·罗尔斯（2001）在其《正义论》中指出："公正是政府的中心组织原则，平等与公正是政府干预中的核心伦理原则。"对此，卡罗尔和巴克霍尔茨（Carroll 和 Buchholtz, 2000）提出了政府的十种角色扮演：制定游戏规则、政府采购、调控企业行为、企业的主要创办人和补贴发放者、庞大数量的生产性设备和财富的拥有者、经济增长的缔造者、财政（金融）家、社会不同利益的保护者、企业的监管者、社会意识的储蓄所和为达到社会目标的资源再分配者。

政府干预和企业的自由竞争存在某种天然、系统性的冲突，二者的伦理要求往往相去甚远（Jacoby，1975）。与政府干预强调集体主义伦理观不同，企业则强调个人主义伦理观，往往致力于在差异化中寻求自身利益最大化；而政府伦理则强调整体目标和利益，关注社会公平和正义。

中国拥有数量庞大的国有企业，国企尤其是央企在经济系统中占有举足轻重的地位。如何对国有企业尤其是具有市场支配地位的国有企业进行管理，是社会高度关注的伦理问题之一。国家为维护社会安全、经济安全和增进社会福利，在一些特殊行业利用国家强制力形成垄断，这些垄断企业在建立之初就不是以利润最大化而是以增进社会福利为目标的。国有垄断企业的社会责任问题、与民营企业的公平竞争问题，都是政府干预的重点。

政府干预也有一定的禁区。一些政府问题研究者认为，政府必须在官僚主义行为和企业家行为这两极之间寻找一个最合适的位置，"用企业家精神改革政府"（奥斯本和盖布勒，1996）。斯蒂格利茨也认为政府应慎用垄断、减少直接运作，转而通过在公共部门中引入竞争，通过信息公开、阳光法案等措施来促进政府失灵问题的解决。

政府干预中必须关注的另一个问题是政府信用。政府信用是建立在公众对政府的合理期待以及政府对这种期待回应基础上的一种互动、合作的关系。良好的政府信用意味着必须对政府以及政府官员的行为进行道德规范，政府官员必须审慎地避免与公共利益发生冲突。如果不能建立良好的政府信用，则无法保障政府干预的公正性和有效性。在这种情况下，官员个人必须让渡部分权利。例如，很多国家要求政府官员实行财产申报、财产托管等制度，就是为了避免利益冲突。

5.2 商业信任与伙伴关系

英国经济学家约翰·穆勒（1991）曾经指出：如果一个社会不存在信用基础，或者由于存在普遍的不安定感和信任缺乏，则无法运用资本为社会创造财富，从而使社会交易成本增加。如果极度缺乏信任，甚至无法实现市场交易。

5.2.1 商业合作的伦理基础

本书前面章节讨论了商业合作的必要性，本章继续讨论企业与其商业伙伴合作中的伦理基础。企业与其商业伙伴的合作是通过建立直接或间接、长期或短期合作关系以实现共同商业利益为目标而形成的。在商业合作中，诚实信用、公正与公平是合作的伦理基础。

1. 诚实信用

信任是企业合作关系形成的基础，信任的存在可以降低合作双方的风险及保证未来的利益。考虑到合作中风险的存在，如果合作的一方相信对方不会采取机会主义行为，则意味着对另一方的信任（Chow & Holden，1997）。如果合作双方都相信对方不会采取机会主义行为，则建立了彼此信任的关系。

现代商业活动中契约关系的建立是以信任为基础的。如果缺乏信任，则契约订立的高成本将削弱契约建立的可能性。即便是非常明确的契约，也不可能穷尽所有细节。订约人是否遵守商业惯例和一般性守则，将严重依赖于彼此的信任。随着时间的推移，信任逐步累积在订约人的商誉中，从而加深信任的基础，建立更为长期的合作关系。

信任的维护与合作伙伴的能力、声誉有关，也与商业伙伴之间的合作规则是否规范、契约的合理公平性以及合作双方在合作过程中的制度性因素有密切联系。在合作过程中，如果不能减少机会主义行为或者合作的利益不断被弱化，合作将无法维持。卡特尔组织的实践就是一个很好的证明。虽然很多国家立法禁止和限制卡特尔组织的存在，但卡特尔组织自身在合作过程中存在的问题也是很多卡特尔无法维持的关键因素。观察石油卡特尔，卡特尔组织通过限制其成员产油量而获取超额利润。在卡特尔组织内部存在强烈欺骗动机的情况下，个别成员会私下提高产量以获取更高收益。当更多成员采取欺骗行为后，石油市场的价格将逐步回落到一般均衡价格，卡特尔组织的作用就不复存在。由于受到法律禁止，卡特尔或其他形式的价格串谋，无法用明确的契约加以约定，其试图限制产量或限制价格的串谋合作往往无法持久。

企业合作伙伴之间的信任问题，是制约中国产业整体竞争力提升的一个重要障碍因素。以即时库存管理为例，由于担心合作伙伴违约，一些厂商不得不提高其库存水平。根据一家日本企业的统计，其在中国的库存水平相较其他地区高出30%，零库存政策难以实施。在实际经营中，一旦失去合作伙伴的信任，企业需要用更多时间和精力去挽回损失。

专栏

专栏5-3　机床上的小渗漏

2008年，国内车床制造企业陷入了阶段性的不景气。盛京机床厂收到了山东泰西仪器制造公司购买10台机床的订单。虽然交货期要求非常严格，但是机床事业部长王敏还是很兴奋，组织工人加班加点将10台车床装配完成，并马上派了3名技师跟车送货。眼看大功告成，有了这10台机器打底，王敏感觉肩上的压力轻了不少。

此时，远在山东的高速公路上，盛京厂的运输车发生了一个小事故，人车虽然没有意外，但车厢受到巨大颠簸。随行技师赶紧开包检验，发现有一台机床油管接头处有微小裂缝并有些微渗漏。安装技师马上向营销部长反映了这一情况，部长表示时间紧急，要求技师迅速处理渗漏问题，按时交货。

安装技师对机床进行了简单包装性处理，将机床运到泰西仪器公司，并进行了正常的安装调试。"瞒天过海"的机床暂时没有任何异常，客户也很满意。技师们长长出了一口气。

半个月后，泰西厂的工程师发现机床渗漏。最初，大家以为是自己员工操作有问题，但经过多方查找，发现了接头处的细微漏点。一番调查之后，泰西公司知道了高速公路上发生的事故并向盛京厂索赔。

王敏这时才知道事情的始末，吃惊之余，赶紧派出工程师进行维保，销售部也给予泰西仪器公司各种优惠政策来维护客户关系。

整整 5 年时间，双方才恢复了业务往来。

（资料来源：改编自 MBA 课堂讨论案例。）

专栏 5-3 中盛京机床厂的案例，销售主管因为供货期紧急就选择了隐瞒事故，结果造成了双方合作的困难。这让我们想起了美国著名的商业伦理片"吾子吾弟（All My Sons）"。

商人乔·凯勒和他的合伙人斯蒂夫·迪佛尔开办了一家机械加工厂，为美国军方提供汽缸。在第二次世界大战期间，由于将有裂缝的汽缸盖焊接后出售给美国空军，造成 21 名飞行员死亡。事后，凯勒和斯蒂夫都被控有罪，斯蒂夫被判入狱，凯勒以不在场为由逃过审判，生意越做越大。

凯勒的两个儿子克里斯和拉里，以及斯蒂夫的儿子乔治都参加了战争。凯勒的儿子拉里也是飞行员，在得知汽缸事故后驾机自杀。战后的某一天，乔治揭开了事故的真相，凯勒才是幕后的决策者，斯蒂夫是在凯勒的指示下将次品卖给军方。最终，克里斯无法忍受凯勒的行为愤而自杀，凯勒也选择了自杀。

凯勒在自杀前，也是这样解释自己的行为：我以为军方会发现瑕疵，我们可以赶工生产替换产品。如果我们不交货，我们就会被撵出去，我们将不再是军方供应商。

然而，对商人来说，诚实信用在任何时候都不应被任何借口所取代。所有的商业合作都无法长期容忍欺骗行为。在传统社会，我们主要依赖乡村社会的规制来解决诚信问题。但当中国正在经历一个由熟人社会向契约社会转型的过程时，那种基于熟人社会的制约也正在丧失，基于契约的自律责任，将会是商业诚信的基本保障。如果我们的商人没有这种自律，凯勒和斯蒂夫的悲剧，迟早也会发生。

2. 公平与公正

公平与公正同样是商业合作一项基本道德义务和伦理规范。在合作中占有支配地位的商业伙伴，是否愿意与其交易对象进行公平交易将直接影响合作质量、稳定性和长期性。从长期的观点来看，在不公平的商业合作中，占有支配地位的一方也无法获得长久利益。在不公平交易下，合作相对方因难以从中获取稳定、可持久的收益，一旦有其他机会就将选择退出合作；占有优势地位的一方也将因频繁更换合作伙伴而必须支付更高的交易成本。

在公平交易中，大企业往往被期待承担更高责任，社会普遍要求他们通过良好的供应链管理发挥更大作用。一方面，大企业通过在供应链中对其供应商提出相应的道德标准，促进供应商持续改进以满足社会期待；另一方面，大企业通过自身与其供应商的公平交易，帮助供应商共同发展。例如，全食超市作为一家销售绿色、有机食品的超商，在社会责任守则中明确"公平价格"的标准，通过"公平价格"和设立"发展基金"支持本地和海外发展中国家的有机种植业主，从而实现公司的可持续发展。

如果缺乏诚实信用和公平交易，商业伙伴之间就很难建立利益共享和风险分担机制，难以形成持久的商业合作，这将导致企业之间的恶性竞争，从而损害整个行业甚至国家的竞争能力。在欧美"再工业化"和"工业4.0"的背景下，高端产业出现逐步回流的态势；与此同时，中国开始面临劳动力成本逐年上升的压力，低端制造业也在向南亚、拉美等国家继续转移。中国企业必须重新审视自身的合作机制，通过更为紧密的商业合作创造竞争优势。

5.2.2 商业欺诈及其动因

在本书第 2 章中，我们进行了有关人性的讨论。商业欺诈也不过是人性众多弱点的体现之一，商业伦理规范的作用就在于抑制这种弱点。在某种意义上，普遍存在的商业欺诈行为折射了当代社会的信任危机。

1. 欺诈的行为表现

商业欺诈主要是指在商业活动中采用虚构信息、隐瞒信息或者其他不正当手段误导和欺骗利益相关者，使其合法权益受到损害的行为。包括供应商、银行、顾客以及企业本身在内的不同群体，都可能成为欺诈的对象。商业欺诈既可能来自企业外部，也可能来自企业内部。

（1）价格或产品质量欺诈。价格欺诈通常是指利用虚假或不真实的价格条件，诱使买方或卖方与其进行交易的行为；而产品质量欺诈则是指所提供的产品或服务质量中存在欺骗和舞弊行为，如虚假标识（质量或数量）、假冒伪劣等。类似的欺诈行为还包括通过媒体、邮购、会议营销、雇佣他人进行欺骗性诱导等方式进行。

（2）财务欺诈。美国注册会计师协会将财务欺诈定义为在财务报表中蓄意错报、漏报或泄露，以欺骗财务报表使用者。财务作假是一种常见的、非常严重的商业欺诈行为。信息技术、网络技术和金融创新产品的不断出现，使财务欺诈早已不再是简单的会计造假问题。安然、世通等公司在公司丑闻爆发前，都曾获得美国《财务总监》杂志评选的"资本结构管理卓越奖"或"并购精英财务总监"大奖。中国市场上美猴王、银广夏、中航油（新加坡）等也被公开披露财务欺诈问题。

（3）契约欺诈：又称合同欺诈。按照合同法的解释，合同欺诈是指故意告知对方虚假情况或隐瞒真实情况，与他人订立或履行合同，牟取非法利益的行为。在不道德商业行为中，契约欺诈的比例较大。当订约双方在信息、市场势力方面相差甚远时，各种欺诈行为发生的概率更高。

（4）信用欺诈。信用欺诈在新兴的商业模式，如电子商务中更为常见。一些企业或个人为了获得交易对象的信任，采用伪造信用的方式骗取信任。

（5）其他形式的欺诈。在商业合作中窃取或非法传播合作者的专利、工业设计等知识产权和商业秘密，被视为严重的欺诈和偷窃行为。其他一些欺诈行为还包括盗用资产、贿赂、收受回扣、投标造假、薪酬诈骗等。

2. 欺诈的行为动因

按照唐纳德·卡瑞塞（Donald Ka Ruise）的理论，只有在动机、机会和理性程度三个因素共同作用下，欺诈行为才会发生，这一理论被称为欺诈三角。在欺诈三角中，动机往往取决于欺诈者的个体道德标准和伦理选择，机会来自外部环境；所谓理性分析是指当欺诈成本低于收益时，欺诈行为就具备了合理性。此时，只要有动机和机会，就会发生欺诈行为。欺诈行为的频繁发生，折射了社会信任危机的普遍性。

> **专栏**
>
> **专栏 5-4　西方制药公司将发展中国家当作试药场**
>
> 　　印度在 2005 年放宽对药物试验的限制后，试药业务规模迅速扩大。至 2010 年，印度有超过 15 万人参加了至少 1 600 项临床试验，涉及阿斯特利康、辉瑞和默克等英国公司与欧美公司。自 2007 年，其中有将近 1 730 人在试验期间或其后死亡，试验总值可能高达 1.89 亿英镑。博帕尔毒气事故的幸存者在不知情的情况下也成为实验品，参加了药物公司的至少 11 项试验。印度只是西方大药厂利用的许多发展中国家之一，这些药厂年度研发费用可能高达 400 亿英镑。
>
> 　　根据印度警方对印多尔的调查发现，该市一家政府医院的医生，私下进行的药物试验违反了伦理规范。调查发起者指出，印度对研究人员特别有吸引力不光是因为监管松、几乎所有医生都通晓英语，还因为印度人口众多，具有遗传多样性。
>
> 　　在印度，虽然不少关键测试依指引进行，但药厂没有向贫民区及部落的民众解释清楚。这些民众根本不明白同意书的内容便盲目签字，"白老鼠"中介行业则趁机牟取暴利。在印度中央邦、安德拉邦及德里，有数百名部落少女未经家长同意，在学校宿舍参与疫苗研究，多名少女在试药后死亡。印度警方还在印多尔市一家公立医院发现有医生私下进行药物测试。
>
> 　　虽然警方已经叫停测试，但一名举报者被解雇。
>
> 　　（资料来源：英国独立报，转引自参考消息，2011 年 11 月 16 日报道。）

　　在专栏 5-4 所报告的事件中，涉事医生和药厂存在多重欺诈问题：首先，该试验采取双重标准，欺骗发展中国家民众参与试验。虽然从表面上看，参加试验的志愿人员需要签署同意书，但由于他们大多缺乏相关专业知识甚至没有阅读能力，因此很可能在不知情的情况下被误导参加试验。在这个过程中，一些无良医生利用病患对他们的信任，诱使病患参与试验。其次，一些药厂为了规避监管或者将来可能引起的法律诉讼问题，采用外包方式将试验委托第三方机构进行。这些第三方机构采用欺骗性手法劝说病人参加试验并克扣试验经费，药厂支付的费用多数落入第三方机构（很多是当地医院或医生）手中，患者仅能获得少量报酬或者获得所谓的"免费医疗"。

　　欺诈的链条还不止于此。根据 Donald L. Barlett 和 James B. Steele 的调查[1]，在所有的

---

[1] 转引自 http://www.vanityfair.com/politics/features/2011/01/deadly-medicine-201101。

海外试药国家中，中国和印度是西方制药公司的首选之地，二者之和甚至超过了世界其他地区的总数。由于在这些海外国家更容易获得有利于新药审批的试验效果，越来越多的西方药厂将试验转移至海外。在美国 FDA 收到的新药申请中，约有 80%使用海外临床数据。制药企业将在低收入国家取得的试验数据用于发达国家，实际上也是一种欺诈行为。欧美制药企业选择在海外进行药物试验，节省成本和逃避本国的严格监管可能是最主要的动机。根据欧洲药物监管机构所做的新药审核数据，其占比接近 50%。

表面上看起来，发达国家公民是海外试验的受益者，他们无须承担药物试验风险却能够享受其成果，但事实并非如此简单。以法国赛诺菲-安万特公司开发的泰利霉素为例，该药（包括仿制药品）的广告目前在中国仍很普遍。该公司虽然未能在美国通过试验，但依靠在匈牙利、摩洛哥、突尼斯以及土耳其的试验结果，仍然在 2004 年获得了美国 FDA 的批准。随着时间推移，该药品的副作用越来越明显，在美国国会的干涉下，2006 年 FDA 下令停止该药品的试验，并对该类药物标记黑框警告。在类似的试验中，发达国家的患者实际上也是药厂欺骗行为的受害者。

3. 经理人的行为选择

在某些商业环境中，欺诈行为经常被解释为过度价格竞争下的"不得已"决定。例如，一些厂商经常为了获得商业合同而故意在商业谈判中压低报价，在签署合同后再设法"调整"质量或价格。有的经理人会把这看作一种"策略"，但实际上这仍然是一种欺诈行为。即使能够获得短期"利益"，也仍然是得不偿失的。有时候企业经理人可能面临获得短期利益的诱惑，但从长期的角度考虑，任何商业欺诈总是得不偿失的。

✎：很多经理人经常用"上司或环境不允许"来解释自己的行为，你怎么看？

观察专栏 5-5 中的案例。

专栏 5-5 赵经理的选择

A 公司是某集团公司下属的一家塑编企业，在行业内一直享有良好的声誉。2006 年，由于原材料市场大幅涨价和同业低价竞争，公司销售收入和利润都呈下滑趋势。赵先生是公司销售部经理，按照公司规定，业绩决定销售部门的薪酬，销售提成为销售额的 1.5%，所有销售费用均由销售部门负担。为了完成当年销售任务，赵先生带领销售团队加大了市场开发力度，全球最大塑编采购商 S 公司有意与 A 公司签署长期采购合同。如果能够顺利达成协议，S 公司将采购价值 3 000 万美元的集装袋。

同时参与竞争的还有几家公司。在谈判过程中，S 公司表示另外几家公司的报价均低于 A 公司报价，如果 A 公司能够接受相同的价格，S 公司愿意向 A 公司采购，这将使公司年销售收入增加一倍以上。

S 公司的本次采购品为集装袋，承重要求在每条载重量 1~1.5 吨，远高于普通编织袋。根据 A 公司的测算，S 公司的招标价格低于 A 公司的核算价格。其他公司的低报价，可能是在原材料中添加了10%的母料。这是一种常见的同业行为，虽然可以保证产品通过检测，但无法完全保证使用过程中的安全。此前，A公司一直实行零添加政策，并坚持1∶6的安全载重比例。

现在，赵先生必须决定是否接受降低报价的条件。

（资料来源：改编自李少卿，MBA课堂讨论的真实案例。）

在这个案例中，A公司和赵先生个人可以有若干不同的选择。

选择添加母料以降低成本，公司可以获得巨额合同，赵先生所在团队拿到300万元人民币的工资兑现和奖金。但这一选择显然隐藏着很大的伦理风险和潜在的安全隐患。但如果不选择添加母料，不仅销售人员的工资奖金泡汤，而且公司很可能会亏损。对赵先生个人而言，还可能面临去职的威胁。

这个故事最终迎来了一个戏剧性的结局。A公司最终放弃了这笔生意，用他们的话说：我们出售的是产品，不是隐患。因为质量问题可能导致企业的灭顶之灾，接受这笔生意无异于饮鸩止渴。几个月后，S公司重新找到赵先生，按照A公司的报价签订了一份长期合同。据A公司事后了解，当时有三家公司与S公司签订了低价采购合同，其中有两家公司的产品出现了质量事故：集装袋在吊装过程中破损造成操作人员受伤和货物污损；另一家公司则要求涨价。S公司最终再次选择了A公司，并向其他公司进行索赔。

在这个案例中，A公司坚持诚信原则获得了好的收益。更多时候，坚持原则不一定能够获得短期收益。但谚语说得好：有德行的行为，福虽未至但祸已远离；无德的行为，祸虽未至但福已远离。虽然很多经理人将所谓"不得已"归咎于市场竞争，但最终的决策毕竟是一种个体选择；道德的决策不一定赢利，却至少可以避免发生危机损害公司声誉。

商业欺诈行为屡屡发生，反映的是商业信用和专业伦理的缺失。商业信用，就其本质而言，是商业活动的参与者之间的相互承诺和信任。信用约束作为一种机制，可以是双边信用约束或者多边信用约束。当交易一方违约时，交易另一方或交易方所属的某一群体内的任何一方都不再与其进行交易。回顾一下我们在前面章节所讲述的血蝙蝠的故事。血蝙蝠群体之所以能够维持利他行为的持续存在，就是由于它们能够识别那些不遵守"互助"规则的蝙蝠并将之驱离。人类社会的信用约束，同样是保障商业契约履行的重要手段。

传统上的中国社会是一个集体主义社会，信任是通过家族和朋友圈子建立起来的，虽然这并不意味着传统社会的信用程度较低，但士农工商的差序格局，却造成中国商业文明的不发达，缺乏独立性使中国商人始终无法形成独立的商业伦理。商人的行为不可能脱离其生存环境，所谓"橘生淮北，则为枳"，商业活动中诈欺行为的发生，与其背后深层次的制度性原因包括企业生存和竞争环境、不同社会阶层的向上流动空间的制约、社会公民意识和社会伦理氛围等有着更为深切的联系。

5.2.3　政府与大企业的责任

建立社会信誉基础是减少商业欺诈行为的重要条件之一，政府和大企业在这个过程中可以发挥重要作用。

1. 政府作用

社会信用体系表达了一个社会信任程度，是市场经济存在的信用基础。一个社会的整体信用水平过低，社会的经济效率和整体福利不可能保持在较高的水平上。在从熟人社会向契约社会转型过程中，政府至少可以扮演引导者和监督者的双重角色。

（1）引导者。由于政府掌握了巨大的社会资源，可以通过舆论引导、文化宣导、组织建设等方式，引导民众建立尊重契约、诚实守信的价值观，从而将信任从家庭、家族、同乡、朋友等传统的家族和利益圈子扩大到陌生人社会中。

（2）监督者。当今社会信用的普遍缺失的状态与监督机制缺失和失信成本过低有关。这种情况下仅依靠市场的无形之手是不够的，政府必须在其中发挥建设性的关键作用。一方面，政府可以支持建立共享的社会信用体系，降低信用验证成本并提高信息透明度，使失信者难以进入交易中。另一方面，政府应加大监管力度，通过立法和监管提高失信成本，从而减少商业欺诈行为。例如，美国证券交易委员会（SEC）在加大打击欺诈投资者行为方面就发挥了巨大作用。SEC 起诉高盛欺诈案(专栏 5-6)，就是其中的一例①。

专栏 5-6　SEC 起诉高盛欺诈案（Tourre 案）

北京时间 2010 年 4 月，美国证券交易委员会(SEC)发表声明，指控高盛集团及其一位副总裁在美国房地产市场开始衰退时欺诈投资者，在一项有关次贷金融产品的重要事实问题上向投资者提供虚假陈述或加以隐瞒。

高盛集团曾经设计并销售了一种基于住宅次贷证券表现的抵押债务债券(CDO)，SEC 执法部门的主管罗伯特·库萨米认为虽然该产品是全新的并且非常复杂，但所使用的骗术和牵扯其中的利益冲突与以往的欺诈案大同小异。高盛没有向投资者披露 CDO 中的重要信息并向投资者提供了虚假陈述，宣称 CDO 的投资内容由独立客观的第三方机构选择。

SEC 认为高盛副总裁法布里·托尔应对 CDO 存在的问题负责。在名为 ABACUS 2007-AC1 的 CDO 推销资料中，高盛宣称 CDO 麾下的相关资产是由一家第三方专业风险分析机构 ACA 负责挑选。但实际上，高盛允许保尔森公司（全球最大的对冲基金公司之一）在资产挑选中发挥重要作用并误导 ACA 使其认为保尔森的投资和 ACA 的利益紧密相关（但它们之间实际上存在严重的利益冲突）。

SEC 的调查显示，保尔森和高盛的交易（ABACUS 产品的设计和营销）完成于 2007 年 4 月 26 日，保尔森为此向高盛支付了 1 500 万美元。至 2007 年 10 月 24 日，ABACUS 中 83%的资产被降级，17%可能被调降评级；至次年 1 月 29 日，99%的资产已被降级；保尔森在交易中获利 10 亿美元，而作为交易另一方的德国工业银行和苏格兰皇家银行损失可

---

① 参见纽约南区地方法院起诉书，起诉书共计 74 条，要求法院判决高盛和托尔违反联邦证券法、上交与欺诈行为相关的所有非法收入及利息，并给予投资者衡平救济，以保障其适当和必要的利益。

能超过 10 亿美元。

高盛最终同意与 SEC 就民事欺诈指控达成和解协议，高盛将支付 5.5 亿美元的和解费用，该罚金占高盛 2009 年净收入 5%。在和解协议中，高盛承认对客户进行了"误导性"和"不完整"的信息披露，但拒绝承认违法。2010 年 7 月 15 日美国国会通过了被称为自 1929 年大萧条以来最严厉的金融改革法案。

（资料来源：SEC 起诉书，2010 年 6 月 16 日，纽约南区地方法院。）

高盛向来强调"客户至上"，并自诩为"客户的守护者"，该原则还被列为高盛的 14 条工作原则之首。但最近十数年，随着公司所有权与管理权的不断分离，合伙人变成了职业经理人，客户价值至上的理念不断被绩效导向所侵蚀，诈欺客户丑闻的出现就不是偶然现象。2012 年 3 月，高盛离职的执行董事 Greg Smith 发表的《我为什么离开高盛》一文再次轰动了华尔街[①]，他指责高盛"有毒且破坏性的"文化早已背离了"客户守护者"的宣称。

有学者认为对高盛的诉讼案，显示了当代政府在治理大公司欺诈方面所面临的困局。自 2003—2012 年，SEC 对高盛已经提出多项指控。高盛既不承认也不否认 SEC 的指控，并宣称"个别人的论调不能代表 3 万员工的一致想法"。很多专家也认为对高盛的道德审判，很难转为实质的刑事审判。

萨班斯-奥克斯利法通过后，SEC 的监管大大提高了商业欺诈行为的成本。由于对财务信息透明要求的提高，一些可能存在问题的企业先后从纳斯达克退出或转至粉单市场交易[②]的事实显示，道德形象对公司在资本市场的表现有至关重要的影响。

（3）政府信用。政府在提高社会信誉基础的过程中，是否能够发挥关键性的作用，与政府自身的信用水平密切相关。一个不守信的政府，很难指望其发挥积极作用。政府信用的高低，体现了国家权力受公众信任的程度，政府必须有意愿、有能力满足社会公众合理的期待并在市场活动中成为公正、客观、公平的裁判员。

有学者这样描述政府信用的形成："政府信用是社会组织、民众对政府信誉的一种主观评价或价值判断，是政府行政行为所产生的信誉和形象，在社会组织和民众中所形成的一种心理反映"（王和平，2003）。在市场经济中，政府的主要职责是保障竞争环境而不是直接参与竞争，如果政府不能够秉持公正、公平、公开的立场，既当运动员又当裁判员，很容易损害政府的公信力。

一个明确的、较高的政府信用水平，可以保障一个社会商业活动的制度环境。在一个稳定、有序而不是动荡、混乱的制度环境下，商业活动的参与者对诚实守信的预期显然高得多。政府信用水平影响着社会信用基础：既可以提升也可以摧毁它。

---

① 参见纽约时报，2012 年 3 月 14 日。
② 粉单市场：Pink Sheets，是美国的一种全国性场外交易市场（未上市证券市场），在粉单市场交易的公司不要求披露财务信息，但仍受 NASD 和 SEC 监管。粉单市场风险极大，进入粉单市场的主要是激进投资者和风险投资人。

2. 大企业的责任

大企业在社会信誉基础的形成中所起的作用不仅表现在自身信用建设问题上，还表现在对供应链的管理中。

（1）信用示范。大企业因其占有较高的市场支配地位，社会对其提出了更为严格的标准，大企业也因此在社会信誉基础建设中需要承担比一般企业更高的道德责任。

大企业的信用缺失可能体现在对消费者关系中，也可能发生在与其合作伙伴、竞争对手、股东及员工关系中。例如，国内一些大型超市经常会以要求供应商缴付合同外费用、提供节庆、店庆优惠折扣、强制性联营等方式，对供应商进行欺诈，且这些欺诈行为经常是发生在供应商与其签订合同进场经营后。由于供应商对大型连锁超市的高度依赖，在已经缴交各种费用并入场经营的情况下，很少有供应商能够抵制这些合同外的要求。

大企业的欺诈行为还有哪些？大企业的欺诈行为会如何影响社会信用基础？

大企业的欺诈行为对削弱社会信用基础具有致命的影响，政府在立法和监管方面能否发挥主动作用，对制度环境的治理有直接影响。

（2）供应链管理。大企业对信用体系的影响不仅限于自身信用建设，还包括对其供应链的管理。由于掌握了更多市场资源，大企业在供应链中通常占据主动地位。大企业的诚信责任还体现在公平、合理地对待商业伙伴，使商业伙伴形成良好的自我增值和自我发展能力。那些愿意与供应商建立更为诚信、紧密合作关系的大企业，对社会信用环境往往有积极正面影响；反之，大企业的破坏力也不容小觑。

通用电气（GE）就是一个很好的正面榜样。"诚信、业绩、变革"是 GE 价值观的核心，GE 成功的重要基石就是诚信。《杰克·韦尔奇自传》在讲述了基德公司丑闻给 GE 带来的沉重影响之后，做了如下的总结："基德公司的经历使我永生难忘，公司文化很重要，的确很重要"（韦尔奇和拜恩，2010）。

GE 的供应链诚信建设，主要体现在对包括供应商、承包商、经销商、顾问及代理等第三方的管理上。GE 规定其诚信政策同样适用所有的第三方公司："一旦代表 GE 的第三方不能履行和遵守 GE 的政策，必须采取包括终止合同在内的一切行动"。GE 的诚信政策明确规定，在"与客户和供应商的关系"中必须注意、避免发生不当支付、不当商业行为、洗钱、侵犯隐私权等行为，从而保证 GE 与其商业伙伴之间建立健康持久的合作关系。

5.3 商业贿赂与权力化腐败

商业贿赂和权利化腐败是垄断的必然后果，垄断导致寻租行为的增加从而造成商业贿赂和权利化腐败问题的盛行。观察涉及腐败的案例，在缺少透明机制和有效监管的情况下，腐败、商业贿赂和垄断几乎总是如影相随。

5.3.1 商业贿赂

商业贿赂历史悠久、形式纷繁复杂，在有些国家，商业贿赂甚至成为商业惯例，被隐晦地称为"标准商业的传统做法（卢勤忠，2011）"。

1. 商业贿赂及其表现

所谓商业贿赂，是指采用现金、财物或其他任何手段收买交易对象以获得交易机会或有利的交易条件。在商业经营活动中，下面一些场景可能是大家司空见惯的：业务员为了达成交易将自己的提成暗中分给交易对象、采购经理私下索取回扣、向交易对象提供商业信息索取佣金、公立医院的医生参加医药代表组织的海外学术研讨会、国有企业高级雇员的子女在商人朋友的安排下赴国外攻读学位、企业为解决员工子女入学问题向名校缴纳"捐资助学款"、供应商想进入大型超市需要缴纳"通道费"等。

 你认为这些行为哪些属于商业贿赂，哪些属于商业惯例？

所谓贿赂，按照桑亚尔在《商业伦理杂志》上发表的看法，是指"提供或允诺某种交换从而影响那些负有某些官方责任的人士履行其职责"的行为，贿赂可以是现金、其他形式的金钱利益（如子女的大学奖学金）或者其他非金钱利益，如正面的舆论宣传等（Sanyal, 2005）。

按照《关于禁止商业贿赂行为的暂行规定》[①]第2款，商业贿赂是指"经营者为销售或购买商品而采用财物或者其他手段贿赂对方单位或者个人的行为。前款所称财物是指现金和实物，包括经营者为销售或者购买商品，假借促销费、宣传费、赞助费、科研费、劳务费、咨询费、佣金等名义，或者以报销各种费用的方式，给付对方单位的财物。第二款所称其他手段，是指提供国内外各种名义的旅游、考察等给付财物以外的其他利益的手段。"

维拉斯格茨将商业贿赂定义为"企业外部人士向企业雇员提供报酬以使该企业外部人士或其所属企业从交易中获得好处"（Velasquez, 1988），当代商业贿赂具有以下一些典型特征。

（1）普遍性与全球化。商业贿赂问题普遍存在，几乎很少国家能够完全幸免。即便一些以清廉著称的国家如北欧、德国等，其跨国公司在海外的运作都曾涉及海外贿赂问题，西门子公司所涉及的全球商业贿赂案（专栏5-7），就曾轰动一时。

专栏

专栏 5-7　西门子全球商业贿赂案

西门子公司总部位于德国，是世界上最大的电气工程和电子公司之一，业务遍及190多个国家。自2006年西门子公司商业贿赂丑闻首次曝光后，德国、美国、意大利、希腊、瑞士、奥地利等国家的检察部门相继开始了对西门子全球贿赂案的调查。根据德国和意大利司法机构的调查，西门子部分高管人员自20世纪90年代开始就在全球各地编织关系网络，用以贿赂海外政府官员，以获得商业订单。

西门子公司涉案人员通常会以签署咨询合同的方式，通过第三方公司完成行贿工作，

[①] 中华人民共和国工商行政管理局，《关于禁止商业贿赂行为的暂行规定》，1996年11月。

该种行贿方式被称为"白手套"。西门子公司承认其在全球雇佣了2 700多名与上层人士关系密切的当地人顾问,公司与其签订咨询合同,余下的事情就与公司无关。西门子公司有一句著名的广告词:"知其道,用其妙(This is How)",这句广告词后来被看作对西门子商业贿赂行为的绝佳讽刺。

美国司法部和SEC的调查也显示,西门子公司高层容忍甚至奖励其在全球的行贿行为,行贿已经成为公司文化的一部分。在相当长一段时间内,行贿几乎成为一些子公司的标准作业程序。美国司法部代理助理部长弗里德里克在新闻发布会上说,提着"装满现金的手提箱"行贿成为一些西门子雇员屡试不爽的方式。

西门子全球行贿案也牵扯到其中国子公司的各个业务领域(西门子医疗系统集团、西门子交通系统集团以及西门子输配电部),根据SEC的报告,2003—2007年西门子向5家中国医院行贿总额高达2 340万美元。

2008年12月15日,西门子公司宣布向美国和德国方面支付大约13亿美元,加上之前支付的2亿欧元罚款,罚款总额高达16亿美元。

(资料来源:根据美国司法部公告、新华社通稿、新浪财经、搜狐财经、凤凰财经报道整理。)

西门子公司全球商业贿赂案并不是独一无二的。2009年7月,美国司法部公布,CCI公司因涉嫌海外贿赂被罚款1.82亿美元[1],CCI于2003—2007年在36个国家行贿236次,金额超过685万美元。随后,美国司法部又于2010年4月公布戴姆勒公司将支付1.85亿美元的罚款和赔款;戴姆勒公司在长达十年的时间内,向22个国家的政府官员支付了约数千万美元商业贿款[2];而另外一些涉嫌公司,他们的CEO则坚称对所涉嫌的贿赂案毫不知情。

(2)隐蔽性及手段多样性。由于各国加大反商业贿赂相关立法和惩处力度,商业贿赂表现得较以往更具隐蔽性,行贿手段也不断翻新。

"白手套"是最近几十年兴起的间接行贿方式,一些大公司透过与第三方(主要以咨询公司和商业顾问的形式存在)签订商业咨询合同以规避行贿风险;向行贿对象及其子女、家人提供参加海外学术会议机会、提供海外攻读学位奖学金、海外移民服务等方式,也使反商业贿赂监管难度加大。更为隐秘的形式还包括在维京群岛等地设立纸上公司、亲友股权投资等方式。以期约行贿的方式,即事后行贿,向相关人员允诺高薪职位等,也相当常见。由于期约行贿在证实授受者的利益关系方面难度更高,因此也更受欢迎。

2. 商业贿赂产生的动因

虽然商业贿赂具有全球性与普遍性特征,但商业贿赂的对象主要还是发展中国家。分析商业贿赂产生的原因,以下几个方面尤为突出。

(1)竞争环境。竞争环境不完善以及监管的缺失,对商业贿赂是一种变相激励。在有些行业,特别是权力集中和垄断性行业,由于市场竞争的公平性难以保证,厂商在价格、

---

[1] 美国司法部,http://www.justice.gov/opa/pr/2009/July/09-crm-754.html。
[2] 美国司法部,http://www.justice.gov/opa/pr/2010/April/10-crm-360.html。

质量或者服务方面的努力难以与贿赂相匹敌。通过贿赂获得商业利益，比通过价格、质量或服务竞争更容易达到目的；这样一来，将使厂商更愿意在商业贿赂方面展开不公平竞争。逆向选择的结果是市场上越来越充斥价格昂贵、质量低下的产品和服务，其原因是商业贿赂的成本被计入产品和服务的价格中（Stevenson，2008）。

商业贿赂在监管力度较弱的国家和地区更为盛行，观察西门子全球贿赂案，其行贿的重灾区总是那些缺乏监管、信息透明度低的地方。在这些地区，商业贿赂行为有时甚至不影响企业的商誉，反而在某种程度上是企业"实力"的一种体现。考虑到这些地区商业贿赂成本之低，商业贿赂行为发生频繁就不足为奇。

（2）组织及个体的道德因素。在那些对行贿文化具有更大包容性、更追求业绩而忽视商业伦理甚至鼓励行贿的公司中，商业贿赂行为的发生比例明显更高，贿赂行为也更公开。将商业贿赂视为潜规则的组织中，行贿和接受贿赂已经成为一种习惯。在这种情况下，组织及其个体成员在竞争中也更倾向于采用贿赂作为解决问题的捷径或辅助工具。

观察西门子公司案例，为什么在西门子公司，商业贿赂会成为一种常态？按照美国司法部的描述，"拎着装满现金的手提箱"竟然成为标准作业流程。公司高级雇员对商业贿赂的容忍甚至鼓励，即使不是最重要的原因，也是最重要的原因之一。

（3）企业需要。有时候企业采用商业贿赂的手段，可能是出于所谓的"企业需要"。这一类企业可能面临某些急迫性问题，而商业贿赂是一种"低成本"的、"方便"的解决办法。"企业需要"经常被一些企业或其管理者用作商业贿赂的遮羞布。现代社会是一个竞争社会，任何企业包括国有垄断企业、跨国企业，在市场上都会面临不同的竞争需要。如果允许所谓紧迫状态下的"企业需要"成为商业贿赂的理由，那么常态的"企业需要"也可以成为理由，商业贿赂就会成为一种社会"常态"。

（4）文化差异。为什么一些地区商业贿赂发生的概率远高于另外一些地区？除了制度性因素外，文化差异可能对此有重要影响。

根据透明国际（Transparency International）2014年发布的腐败感知指数报告（得分越高，代表越清廉），在所调查的全球175个国家中，丹麦以91分高居榜首；发达国家普遍得分较高。总体上看，全球有超过50%的国家和地区得分在50分以下，东亚（除日本外）、南亚、中东、非洲和拉美地区普遍得分较低。腐败感知指数的分布情况与各地区的国家治理有关，但也受其文化传统的影响。例如，在东亚地区，商业活动经常是在亲族、朋友圈子内进行，人际关系颇为复杂。考虑这些地区的传统文化，"红包"和"礼物"几乎是日常生活与商业活动必需的润滑剂，商业贿赂和商业惯例之间的分界并不清晰。

谨慎处理贿赂和商业惯例是职业经理人必须考虑的问题。例如，很多采购经理乐于享受供应商的"招待"，彼此之间以朋友自居，这种情况可能是很危险的。回忆一下第3章的决策模型，道德内省也许是自我管控的最佳工具：当某些行为无法摊在阳光下或者会让自己和亲朋好友感到尴尬时，这肯定不是一个好主意。以文化差异为贿赂辩护可能是危险的。以中国为例，人们习惯在人际交往中赠送一些小礼物，这些小礼物或者是出于感情的表达，或者是想要从收礼者手中获得某种好处。企业经理人在评估贿赂风险时，应正确认知所谓的文化差异，毕竟没有多少人喜欢或者愿意容忍贿赂行为，即便是海外贿赂也是一种高风险的行为。

✎ 在一个贿赂文化盛行的国家中，你会使用商业贿赂手段吗？有何风险？

3. 商业贿赂的影响及其治理

商业贿赂不仅破坏市场竞争的公平性，也损害涉贿企业自身的竞争力。

（1）破坏市场竞争公平性

商业贿赂盛行的直接后果就是损害市场竞争的公平性，而公平的竞争环境是保障经济效率和社会福利实现的基础。商业贿赂帮助行贿的厂商或个人获得了较其他竞争者更为有利的市场竞争条件，包括获得特定的许可、进入特定市场、或高价竞标等，从而在市场上淘汰资源效率更高、能提供更低价格或更高质量产品与服务的厂商，这削弱甚至毁坏了市场以最优方式配置资源的能力。中国青年报所报道的药品集中采购问题就是一个例证（专栏5-8），这一现象在其他一些行业也不同程度存在。

专 栏

专栏 5-8 药品采购中的乱象

根据中国青年报的报道，"山东鲁抗辰欣药业生产的奥美拉唑镁肠溶片（20mg×14片），2009年在山西省的中标价为12.2元；河南某制药有限公司生产的奥美拉唑镁肠溶片（20mg×7片）2008年在吉林省的中标价为61.8元，2010年在江西省的中标价为49.98元"。后者单位剂量的价格高出前者8~10倍。巨额差价的背后，到底是质量的原因还是其他原因，给人留下巨大的想象空间。

在央视下基层栏目的采访中，江苏一家公立医院的院长直接表示，医药销售环节中的商业贿赂问题屡禁不止，销售人员可以越过管理层直接与医生联系，医院管理层在治理乱开药、开贵药方面几乎没有什么好的办法。

该报引述一位化名杨星的医药代表的评论："越是高价药越挣钱，越是大医院越挣钱，越是核心品种越挣钱。"杨星表示，在她做医药代表那几年肿瘤类药物和抗生素类药很挣钱。有的一两千元的高价特效药，大夫一支甚至就可提成500~800元。

（资料来源：摘自2011年8月20日中国青年报。）

（2）贿赂预期损害企业自身竞争力

商业贿赂不仅对竞争环境有负面影响，对企业自身也有极为消极的影响。允许采用商业贿赂的企业必须支付高昂的道德成本，还必须忍受可能产生的其他负面影响。在这些企业中，既然雇员可以为所谓"公司利益"行使不道德的手段，当然会更愿意采取不道德手段达到个人目的。商业贿赂的存在和被容许，将直接造成企业自身的管理问题。贿赂是一把"双刃剑"，所谓"伤敌八百，自损一千"，商业贿赂作为一种不道德的竞争工具，在砍向竞争对手的同时，也砍向行贿组织自身（Parchomovsky & Siegelman，2009）。

商业贿赂除了增加组织成本外，还会造成不良的事前预期。拥有惯用贿赂名声的企业，通常更容易成为索贿者勒索的目标。一个耳熟能详的例子，就是华人社会更容易成为贪腐者下手的目标。在一些国家中，华人通常被认为更愿意支付贿赂（有时候可能仅仅是表达感谢的红包而不是贿赂），当地的权力机构及其管理人员更愿意向华人索贿，以至于形成无"贿"不欢的局面。

当商业贿赂问题成为一种普遍预期时，承受其后果的不仅是参与贿赂的企业，那些愿意守法经营的公司也可能成为贿赂的牺牲品。切尔基佐沃市场的案例（专栏5-9）就值得思考。20世纪90年代，俄罗斯实施了休克疗法，商品供给尤其是轻工业品供给短缺。大量中国商品乘机进入俄罗斯，形成了很多中国商品城，切尔基佐沃市场也是其中的一个。然而，灰色清关问题最终使该市场的中国商户蒙受了重大损失。

> **专栏**
>
> **专栏5-9 中国商品在俄罗斯的冰火两重天**
>
> 切尔基佐沃市场创办至今已逾20年，中国商人通过市场创办人俄罗斯大亨伊斯梅洛夫发明的"灰色清关"方式出口商品到俄罗斯。
>
> 由于清关公司存在偷漏税的问题，在俄政府打击下，伊斯梅洛夫早已逃亡。2009年6月，俄政府宣布将关闭切尔基佐沃市场，20亿所谓中国"走私"商品被没收销毁，数万名华商一夜之间倾家荡产。
>
> 这些华商中，很多人都向清关公司支付了包括关税在内的所有费用，最后却成了清关公司的替罪羊。
>
> （资料来源：新华网报道。）
>
> ✍ 切尔基佐沃市场的商人为什么选择灰色清关方式出口产品？

商业贿赂的另一副作用体现在贿赂本身的成本和风险方面。商业贿赂的对象通常都是掌握某些关键资源的内部人士或者官方人士，当贪腐者本身的胃口变得越来越大的时候，贿赂的成本可能比收益大得多。但由于贿赂已经成为惯例，行贿者即使想要改变行为习惯，也几乎不可能成功。另外，在一些政治风险较高的国家，当权者不断更迭，以商业贿赂手段得到的合同，是否能在下一个执政者手中履行也是未知数。美国司法部在起诉相关公司时就指出，商业贿赂将严重损害美国的竞争力，因此是绝不能被容许的，说的也是这样的道理。

5.3.2 权力化腐败

2009年哈佛商业评论的一篇名为"需要警惕的十大趋势"的文章指出，当代商业环境的整体格局已经发生巨大变化,政府开始越来越多地干涉那些原本应由企业管理人员和董事会做出的决策(Beinhocker, Davis, Mendonca, 2009)。随着政府干预企业竞争的能力日益增强,宏观政策早已成为影响企业竞争地位的决定性因素之一(Shaffer, 1995)。企业家因政府所掌握的资源而必须与其建立密切往来,经济学家张维迎则披露按照他掌握的信息,中国企业家30%以上的时间和精力都用于和政府部门打交道(张维迎,2001)。

在日益紧密的政商关系中,权力化腐败经常导致公权力的不当使用或滥用。国际货币基金组织(IMF)就明确界定,"腐败是政府官员为了谋求个人私利而滥用公共权力"[①],该定义指出了构成腐败的三大基本要素:腐败的行为主体是政府官员等掌握公共权力的人员,腐败涉及滥用公共权力,其目的是牟取个人私利。腐败可能体现在政治、经济、文化等各个领域。

1. 权力化腐败及其危害

权力化腐败是一个相当宽泛的概念,从制度性腐败、组织性腐败到个体腐败都包含在这一概念中。在一些国家和地区,个体性腐败发生的概率相对较大,主要是由于个体素质所导致的对公共权利的滥用;在另外一些国家或地区,由于法律规制不健全、对官员的监管力度不足等原因,导致个体性腐败与制度性腐败并存。通常,个体腐败高发的国家或地区,往往存在制度性腐败。在制度性腐败下,权力化腐败成为常态。

塞缪尔·亨廷顿(1998)指出,权力化腐败的核心问题是公职人员将自身所掌握的公权力视为可以交换的商品,从而寻求最大限度地从中获取个人收益。权利化腐败将会导致商业贿赂盛行,并严重损害所在地区的商业形象和商业竞争力。

权利化腐败的产生与公职人员谋取私利的动机有关。传统上,儒家文化的"吾日三省吾身"、"吾养吾浩然正气"、"威武不能屈、富贵不能淫"等"士"的基本精神,是入仕者抵御腐败的内在动力。但在漫长的历史文化中,所谓"刑不上士大夫"的思想又使权利几乎不受社会公众的监督。在现代社会中,脱离公众监督的公共权力,仅靠"士"的精神是无法持久的。更何况中国的知识分子,在近现代已经慢慢失去了"士"的精神本质,知识阶层更多成为一种"职业"。自古以来,中国的官方典籍本就有"学而优则仕"之谓,民间俗语也有"朝为田舍郎,暮登天子堂"、"学成文武艺,货与帝王家"、"千里为官只为财"、"三年清知府,十万雪花银"的说法。当公权力被视为谋取私人利益的工具时,权利化腐败也就见惯不怪。

斯蒂格勒将"权利寻租"称为"管制需求"(Stigler, 1971),认为权利化腐败的本质是公职人员通过权力干预改变市场配置资源和社会公平分配来实现非生产性利益。对公共权利使用失去控制和监管,是权利化腐败产生的基础。在对公共权利监管严格的国家中,权力化腐败问题的产生概率就相对低得多。相较于一般的商业贿赂,权利化腐败对市场公平和竞争环境的影响更为恶劣。权力化腐败将导致整个市场竞争力下降以及大量地下经济存在等问题。

---

① 参见国际货币基金组织官方网站 www.imf.org。

（1）市场竞争力。权力化腐败的存在直接限制了市场的自由竞争，运用公共权力改变商业竞争的秩序，将导致整个市场竞争力的大幅下降。在商业社会中，尤其是公共权力干预经济能力较高的商业社会中，公共权力对资源配置的影响远大于私人企业，因此公共权力为"寻租"对经济效率和整个社会福利所造成的损失也更具毁坏性。观察世界各国的经济发展，权力化腐败盛行的地区，市场竞争的公平性以及市场本身的活力都难以保障。在福布斯全球最佳营商环境评价中，政府廉洁与产权、创新、税收、技术、投资者保护、贸易和货币自由度等一样，被作为重要指标。2014年，在参与评价的146个国家中，中国排名97[①]。

（2）地下经济。地下经济或称黑色经济，是游离于官方监管之外的经济行为，也被称为"平行经济"或"第二经济"。虽然地下经济中也含有部分合法经济，但灰色甚至黑色经济在其中占据了较重的比例。以俄罗斯为例，20世纪90年代中后期，在私有化实施过程中，由于权力失控，权力阶层与某些灰色和黑色的经济力量结合，在权力化腐败的庇护下，不仅大量国有资产被侵占，黑色经济也迅速繁盛。根据俄罗斯内政部的统计，1999年各类黑社会控制了40%的私人企业、60%的国有企业和50%以上的银行。大部分私人企业被迫向黑社会组织支付占利润10%~30%的保护费（王林昌和宣海林，2002）。权力化腐败是黑社会生成的沃土，何清涟将这种现象称为基层社会的"非组织化"和"软政权化"，黑社会对经济的控制将极大损害中国经济改革的成果（王大中，2002）。

2. 国有企业的权力化腐败

国有企业的权利化腐败问题同样不容乐观。近年来国有企业腐败问题不断被曝光，国家电网、中核集团、中石化、首都机场集团等国企都有前高管被公开查处。在其他国家进行的反海外腐败诉讼中，也屡有大型国有企业牵涉其中。国有企业权力化腐败问题的产生与其特有的"一把手"文化和公司治理问题密切相关，缺乏监管的权利、垄断的市场地位、混乱的内部管理，使这一问题积重难返。

与私人公司的商业贿赂和侵占不同，国有企业的权力化腐败，所造成的损失被直接转嫁给全社会。这不仅降低了经济效率和社会福利，也是对社会公平和正义的直接剥夺。

5.3.3 监管与企业决策

商业贿赂与权利化腐败，是制约市场经济健康发展的毒瘤，政府监管如何解决这一问题？面对腐败，企业不采用贿赂的方式，是否能够生存甚至更有竞争力地发展下去？

答案应该是正面的。我们看到商业贿赂与腐败问题正面临越来越大的来自民意的压力。当外部环境对腐败和贿赂问题的容忍度逐年降低，企业和政府都将感受到变革的压力。虽然企业通过不当行为可能获得短期利益，但在零容忍的环境下，腐败者将付出巨大的"声誉"风险。从成本和收益的角度分析，腐败和贿赂将会变得越来越不"经济"。

1. 监管与控制

权力的"滥用"，是腐败的根由之一。"虎兕出匣，兄弟阋墙"。失去监控的权力，需要

[①] http://www.forbeschina.com/review/201412/0039578.shtml。

重新被管理。在治理商业贿赂和权力化腐败问题上，应采取零容忍态度，严格禁止商业贿赂、打击权力腐败。此外，阳光法案和信息透明被普遍认为是最有效的监管手段。通过反贿赂法对商业贿赂的行贿者进行监管，也是解决权力化腐败的重要手段，一些国家要求企业必须建立内部控制机制，预防商业贿赂包括海外贿赂的发生。

（1）司法监管。《联合国反腐败公约》将商业贿赂的对象定义为"不正当的好处"，新加坡、中国香港等地则将其定义为抽象的"不当的利益"，一些即使未影响其职务履行的不正当利益，也被视为腐败。我国《刑法》《反不当竞争法》及《对外贸易法》等专项法律也设立了相关规定。2011年生效的《刑法修正案（五）》增加了海外贿赂条款，中国企业在海外的商业贿赂行为也被列为刑事犯罪。

对腐败的司法认定有利于控制腐败问题的产生，认定门槛的高低则影响打击腐败的力度。美国在1977年颁布了《美国海外反贿赂法》（Foreign Corrupt Practices Act，FCPA又称《美国海外反腐败法》），该法几乎是全球最严厉的反贿赂、反腐败法案。与一些国家反腐败法仅针对本国管辖区域生效的做法不同，FCPA规定，任何依美国法律成立或主营业地设立在美国的法人或其他企业组织、美国公民或定居在美国的自然人、在美国上市及受SEC监管的法人、在美国境内的外国公司或自然人，均受该法案管辖。换言之，任何设立在美国的企业和自然人（无论是否为美国企业或自然人）以及美国企业或自然人在海外任何地方的贿赂行为都属于刑事犯罪。不仅如此，FCPA还规定，美国公司或自然人对经其授权的海外雇员及代理人的行为负责。

与一些国家从行贿行为是否达成目标判断行贿是否成立不同，FCPA规定只要有行贿的意图，无论是否完成行贿或是否达成行贿目标，都构成违法，包括提供或承诺支付、委托第三方支付任何有价事物，均属于贿赂。对外国官员的定义也相当宽泛，外国政府、国际组织、国有企业、立法机构、皇室成员等任何代表官方身份的机构或其雇员，都包含在海外反贿赂法的管制对象中。海外反贿赂法对涉及贿赂和腐败的惩处，除了司法诉讼外，还包括禁止其参与美国政府采购等措施。

海外反贿赂法实施以来，美国司法部在打击美国公司海外贿赂方面不遗余力。西门子全球行贿案的被起诉仅是其中的一起。根据华尔街日报的报道，2009年有至少120家公司在接受美国司法部的调查；2012年11月，奥巴马政府发布了重新关注美国企业向海外官员支付贿赂的决定。包括IBM在内的若干跨国巨头企业受到调查，2014年12月，法国电力巨头阿尔斯通承认其美国分公司存在海外行贿行为，并接受了美国司法部7.72亿美元的罚款。

（2）信息透明。对商业贿赂和腐败的监管，除了立法与政府监管外，信息透明也是一个重要的方面。各国制定了不同类型的阳光法案，包括政府信息公开、官员财产申报制度等，通过信息公开，强化社会监督作用。

（3）内部控制。除了外部监管外，组织内部的控制机制也不可或缺。内控机制更多地体现在企业防止商业贿赂相关政策的制定和业务流程的规制中。从企业内部监管的角度，解决腐败和贿赂问题的三个关键问题是：如何发现贿赂和腐败的存在并确定问题的严重性？如何在企业内部控制贿赂和腐败问题的发生？如何在企业业务链中杜绝腐败和贿赂问题（Hauenschild，2007）？

（4）发现问题。企业内部尤其是公司 CEO 对腐败和贿赂问题的认知和警觉性决定了公司发生问题的可能性。如果一家企业的文化和价值观与社会期盼相距甚远，公司发生腐败和贿赂的概率就会提高。企业经理人应充分认识到企业道德投资是预防风险并避免公司陷入困境的利器。

（5）反贿赂文化。强有力的企业文化是遏制企业贿赂和腐败行为的环境基础，企业需要建立与其管理体系有机结合的文化、道德准则、沟通和教育体系。一家公司既需要有创造力、有竞争力、有团队精神和忠诚意愿，同时还需要有相互尊重、透明规范的沟通环境以及公平、尽责和信任的伦理道德体系。这些基本准则不仅是企业内部的价值观，也应该是企业与其商业伙伴共同的价值观；不仅应该是全体雇员的价值观，也应该是股东和高管团队的价值观。

（6）内控政策。明确的反商业贿赂政策是企业避免商业贿赂的第一步。明确的政策包括反对商业贿赂的内部文化和价值观（企业禁止一切商业贿赂行为）以及相应的政策体系。制定细化的反商业贿赂政策条款是内控的第一步，还需要保证对企业管理者、雇员和代表企业的其他人士进行充分培训，使其了解公司的政策；内控政策还应包括对商业贿赂的风险进行评估，了解商业贿赂对公司的潜在负面影响。

按照 GE（中国）的诚信政策规定，在有可能发生商业贿赂问题的地方，公司都制定有明确的条文，使雇员在商业活动中能明确知道自己的行为是否符合公司的政策。例如，在有关商业娱乐活动政策中，公司对何为"不当场所"的解释就非常详细。不当场所的判断有两项指标：其一，如果在这些场所被拍照公诸于众，雇员本人、客户及 GE 是否会感到尴尬；其二，是否违反了 GE 总部、业务集团诚信部或法律顾问所提供的各国相关标准。这个规定实际上就是道德判断和自我审核的过程（可参阅第 3 章）。GE 还要求雇员签署承诺书，任何违反公司诚信政策的行为，都有可能导致公司与其解除工作合同。

你所在公司，有哪些反贿赂政策及业务流程？它们的实际效果如何？

（7）内控流程规制。仅依赖建立诚信政策，还无法保障企业组织及其雇员与商业贿赂绝缘，完善的具备高度操作性的内控流程规制也是必不可少的。

内部流程的完善包括具体的操作指南、权力制衡、审计及信息沟通等方面。以采购环节为例，公司是否建立有完备的供应商选择与询价机制、合同管理机制、验收机制等，与能否有效预防商业贿赂的产生有直接关系。一些公司建立了合格供应商体系并形成了规范化的运作管理体制以及详细的操作规程，发生商业贿赂的概率就相对降低。权力制衡与审计体系的完备，则是内部控制的另一方面。所谓"尧为匹夫，不能治三人；纣为帝王，足以乱天下"，权力必须受到约束和监控，对工作职能进行细化并建立权利制衡体系，也可有效降低贿赂和腐败风险。

一些国家的法律也要求企业建立反商业贿赂规则。例如，英国规定，如果在英国经营的企业发生商业贿赂问题，首先需要审查该公司是否建立了相关规制。如果企业没有建立符合英国法律规定的制度体系（合规制度）来抵制商业贿赂，则不仅当事人应承担法律责任，还将加重对公司预防腐败不力责任的查处。如果公司已经建立了合规制度，则可以获得责任减轻。

2. 企业决策

商业贿赂违反公平正义的最高原则，在绝大多数国家和地区都被视为不道德行为而遭到禁止与打击，但商业贿赂仍然被一些企业及管理者视为不可或缺的竞争手段。一些经理人甚至会争辩说在某些地区贿赂和腐败已经是文化的一部分，如果不支付贿赂，就无法进入这些地区。而这些市场往往又是快速成长中的新兴市场，没有哪个企业愿意放弃这些市场，贿赂只是企业不得不为的临时性选择。

从我国的实践来看，尽管刑法修正案已经将海外贿赂入罪，但很多海外销售人员依然认为在欧美成熟市场上或许不用贿赂，但在一些独裁或贿赂盛行的国家，放弃这一手段就意味着无法进入市场；有时候企业可能在与当地伙伴合作过程中，不知不觉卷入贿赂行为中。某些企业甚至会主动寻找当地的"白手套"间接完成交易，一些经理人认为这是两全其美的方法。但是，无论是对企业还是经理人来说，这种想法都是危险的。

世界银行定期发布因涉嫌商业欺诈和贿赂而在一定时间内被禁止承接世界银行项目的黑名单。2010年12月中国一冶被列入黑名单，在三年内无法参与世界银行项目。根据中冶集团的官方回应，中国一冶曾于2011年1月和3月先后两次对世界银行提出的质疑进行了充分申诉，但没有被世行采纳，公司对此表示遗憾。中冶集团还表示该项目（孟加拉摩哈卡利立交桥项目）是中国一冶在2001年通过资格预审和公开竞标获得的，合同金额为2 070万美元。世界银行对该项目安装于桥梁上的减震装置提出质疑并作出处罚。中冶集团声明该装置（STU）是从美国 TechStar 公司采购，试验、安装工作是在该公司工程师的指导下进行并得到总设计师的认可，获颁安装合格证书[①]。

中冶集团的案例不是中国企业遭遇的第一例，此前世行公布的黑名单还包括另外四家中国公司（地质工程集团、路桥工程公司、建筑工程总公司、武夷实业股份）。中国企业在反商业欺诈和商业贿赂方面，从对基本认知的理解到具体操作流程，与国际惯例还有一定差距。另外，在信息沟通方面也存在一定的问题。

虽然国际上经常有关于中国公司通过贿赂获得商业订单的流言，但在中国新的刑法修订案后，海外市场商业贿赂将构成刑事犯罪，这对抑制海外贿赂有一定的帮助。

更为重要的是，中国的企业管理者需要思考：在一些贿赂指数较高的国家做生意，是否一定要通过贿赂达成目的？通过贿赂手段的商业利益，是否存在后续风险？

观察美国海外反贿赂法通过后对美国企业国际竞争力的影响，也许可以作为经验借鉴。美国在1977年通过海外反贿赂法后，一些美国学者如 Graha、Gillespie 等人的研究证明反海外贿赂并未对美国产品出口形成负面影响。在很多国家，严厉打击海外腐败已被看作国家竞争力的重要法律基础，反贿赂与本国竞争力的保护之间并无矛盾。

在反对商业贿赂方面，中国的一些领先企业也已经认识到问题的严肃性。阿里巴巴董事局主席、浙商总会首任会长马云曾公开呼吁浙商不要行贿[②]。马云在演讲中是这样说的：

[①] 新华网消息，http://news.xinhuanet.com/fortune/2011-10/02/c_122115775.htm。
[②] 参见马云在2015年世界浙商大会第三场论坛"新作为—创客好时代"上的主题演讲。

"浙商永远不要参与任何行贿,如果我们的会员参与行贿,就清除出去。这个代价不能再让我们的下一代去承受,再去拼这些东西"。马云将商人比作"社会经济发展中的科学家和艺术家",他们在中国和全世界都是稀缺资源。

万科集团董事会主席王石,在更早的 2009 年就公开提出不行贿的口号。2015 年 3 月,王石在做客《思客讲堂》时分享了他的管理心得。他认为,"整个社会流行的问题不是行贿,而是根本不相信你不行贿"。在王石看来,即便在转型中的社会里,不行贿的企业仍然是可以生存的。在解释万科不行贿如何生存时,王石认为万科产品本身的竞争力是万科不行贿的根本支撑。

虽然王石的听众中只有不到 1/5 的人相信万科没有行贿,但毕竟开始有越来越多的商人试图用不行贿的方式来做企业。宋代词人苏轼有一首惠崇春江晚景,诗中写道:"竹外桃花三两枝,春江水暖鸭先知"。那些敏感的商人,已经意识到用行贿无法获得企业长久生存空间。即便是从纯粹的利己主义观点来看,改变商业贿赂的预期,重建公平的商业逻辑,也是有利于一般商人和社会公众的。

5.4 案例与讨论

5.4.1 太阳能贸易战

认真阅读下面的案例,就其中所涉及的伦理决策问题进行讨论。

太阳能贸易战:公平贸易与反倾销诉讼[①]

1. 纽约时报:贸易战边缘[②]

2011 年 11 月 9 日纽约时报网站刊登了一篇题为"美中两国处于太阳能行业引发的贸易战边缘"的文章。

"美中两国都做好了爆发贸易战的准备,美国太阳能使用者可能在双方的交战中受波及。美国商务部今天展开一项美国制造商寻求的调查,他们指责中国向美国"倾销"太阳能电池,认为中国制造商得到了政府的补贴,以低于制造和分销这些产品的成本向美国倾销。在预感到上述举措后,中国的太阳能企业本周也表现得异常尖锐,某政府主导的贸易组织(指机电商会——编者注)谴责白宫把此次商业诉讼变成了一场政治闹剧,极可能成为奥巴马政府为即将到来的选举而进行的表演。"

"太阳能在华盛顿是一个与政治有关的问题,部分原因在于生产太阳能电池的索林德拉(Solyndra)公司在得到 5 亿多美元联邦贷款担保后于 2011 年年中宣布破产。"

自 2010 年 7 月,美国已先后有三家光伏企业宣布破产:除 Solyndra 外,另外两家分别

[①] 本案例根据相关资料整理改编。
[②] 参考消息,2011 年 11 月 11 日,财经透视。

是马萨诸塞州的 Evergreen Solar 以及纽约的 Spectra Watt 公司。根据美国可再生能源业市场调查机构"GTM 研究公司"的调查：2010—2011 年，美国约有五分之一的光伏产能公司因破产或停产而消失，主要原因是无法与中国廉价太阳能产品竞争。

"由于牵扯制造业政策、创造就业机会，太阳能电池板纠纷正演变成多年来最具政治性的贸易案，无异于底特律 1980 年依据相关贸易法规对日本汽车制造商提出的法律诉讼。曾在卡特政府出任美国政府贸易代表的阿兰·沃尔夫说：太阳能电池板案是'那种二三十年一遇的案件。'"

美国法律要求商务部尽可能在 1 月中旬且不迟于 3 月底就反倾销诉讼、不迟于 5 月中旬就反补贴诉讼做出初步决定。许多贸易专家预计，该决定将包括对进口产品征收高额关税，而且这些关税的征收会追溯至决定作出前的 90 天，并可能追溯至商务部启动调查之时。

2. 美国钢铁工人联合会申请反补贴调查[①]

2010 年 1 月 15 日，美国贸易代表(USTR)办公室发出的一则通告称，应美国钢铁工人联合会（以下简称 USW）的申请，美方正式按照《美国贸易法》第 301 条款针对中国政府所制定的一系列清洁能源政策和措施展开调查。

《21 世纪经济报道》消息称，USW 在 9 月 9 日递交给美国贸易代表处的厚达 5 800 页的调查申请书中指控：中国政府给予新能源企业高额补贴以提高中国风电、太阳能的价格优势，人为降低了中国清洁能源产品的价格，从而对美国相关行业产生冲击，影响工人就业；同时指责中国对外国企业参与招标采取歧视性限制。

USW 在申请书中称："中国在经济刺激计划中给予新能源行业的补贴为 2 160 亿美元，是美国的两倍、全球各国刺激计划中对新能源补贴总规模的一半。"申请书还称："在美国国内，过去两年美国对太阳能需求增长了 41%，中国出口至美国的太阳能电池板翻番，而美国本土产量只增加 7%，四家美国主要生产商损失了 580 个就业岗位。

对此，中国国家发展和改革委员会副主任、国家能源局局长张国宝召开新闻发布会称：中国各个方面对新能源企业的补贴总额是微乎其微的。但美国 2010 年 1—9 月，已经通过现金支付方式给美国的新能源企业提供了 46 亿美元补助，风电企业获得了其中 30 亿美元的补贴。美国现金补贴规定，2010 年年底前开工建设的美国新能源企业，可以得到美国政府最多 30% 的现金资本补贴。张国宝还指出，在太阳能领域，中国 2009 年 50% 的太阳能组件原材料多晶硅从国外进口，主要卖家就是美国公司，其出口金额达到 20 亿美金；此外，60%~70% 的太阳能生产设备是从国外进口，大部分来自美国。

经过一年的调查，由于缺乏相关证据，依据 301 条款的调查不了了之。

3. 德国公司再起贸易战

2011 年 10 月 19 日，德国光伏巨头 Solar World（一家生产多晶硅太阳能电池板的新能源公司）在美分公司，联合其他 6 家美国光伏企业，向美国国际贸易委员会和美国商务部

[①] 南方周末，2010 年 10 月 21 日，http://www.infzm.com/content/51390。

提出申请，要求对中国出口的太阳能电池(板)进行反倾销和反补贴调查(以下简称"双反"调查)，7家公司要求对中国企业征收超过100%的关税。这次投诉不涉及薄膜太阳能电池，或者太阳能聚光热发电等其他太阳能发电模式。除了Solar World之外，其他6家企业选择了匿名上诉。有专家认为匿名上诉可能是担心失去中国市场或遭中方反制。

Solar World已经不是第一次提出对中国产太阳能电池进行调查。早在2009年8月，德国第三大太阳能电池制造商Solar World联手另一行业巨头Conergy向德国政府和欧盟上书，称"鉴于中国太阳能电池板和电池片生产企业获得了政府的不当补贴，有必要阻止地域范围内的发电投资商购买相关产品。"

Conergy公司总裁阿默尔说，"（中国太阳能电池组件）价格处于倾销边缘"，按目前的价格水平，中国生产商没有国家的支持不可能赢利。另据《中国企业家》网站消息，该公司发言人勒霍斯对记者电话表示："欧盟有必要出面（对中国太阳能电池组件出口）征以惩罚性关税。"德国太阳能经济协会的主席CarstenKoernig告诉CBN记者，他们正进行信息收集与核实，如果证实中国出口价格优势过大且与国家补贴政策有关，则会从行业协会的角度考虑提起进一步的调查乃至反倾销申诉①。

在新一轮申请中，Solar World公司计划在美国、欧洲双管齐下提起诉讼，该公司指控中国对太阳能产业提供过度补贴和操控市场，使中国企业市场份额在十年之内从0猛升至50%。

Solar World美国子公司的委任律师认为，对华反倾销诉讼案所需三个条件都已具备：一是中国企业以低于生产成本价格推销产品；二是它们从中国政府提供的约40个不同项目中获得国家补贴；三是外国企业由此蒙受很大损失，不得不裁员或闭门歇业。

Solar World公司总裁Asbeck称："我们在美国和欧洲都有胜诉的机会。"②

有专家估计，如果Solarworld公司在欧美提诉得逞，中国企业将损失世界市场四分之三的份额。按照相关流程，2011年11月8日前后，美国商务部将决定是否立案。如果立案，则将进行为期一年的调查。

4. 初步裁决和连锁反应

美国时间11月9日，美国商务部正式宣布：对中国输美太阳能电池展开反倾销和反补贴"双反"调查。中国商务部随即表示"严重关切"，认为美国将自身竞争力因素导致的产业发展滞缓问题归咎于中国产品的竞争并拟采取限制措施，有失公平。当地时间12月2日，美国国际贸易委员会裁定中国输美光伏产品对美国产业构成损害。

12月19日，美国联邦巡回上诉法院就另外一起中国企业针对美国商务部开展的对华双反补贴调查案提起的诉讼（GPX国际轮胎公司和河北兴茂轮胎有限公司诉美国政府案）做出判决：非市场经济条件下的政府财政援助不能够被认为是补贴，"反补贴法律对非市场经济国家不适用"。12月底，美国商务部宣布分别选定两家中国企业参加强制应诉，其他

---

① 第一财经日报，2009年9月17日讯。
② 环球光伏（www.globepv.com）转引自德国金融时报。

企业将适用该诉讼结果。

在"双反"调查中,"美国可以不经过世界贸易组织的仲裁就可自行决定结果。"按照世界贸易组织规定:在一成员方反补贴调查中被认定的补贴措施,可以直接被其他成员在反补贴调查中援引。美国"贸易救济"措施每次出台,欧盟基本上都会"尾随"。美国市场目前仅占国内光伏企业出口份额的10%左右,绝大部分光伏产品出口欧洲。

2012年年底,部分欧洲光伏企业要求对中国企业征收双反关税,欧盟宣布从2013年开始对中国光伏产品征收惩罚性关税。

5. 中方反应

尚德电力、英利绿色新能源和阿特斯阳光电力等公司均在纽交所上市。在美国企业提起诉讼后,尚德电力已聘请律师准备应对可能面临的一系列诉讼;英利绿色新能源也称"公司参与公平竞争,绝对没有企图损害美国公司或工人的利益","公司正在探讨这一申诉"。

阿特斯阳光电力表示:我们反对 Solar World 在美国的子公司提出的双反诉讼,它们的这项诉讼没有任何事实依据。在过去的几年中,美国太阳能行业的快速发展使千百万美国消费者和太阳能行业从业人员受益。我们要求美国政府以千百万美国民众的利益为重,继续保障和推动美国太阳能业的发展。我们认为 Solar World 这项诉讼有损于太阳能行业的持续发展,损害了美国太阳能上下游产业,阻碍了太阳能发电取代传统能源的发展步伐。该企业指出,根据美国太阳能基金会联合劳动力市场咨询公司 LMI 和康奈尔大学共同发布的《美国太阳能行业就业统计 2011》报告,在美国传统化石燃料发电行业就业率降低 2% 的同时,美国太阳能行业的就业增长了 6.8%。报告称,美国现有超过 10 万人在太阳能行业就业,这一数字超过了采矿业。太阳能行业就业人数的分布中,太阳能电池板制造业领域仅占 25%,更多工作机会分布在太阳能板的销售、安装、工程建设等领域。

中国资源综合利用协会先后与5家美国企业——通用、第一太阳能、应用材料、杜邦以及道康宁协商,希望后者与华盛顿政府沟通。但上述企业态度至今"尚不明朗",它们每家在中国的销售额都超过了1亿美元。

中方专家认为美国光伏产业在与中国企业的贸易中至少挣了三笔钱:美国能源部向政府研究机构投入数亿美元用于基础研发,美国研发的新技术、产品和设备高价销售给中国企业,这是美国赚中国的第一笔钱;中国企业购买美国高价技术、设备与原材料后,生产低附加值产品再次卖给美国,这是美国赚取中国的第二笔钱;第三笔是汇率损失,中国企业的盈利都被汇率抵消,中国组件价格降低 30%~40%,导致国内企业集体亏损。

发改委对外经济研究所研究员张燕生表示:"归根结底,是因为美国不承认中国的市场经济地位。""在非市场经济体中,土地价格、汇率都不由市场决定,美国想当然地认为,中国的价格是扭曲的。"

中国可再生能源学会副理事长孟宪淦则指出,"目前,中国在处理此类事件时捉襟见肘,仓促应对。未来中美贸易争端将不可避免,且更加频繁。中国政府和企业应吸取国际反倾销经验,组建相关主管机构,及时出台应对机制,以防出现此类事件时处于被动的不利局面。"

"中国产品价低并不是光伏行业特有的,其他行业价格也都是很低的。由于中国劳动力与土地相对便宜,产品的附加值也较低,价格自然较低。另外,'双反'事件所指政府给予光伏行业大量补贴的说法值得推敲。美国在享受中国企业给其带来的低价实惠后,反而申诉中国企业,不仅申诉无力,更不啻是一种强盗行为。"

6. 后续进展

2012 年 12 月,美国商务部宣布对中国光伏电池产品征收 29.18%~254.66%的双反关税。2014 年 1 月,双反调查进一步扩大到光伏组件、层压板、面板等光伏产品,并将中国台湾地区包括在调查范围内。2014 年 12 月,美国商务部初步裁定大陆地区补贴幅度为 18.56%~35.21%,倾销幅度为 26.33%~165.04%,中国台湾地区倾销幅度为 27.59%~44.18%。2015 年 7 月,美国商务部正式公布"双反"诉讼第一次复审终判结果,对中国多晶硅电池征收双反关税,强制应诉企业反补贴税率分别为 15.43%和 23.28%,反补贴税率分别为 0.79%和 33.08%;其他涉案企业双反税率分别为 20.94%和 238.95%。

欧洲方面,2013 年 7 月底,欧盟委员会日前宣布正式批准中欧光伏贸易争端的"价格承诺"协议,该协议自 8 月 6 日起实施[①]。

根据该协议,总计 95 家中国光伏企业参与签署了最终价格承诺,价格底线为 0.56 欧元/瓦,同时规定年度配额不超过 7 吉瓦。欧盟对没有参与协议的企业则征收 47.6%的反倾销税,超出配额部分按同一税率征收。该价格承诺有限期截至 2015 年年底。

在协议执行过程中,有若干中方企业被指责通过马来西亚等第三地向欧盟出口光伏产品。2015 年 6 月,欧盟裁决阿特斯太阳能、昱辉阳光、中盛光电三家企业违反价格承诺;7 月,另外两家公司正泰太阳能、浙大桑尼太阳能科技有限公司也被判定违反承诺。欧盟对违反承诺的企业将征收高达 64.9%的惩罚性关税。

案例讨论

1. 分析中国和欧美态度的差异,并尝试从各自的角度进行论述。
2. 你认为中国企业为什么会成为众多"双反"诉讼的对象,谈谈你的解决之道。
3. 光伏产业"双反"诉讼的核心问题是什么?试从道德判断的角度进行论述。

5.4.2　Z 公司要支付这些费用吗?

Z 公司是一家以金属矿业勘探和开发为主的大型矿业集团,已在国内 20 多个省市进行了项目投资开发。在海外市场方面,Z 公司已经在澳洲和北美地区与当地企业进行了矿业勘探和开发合作,正计划进入南美和非洲市场。

2009 年 6 月,公司下属一家勘探公司的部门经理李先生被派往中非某国,参加该国投资促进会颁布的项目投标。标书规定,中标公司需承诺项目开采期投资额不低于 3 亿美元

[①] 经济参考报《中欧光伏价格承诺获批 6 日实施》,2013 年 8 月 5 日。

或者兴建日产能力不低于 2 万吨矿产品的加工厂。本次投标要求拟投标公司开具金额为 1 500 万美元的银行保函。

Z 公司已经对该项目进行前期预研，公司估计如果能够获得该项目开采权，将为公司带来巨额收益，并成功进入目标市场。

李经理率领他的项目团队迅速抵达了该国首都，并与投资促进会办公室进行了接洽。在接洽过程中，李经理得知还有另外两家跨国企业对此有兴趣。与这两家企业相比，Z 公司在矿山开发和非洲经营方面明显经验不足。Z 公司目前迫切期望拿下这次投资，以作为进入非洲大陆的桥头堡。对 Z 公司来说，这是一笔大生意[①]。

这笔生意也是李经理的第一个海外项目，面对诱人的发展前景，李经理感到非常兴奋。他和他的团队很快熟悉了当地的情况，并按照项目方要求提交了初步申请，顺利通过了资格审查。

为了更好地推进项目投标，李经理的公司聘请了当地人士作为商业顾问，在通过投标资格审查后，商业顾问向李经理提供了新情况：该项目周边是一个土著部落所在地，项目地政府官员和部落居民之间存在矛盾，当地部族反对该项目建设工程，但他们在项目投标过程中没有发言权。

在当地顾问的建议下，李经理成立了项目攻关小组。Z 公司也通过一些关系与项目评估人员进行了接洽，向其表达了参与投标的意向，并得到了对方的积极响应。

项目顾问向李经理建议，为了获得该项目，可能需要和几个关键人物进行接触。如果李经理同意，该顾问将帮助公司通过第三方账户完成资金转移，公司和李经理并不清楚该笔资金的具体流向。

该顾问还了解到，项目评估负责人 Mark 先生的女儿正在申请留学中国某名牌大学。李经理迅速向国内公司反馈了该消息，国内公司通过联系大学招生负责人得知 Mark 先生的女儿的入学申请已经得到批准，奖学金申请正在评审中。当地顾问建议李经理的公司向 Mark 先生的女儿提供协助，如能帮助她获得全额奖学金，将有利于项目评估的通过。

李经理现在必须做出选择：一方面，如果同意商业顾问的建议，公司需要一定的支付项目费用。虽然相对于公司未来的赢利前景，该费用可以忽略不计，但支付该费用可能带来一定的法律风险。

另一方面，如果拒绝商业顾问的建议，李经理并不清楚另外两家公司的运作情况，或者公司是否会因此失去该项目。可以确切知道的是，如果不能打开局面，李经理在公司的地位将会受到影响。

案例讨论

1. 识别李经理所面临的管理问题和伦理困境。
2. 假如按照当地顾问的建议，向第三方支付费用，对李经理和公司会有何影响？
3. 在 Mark 先生女儿的问题上，你会提供帮助吗？你怎么思考这个问题？

[①] 改编自 MBA 课堂讨论案例，已经对企业和项目背景进行了必要的掩饰性处理。

4. 分析各种可能的方案以及对公司后续运营的影响。
5. 从长期的角度考虑，你会如何处理？

5.4.3 新闻报道：工商银行马德里分行被调查

请阅读下面的一则消息。

2016年2月17日，西班牙国民警卫队和反腐败检察官办公室对中国工商银行马德里分行进行了反洗钱搜查，怀疑该行为犯罪组织进行非法洗钱活动。帕拉地方法院下令逮捕了该分行6名高管。2月20日，马德里高级法院发表声明，其中三人收监候审不得保释，另外三人取保候审。

此次调查被命名为阴影行动，被认为是去年调查华人犯罪组织"蛇行动"的延伸。"阴影行动"共抓捕32人，传讯47人。

事件发生后，工商银行发表声明，称"工商银行驻欧洲的负责人和律师已赶往马德里分行，严格执行反洗钱规定、严格坚持依法合规经营，是我们一直坚持的基本经营管理原则。马德里分行正在积极配合调查。"

针对此次事件，有国内媒体认为该行动不乏政党斗争因素，是为转移西班牙社会矛盾。也有评论人士指出，华商缺乏对当地法律的了解，普遍存在偷税漏税行为。中国企业和商人应摒弃国内经商的思维模式，增强规则意识。

讨论与思考

1. 搜集相关报道和资料，并分析马德里分行被查的原因。
2. 你认为在该事件中，工商银行马德里分行负有哪些责任？
3. 假定司法调查最终证明工商银行没有涉案或仅负有监察责任，你的看法会改变吗？假定结果相反，你又会怎么看待这一事件呢？
4. 有人将该事件解释为文化差异和当地对华商的歧视，你如何看待这一解释？

本章思考题

1. 竞争市场和垄断市场有何区别？垄断对经济效率和社会福利有哪些影响？请选择某个典型行业加以分析。
2. 企业与其商业伙伴之间可能存在哪些伦理问题？大企业在其中扮演什么角色？
3. 政府在市场干预中可以发挥何种作用？请以中国汽车行业为例，查找相关资料，讨论你对汽车行业反垄断的认识。
4. "垄断本身就是一种不道德"，你同意这种论述吗？请加以论证。
5. 观察你所在行业，商业欺诈是否是一种普遍行为？商业欺诈的伦理影响是否仅限于单个企业？请对此问题进行评价。
6. 你是如何看待权利化腐败的？企业应如何对待权利化腐败？

7. 商业贿赂是不可避免的吗？你如何看待这个问题？
8. 描述你所在行业的商业伦理氛围，并谈谈你的体会。

参考文献

[1] Archie B Carroll, Ann K. Buchholzt. Business & Society: Ethics and Stakeholder Management, 4th Edition[M]. Cincinnati, Ohio: South-Western College Publishing, 2000.

[2] Caspar von Hauenschild. How to Discover and Avoid Corruption in Companies[A]. In Walther Ch. Zimmerli, Klaus Richter, Markus Holzinger (eds.). Corporate Ethics and Corporate Governance[C]. Springer-Verlag Berlin Heidelberg, 2007.

[3] Chamberlin E. 周文译. 垄断竞争理论 [M]. 北京：华夏出版社, 2009.

[4] Christopher Cowton, Michaela Haase. Trends in Business and Economic Ethics[M]. Verlag Berlin Heidelberg, 2008.

[5] Eric Beinhocker, Ian Davis, Lenny Mendonca. The Ten Trends You Have to Watch[J]. Harvard Business Review, 2009, 7(8).

[6] George Stigler. The Theory of Economic Regulation[J]. Bell Journal of Economics and Management Science, 1971(3): 3-18.

[7] Gideon Parchomovsky, Peter Siegelman. Bribes vs. bombs: A study in Coasean warfare[J]. International Review of Law and Economics, 2009, 29(3): 179-190.

[8] Robert Heller H. The Economic System[M], Macmillan Inc., 1972.

[9] H·克雷格·彼得森, W. 克里斯·刘易斯. 管理经济学[M]. 北京：中国人民大学出版社, 1998.

[10] Harvey Leibenstein. Allocative Efficiency and X-Efficiency[J]. The American Economic Review, 1966 (56): 392-415.

[11] Joan Robinson. 陈璧译. 不完全竞争经济学[M]. 北京：商务印书馆, 1961.

[12] Manuel G Velasquez. Business Ethics Concepts and Cases[M]. Prentice Hall, 1988.

[13] Neil H. Jacoby. Business Government Relationship: A Reassessment (Santa Monica)[M]. CA: Goodyear, 1975.

[14] Paul A Samuelson, William D Nordhaus. Economics: Eighteenth Edition[M]. McGraw-Hill, 2004, 7.

[15] Rajib Sanyal. Determinants of Bribery in International Business: The Cultural and Economic Factors[J]. Journal of Business Ethics, 2005(59): 139-145.

[16] Shaffer B. Firm- level responses to government regulation: theoretical and research approaches[J]. Journal of Management, 1995, 21.

[17] Simeon Chow, Reed Holden. Toward an Understanding of Loyalty: The Moderating Role of Trust[J]. Journal of Managerial Issues, 1997(9).

[18] Stevenson W H S. Some Economic Consequences of Commercial Bribery[J]. Harvard Business Review, 2008, 1(29): 156-169.

[19] Tirole J. 产业组织理论[M]. 北京：中国人民大学出版社，1997.

[20] 阿纳托莱·卡列茨基. 胡晓娇等译. 资本主义 4.0：一种新经济的诞生[M]. 北京：中信出版社, 2011.

[21] 陈炳富, 周祖城. 商业伦理学概论[M]. 天津：南开大学出版社, 2008, 3.

[22] 戴维·奥斯本, 特德·盖布勒. 改革政府——企业精神如何改革着公营部门[M]. 上海：上海

译文出版社, 1996.
- [23] 德鲁克. 新现实: 走向 21 世纪[M]. 北京: 中国经济出版社, 1993.
- [24] 高桥龟吉. 日本经济跃进的根本要因[M]. 东京: 日本经济新闻社, 1983, 1.
- [25] 龚维敬. 垄断经济学[M]. 上海: 上海人民出版社, 2007. 2.
- [26] 胡汝银. 竞争与垄断:社会主义微观经济分析[M]. 上海: 上海三联书店, 1988.
- [27] 黄亚钧, 姜纬. 微观经济学教程[M]. 上海: 复旦大学出版社, 1995.1.
- [28] 杰克·韦尔奇, 约翰·拜恩. 曹彦博, 孙立明, 丁浩译. 杰克·韦尔奇自传[M]. 北京: 中信出版社, 2010. 1.
- [29] 曼昆. 梁小民, 梁砾译. 经济学原理[M]. 北京: 北京大学出版社. 2015. 5.
- [30] 卢勤忠. 商业贿赂犯罪研究[M]. 上海: 上海人民出版社, 2011.
- [31] 塞缪尔·P. 亨廷顿. 社会变化中的政治秩序[M]. 上海: 三联书社, 1998.
- [32] 斯蒂格利茨. 政府为什么干预经济[M]. 北京: 中国物资出版社, 1998.
- [33] 王保树. 企业联合与制止垄断[J]. 法学研究, 1990(l).
- [34] 王大中. 权力腐败是黑社会生成的社会结构性土壤[J]. 政法学刊, 2002(12): 3-6.
- [35] 王和平. 论政府信用建设[J]. 政治学研究, 2003(1).
- [36] 王林昌, 宣海林. 俄罗斯地下经济: 现状、成因及借鉴[J]. 武汉大学学报（社会科学版）, 2002(3): 195-199.
- [37] 魏长学. 西方市场经济体制比较研究: 中国构建市场经济的借鉴[M]. 西安: 西北大学出版社, 2000, 9.
- [38] 小罗伯特·B. 埃克伦德, 罗伯特·F. 赫伯特. 经济理论和方法史[M]. 北京: 中国人民大学出版社, 1992.
- [39] 约翰·伊特韦尔. 新帕尔格雷夫经济学大辞典(第 1 卷)[M]. 北京: 经济科学出版社, 1992.
- [40] 约翰·罗尔斯. 何怀宏等译. 正义论[M]. 北京: 中国社会科学出版社, 2001.
- [41] 约翰·穆勒. 朱泱, 赵荣潜, 桑炳彦译. 政治经济学原理及其在社会哲学上的若干应用(下卷)[M]. 上海: 商务印书馆, 1991.
- [42] 张维迎. 中国企业家的困惑: 企业家"搞掂"政府[N]. 中国企业报(企业家周刊), 2001.3.1.
- [43] 朱善利. 微观经济学[M]. 北京: 北京大学出版社, 1999.

第6章 消费者关系中的伦理问题

学习目标

了解生产（服务）者与消费者的权利义务关系；识别产品与服务领域中的主要伦理问题；了解公益营销和社会营销在商业活动中的应用。

引例

Airbnb：共享平台上的烦恼

Airbnb（air bed and breakfast），是一家由 Brain Chesky、Joe Gebbia 和 Nathan Blecharceyk 共同创办的为世界各地房主与租客提供短租服务的共享平台。

Brain 将 Airbnb 看作一个在线的租房市场，他说："人们可以在上面出租或者预定，从城堡到沙发，按夜收费"。Airbnb 的 CTO，Nathan 先生，总结了 Airbnb 成功三要素：套利机会、简便的流程以及有趣。很多使用过 Airbnb 的游客也非常喜欢，认为这是他们所见过的最酷的公司。

然而，Airbnb 也有自己的烦恼。作为一个共享经济平台，搭建租客和房主的信任并不是一个简单的事情，一些在 Airbnb 出租了自己房屋的用户对 Airbnb 的服务表达了自己的不满。

说到底，Airbnb 的商业模式就是把自己的私人房屋开放给陌生人并从中赚取租金。一个住在洛杉矶湾区的设计师发文讲述了她的遭遇。她的房客在壁柜上面掏了一个洞，偷走了她的证件、现金、信用卡、珠宝和笔记本电脑，甚至穿走了她的鞋子和衣服。另一位屋主，则遭遇了房客拒付租金并拒绝搬离的噩梦。

另外，一些租客也抱怨房主未能提供良好的住宿体验。更有甚者，一些租客甚至遭遇到房主的骚扰，这令期待中的美好旅行成为一个噩梦。

与传统酒店业不同，Airbnb 无法为共享的房屋提供安全保障。房主和租客只能通过网站的点评来考察自己的租客或房主。面对房主和租客的投诉，Airbnb 建立了专门的团队全天候 24 小时处理客户投诉，设立授信安全部门并向房主提供 5 万美元的保险。2013 年，大约 600 万租客使用了 Airbnb 的服务，投诉有财产损失的房主约为 1 700 人，但仅有 40% 得到了赔付。

反对者声称，Airbnb 只是一个为房主牟利的大公司，它们未能尽责但却从中抽取利润，成为有钱的企业家。今天，在很多地方，Airbnb 跟 Uber 一样，仍然面临一些法律障碍。

❧ 你认为 Airbnb 与传统酒店业有哪些不同？Airbnb 在租主和房客之间应该承担何种责任？

Airbnb 作为一个共享经济的平台，为租售双方提供了共享资源的机会。虽然多数房主和租客有着愉快的体验，但引例中来自租客、房主和平台三方的烦恼，也正体现了厂商与消费者之间的矛盾，本章我们重点讨论与消费者相关的伦理问题，这些问题不止存在于营销环节，还可能存在于企业经营的其他环节。

6.1 消费者权利与企业道德责任

6.1.1 消费者权利

1. 消费者与消费

广义上的消费者泛指一切从事消费活动的人，包括生活消费者和生产消费者；狭义的消费者专指法学意义上的消费者，即为满足生活需要而购买、使用某种产品和服务的社会个体成员。本章所讨论的消费者是指狭义的消费者。

产品同样也包括狭义和广义两种概念，最狭义的产品仅局限在其特定的物质形态和具体用途上；最广义的产品概念则指为满足人类需要和期望的任何媒介物，包括有形的产品和服务、体验、事件、资产、组织、信息和创意等（Kotler, 2003）。本书使用的概念介于狭义和广义之间，在讨论消费者问题时，我们用"产品和服务"这一概念概括满足消费者欲望和需求的有形与无形介质。

消费过程是消费者对产品和服务的选择、购买、使用和受益的过程，也是形成生产者的产品和服务市场的过程。在这个过程中，企业作为基本经济单位，将各种社会资源转化成消费者愿意接受的产品和服务并从中获取赢利（金占明，2002）。

在传统社会中，生产者和消费者往往同属某个共同群体，熟人社会的"信用"、"声誉"和"道德"制约被用来保障双方的权利，缺乏信誉、有了坏名声的商人很难在传统社群中立足。"圈子"越小，权利的保障就越可靠，保罗·费德曼的面包圈（专栏 6-1）、穆罕默德·尤努斯的穷人银行似乎都验证了这一点。在现代社会中，这种来自熟人群体的信用和声誉压力已经不适用于生产者和消费者的关系。

专栏 6-1　无人看管的面包圈

20 世纪 80 年代，保罗·费德曼就职于一家为美国海军提供服务的研究所，每当拿到新合同时，他习惯买些面包圈分给同事。后来费德曼养成每到周五就在办公室里放一筐面包圈请大家随便吃的习惯。同一办公楼的其他员工知道后，也经常过来拿几个面包圈。为了收回面包圈的成本，费德曼决定在面包筐旁放一个空篮子，并标上面包圈的价格，他收回了95%的钱。

随后费德曼辞职专门售卖面包圈，招揽生意的方式很简单：他一大早将面包圈和用来收款的篮子放在各个公司的食品间，然后再回来取钱。费德曼在140家公司放入大约8 400个面包圈，并详细记录每一次收支情况。费德曼的记录显示，小公司的人彼此相识，信用和荣誉的压力就大于那些互不熟悉的大公司，而有较高控制欲的高层人员则更倾向于白吃。

费德曼实验的总体情况表明，在团体中诚实水平还是不错的，平均付款比例达到87%。只有十几个人的小公司比大公司高出3%~5%，令人产生荣誉感的节日付款比率高于其他日子，基层员工所在楼层的付款比率高于高层员工。实验显示：在有监督的情况下，人们更容易保持诚实的品质。

(资料来源：Levitt, Steven, 2006。)

在现代社会中，买卖双方更多依照契约而规定各自的权利和义务。当消费者购买某种产品和服务时，就意味着消费者与企业达成了契约。在这层契约关系下，消费者支付"货币"来获得某种"效用"，因而也具备了相应的权利。

2. 消费者权利

理论上，在自由竞争的市场上，通过竞争机制达到资源的最佳配置从而取得社会效用最大化，消费者完全可以通过这一机制保护其权利而无需额外的保障。但这只是理论上的可能性，实际情况并非如此。消费者的权利获得充分保障的前提条件是：① 市场是完全自由竞争的，消费者具有选择的可能性；② 消费者拥有与产品和服务提供者等量的信息和知识，从而具有选择的能力；③ 消费者的行为是理性的。

基于各种原因，消费者无法完全依赖市场交易来保障自身的权益，必须辅之以外部干预，尤其是法律的干预保障其权益。法律意义上的消费者权利，是指在法律框架下，消费者有权做出（不做出）或者要求他人做出（不做出）一定行为的权利（王冰和李津燕，2005），这种权利也被称作消费者基本权利。在中国，消费者保护的主要依据是《消费者权益保护法》。

通常，消费者保护所涉及的基本权利包括安全的权利、知情权、自由理性选择权、犹豫权（犹豫期内撤销权）、求偿权和获得尊重的权利。

（1）安全的权利

消费者购买产品和服务时，有权保护自己免受劣质产品、有毒有害产品的伤害。有关安全权利的伦理争论之一是消费者的安全是否可以视为一种"货品"，通过市场机制加以解决。支持者认为消费者的安全问题可以通过消费者的购买偏好引导生产者通过自由竞争得以完善：消费者如果需要更安全的产品和服务，他们会为安全的产品和服务支付更高的价格，从而刺激生产者提高其产品和服务的安全性。他们甚至认为，在产品和服务的安全性上依赖政府干预，会有损市场的公平性和效率。只有消费者有权决定其安全偏好，政府不应要求生产者提供超过消费者需求的安全性能。但在反对者看来，"看不见的手"不能有效保障消费者的安全：信息的不对称、非理性的消费决定、垄断市场等都会降低市场配置资源的能力。而安全的权利是一项基本人权，政府必须加以监督并提供基本保障。

（2）知情权

《消费者权益保护法》第8条规定："消费者享有知悉其购买、使用的商品或者接受的服务的真实情况的权利。"第13条规定："消费者享有获得有关消费和消费者权益保护方面知识的权利。"知情权使消费者有权从厂商那里获得产品与服务的真实信息。虽然从交易的公平性角度，生产者有责任提供所有的与产品和服务相关的真实信息，但实际上，这些信息掌握在生产者手中，而几乎没有哪些生产者愿意提供与产品和服务安全缺欠相关的信息。消费者还可以从第三方机构获得相关信息。在有些国家，第三方机构负责收集信息并通过出售信息获取收益，但这种方式很难成为普遍性的模式。收集信息的成本、消费者的支付意愿以及第三方机构本身的信用程度都会成为障碍因素。进入互联网时代后，消费者能够很方便地利用公共信息平台和即时通信工具获取相关信息，但信息的可靠性却难以保证。

（3）自由理性选择权

自由理性选择权意味着能够在众多替代产品和服务中自由选择，其实现的前提条件是市场上有足够多的生产者和需求者，并且他们都可以自由进入或者退出某个市场；同时消费者掌握足够的产品和服务信息。在垄断市场上，自由选择权固然无法实现；即使在竞争性市场上，如果所有的生产者高度趋同，消费者也无从选择。

（4）犹豫权（犹豫期内撤销权）

知识经济和互联网时代的到来，电子商务、网上交易等的数量逐年增加，越来越多的国家倾向于赋予消费者犹豫权。犹豫权的确立，主要是基于产品和服务提供者和消费者权利的公平性。由于在类似电子商务、金融保险等合约的订立过程中，消费者受到专业知识或信息不充分的限制，很容易产生非理性消费的冲动，使选择权及知情权受限，合理的犹豫期是对双方权利的一种平衡。

（5）求偿权

求偿权是指消费者获得赔偿的权利。当消费者受到有缺陷的产品或服务的伤害，或者是不公平交易的损失时，能够获得合理的赔偿。目前世界各国在消费者求偿权的实践中，彼此之间多有不同。一些国家如美国等，惩罚性赔偿力度较高；另一些国家，则尚未有惩罚性赔偿措施。

（6）获得尊重的权利

尊重权主要指消费者的意见得到尊重的权利。当消费者面临产品和服务问题以及产品和服务提供者不公平交易行为时，能进行投诉并有机构针对投诉做出公平处理。我国目前主要是由各地的消费者协会[①]作为处理消费者投诉的机构，其作用比较薄弱，政府相关职能

[①] 中国消费者协会，1984年12月经国务院批准成立，为全国性社会团体，其宗旨是负责对商品和服务进行社会监督，保护消费者合法权益。

部门监控、调节市场的能力还有待提升。

消费者权利受损衍生出各种消费者问题。所谓消费者问题，是指消费者的利益受到生产者和经销者提供的产品和服务的损害而发生的问题，其产生与生产者、经销者、消费者的分离密切相关（Smircich，1983）。当产品和服务提供者普遍不愿意或者不能够履行他们对消费者的责任时，消费者问题就变得更为严重。

卡罗尔的歌声[①]之所以在短时间内风靡一时，恰恰反映了即使在自由竞争市场条件下，消费者权益的保护有时也有困难。中国消费者，由于受制于市场竞争不充分、生产者和消费者地位不均等、政策实施的偏向性及市场监管力度不足等因素，其权益保护更为薄弱。

作为企业经理人必须考虑的问题是企业的道德责任源自何处，又止于何处？应基于怎样的立场来维持企业和消费者之间的伦理关系呢？

6.1.2　企业的道德责任

企业是社会的基本经济单位，在从事生产、流通和服务等经济活动中，将资源按照消费者需求转化为产品或服务，在满足社会需要的同时实现自身的赢利。赢利是企业创造附加价值的组成部分，也是社会对企业的一种认可和报酬。对企业而言，经济利益的重要性是不言而喻的，但对消费者的道德责任同样是企业必须履行的责任和义务，同时也是企业长期竞争力的保障。

1. 主要观点

企业与消费者具有平等的权利和义务，但对何为"平等"则有不同的看法。有关企业对消费者的道德责任，基本上有三种不论点：① 契约论；② 尽责论（适当关注论）；③ 社会成本论。

（1）契约论

契约论者认为产品或服务提供者和消费者之间只是一种契约关系，消费者购买产品或服务就意味着他们和生产者之间达成了合约。契约论认为企业的道德责任不应超出契约的规定，否则就是对有限资源的浪费并影响市场运作的效率。例如，假定消费者自愿购买安全性较低的产品，政府是否应强迫企业承担超出消费者意愿的安全责任呢？按照契约论的观点，消费者愿意用较少的"现金"购买安全性较低的产品，只要生产者不存在故意隐瞒的问题，政府就不应加以干预。如果政府强迫企业承担超出消费者支付意愿的安全责任，消费者将被迫支付更多的"现金"购买他们不需要的功能，使资源不能达到最优配置（降低了资源配置的效率），从而也不能称作完美的"好（道德上的好、效果和效率三者并存）"。

契约论的局限性在于它假定生产者和消费者具有完全对称的信息来源，在契约中不存在故意误导或者强迫的情况。因此，契约论提出了产品或服务提供者的四种道德责任：遵守契约条款的义务、披露信息的义务、不误导消费者的义务、不强制消费者的义务。相对

[①] 卡罗尔的歌声：2009年美国歌手戴夫·卡罗尔演唱的"美联航摔坏了吉他"，10天内在YouTube上下载量达到400万次，使美联航股价蒸发1.8亿美元。

应的，消费者则有支付价款、获得标的物（同时在拒收时具有保管责任）的义务。就遵守契约条款而言，生产者必须具备其所提供产品或服务的必要知识，产品或服务应达到厂商所明示或暗示的质量，并保障产品的可靠性、安全性；在产品寿命周期内提供维修保证；披露的义务则是指卖方应明确告知买方任何可能影响其购买决策的事实，包括产品缺陷、安全或健康隐患等。严格的披露义务还包括产品成分、功能特点、使用成本、产品等级等各项信息。例如，经常使用厨房清洁剂的读者，可能会注意到产自美国或欧盟国家产品的说明书中，都会标注有"本产品可能导致心脏疾病"之类的表述，这种表述既是为了提示消费者产品的潜在风险，也是为了避免因"欺骗"或"隐瞒"相关信息而承担法律责任。不误导的义务重在防止对消费者的故意欺骗，提供明示或暗示的错误信息；不强迫的义务要求产品或服务提供者避免通过影响消费者的情绪等不道德手段促使消费者做出不理智的消费决策，从而剥夺消费者的自由选择权。

契约论是对产品或服务提供者最低的道德责任要求，按照契约论的观点厂商发表否认性声明或者明示产品和服务的潜在缺欠或不安全性，就可以避免相应的责任，因此常被视为底线责任观。

（2）尽责论（适当关注论）

尽责论（适当关注论）建立在如下观点之上：消费者和生产者之间存在信息不对称，因此消费者的权利很容易受到伤害。作为具有知识和信息优势的一方，生产者必须承担适当关注的责任，以保障消费者不受其所提供产品和服务的伤害。在很多伦理理论中都可以找到尽责论的依据，其中以关爱理论的影响最大。关爱理论的核心思想是每个人都生活在"关系"网络中，都应关心那些与我们有关系的人，如父子、夫妇、兄弟、朋友等。产品或服务提供者与消费者之间既不是完全没有关系，但也不具有特别亲密的关系。他们向消费者提供产品或服务，双方因为消费者受该产品或服务的影响而形成了某种关系，从而使消费者有权在需要时获得帮助。对此，产品或服务提供者应予以适当关注，使消费者得到相应的帮助。

与"适当关注"对应的是"疏忽"。疏忽是指可以合理预见但却未能预见而造成损失的情况，因疏忽而造成的损失应该得到赔偿。适当关注责任适用于过错原则，如果生产者已经履行了适当关注（合理注意）责任，则无须支付赔偿。

尽责论的局限性在于，很难确定厂商是否尽到适当关注的责任。同时，尽责论假定生产者应该具有产品或服务的全部知识，能够预见到使用者的风险。这一点，在技术高度发达、产品组件来源多样化、生产制造国际化的今天，实际上是很难达到的。

（3）社会成本论

社会成本论对产品或服务提供者的道德责任要求，是一种严格责任，其程度远超过契约规定或适当关注责任。社会成本论认为产品或服务提供者应该承担由于其产品或服务所导致的任何伤害的全部社会成本，即使他们已经尽到各种责任并采取了合理的措施；同时，产品或服务提供者还应为其员工所导致的损害负责。

社会成本论认为，将因产品或服务所导致的损害成本内部化，可以迫使产品或服务提供者更加关注安全性以避免发生损害。功利主义伦理观对社会成本论的形成有一定影响，认为由于社会成本内部化必然反映在产品的价格中，将会促使社会资源的最有效运用，从而提升整体效率。但社会成本论最大的问题在于其违背了公平性原则，让产品或服务提供者承担所有的道德责任，这既不公平又可能导致消费者因不必对损害结果负责而变得漫不经心，从而造成产品和服务提供者及为其提供保险相关服务的厂商负担过重（Velasquez，2005）。

契约论、尽责论（适当关注）论和社会成本论对道德责任的不同要求，对社会消费环境的塑造有较大影响，在那些倾向于严格责任的地区，产品或服务提供者对产品或服务的性能和安全性具有更高关注度，消费者也更容易维护其权利，但同时也需支付较高的消费成本。

2. 伦理困境

理论上消费者的权益是比较明确的，但实践中仍然存在诸多伦理困境或者道德两难。在卡罗尔的歌声中，舆论似乎一面倒地倾向于消费者，与消费者相关的伦理问题更多被归结为"企业"的伦理缺失。然而，这并不是事情的全部。这里，我们重点考察相关伦理问题的表现、伦理困境及其影响。

企业作为产品（服务）提供商，与消费者之间建立的是一种基于价值的利益相关者关系，这种关系并不仅仅是双边的关系，很可能是一种包括政府、厂商、消费者及竞争者在内的多重关系的组合。厂商应在其中承担相当大的管理者义务（符启林，2007），但在实践中并不是所有厂商都愿意或能够较好履行这些责任。例如，产品或服务的安全性问题，是一个由来已久的问题，第 1 章引例中福特和通用公司在安全性与经济性之间选择了后者，这种选择甚至可能是一种相对普遍的情况。除了产品安全问题外，企业伦理责任的缺失还集中在信息披露与营销、消费者隐私权保护、产品定价等各方面。

伦理困境在于厂商和消费者所面临的情况可能是非常复杂的，通常都难以根据道德原则而做出简单判断。这其中可能包括厂商、消费者以及市场环境等多方面原因。

（1）几个案例

安利（Amway）作为一家知名的保健品行业世界 500 强跨国公司，其直销体系被称为独特的、最无懈可击的激励制度①。安利一直坚持实行无因退换货制度，但正是这套制度，在中国最著名的都市上海，遭遇了滑铁卢（见专栏 6-2）。

专栏 6-2　安利的"退货门"事件

作为最早进入中国市场的直销企业，刚进入中国的安利，按照其在欧美的规定，对安利产品实行"无因全款退货"。无论是出于何种理由，只要顾客用后感到不满意，哪怕只有一个空瓶子，都可以得到安利的全额退款。这套制度一直是安利公司信誉和品牌的象征，美国安利的退货率微乎其微，几乎可以忽略不计。

---

① 微软总裁比尔·盖茨语，案例的直销制度被哈佛商学院收录为经典营销案例。

然而，安利公司在上海却经历了一场"退货门"事件。20世纪90年代中后期，中国消费者才刚刚接触直销行业。在开业不久的上海安利公司门前，排队退款的消费者队伍络绎不绝，很多人拿着半空甚至全空的瓶子等待退款。高峰时期，每天退款额高达百万元。与此同时，安利产品的销售额也出现了巨幅增长。

渐渐地，安利（中国）改变了其美国式的营销模式。凡是退款的顾客，产品用完一半退款一半，如果全部用完则不予退款。

从2007年9月1日开始，安利（中国）的退款规则已经变为："在获准开展直销经营的地区，销售代表及通过直销渠道购买安利产品的优惠顾客，均可获得直销购物保障，自购买产品之日起30天内，只要产品未开封，均可凭购货发票或售货凭证办理换货和退货。"

"所有经销商和通过非直销渠道购买安利产品的优惠顾客，自购买产品之日起30天内，只要产品未开封，也均可凭购货发票或售货凭证办理换货手续（营养保健食品除外）"。

（资料来源：编者整理所得。）

当年发生在上海的这一幕所引发的有关消费者问题的讨论，迄今仍然在很多网络论坛中发酵。正如我们在第5章所讨论的那样，在安利"退货门"中，人们面临的一个重要困境在于信任的缺失。一方面，面对企业的不道德行为，消费者不断发出"我们还能相信什么"的呼声；而另一方面，企业似乎也面临同样的疑问。

在安利"退货门"中，安利公司的决策者面临的问题是：是否应该信守自己的退换货政策。观察这一事件，如果信守进入中国市场时的承诺，公司将面临巨大的经济损失；如果不遵守承诺，管理者也必须考虑公司声誉受损的可能性。

最终，安利公司在中国实行了差别化的退换货政策。从2007年起，中国的消费者只能将未使用过得产品（不含保健品）循原渠道退回经销商。这种差别化的退换货政策，也可以被视为一种市场歧视。那些确实不喜欢安利产品的顾客，将无法享受到其他国家或地区顾客的同等待遇。

安利"退货门"事件只是失信市场的一个缩影。当生产者（服务者）和消费者普遍以不诚信的方式进行商品（服务）的交换，双方利益都将无法获得保障。在这个案例中，我们很难指责安利公司实行歧视性退换货政策。

达芬奇家居涉嫌造假事件则是另一个典型案例。与安利上海"退货门"不同，达芬奇家居事件最后几乎演变成一场公说公有理婆说婆有理的罗生门。自2011—2015年，有关该公司销售的产品造假、价格欺诈和质量问题的争议一直没有停止。根据达芬奇官网介绍，该公司2000年在上海成立，2011年已成为亚洲规模最大、档次最高的家具代理公司，多次获得由《胡润百富杂志》颁发的"最受富豪青睐的家具品牌奖"。达芬奇总公司在北京、上海、广州、深圳、成都、重庆、杭州、中国香港等地都设有分公司和专卖店，代理销售的家具有卡布丽缇、珍宝、好莱坞、阿玛尼、范思哲、芬迪和兰博基尼等100多个品牌。

有关达芬奇家居造假的争议主要集中在"原产地"造假和"出口一日游"方面,厂商、消费者以及新闻媒体、政府监管部门各执一词(专栏 6-3)。该事件的演进一波三折,达芬奇公司方面先是在官微上致歉,继而态度强硬否认媒体报道和质监局的检验结果,并指公司遭新闻媒体暗算。

与安利公司的案例不同,达芬奇家居事件历经数年,是否造假和价格欺诈几乎演变成"罗生门":企业、消费者、新闻媒体、政府监管当局各执一词,隐约可见各种利益纠葛。在这一事件中,达芬奇的管理层既没有拿出令人信服的证据证明其产品质量,也没有针对社会舆论的关注点做出令人满意的反应。在整个事件中,社会公众无从获得更为透明的信息。

有学者在讨论部分中国企业与国际领先企业差距时曾指出,这些中国企业的共同特点是在其商业活动中只关心"套利"模式而不考虑如何创造"消费价值"。"套利"的盛行,使得它们对造假和欺诈缺乏免疫力,在商业活动中更容易将自己陷入各种风险。达芬奇家居事件的最终结局显示,即便是在中国当前的过渡期,没有好的伦理行为,企业是不可能长治久安的。

专栏

专栏 6-3 达芬奇家居的罗生门:消费者、新闻媒体、工商局与达芬奇的口水官司

2011 年 7 月,中央电视台每周质量报告报道指达芬奇公司涉嫌严重造假,报道称达芬奇公司销售的家具中有相当一部分并非意大利生产。在报道中,一位自称为东莞某家具厂负责人的男士提供了深圳达芬奇公司付款的电子回单,在达芬奇专卖店售价 30 多万的双人床出厂价仅为 3 万元左右,所使用材料为一种高分子的树脂材料、大芯板和密度板,并表示它们的生产完全按照达芬奇公司的要求进行。而达芬奇方面则表示达芬奇在国内销售的意大利品牌家具,均为在意大利生产并原装进口至国内的产品。7 月 13 日,达芬奇召开了情况介绍会,来自新加坡的达芬奇总经理潘庄秀华(Doris Phua)在会上声泪俱下,虽然承认她与东莞某家具厂有过合作,但表示该合作生产的是国内品牌富尔敦,不属于达芬奇品牌系列。

11 月 23 日,广东卫视在《广东早晨》栏目中播出了"名牌家具疑出自山寨厂"的采访,称对顺德某山寨家私厂暗访时发现该厂有标明是"达芬奇顺德分公司"的订单,该厂无牌无证并使用劣质化学原材料。顺德市场监管局在 25 日晚发给广东卫视记者的回复中称,媒体曝光顺德某山寨家私厂代工,为某达芬奇公司加工生产家私配件,涉嫌无证无照生产和质量问题。该厂负责人表示是佛山市顺德区达芬奇家具实业有限公司委托其进行加工生产相关家具的,而不是广州的达芬奇公司。

这期间,国内一些新闻媒体对事件进行追踪报道,并指出按照国内当时的交易模式,一些在国外注册的品牌虽然在国内制造,但从国内口岸出口再转运回国内或者只是在保税区内转一圈后被作为原装产品销售。媒体质疑这种行为涉嫌造假。7 月 18 日达芬奇公司在其官方微博贴出一封"致消费者的公开道歉信",表示:"对于有关媒体对达芬奇部分家具提出的质疑,主要集中在某些产品产地标注问题、质量问题以及不规范宣传问题,本公司虚心接受政府部门、媒体以及社会公众的监督,并已开展内部清查整顿工作。"

但自2011年9月起,达芬奇公司删除了官方微博中的致歉信,并反击媒体报道不实。达芬奇在官方微博上发布了"关于《东方早报》报道不实的严正声明",又解释"一日游"并非欺诈,而是报关模式不同。11月23日,达芬奇公司在其官网发布消息称广东电视台栽赃达芬奇,否认公司与佛山市顺德区达芬奇家具实业有限公司有任何关系。广东电视台则要求达芬奇公司公开赔礼道歉,并称执法人员正在对该厂是否广州达芬奇公司代工生产进行深入调查。

在整个事件中,有北京消费者质疑自己花280万元购买的卡布丽缇家居产品存在质量问题,上海、哈尔滨等地也陆续有消费者投诉产品质量问题。12月23日,上海市工商局向达芬奇家居股份有限公司发出了行政处罚决定书,对该公司经销的"卡布丽缇"家具未配有中文说明书、不符合国家强制性标准,以及部分产品经检测有部分指标不合格的行为,决定没收不合格产品,并处133.42万元罚款。

面对上海工商局的处罚,达芬奇以强硬方式拒付罚款,公开发表声明称公司从未造假,并宣称将提出行政诉讼。上海工商局则回应"对于达芬奇公司提出行政诉讼,工商部门将依法应诉,相信法院会作出公正的判决。"

面对消费者投诉,虽然达芬奇对外宣称处理了占总数90%、高达1.2亿元的消费者退赔请求,但上海消保会方面认为可核实退赔信息的仅为10余人,且全部属于已付定金但尚未取货的消费者。

2012年1月1日,《新京报》头版登出"达芬奇报案称遭记者暗算"的标题新闻,报道引述达芬奇方面的说法,称其汇款100万元摆平"造假门"。随后达芬奇在其官微中挂出一段与自称崔某的中间人的录音,但录音中未出现央视收钱的内容。对达芬奇的质控,央视报道记者随后在深夜发表声明要求达芬奇负责人立即停止诽谤和诬陷等违法行为,消除影响,赔礼道歉。

2012年2月新闻出版总署联合调查组通报称央视报道基本属实,不存在收钱的问题,但存在结论不严谨的问题。2012年,首旅集团用资产置换方式,以33.8%的股份成为达芬奇家居最大股东。2014年公司创始人潘庄秀华离职。其间,达芬奇还因店员罹患急性髓系白血病事件,再次进入公众视线。

(资料来源:摘自2011年7月10日央视每周质量报告、7月13日上海东方卫视东方新闻、7月14日北京晚报、11月28日广东电视台报道、12月23日新民晚报、12月26日东方早报、2012年1月1日新京报、2014年7月6日新金融观察报、达芬奇情况介绍会现场影音资料等。)

在讨论企业与消费者关系中的伦理问题时,一个非常重要的问题是厂商的道德行为是否受到"奖励"、不道德行为是否受到惩罚。如果市场上普遍存在信息不透明问题,消费者很难透过"购买行为"向厂商表达"奖励"或"惩罚信号"。

在这种情况下，诚实守信的企业发现柠檬市场效应[①]开始作用于它们自身，它们为提高产品、服务安全与可靠性所支付的成本无法体现在价格中，此时，伦理困境不再是单个企业所面临的问题。在普遍的"大众货品化"[②]时代，同质化市场竞争和消费者低价偏好经常迫使生产者过度追求价格竞争，市场信号失灵问题就更为严重。

一些生产者也经常用下面的理由为自己辩解：生产者与消费者是相互依存的，如果不道德是一种普遍现象，那么作为个体的"我"是无能为力的。

☞ 你同意这样的辩解吗？理由何在呢？

（2）对消费者的道德责任与企业竞争力

有人认为个体企业只是市场竞争中的一叶孤舟，必须在风浪中艰难地保持道德与现实的平衡，而这种平衡又恰恰是最难以实现的。受各种因素影响，有些企业试图在道德和不道德之间寻找平衡。问题在于抗拒道德的"平衡"是无法持续的，一旦越过底线就如同打开了潘多拉的盒子。只要试图突破伦理准则的约束而去寻求所谓"最佳平衡点"，就不可能保住最基本的伦理准则，那些倒掉了的企业如此，后续的尝试者也不例外。

整体道德失范的危险性还在于，任何人都可能不得不为他人的失范行为埋单，从而最终降低了整个社会的竞争力。在过去的20多年间，中国商品的形象在俄罗斯经历了从廉价货到劣质货的变化。这种变化与那些不道德商人的行为有直接关系，先进入这个市场的商人也许赚得盆满钵满，但后来者（即使是守法的后来者）却要承担其恶果。中国品牌的困境不仅发生在俄罗斯，在美国知名保健品公司GNC的网站上曾有一位消费者留言："我再也不想在GNC买东西了，我付了大价钱，竟然是中国制造！"虽然这只是个别人的评论，但确实值得我们警醒。只有建立对中国制造的信任，中国产品才能有真正的竞争力。

从长远的观点来看，一个有竞争力的企业首先必须是一个有道德的企业，一个道德上的"好"企业、一个赢利能力上的"好"企业和一个商誉上的"好"企业，它们之间并不矛盾。费雷尔（2005）曾经指出，如果企业的道德决策做得好，利润将或多或少地持续最大化；利润和道德之间具有直接关系。虽然在短期内道德形象可能无法给企业带来直接的利润回报，但在一个成熟、健康的市场上，消费者总是倾向于选择那些看起来更有道德的企业。不道德的商业行为，是企业失去长期顾客的一个关键性因素。

也许有读者会质疑这些观察和结论，甚至还会举出安利公司遭遇退货门的事件作为依据，争辩说当消费者和整个市场的道德水平处在相对较低的阶段，企业的道德并不能带来利润。这种说法或许不能说完全没有道理，但却是非常短视的。在一个不完善的市场上，劣币驱逐良币现象的确存在，迎合市场缺欠甚至主动采取不道德行为的企业也许可以在短时间内获得较高的利润。然而，正如三聚氰胺事件所显示的，不道德的决策最终是一个不

[①] 柠檬市场（也称次品市场）效应，是指在信息不对称的市场中，在极端情况下，会导致市场的萎缩和消失。1970年阿克罗夫发表了"柠檬市场：产品质量的不确定性与市场机制"一文说明了柠檬市场效应：卖方拥有更多信息，信息的不对称导致买方不相信卖方，其应对策略就是压低价格以避免风险；而如果价格过低，卖方也不愿意提供高质量产品，从而造成劣质产品将优质产品逐出市场的效应。

[②] 所谓大众货品化，是指由于技术进步、市场竞争，企业所提供的各类产品（服务）在质量上日趋成熟，相互之间差距较小，竞争主要体现在价格和成本上。

可能达到双赢的决策。

我们已经看到，乳制品行业集体失范的结果是国产奶粉集体损失市场。根据山东青岛海关公布的数据，2010年前8个月，进口奶粉价格上涨两成，洋奶粉尤其是原装洋奶粉供不应求。在中国香港、澳大利亚疯狂扫货的水客、淘宝店上众多贩卖洋奶粉的网店，它们业务量的急剧增长，可以为此加上一个脚注。截至2015年，这一趋势不仅没有停止，甚至一些北欧国家也面临中国消费者抢购问题。

喜欢以消费者低价偏好为企业不道德行为辩护的决策者，可能忽略了一个事实：消费者的"效用"并不是仅体现在使用价值上，还体现在他们对企业道德形象的认同上。当企业的价值观违背消费者自身价值观时，大多数消费者会拒绝接受该企业的产品和服务。市场竞争的历史表明，那些建立了良好道德形象的企业更容易获得消费者的青睐，在发生品牌危机时也能快速恢复。强生公司对泰勒诺胶囊事件的处理就是一个典型（专栏6-4）。

专栏

专栏6-4　强生公司泰乐诺胶囊事件

强生公司生产的拳头产品泰乐诺胶囊在20世纪七八十年代非常受患者欢迎。1982年，泰乐诺占据了止痛药店面交易市场额的35.3%，销售总额达3.5亿美元，占强生公司总销售额的7%，利润总额的17%。

1982年，泰乐诺卷入一次中毒死亡事件，公司遭遇严重的产品安全危机，其市场份额一度骤降至不足7%。强生公司采取了一系列措施应对危机：立即回收分布在全美各地店面的3 100万瓶药品、向大约50万名购药者通报该胶囊受污染的信息、在一周内开通顾客免费热线电话并及时发布准确信息；公司还安排从董事长到高级职员各个层级的管理者在媒体公开回答公众质疑并免费为顾客调换药品。

事件发生后，根据美国国家食品药品管理局的调查，药品中的有毒成分并不是在生产过程中混入的，疑似有人对店面销售的泰乐诺做了手脚。整个事件中，强生公司诚实、守信、公开、透明的处理方式赢得了消费者的信任。至次年5月，泰乐诺的市场份额重新攀升到35%。

（资料来源：该案例已经作为经典案例被选入诸多教程，读者也可以参阅 Business Ethics: A Textbook with Cases"、"Managing Ethicis: an International Perspectives"等教程。）

强生公司的案例并不是个案，本书第1章曾引述了默克公司为非洲贫困者开发治疗河盲症药品的案例，当默克公司的领导者选择了较高的道德标准时，他们也赢得了消费者的尊重，在长期的市场竞争中取得了竞争优势。

但令人遗憾的是，强生公司在美国市场和中国市场的表现却大相径庭。也许我们不得不思考，为什么跨国公司在中国市场和海外市场的表现会有如此大的差异？我们的市场机制在强制企业遵从其道德责任和法律责任方面是否还有不完善甚至不合格的地方？

6.2 安全与尽责问题

向消费者提供符合安全和健康标准的产品和服务，是企业的基本责任。按照国际标准化组织的定义，质量是指"反映实体满足明确和隐含需要的能力的特征总和"（刘红叶，2007）。质量特性可以从性能、寿命、可靠性、安全性和经济性等几个方面评估，其中最重要的指标是安全性和可靠性。可靠性是指在产品和服务规定使用条件和寿命周期内，完成规定性能的能力（Velasquez，2002），可靠性是安全性的基本条件。

改善产品和服务的可靠性与安全性，是当代中国社会所面临的重大问题，对产品安全的疑虑已经成为影响普通民众幸福感与满足感的重要制约因素。

在这一小节，我们将从三个方面进行讨论：① 企业应如何定义产品和服务的安全性？② 应如何在企业和消费者之间分担安全责任？③ 影响企业伦理决策的因素有哪些？

6.2.1 产品（服务）质量与安全

产品（服务）的质量与安全水准是一个相对的概念，没有绝对好的或安全的产品（服务）。这涉及技术和经济两方面的原因：一方面，层出不穷的新技术使产品（服务）质量和安全性评估面临诸多不确定性。另一方面，产品和服务的经济性，也制约了质量和安全性能无限提高的可能性。技术上有可能达到的最高级别的质量水平和安全性，也可能是消费者完全支付不起的。硬性规定超过消费者需求的质量和安全性要求会使某些消费者被剥夺购买"适宜"产品和服务的机会。

在有关产品质量尤其是有关产品安全的伦理决策上，经常存在一些"决策困境"。例如，当我们过度强调产品或服务的安全性时，固然可能对某些消费者不公平（消费者可能无法支付），但若完全以消费者需求作为安全性的判断标准，同样会形成不公平（受制于知识和信息的有限性，消费者经常无法做出明智、理性的选择）。因此，需要确定"合理"的质量或安全标准。

1. 安全与安全标准

从法律意义上看，产品和服务的安全包括两层含义：消费者的人身安全以及财产安全，即，消费者使用产品和服务时，其生命安全和利益不受危害或损失。如果在使用产品和服务的过程中，消费者遭受不合理的危险，则该产品和服务将被认为是不安全的，也就是有缺陷的。

美国1965年《侵权法重述（第二版）》就将安全缺陷定义为"不合理的危险"（亚伯拉罕和泰特，2006），欧盟《指令》则将其定义为"有权期望某产品是安全的但其并不安全"（张云，2007），英国的《消费者保护法》也有类似的表述（罗超编，2007）。这几个国家对安全缺陷定义的共同理解是产品和服务缺少消费者所期待的安全性而对其人身或财产造成不合理的危险，对安全缺陷的定义通常以在正确使用范围内为限（李义松，2000）。

回忆我们在第1章所讨论的福特和通用汽车公司在安全问题上的商业决策，虽然这两家公司已经在内部测试中发现了安全问题,但它们并未对公众公布这一信息。按照当时的标准,这些后来被证明有安全缺陷的产品仍然得以正常销售。在 Pinto 车频发事故之后的十余年,消费者才取得了法律上的胜诉。在很多情况下,所谓"合理的安全期望值"可能是模糊的,需要制定安全技术标准并以法律的形式予以保障。

通常,安全技术标准包括国际标准、国家标准、企业标准等。标准存在的意义在于通过一种所谓的"标准"向消费者传达明确的产品或服务质量信息,消费者可以根据接收到的信息对产品或服务质量进行判断从而自行做出购买决策。

2. 安全标准的判断

企业实施歧视性的质量标准可能会导致相当不良的后果。一旦消费者具有较高的支付能力,将会快速抛弃该企业的产品和服务,严重情况下甚至损害整个行业和国家的竞争力。因此,讨论产品和服务安全的道德问题时,应从多个角度进行评价。以下是经常被考虑的因素。

(1)技术和经济。从技术上评估产品和服务的安全性是确保"合理"安全的底线。企业还应评估需要通过多大程度的努力、花费多大成本,可以达到什么程度的安全性。技术和经济角度的安全评估,经常采用费用—效益分析方法,但不是所有的安全问题都可以采用这种方法。涉及人身安全的问题,不能单纯考虑技术和经济分析,这样做显然不符合社会的道德标准(参见第 1 章引例)。需要指出的是,很多安全问题的产生都与将价格竞争所导致的过度成本控制有关。在这个问题上,市场环境与企业决策都是重要原因。

(2)安全风险。对产品和服务安全风险的评估,主要考虑使用该产品或服务的消费者可以接受的安全度。在评估时,除了技术性评估问题,还要考虑使用者的价值和价值观问题。例如,在涉及儿童、医疗、卫生、教育等行业的安全问题时,必须考虑到这些问题总能激起公众特别的关注。对企业而言,安全度必须控制在可接受的风险程度上,才会被视为合乎道德标准。

(3)社会接受程度。企业可以在技术经济评估和风险评估的基础上,为自身的产品和服务订立质量标准。不同社会由于存在文化和经济发展水平的差异,对标准的要求也有所不同。标准的制定通常都与社会接受程度基本同步。不同市场对产品可靠性和安全性的要求会有所不同,会使产品标准存在一定的差异性。

3. 双重标准问题

不同市场区分可能产生针对不同地区的双重(多重)标准。双重(多重)标准是否符合道德要求,则取决于多种因素。技术、经济和安全风险是否可接受,是一个重要标准。

针对双重标准的道德争论,主要集中在是否存在"歧视"以及企业是否"诚实"两个方面。例如,中国市场上存在的一些双重标准,很多情况下是针对国内外市场制定不同质量标准,这使得面向国内市场销售的产品在安全性和可靠性方面低于出口产品。根据国际标准化组织的统计,目前中国标准中仅有不足 40%是按照国际标准设置的。

由于国内的一些标准低于国际标准,从而导致这些企业实施双重标准并不违反中国法律。例如，当麦当劳的麦乐鸡因含有聚二甲硅氧烷和特丁基对苯二酚两种有害成分在美国被强制下架时，麦当劳中国公司却宣称其产品符合中国有关食品添加剂的相关标准。很多消费者质疑跨国企业在中国市场上的一系列质量和价格歧视行为，某种程度上，这种歧视性待遇正是安全标准过低造成的。双重标准导致了一些国内销售产品（包括国际品牌）频繁出现安全质量问题。

☞ 有厂商将双重标准归咎于市场竞争和消费者价格偏好，你同意吗？请说明理由。

6.2.2 尽责与安全责任分担

有关主要利益方（企业、消费者、立法与监管机构）对产品和服务安全的责任分担问题，需要考虑多种因素。在很多情况下，企业和消费者都需对产品与服务安全问题负责。

1. 企业的尽责与免责

产品责任又称产品侵权损害赔偿责任，厂商对于产品潜在风险的责任承担问题，大致有三种情形：明知产品中隐含风险而没有告知、明知产品中隐含风险并告知消费者风险、事前未知产品中隐含风险。前两种情况下，厂商应当承担所有的责任并有可能被加重责任处罚。

按照一般的道德原则，掌握更多权势的人需要承担更多责任。相较于消费者，厂商因其所处的优势地位而负有保护消费者权益不受伤害的责任。如果厂商没有履行责任而使本可预见和避免的安全损害发生，就被视为没有尽到审慎之责。产品和服务安全方面的尽责理论，正是建立在厂商的这一道德责任基础上的，其应尽的审慎之责体现在从产品设计到售后服务的整个过程中。

（1）设计。设计是指在某一特定目标指导下，对该目标的实现过程、方式、手段所进行的规划（姜松荣，2009）。在产品设计过程中，除满足消费者需求外，还应考虑安全标准。这里的"安全"不仅包括产品本身的安全性，还包括产品使用过程中消费者由于不熟悉产品或产品使用工具可能产生的安全风险。作为产品和服务提供者，厂商应开展必要的研究以预见可能的风险并加以预防；因生产者本身知识不足而未能预见的安全风险，属于未履行审慎之责。

（2）原材料选用。原材料的选用直接影响产品质量是否能达到设立的标准，厂商审慎履行其应尽之责包括对原材料质量、原材料应用后果、产品使用条件变化对原材料安全性的影响等方面进行审查和研究，也包括承担选择合格供应商的责任。供应链管理虽然未体现在所有法律体系中，但供应链管理通常被认为是厂商尤其是大厂商重要的道德责任。

（3）生产过程和质量控制。生产中的责任主要体现在对生产过程的控制以保证最终产品的质量，在生产过程中应尽可能避免任何安全隐患的存在，包括避免因节约成本而降低产品的可靠性和安全性。生产厂商应建立有效的质量控制体系以确保产品质量能够满足消费者需求，还应建立详细的质量监察数据库，记录相关信息。

（4）信息发布。生产厂商应通过产品包装、标签或产品使用说明书向消费者披露有关产品质量、潜在风险等安全信息。在产品信息发布方面，不同国家之间标准差异较大。有些国家要求在所有产品的每一份包装单上，详细说明产品的成分、制造商、分包商、销售商的联系地址、电话等信息，以保障消费者可以获得足够的信息（Boatright，2008）。厂商还应详细说明产品使用过程中可能存在的安全风险，特别是对供某些特殊消费群体（如儿童、智障者、医疗用品消费者）使用的产品，更应充分考虑使用对象的能力，对那些在使用过程中可能产生严重伤害的产品，应严格控制销售过程并给予消费者充分指导。

由于履行审慎之责后通常可以免除或减轻厂商的产品责任，一些厂商倾向于将各种潜在的产品安全风险列入产品使用说明书，以期免责或减轻责任，这种趋势已经越来越明显。厂商将本应直截了当提供给消费者的关键信息湮没在厚厚的产品使用说明书中，消费者可能会遗漏真正与安全风险相关的关键信息。这种情况不仅发生在有形产品中，在金融服务等无形产品领域中也经常存在。

对此，有些国家已经开始强制要求厂商将关键性信息加以单独、明显的标示。但由于监管部门不可能穷尽所有的可能性，因此是否将不利于厂商的关键信息隐匿在一堆无用信息中，基本上还是取决于厂商的道德自律。

2. 消费者和政府的责任

消费者和监管机构也应负有审慎之责，他们对产品安全同样可以发挥作用。

（1）消费者的影响

理论上，在市场经济条件下，消费者的选择（安全和价格偏好）将引导企业实现资源的最佳配置。当多数消费者具有较高的安全偏好，并愿意为此支付较高价格时，厂商将选择提供更安全的产品和服务。随着市场供求关系的变化，具有更高安全性能的产品和服务将占据主要市场地位。反之，当多数消费者过于偏好低价时，努力降低成本以吸引消费者就成为厂商的理性选择。但消费者的影响只能解释产品安全问题的部分原因。类似达芬奇案例中的问题，显然无法用消费者的低价偏好来解释。消费者的消费决策经常是非理性的，低价偏好和炫耀性消费，都是常有的现象。以消费者偏好推卸厂商的责任，不仅存在道德上的争议，并且也可能是短视的行为。

（2）立法及监管机构的影响

立法和监管机构对产品与服务安全具有相当大的影响。消费者和厂商之间的信息不对称，需要第三方干预加以解决。从立法的角度来看，国内在消费者保护和厂商责任监管方面相对落后，对违规、违法行为的惩罚力度不足，造成违法成本很低，很多无良厂商无须考虑不道德行为的成本问题。

此外，监管技术薄弱、信息不透明等也使消费者很难根据市场信息做出理智的消费决策，一些行业组织也往往倾向以强大的游说力量影响政府监管。这时，消费者保护组织、立法及监管机构以及其他第三方组织之间的合作与博弈，将直接影响消费者保护的力度和厂商不道德营商行为的成本。历史上，烟草、制药等行业都经历过行业游说与消费者保护之间的博弈。这一过程中的主要道德问题在于厂商是否对立法和监管过程施加了不当影响。

> 专 栏

专栏 6-5　中国乳品国家标准之争

2008年中国乳品行业发生强震,三聚氰胺事件激起公众对乳品安全的极大担忧,出台新国标势在必行。次年12月,国家卫生部公布了食品安全国家标准审评委员会名单,对新的国家标准进行审评。2010年3月经卫生部批准公布了66项乳品安全新国标。

新国标一经公布,被很多媒体和行业专家称为"全球最差标准",其中两项关键性指标"每克生乳菌落不超过200万个、每百克生乳蛋白质不低于2.8克",而欧美国家这两项指标的标准分别为10万个和3.0克。根据前期曾参与乳品标准讨论会的专家的说法,2009年8月专家会议通过的最终送审稿采用的是每克生乳菌落不超过50万个、每百克生乳蛋白质不低于2.95克的标准。

面对争议,卫生部召开例行新闻发布会,称该标准"符合中国国情和产业实际,注重可实施性",并"按照国际通用原则,改进了微生物采样方案,与国际标准的要求完全一致"。

对此,内蒙古奶业协会会长表示该标准保护了奶农利益、符合行业现状;如执行送审稿标准,则70%的奶农要杀牛。但是,广州奶业协会则认为该标准一夜之间倒退25年,是全球最差标准。

一些人士认为本次标准是大企业操纵的结果,真正受益者是大企业而不是奶农。菌落问题主要是生产企业设施而非奶农的问题,蛋白质含量低也与企业收购价格过低有关。

(资料来源:根据人民日报"谁在制订食品安全标准:专家讲述新国标出台过程"和新华视点专题访问"乳品新国标:杠杆向谁倾斜"改编。)

专栏6-5所讨论的乳制品安全标准之争,涉及大企业与政府监管问题。监管过程中的信息透明被认为是一个关键环节。我们利用第3章所提供的决策模型,对所涉及的伦理问题进行分析。

根据人民日报的评论,"内部待议稿上显示,巴氏奶标准初稿的起草单位是蒙牛乳业集团,生鲜乳标准由伊利集团起草,酸奶标准则由光明集团起草。"乳企对绑架国标的说法予以否认,认为负责起草并不代表企业单方意志,企业绑架和左右标准的说法难以成立。但由于缺乏信息透明,这一说法很难得到社会公众的认可。

乳品新国标的争议主要在于新标准的制定是否存在利益冲突。我们先从伦理决策角度讨论受该标准所影响的利益相关者。本案例中涉及的相关者主要是企业、消费者、奶农、政府及专业人士。该标准出台后,舆论普遍认为大企业利益得到了保障,实施该标准使大企业能够以更低成本获得原材料;但有些小企业在试图获取优质奶源时,可能面临困难;奶农暂时可能是受益者,但从长远来看也可能是潜在的受损方。

从消费者的角度来看,乳品的争议使消费者无法认同该标准的品质保障,一些消费者转而寻求国产乳制品的替代产品。中国消费者开始在全球范围大量采购原产地为欧洲或者澳洲、日本的乳制品,这种消费模式最终将导致中国本土企业丧失竞争力。

从经济伦理的角度分析,政府的作用在于保障市场竞争环境而不是直接裁决谁输谁赢。虽然卫生部门多次强调,新标准的制定没有接受企业金钱游说,也坚持认为专家组在制定标准时是非常独立的,但似乎并未能说服公众相信该标准是一个可以被接受的标准,是一个进步而不是退步的标准。在本案例中,消费者知情权和话语权受到信息不透明的影响,迫使他们转向他国产品。从伦理决策的角度,卫生部出台的标准本身是否合理已经不是关注的重点,更重要的是制定标准的程序是否符合公平、公正的原则。

3. 影响厂商决策的主要因素

在产品安全与尽责问题上,做出最终决定的还是企业及其决策者。如果他们在决策中不考虑道德底线,仅依靠消费者、立法者和制度监管,是不可能取得好效果的。或许也可以这样说,厂商的道德水平决定了最终的决定。专栏 6-6 的案例清楚地显示:从事商业活动的个体不受商业道德约束时,会发生怎样恶劣的情况。

专栏

专栏 6-6　山东食药监局公布非法买卖疫苗事件

2016 年 3 月 19 日,山东省食药监局发布了《关于庞某等非法经营疫苗案有关线索的通告》。通告称,向庞某等提供疫苗和生物制品的上线线索 107 条、下线线索 193 条以及 300 名买卖疫苗人员名单。

2015 年山东省济南市公安局侦破一起非法经营疫苗类产品案件,发现大量未经冷藏的疫苗类产品流入全国多个省份,包括安徽、北京、福建、甘肃、广东、广西、贵州、河北、河南、黑龙江、湖北、吉林、江苏、江西、重庆、浙江、四川、陕西、山西、山东、湖南、辽宁、内蒙古、新疆 24 个省份。

经查,该起非法疫苗买卖案经营时间长达 5 年之久,累计涉案金额 5.7 亿元。此前,2009 年庞某就因非法经营疫苗被处有期徒刑 3 年、缓刑 5 年。在此次事件中,庞某毕业于医学院的女儿也有参与。根据公安机关通报,截至 2016 年 3 月 18 日,已有 6 人被逮捕、10 人被刑事拘留、5 人取保候审。

(资料来源:山东食药监局通告。)

此案公布后,在全国引起极大震动。该起非法买卖疫苗案只是一个缩影,在其他行业也存在类似问题。例如,非法添加瘦肉精、非法使用农药等问题,一直是国内食品安全的重大隐患。根据国内媒体公开报道,畜牧业养殖非法添加瘦肉精在一些地区广泛存在。一些养殖户将自己消费的畜只和对外销售的畜只分开饲养。另一些食品生产者,从不使用自己加工销售的产品,他们宁可到其他厂商那里去购买。这里面似乎有一个很奇怪的悖论:我的产品有问题(这意味着我没有尽到责任),所以我购买其他人的产品(这意味着我认可其他人的产品,他们是尽责的)。问题在于,如果每一个人都这样思考,是不是意味着除了

"我"之外的所有人,都是尽责的呢?对其他人来说,"我"是尽责的人。这样一来,所有的人都是尽责的人。反之,将每一个"我"集合在一起,所有的"我"又都是不尽责的。有人将这种现象称为"异粪而食"。对此,我们可能更需要分析影响厂商决策的关键性因素。

厂商的决策更多受组织价值观与伦理氛围、决策者个体的道德与社会因素以及组织伦理审核强度的影响。

(1) 组织价值观与伦理氛围

企业价值观对产品安全和尽责问题的影响,直接决定了企业对利润与商业道德和社会责任关系的处理方式,尤其是在发生伦理困境时,缺少道德意识和道德警觉的决策者很难做出正确的选择。组织价值观与组织文化密切相关,组织文化作为一系列观念、理念和价值观的集合,决定了组织的伦理氛围,是企业在应对组织内外环境过程中逐渐形成和发展起来,并不断被传递给新的组织成员并指导其行为的价值观的体现(Schein,1984)。通过共同的组织文化,组织成员能够产生集体感、忠诚感和归属感。良好的组织文化有助于建立稳定的组织体系,为组织及其成员提供理论指导和行动方向(Smircich,1983),这将有助于减少组织内部不道德行为的发生。

在那些完全以绩效为导向而忽视企业社会责任的组织中,在股东利润最大化的口号下,任何影响企业利润的道德责任都不在其考虑范围内。为寻求廉价替代品而降低对原材料质量的控制标准、为节约成本减少产品检测和安全控制措施,以满足消费者低价偏好的名义降低产品质量等不道德行为,都是比较常见的。其道德决策具有明显的功利性:能够带来利润的道德原则是可以"接受"的原则,否则就是"不现实"的原则,甚至为了利润,超越法律底线也是可以接受的。

(2) 决策者

个体决策者虽然受组织文化和伦理氛围的影响,但面临困境时每个人仍然有不同的选择。即便是在一个充满竞争和完全以绩效为导向的团体中,仍然有人能够在关键时刻做出符合道德的决策(弗里切,1999)。显然,个人价值观、个人经历以及个人道德的发展水平直接影响其最终决策。按照科尔伯格(1981)的道德发展阶段说,处于较高道德发展阶段的人比处于较低阶段的人更易于作出符合伦理的决策。

个体的经验和风险偏好也在某种程度上影响决策。经验丰富、掌握更多信息并且具有较高风险偏好的个体,在面临诱惑和机会时,更有可能做出不道德的决定。

对个体道德选择的压力,既可能来自组织内部(例如,利润或绩效要求),也可能来自组织外部。最近二三十年,产品责任问题的不断出现,除了企业或其决策者的道德因素外,整个社会道德水准的降低也是重要诱因。

(3) 伦理审核强度

我们在第3章介绍了伦理审核的基本步骤。在实践中,决策者进行自我伦理审核的能力和强度也可以影响其道德决策。经常思考以下问题的决策者可能更具有道德敏感性。这些问题可以归纳为:一旦产品和服务出现责任问题时,公司和消费者的损益情况如何?发生可预见的危害或获取利益的概率有多大?我跟受益人或受害人有关系吗?一旦问题被公开,舆论会如何评价?该问题持续的时间有多长?是不是只有我一个人负责?答案越肯定,决策时发生不道德行为的可能性就越低。

6.3 信息披露与道德营销

产品、服务与消费者关系中的伦理失范问题，还表现在信息披露与营销管理中对消费者权益的损害。

6.3.1 信息披露

信息作为一种重要的沟通工具，其公开性、透明性和准确性是消费者权益保障的基本条件。信息披露主要是指企业用公开方式，通过包装、广告、产品说明书、传播媒介等，公开与产品和服务相关的重要信息，以利于消费者做出理性的判断，合理选择是否购买该产品或服务。信息披露，除了描述产品属性功能外，还可以将企业的经营理念、价值观传递给消费者，从而与消费者建立更多的精神联系。

1. 基本伦理原则

在信息披露中应遵循以下基本原则，具体包括如下内容。

（1）诚实守信原则。诚实永远是最好的武器。诚实守信要求企业向消费者真实、准确地描述、传播有关产品性能、质量、规格、品种、特点等相关信息，"真实告知"是其中的关键。

（2）公正平等的原则。公平是商业活动所要遵循的基本道德原则，产品与服务中的公平主要是指交易双方在人格、权利和义务方面的公正与平等，是建立在等价交换基础上的利益均衡。

（3）不损害公共利益的原则。信息披露过程中应遵循公序良俗，以不损害公共利益为底线。消费者有各种各样的需求，生产者不能以迎合、甚至诱导不良习俗和消费欲望为目标发布或隐瞒各种信息。

2. 不道德行为

信息披露中与消费者相关的不道德行为主要表现为：欺骗性宣传和侵犯消费者隐私权等。

（1）欺骗性宣传

欺骗在信息披露中是一种常见的手法，是指以虚假的语言或行动蓄意误导消费者的行为，包括虚构、篡改研究数据、夸大产品功能、蓄意捏造不实信息、诋毁竞争对手、仿冒与造假等。欺骗不仅直接损害了消费者的知情权，同时对所有利益相关者而言都是一种资源的浪费。虚假信息的泛滥，将会增加整个行业和全社会的交易成本，减少社会福利。

厂商的欺骗行为中，仿冒与造假，可能是最令人头疼的不道德行为。不仅是中国大陆地区，全球很多地方都存在严重的造假问题。仿冒和造假不仅涉及消费者权益，同时也涉及对被仿冒对象的权益问题。

产品与服务中的欺骗行为可能很轻微，甚至轻微到不会被消费者察觉的程度。有些则很严重，甚至可能被追究刑事责任。对不同类型的欺骗行为，企业应该区别对待还是采取零容忍态度呢？

有些企业认为，对任何欺骗行为都应该采取零容忍态度，有些企业则认为如为了获取利益或没有造成实际损害，则可以"适当"容忍欺骗。对欺骗的不同态度，直接决定企业的道德决策。中国台湾地区作家刘墉在《我不是教你诈》中讲述了一个女职员从算错账开始，逐渐试探、算计老板的故事。从根本上讲，轻微的欺骗，最终都会变成弥天大谎。能够为了所谓公司利益欺骗消费者的雇员，也很可能为了个人利益欺骗公司。

（2）侵犯消费者隐私权

乔治·奥威尔的《1984》和唐纳斯·马克的《窃听风暴》都描述了公民信息被监听和控制、隐私权受到侵犯的情景。在高度商业化的时代，消费者信息的被监控并不是个例。即便在互联网出现之前，大公司就利用专业化数据收集公司采集、记录全球数百万消费者的个人信息（维克托迈尔和肯尼思库克耶，2013）。客户信息的收集和使用是一个十分敏感的话题。

在向消费者提供产品和服务的过程中，厂商不可避免地或主动或被动收集消费者相关信息，这些信息属于消费者隐私权保护的范围。

传统上，消费者信息的使用采用消费者知情同意的方式，由消费者授权厂商合理使用。一些厂商可能采取欺骗的方式，不合理使用或者转售消费者信息。在专栏 6-7 中，中国香港八达通公司出售客户信息获利的事例，就属于这种情况。

专栏 6-7　八达通公司使用客户信息是合法的吗？

八达通卡是一种非接触式智能卡，在中国香港被广泛用于公共交通和商业支付中。至 2010 年，其市面流通数量已达 2 000 多万张。根据八达通公司推出的"日日赏"计划，客户申请该优惠计划时必须同意向八达通卡公司提供个人数据，作为八达通卡公司、附属公司、联属公司及商务伙伴推广产品及服务使用。如未能提供正确数据，则无法享受"日日赏"服务。八达通卡在"个人资料申明"中也列明在卡主不反对的前提下，公司可将用户资料用于推广和直销。日日赏该计划收集了约 240 万用户的个人信息。

2010 年，陆续有八达通卡客户收到信诺环球保险公司的推广电话，怀疑个人信息被泄露，但该公司在公开回应中称旗下公司从未向任何机构出售客户个人资料。很快，有公司前雇员透漏八达通公司曾将会员资料（包括客户姓名、电话、身份证号码和出生日期等）对外销售给信诺保险用做电话推销，保险公司要求电话推销员隐瞒信诺环球雇员身份，自称代表八达通。

7 月 14 日，八达通公司首度承认将 200 万名"日日赏"客户资料提供给商业伙伴，但未透露详情。八达通公司发言人表示，客户阅毕条款、填妥申请表就代表公司已征得客户同意，有权将其数据提供给商户使用；公司也与商户签订协议，推广期结束后便要将资料销毁。

7 月 21 日，香港特区个人资料私隐专员公署主动介入调查，就此事展开听证。次日，特区金融管理局按照银行业条例，责令八达通公司呈交报告，说明是否将客户个人资料转交第三者。7月26日听证会后，八达通公司承认自2002年开始已将用户资料转售给6家公司；更向信诺等两家保险公司出售近200万名客户的个人信息，共获利4 400万港元。

（资料来源：根据中华工商时报和网络信息整理。）

八达通公司以所谓"客户资源共享"为滥用客户信息的行为辩护。该公司负责人强调在用户加入优惠计划时已经明示要求用户提供相关资料供公司做日后推广行销使用，这是行业普遍做法。但该公司将客户信息与其他公司共享并获利的做法，仍然被认为是非法获利。该公司总裁陈碧烨也因出售客户隐私而黯然辞职。

厂商在收集个人信息时，经常使用的方法是提供小额优惠或者设置技术障碍，在冗长的说明中列出消费者如不明确反对，即代表同意将个人资料提供给公司使用。这种做法遭到了消费者普遍的强烈反对。一些公司被迫响应客户要求，对信息收集过程进行修订。例如，谷歌公司修改了Google Buss服务中的信息设置程序，让用户信息收集选项变得更醒目。

隐秘收集用户信息显然违背隐私权保护的相关法案，谷歌公司也曾因在服务中秘密收集用户信息在多个国家被提起诉讼。西班牙数据保护局曾宣称有证据证明谷歌数次违反法律，在为街景服务收集照片时捕捉和存储连接到WiFi网络上的用户数据，并将其传输到美国。韩国政府也提出了类似指控。八达通事件后，中国香港政府表示将重新检讨条例对个人资料的使用限制是否过于宽松，并研究是否要求信用卡、八达通、会员卡等申请章程必须用较大的字体列明条款，以及设立机制让客户拒绝披露个人资料。

（3）大数据时代的消费者隐私问题

互联网和信息技术的普及，使大数据的收集、分析更容易也更具有商业价值，进行大数据分析能够给厂商带来更有针对性的广告推送、更有效锁定目标消费人群。在这种情况下，大数据应用中的隐私权问题就变得更为严重。

从互联网的网页阅读到即时通信工具，只要有互联网的地方，就有时刻不停的数据信息搜集。目前，厂商、平台开发者、内容服务商、移动通信公司无时无刻不在进行的信息搜集，绝大多数都包含了消费者和互联网使用者的个人信息。

与传统厂商搜集信息必须获得消费者授权的观点不同，大数据时代的信息搜集更多是以无须授权的二次开发和利用的形式侵犯人们的隐私权。在当代信息技术的支持下，通过大数据分析，"个人"很容易被追踪和定位（专栏6-8）。

专栏6-8　信息泄露个人隐私：美国在线首席技术官等高层集体辞职

2006年美国在线（AOL）公布了3月1日到5月31日间的用户搜索记录，AOL对数据库中的用户个人信息经过了精心处理，使用特殊数字符号滤除了用户名称、地址等隐私信息。简言之，在AOL分享的数据库中不含任何个人信息。

该记录包括了大约65万条查询信息，包含2 000万左右的关键词，涉及大约8 000个匿名用户。用户在AOL的信息搜索被随机保存。AOL将搜索信息匿名处理后供公众使用，它们认为这将带来有意思的发现。

信息公开后，纽约时报的记者对编号为4417749的用户搜索信息进行了关联分析，并将该用户锁定为佐治亚州的一个家庭住址。当纽约时报记者找到该用户进行核实时，当事人感到非常震惊，并表示自己从来没有想过一直有人在监视她的私人信息。

纽约时报的报导引起了社会公愤，隐私权保护组织提出了诉讼，要求美国联邦贸易委员会审查AOL公司的客户数据保存工作。该组织坚持认为无论出于何种目的的收集和分享用户数据，都应经过隐私保护机构的严格审查。

AOL首席技术官为此辞职负责，其技术研究部门的一位主管和研究人员也因数据泄露事件而离职。AOL还成立了一个专门的小组审查公司客户隐私保护政策。

（资料来源：维克托·迈尔，肯尼思·库克耶．大数据时代．纽约时报报道．）

维克托·迈尔和肯尼思·库克耶在他们的《大数据时代》一书中指出，大数据时代的信息使用规则需要变革，隐私权的保护应当从过去的"用户允许"转变到"使用者承担责任"模式。信息使用者必须对使用大数据的风险和潜在伤害进行评估。他们还指出，在大数据时代保护个人隐私权应当适用的三原则：公开原则、公正原则和可反驳原则。所谓公开和公正原则是指信息的使用者必须公开用来进行分析预测的数据和算法系统，这一系统应经公正的第三方专家认可；而可反驳原则要求明确提出个人可以对大数据所进行的预测进行反驳的具体方式。

即便在这种情况下，大数据时代个人隐私权的保护仍然是一个具有高度挑战性的话题。

3. 道德两难

企业在小心谨慎以保障消费者知情权和隐私权同时，还需要平衡地考虑信息披露中的其他利益相关者的权益保护问题。新技术的出现，也使信息披露问题更加复杂。在商业利益与隐私权保护、商业利益与避免不公平歧视之间，可能存在不少道德两难问题。

（1）成本与隐私权保护

很多厂商会通过各种方式收集用户信息用于商业活动，这些信息对锁定目标用户、拓展市场、改善服务、增强竞争力都有重要的作用。在法律没有明确规定消费者信息收集的禁止性条款时，对用户信息的使用有很多模糊空间。但直接出售用户信息，则不仅违背道德底线原则也违背我国法律。

中国电信员工因出售客户资料被起诉是国内第一例因此获刑的案例，该事件发生在2011年。很多国家也禁止厂商出于商业利益购买并使用用户信息。利用客户信息推销垃圾邮件，在美国等一些国家也会导致刑事责任。

但在大数据时代，收集和保存用户信息已经成为一种非常普遍的商业行为。对这些信息的二次开发和利用也可以为厂商带来巨大利润。与此同时,厂商在保护用户信息和隐私权时需要投入大量的资金、技术和人力成本,这导致一些厂商疏忽或故意疏忽了保护消费者信息安全的责任。

CSDN 密码泄露事件①,暴露了很多互联网企业在维护用户信息安全方面存在严重的薄弱环节。包括银行网络可能存在的安全问题,已经引起了社会公众的高度关注。光大银行作为国内大型商业银行,也多次发生网络安全问题。2011 年春节,该银行在北京陶然亭机房的光传输设备板卡出现故障,导致部分业务一度中断。银监会委托国家权威信息安全测评机构对其网银和网络系统进行了安全测试②。银监会认定,该银行网站存在内部敏感信息泄露风险,可能为外部攻击者利用以了解网站机制、内部网络结构,甚至获取管理权限,进一步攻击网站;银行信息安全防护措施不严密。

类似地,日本索尼公司游戏站(PlayStation)大约 7 700 万用户信息包括姓名、地址、电子邮件、出生日期、登录名、登录记录、密码安全问题等也因遭黑客攻击而泄露。公司董事长兼 CEO 霍华德·斯特林格代表索尼公司道歉,并承诺在美国的用户,如果因信息外泄而遭受损失,索尼公司将向每个用户提供最高 100 万美元的保险赔付额度,该额度将涵盖用户的经济损失和诉讼费用。

互联网时代的消费者隐私保护,是一项成本高昂的任务,需要技术和资金的支持。在美国的索尼用户能够获得赔付承诺,与法律保障和保险制度支持密不可分。

(2)消费者利益与企业自律

企业因向消费者提供良好的产品和服务而获得利益。在多数情况下,企业越是能够提供良好的产品和服务,越能够满足消费者的需求。但在某些情况下,企业与消费者的利益存在冲突。

例如,食品生产厂商倾向于向消费者提供更"美味"的产品,这些产品可能含有大量的脂质、糖分、碳水化合物等成分。某些特定消费群体,如儿童和低收入群体,可能更容易受产品广告的影响,从而更容易成为肥胖人群。

酒精饮料、烟草的生产和营销也存在类似问题。现在,大多数国家已经立法禁止香烟和酒精饮料的广告。但在控制诸如肥胖问题上,多数国家仍然依赖厂商的自律。

美国导演摩根·斯普尔洛克执导了一部名为《Big Size Me》的纪录片,斯普尔洛克以自己作为实验对象,亲身体验了 30 天的麦当劳之旅。实验前,斯普尔洛克的体重为 185 磅,实验第 18 天已经上升到 202 磅;实验前的体检显示他身体健康,在实验中医生认为如果继续现有饮食,他将很快出现心血管和肝脏问题。

在诸如此类问题上,企业与消费者利益之间可能存在潜在冲突。厂商需要审慎地考虑在商业利益与避免损害消费者利益之间寻求适度平衡。

此外,厂商在可能面临种族、性别、年龄歧视问题时,更需要在自身利益、消费者、立法与监管、社会意识之间小心谨慎地寻找平衡。

---

① CSDN 是一家以程序员和开发为核心的大型网站,2011 年该网站因采用明文储存密码而导致海量信息泄露。
② 投资快报、每日经济新闻相关报导。

6.3.2 道德营销

所谓道德营销，就是通过合乎伦理的方式，提供能够增加社会福利和社会效益的产品和服务，实现企业自身的生存和发展。道德营销强调企业的道德形象，以此提升企业竞争力。与一般营销不同，道德营销强调服务社会，突出企业的社会责任。

1. 道德营销形式

经常被提到的道德营销手段包括公益营销、绿色营销、社会营销等。

（1）公益营销

公益营销（public welfare marketing）也被称为善因营销或事业营销（cause relative-marketing），其显著特点就是通过开展公益活动而进行营销。公益营销改变了营销仅重视企业商业利益的传统观念，通过与公益机构合作等方式，以慈善和公益活动为纽带，将公司的产品或服务与公益事业联系起来，可以建立良好的企业品牌形象和商誉，从而提高产品或服务的附加值、增强雇员的组织归属感等。正因如此，公益营销经常被视为竞争战略的有效手段。

在第2章中我们讨论了利己与利他的人性观，公益营销的本质就是企业在利他的过程中实现利他与利己、商业利益与公共利益的统一和结合。企业在贡献社会公益、树立良好道德形象的同时，还建立了与消费者的良好互动并在未来可能从中获取更大的商业利益。公益营销可以通过将部分营销收入捐赠公益团体、与公益团体合作或者取得公益团体的特许或授权等方式进行。将营销收入与慈善捐赠绑定，是很多企业采用的公益营销手段。

公益营销的成功，有赖于企业对利益相关者需求的精准把握。迪拜可口可乐公司和扬罗必凯公司推出的广告（专栏6-9），就成功打动了无数人的心灵。

专栏6-9　可口可乐电话亭：hello，happiness！

在迪拜，每天有成千上万的南亚劳工。他们独自在异国他乡，用辛苦工作换取家人更美好的未来。背井离乡的他们，渴望与家人的交流。但是，打电话回家的国际电话费用高达0.91美元/分钟，这让日工资6美元的劳工们不可能经常与家人联系。

可口可乐公司开发了用可乐瓶打电话的电话亭，并放置在南亚劳工工作地。只要将可口可乐瓶盖投入电话机，就可以免费打3分钟的国际电话。

广告中，排着长队的南亚劳工们，脸上洋溢着无法抑制的幸福。在他们对幸福的诉说中，可口可乐推出了它们的广告词：幸福就是可口可乐和一个打回家的电话。

（资料来源：迪拜可口可乐广告。）

在可口可乐电话亭前，等待打电话回家的人们纷纷诉说："每天，成千上万的南亚劳工来到迪拜寻找更美好的未来,如果在这打工能让我的家人过得更幸福的话,那我就一辈子在这里打工。"、"我做这些是为了孩子们有受教育的机会,如果他们生活能更好一点,我也就值了。"、"我希望每天都能听到他们的声音,哪怕几分钟,如果能听到的话我就太开心了。"、"我又攒了1个瓶盖,明天我又可以给我老婆打电话。"、"我周末给我弟弟打电话了。我今天又打了,他可高兴了。"当这些工人讲述他们打电话回家的喜悦时,感动人心的力量就油然而生。可口可乐公司,将营销与南亚劳工与家人沟通的幸福联系在一起的时候,自然而然地收获了感谢、信任以及对产品的美誉。以社会公益为载体,可口可乐在相关人群中建立了良好的品牌形象。

公益营销既然以"公益"为标签,重要的是在整个营销链条上必须保证在道德上没有瑕疵和污点。从某种程度上看,公益营销是一把双刃剑,如果不能真实地实现"公益"目标而仅仅把公益作为一种招牌,则很容易产生负面效果。

(2)绿色营销

绿色营销也是一种经常使用的道德营销手段,企业以"生态环保"、"绿色低碳"为号召,通过满足消费者的绿色消费需求实现企业的商业目标。绿色营销的关键是将消费者利益、企业的商业利益和生态环境保护三者结合起来。绿色营销可能是贯穿设计、生产、营销各个环节,也可能仅体现在生态环保等营销口号中。真正的绿色营销应通过资源节约、减少环境污染、维护社会利益而实现。绿色营销的成功案例很多。一些企业通过与环保组织合作,建立企业绿色、环保的品牌形象,同时也达到通过绿色文化活动培育消费者绿色意识的目的。

低层次的绿色营销,重在推广绿色产品和服务的用户价值,从而增加企业的商业价值;较高层次的绿色营销将用户价值和社会价值结合起来,激发用户的绿色意识,与用户共同合作、参与建设绿色社会的活动,从而在用户的绿色体验中收获社会价值和企业的商业价值。星巴克向自带杯子顾客提供折扣的营销手段(专栏6-10)就是一个很好的例子。

> 专 栏

专栏6-10 星巴克广告:每个人一小步,我们就能改变世界

星巴克曾经在全球发起了一场公益活动,呼吁大家少用一次性纸杯,用随身携带的杯子买咖啡。

星巴克从1985年开始,在一些地区就用提供折扣优惠的方式鼓励客户自带杯具购买咖啡。在星巴克的广告中,伴随着"如果每个人改变一小步,我们就能改变整个世界"的字幕,成千上万个纸杯被放在地上,象征着在纽约每天有数千人放弃使用纸杯。

作为活动的重头戏,它们还在纽约街头广场做了一场精彩表演:用自己店里的各色咖啡拼成了一幅图画。在广告中,星巴克宣布在2010年4月15日当天,顾客只要拿着自己的杯子(纸杯除外)去星巴克,就可免费领取一份咖啡。星巴克中国区门店也参加了这次活动。

(资料来源:星巴克广告视频,http://v.youku.com/v_show/id_XMTY2NDA1MTA0.html。)

星巴克的广告中,呼吁每个人改变一小步,共同改变整个世界。广告试图通过减少纸杯消费实现保护森林的目的。

星巴克使用"星巴克指数"衡量顾客自带杯子的数量,所谓星巴克指数是指每天自带杯子的客户数量除以当天咖啡销售数量。不同地区的星巴克指数差别很大,一些地区仅有不足5%,有些地区高达50%。

向顾客提供折扣优惠鼓励减少纸杯消费,实际上是一种双赢的努力。例如,在中国的一些地区,优惠折扣在2元左右。减少纸杯的使用,不仅实现了环保的目的,星巴克也减少了相关费用。

(3)社会营销

科特勒早在20世纪70年代就提出了社会营销的概念,认为企业可以通过有计划的活动来影响社会观念的改变。社会营销的真正兴起开始于20世纪90年代,重点在于通过相应的营销手段和技术影响特定受众的行为,使他们自愿接受、拒绝、改变或放弃某些行为,从而提升个人、集体和社会的利益。

社会营销是消费者利益、公共利益、公司商业利益的平衡,经常用于环境保护、疾病防治、不良行为导正、提高健康水平等社会项目中。一些国际组织如联合国、世界银行、亚洲银行等的社会项目,也已承认和接受了社会营销这一概念。

社会营销干预或改变特定社会行为的三个要素:利益、规则和关系干预。在三个要素中,最重要的是关系干预。通过改变与受众的关系,引导受众行为的改变,是最有长久影响力的方式。利益与规则,则是通过让参与者从中受益并诱使其改变行为规则,从而达到社会营销的目的。新西兰环保组织曾拍摄了"环保总动员"的宣传片,该片真实记录了环保组织通过帮助一般市民改变生活方式以降低能源和资源消费的故事。在这些故事中,环保组织通过提供现金奖励,鼓励市民适应新的生活规则,减少其生态足迹。企业参与社会营销活动,经常需要与非营利机构合作,重点是理念的营销,将企业自身的理念与社会理念有机融合在一起,从而起到较好的作用。

2. 道德营销不仅仅是手段

"道德营销"本身并不能证明企业的营销活动是合乎伦理的。如果企业仅仅将道德营销作为实现企业商业利益的手段,那么,在"道德营销"的名义下,也可能出现不合乎伦理要求的决策。

国内多起知名企业因卷入假公益营销事件受到质疑,证明"道德营销"本身并不一定能给企业带来期望的效应,不道德的所谓"道德营销"最终反而会伤害营销者自身。从这个意义上说,道德营销既是一种手段,但又绝不仅仅是手段。

道德营销与单纯的企业慈善捐赠不同。慈善捐赠被定义为善因捐赠,企业除了建立慈善道德形象外,并不从中获取利益。道德营销则将企业、社会目标结合起来,在营销活动中实现社会目标,在服务社会中实现企业商业目标。但在传统中国文化中,公益、慈善与企业商业利益的平衡是一个非常敏感的话题。

在中国的互联网上经常出现对企业真假公益行为的质疑,网络批评的核心有两点:这些企业是否真正从事了慈善事业？是否从慈善事业中牟取企业或个人的商业利益？

企业期望以道德营销获取战略性利益时，尤其应考虑企业道德形象的一贯性、道德营销的真实性、企业商业利益的可接受性问题，特别是在面对不同社会文化背景时，更应审慎决策。而这一点，恰恰可能是很多中国企业所忽略的。

"呦呦鹿鸣，食野之蒿"。青蒿，一种古老的中药材，因为屠呦呦获得诺贝尔奖而再次走入中国公众的视线。实际上，青蒿素也是中国唯一被世界卫生组织认可的按照西药标准研究开发的现代医药，在治疗疟疾方面有显著成绩，是继奎宁之后的重大发明。

中国医疗机构和中国制药企业，采用青蒿素在南亚、非洲等地，救治了大量的疟疾病患。中国医药企业也期望以青蒿素为支点，使自己更多的医药产品顺利进入这些地区。

专栏 6-11　注射用青蒿琥酯：应该降价吗？

根据 WHO 2005 年 12 月发布的报告，得益于低成本和有效防控措施，自 2000 年起全球疟疾发病人数和死亡人数均有所下降。其间，大约 620 万人的生命被挽救。

然而，中国作为青蒿素的发明国，在青蒿素的公立市场上并没有得到 WHO 的认可。中国供应了 90%的原材料，成品市场的份额仅占 10%左右。

中国在 1979 年成功发明青蒿素之后向全世界公布了核心成果，诺华和赛诺菲公司迅速进行后期研发并申请了大量改进和周边专利。在疟疾高发的非洲地区，诺华、赛诺菲和印度公司占据了 80%的市场。

WHO 从 2011 年开始进行 PQ 认证，目前除了两家跨国公司外，有 5 家印度企业和 1 家中国企业获得认证。作为唯一一家中国公司，桂林南药的青蒿琥脂片和注射用青蒿琥酯分别于 2005 年和 2010 年获得认证。目前，桂林南药的青蒿琥酯系列产品在重症疟疾治疗的公立市场上获得了 90%以上的份额。一些没有通过认证的企业，则采取以医带药的方式，在私立市场上进行竞争。

2003 年，柬埔寨暴发恶性疟疾，广州中医药大学青蒿素研究中心主任李国桥教授，带人深入疫情最为严重的石居省，应用他们研发的青蒿素类复方抗疟新药，很快就把当地儿童的疟原虫携带率，从 55.8%降至 5.3%。2006 年 6 月，李国桥被柬埔寨政府授予"莫尼沙拉潘"金质骑士级勋章。

在柬埔寨研制出来的第四代复方青蒿素制剂具有治疗和预防的效果。2007 年 11 月，广州抗疟医疗队在科摩罗疟疾最严重的莫埃利岛上开展了治疗项目。该项目实施前，莫埃利岛 25 个村庄中，人群携带疟原虫率超过 30%的有 10 个村，个别村高达 94%和 81%，恶性疟疾占 96.9%，每年因疟疾死亡多达 10~20 人。项目实施一年后，平均人群携疟原虫率由 23% 迅速降为 0.33%~1.3%，下降幅度达 95%，项目实施一年中，无人死于疟疾。

目前只有桂林南药获得了 WHO 的 PQ 认证，药厂面临 NGO 组织要求降价的巨大压力，一些 NGO 组织已经联合抵制南药产品，导致大量订单无法落实。

（资料来源：根据新快报、广州日报和南方日报等新闻报道整理。）

作为唯一的注射药剂供应商，南药集团也面临了一些跨国公司同样的问题：在一些贫困和落后地区，面对人类重大疾病，药品企业是否应该免费或者低价供应其产品？

☞ *桂林南药是否有更好的方法解决他们所面临的问题？*

一些制药企业希望凭借青蒿素在非洲控制疟疾成功之机，打开向非洲出口的大门。一些公司在非洲国家有多个青蒿素药品注册，但已经逐步将战略调整为借助青蒿素的影响销售更多其他产品。目前来看，这一战略并未取得很好效果。世界卫生组织相关专家指出，中国青蒿素企业急功近利的做法，严重损害了在非洲市场上的竞争力。

我们可以换一个角度进行思考：假定企业在一定范畴内（如对贫困人口）对自己的产品实施降价，是否只是一个单纯的公益活动？能够借此获得长久的竞争力？一些公司期待借助青蒿素的影响力销售其他产品，是否应该在公益营销方面拟定更长久的战略规划？

6.3.3 消费主义与道德消费

所谓消费主义，更多的是一种炫耀性消费。由于战后世界经济的高速发展，社会财富大量增加，任意占有和消费财富成为一种社会地位的象征。消费主义认为人们可以无限制地占有和耗费物质财富，以满足个人需求的最大化。

消费主义首先在欧美尤其是美国盛行起来，其后果是使炫耀性消费取代了西方传统的新教伦理，经济冲动取代了宗教冲动。厂商通过广告宣传，达到刺激消费、诱导消费的目的，广告在不断激励需求的同时，也制造着炫耀性消费的空间，诱使人们按照广告来制定自己的消费需求。

消费主义思潮在中国的流行，还仅仅是最近这数十年时间。炫耀性消费显然不是一种理性的消费，消费者在决定其购买决策时，不是考虑费用和收益，而是为了炫耀其社会、经济地位。例如，汽车在很多国家仅仅是代步工具，但在另外一些国家则象征着身份和地位。

1. 炫耀性消费与厂商营销

炫耀性消费是消费主义流行的重要特点，厂商的不良营销手段在一定程度上促进了炫耀性消费的产生和扩张。对厂商道德决策的讨论经常集中在消费价值观的营造方面。一些厂商试图通过迎合、诱导消费者的不良消费倾向而获取利润。个别厂商甚至瞄准人性的弱点，创造不良消费的空间和可能性。

按照对消费者个体是否有利、对他人及社会是否有利两个标准，可以将消费者的需求分为四类：对个体和社会及他人有利、对个体不利对社会及他人有利（或无害）、对个体有利对社会及他人无利（或有害）、对个体、社会及他人均无利（有害）。

对上述四类消费需求，是否应该满足每一种可能的需求，即使这种需求是对消费者或者对社会和他人有害的？按照道德的标准，答案显然是否定的。但理论是一回事，实践又是另一回事。

一些厂商通过宣扬炫耀性消费的广告，来促使消费者进行此类消费。例如，在一些炫耀性消费品的广告中，美女富豪、香车宝马几乎成为经典桥段，似乎在竭力营造"如果你没有这些，你就不入流"的消费观。消费者尤其是年轻的消费者，似乎很难抵御这种诱惑。

在一些少女援交案件中，涉案少女中甚至有未满 14 岁的未成年人。不少参与援交者家境稳定，其援交目的只是购买各种奢侈品。

根据贝恩 2014 奢侈品研究报告，中国内地奢侈品消费市场达到 1 150 亿元。由于反腐风暴，奢侈品市场较 2013 年下降了 1%，但女士用品仍然增长强劲。中国奢侈品市场以年轻消费者为主，45 岁以下人群约占 73%，远高于美国的 30% 和日本的 19%。厂商诱导、夸大式营销，对消费主义的盛行有相当的影响。

奢侈品本身没有道德问题，但奢侈品所诱发的炫耀性消费心理，值得关注。在消费主义盛行的时代，厂商的自律责任值得关注和提倡。

2. 动物福利保护及争议

所谓道德消费，就是购买符合人们道德期待的商品和服务(即不伤害或剥削人类、动物及自然环境的商品)，拒绝那些不道德的商品和服务。环境保护、劳工权益等，都是道德消费中所考虑的因素。

道德消费的议题之一是动物福利保护问题。奢华的裘皮大衣，或许就意味着对珍稀动物的伤害。在一些文化中，身着裘皮大衣早已成为无知和粗鄙的暴发户的象征。

著名球星姚明所做的公益广告"没有买卖就没有杀戮"，就是一则宣扬反对消费鱼翅制品的道德消费广告。

在有关道德消费的争论中，满足人类需求与动物福利保护之间的优先顺位则是争议的焦点之一。动物福利保护组织 Farmwatch 对新西兰的 30 家农场进行了秘密调查，在互联网上再次引起了争议。

> 专　栏

专栏 6-12　牛奶背后的故事：每一滴奶都是乳牛的血泪？

动物保护组织 Farmwatch 对新西兰 30 个农场进行了秘密拍摄，部分视频在新西兰电视台播出：

"为了使奶牛可以连续生产牛奶，新西兰的奶牛每年都需要怀孕并生下一只小牛犊。"

"有超过 200 万只幼小的牛犊，在刚刚出生仅仅 4 天的时候就被送到了屠宰场。尽管它们还没有吃过一口东西，没有喝过一口水，甚至连眼睛都没有睁开过，不知道自己的妈妈长什么样子。"

"刚出生的小牛犊……会被强制带走。因为它们妈妈的奶，不是给它们喝的。"

"就这样，它们从被生出来的那一刻……等待它们的不是阳光，不是食物，不是母亲……"

"几乎每一个刚出生的小牛犊被运走时，它们的妈妈都会一直跟在它们的身后，能追多远追多远……"

"尽管法律规定，在运输前 2 小时，农场主必须喂食它们，但事实上没人这么做。因为喂食只是徒然增加成本，这些小牛犊，在农夫的眼里，它们就像是一堆垃圾，被扔在屠宰场的各个角落。"

"这就是人类每喝一杯牛奶背后的故事。当你高高兴兴喝牛奶的时候，有无数的生命因此而遭受虐待并悲惨地离开这个世界。"

（资料来源：节选自 Farm watch 拍摄的"Dairy Cruelty Exposed——Born to Die"。）

动物保护组织 Farmwatch 所秘密拍摄的视频，仅有部分片段被新西兰电视台播放。Farmwatch 的视频片段在 you tube 上迅速流传，一些消费者认为人类是唯一在成年阶段还在使用乳制品的生物，应该减少乳品消费或采用替代产品；但另一些消费者则认为人类与动物本来就不平等，满足人类的需求天然是第一顺位的。

随着人类消费文明观的不断变化，使越来越多的消费者在满足自身需求的同时，开始关注动物福利保护。人们普遍认为人类的需求不应以过度损害动物福利为基础，即人类的消费不应建立在动物的不必要痛苦之上。

企业作为消费产品的生产者和提供者，如果不能有效应对消费者认知的这种转变，就有可能成为消费者批评和扬弃的对象。很多时候，正是消费者和企业之间的相互作用改善了所在社会的整体消费道德观。

3. 道德消费的兴起

道德消费观的兴起，与人们的同情心密切相关。亚当·斯密认为，同情心自然而然地产生道德。

"无论人们认为某人会怎样自私，这个人的天赋中总是明显存在这样一些本性，使他关心他人的命运……这种本性就是怜悯或同情，就是当我们看到或设身处地地联想到他人不幸遭遇时所产生的感情。这种感情同人性中所有其他原始感情一样，绝不只是品行高尚的人才具备。"

道德消费的兴起，也正是基于这种普遍同情心之上的。人们对自己所消费产品生产、制造过程中发生的一些悲惨事实普遍持有反感，促使消费者对产品和服务提出了更高的道德要求。但正如罗宾逊（2011）所说，同情心并不能涵盖所有领域。当人们自身利益与同情心存在矛盾时，这种利他的情感就不那么可靠。这时，社会的幸福就有赖于美德。道德消费也正是建立在这一基础之上的。

当消费者愿意为"道德"埋单时，消费者的道德选择就形成了对企业的压力。值得注意的是，中国市场上有越来越多的消费者愿意并且有能力为"道德"埋单，企业需要关注消费倾向的改变。

在一次针对商学院 MBA 学员的课堂调查中，有接近 50%的学员表示，在他们的日常消费中，如果价格不是特别昂贵，他们愿意为了所谓"道德"的理由支付更高的价格，这个价格区间在 10%~20%。随着消费者支付能力的提高，相信这一趋势会越来越明显。

除了消费者努力外，劳工协会、环境保护组织、动物福利保护组织的努力，也是道德消费的重要社会基础。厂商责任之一是对这些组织的呼吁做出正面的回应。

道德消费不仅体现在动物福利保护方面。人们在购买产品和服务时，已经不再仅仅关注产品质量和价格问题，也开始更加关注这些产品和服务生产过程中是否存在违反道德守则的情况。

例如，使用廉价劳工和童工问题。一些厂商，经常因为廉价劳工和童工问题，被指责为血汗工厂而受到消费者的抵制和批评。苹果公司的批评者就经常批评其供应链管理。批评者认为与其他一些跨国公司相比，苹果公司在建立与合作伙伴的互惠关系方面还相当落后，其供应商利润空间微薄，大部分代工厂都处在微利边缘，使工厂不得不严格控制成本，无力改善员工待遇。根据苹果公司官网报告，苹果供应商中存在诸如违反童工规定、对有害物质处理不当、每周工时超过苹果规定的最高 60 小时、工人工资低于法定最低工资标准等问题，还有一些加工厂对安全违规无行政控制、未能合理防止职业危害及工伤事故。此外，还存在环境污染问题。正是由于供应链管理上的这些问题，苹果公司经常被批评为通过"无情的攫取"而获得巨大成功。

更有甚者，对苹果的批评甚至成为一种政治"流行"。美国国家公共广播公司曾经播发了一篇采访独角戏演员麦克·戴西的"亲身经历"的报道，该报道"揭露"苹果中国代工厂富士康是"血汗工厂"。该节目播出后成为《美国生活》节目中下载率最高的一期。但很快节目组负责中国新闻的编辑施密茨发现戴西在节目中的描述存在大量想象与编造，公共广播公司随即撤回了该报道[①]。

虽然如此，仍然有不少消费者指责苹果产品是不道德的，因而呼吁人们抵制对苹果的消费。事实上，苹果公司迫于外界压力，已经对其供应链管理作出回应。

苹果的重要供应商富士康，也对其雇员管理作出了很大的调整。采取了诸如减少加班工时等措施以此减缓人们的批评。

在推动道德消费方面，一些国家已经开始尝试为消费者编制购物指南，对那些符合社会期待的产品和服务，使用某些特殊标签加以推荐，鼓励消费者积极购买和消费。这些标签包括公平交易、有机食品、资源回收、动物保护、绿色制造等。对那些存在不道德行为的公司产品或服务，则将其列入拒绝购买名单中。

道德消费的兴起，在中国还处在初级阶段。虽然对道德消费仍然存在诸多争议，但厂商可能必须为此做好准备。

6.4 案例与讨论

6.4.1 三鹿事件

1. 公司背景

石家庄三鹿集团前身为 1956 年成立的幸福乳业生产合作社，是一家主要从事奶牛饲养、乳品加工的大型企业集团，是中国食品工业百强、农业产业化国家重点龙头企业，也

---

① 参见美国公共广播网站，http://www.npr.org/templates/story/story.php?storyId=148803049。

是河北省、石家庄市重点支持的企业集团，2004—2008年连续6年入选中国企业500强。

2006年，三鹿集团被《福布斯》评选为"中国顶尖企业百强"乳品行业第一名，2007年被商务部评为"最具市场竞争力品牌"。中国品牌资产评价中心曾评定三鹿品牌价值达149.07亿元。

三鹿集团先后通过了ISO9001认证、ISO14001认证、GMP审核和HACCP认证，拥有国家实验室认可证书、国家认定企业技术中心称号，"新一代婴幼儿配方奶粉研究及其配套技术的创新与集成项目"获得2007年度国家科学技术进步奖，产品有9大系列278个品种，奶粉销量连续14年全国第一，液态奶销量进入前三甲。

2005年新西兰恒天然集团注资8.64亿元人民币入股三鹿，握有三鹿集团43%股权，2006年6月15日，三鹿集团与恒天然集团的合资公司正式运营。

2. 误列"黑名单"

2004年，婴儿奶粉质量问题开始引起消费者广泛关注，事件最初发生于安徽阜阳。当地200多名人工喂养的婴儿由于食用劣质奶粉造成营养不良，其中少数婴儿死亡，经国务院调查组确认的死亡人数为12人[①]。4月22日，安徽当地媒体刊登了《阜阳市抽检发现的不合格奶粉名单》的公告，三鹿奶粉名列伪劣奶粉"黑名单"中。后经三鹿集团与当地疾病预防中心沟通后确认为假冒产品，该中心为三鹿奶粉出具了误报证明，并向三鹿集团和媒体道歉。4月24日中央人民广播电台《新闻和报纸摘要节目》播报了阜阳误报事件，全国各地报纸转载了这一报道。

在与阜阳当地政府、相关部门、媒体沟通的同时，三鹿集团负责人当晚又向国家部、局官员做了书面汇报；同时三鹿集团总部逐级向石家庄市、河北省工商局、质监局、药监局、卫生厅、河北省，以及国家工商总局、质监总局、药监总局、卫生部、国务院等部门进行了汇报。4月24日，石家庄市政府及河北省迅速做出了回应，并于4月25日由河北省相关部门下发了《关于劣质奶粉查处有关问题的通知》，允许三鹿婴儿奶粉在河北省内正常销售。同时，河北省药监局、工商局、质监局、卫生厅联合向全国各省（市、自治区）对口部门下发了《关于请求支持我省三鹿牌奶粉正常销售的紧急函》，4月26日，国家食品药品监督管理局、国家工商行政管理总局、国家质量技术监督局、卫生部四部局联合下发《关于三鹿奶粉有关问题的紧急通知》，对三鹿奶粉误报事件进行了澄清。5月9日，国家质检总局公布了国内30家具有健全的企业质量保证体系的奶粉生产企业名单，石家庄三鹿集团列在第一位。

3. 三鹿应对舆论质疑

2007年开始，湖北和上海医院发现小儿肾结石患者突然增多。2008年3月，三鹿集团开始接到消费者反映，有婴儿食用三鹿婴儿奶粉后出现问题。同年6月，三鹿集团陆续收到婴幼儿食用三鹿奶粉后发现肾结石病状需就医治疗的信息。6月28日，解放军第一医院

[①] 阜阳当地及国内多家媒体均公开报导此事，参见人民网，http://www.people.com.cn/GB/shehui/8217/33048/index.html。

泌尿科接受第一名"结石婴儿"。根据各方披露的信息，7月中旬开始三鹿就暂停向经销商供货，8月初基本查明污染成分为三聚氰胺，但始终没有对外界公开该消息。

9月8日，《东方早报》和《南方日报》点名或不点名报道了婴幼儿因食用问题奶粉罹患肾结石这一事件，其他媒体陆续跟进报道，事件的受关注度逐渐扩大。随后甘肃、江苏、陕西、山东、安徽、湖南、湖北、江西、宁夏等地出现多例患肾结石婴儿，这些婴儿都曾被喂食三鹿奶粉[1]。9月11日10:40，新民网采访三鹿集团传媒部，该部拒绝承认三鹿奶粉存在质量问题，其负责人宣称并无证据显示这些婴儿是因为吃了三鹿奶粉而致病，同时强调三鹿是奶粉行业品牌产品，严格按照国家标准生产，产品质量合格。其后三鹿集团公布集团委托甘肃省质量技术监督局对三鹿奶粉进行了检验，结果显示各项标准符合国家质量标准。甘肃省质监局随后发表了公开声明，称该局"技术机构至今未曾接受过三鹿集团的委托检验。正在检验中的样品，是我们在调查中从流通领域抽取的。因此，这个报道是不真实的和没有任何事实根据的"。

三鹿集团第一次官方声明

我们公司十分关注此事，目前已派员前往甘肃参与调查。三鹿是奶粉行业品牌产品，严格按照国家标准生产，产品质量合格，目前尚无证据显示这些婴儿是因为吃了三鹿奶粉而致病，而且，按规定，三鹿所有产品按国家规定，定期会在国家权威质检部门进行检测，是有质量保证的产品，如果真的有这样的问题，相信质检部门会查个水落石出。

作为具有60多年历史的国家知名企业，三鹿几乎成了我国奶粉的代名词，因此我们具有极高的社会责任感，婴儿奶粉是专门为婴儿生产的，在生产中对理化、生物、卫生等标准也是完全按国家配方奶粉的标准执行并全面检测的。而这段时间我们听到的各种声音都有，由于原因不明，我们也觉得很困惑，这也是业界、专家的困惑，因此我们也希望国家权威检测部门能尽快给出一个有力的检测报告，因为我们希望能解决问题，而不是掩饰问题。当然，我们可以肯定地说，我们所有的产品都是没有问题的。

同时，听闻此事后，三鹿集团已经派人开始调查，目前深入调查显示三鹿各地的奶粉营养成分、营养密度都严格按照国家标准生产，产品质量合格，三鹿及当地部门都相信进一步的质检会查个水落石出，敬请消费者放心。

希望社会各界可以采取一切可能的措施维护保障婴儿成长的健康环境，为孩子治病是第一位的。呼吁各新闻媒体多多报道科普教育方面的亮点工作，把科学喂养工作宣传好，让更多的人了解、关心患病儿童。

（资料来源：引自三鹿集团传媒部给各新闻媒体的通稿。）

9月11日21时，国家卫生部新闻办证实："高度怀疑"三鹿奶粉受到三聚氰胺污染[2]。随后三鹿集团发表声明，称因受到三聚氰胺污染，本着对消费者负责的原则，决定召回8月6日以前生产的婴幼儿奶粉[3]。

---

[1] 据2008年9月11日，新民网报道。
[2] 据国家卫生部新闻办新闻发布会消息。
[3] 三鹿集团发表召回声明后，中央电视台及各省市电视台均报道了相关消息。

9月12日，三鹿集团董事长田文华首次回应舆论质疑，称三鹿集团此前已经检测出相关问题，三鹿奶粉受污染主要是由于"原料奶收购过程中的非法牟利"，三鹿集团和田本人都是清白的。当日13时左右，三鹿集团官方网站被黑。12日晚，三鹿集团在第二份官方声明中宣布已经回收问题奶粉8 210吨，尚余700吨在流通市场正在收回中。同时有媒体报道认为三鹿将承受灾难性打击[①]。

当日，国家卫生部、公安部、农业部、工商总局、质检总局、食监局组成联合调查组，开始调查和医疗救治指导工作，卫生部并于次日发布结石患儿诊疗方案。

9月14日，三鹿集团发布回收公告。

9月15日下午，公司副总裁张振岭在河北省政府召开的新闻发布会上宣读了致社会各界人士和广大消费者的一封公开信，向因食用三鹿婴幼儿配方奶粉致病的患儿及家属道歉[②]。致歉信指出：

"三鹿牌婴幼儿配方奶粉重大安全事故，给众多患儿及家属造成严重伤害，我们非常痛心！三鹿集团向你们表示最诚挚的道歉！"

"9月15日上午9时，我公司从河北省公安厅的新闻发布会上获悉，涉嫌向我公司原奶中添加三聚氰胺的案件已经取得重大进展，19名嫌疑人已经被刑事拘留，其中两人被依法逮捕。我公司真诚感谢公安部门夜以继日、不辞辛苦地快速侦破案件。"

"我公司郑重声明，对于8月6日以前生产的产品，我们全部收回，对8月6日以后生产的产品，如果消费者有异议、不放心，我们也将收回。同时，我们将不惜代价积极做好患病婴幼儿的救治工作。最后，再次向广大消费者和患病婴幼儿及家属真诚道歉！"

4. 百度和阿里巴巴的口水战

三聚氰胺事件还意外引发了百度和阿里巴巴之间的口水战[③]。三聚氰胺事件被揭出后，民意通过网络传播迅速放大。12日开始有传言说三鹿集团对百度进行公关，试图屏蔽相关消息。百度在13日的第一份声明中证实了三鹿集团曾意图游说百度屏蔽相关报道，但被百度拒绝。16日百度再次发表针对所谓阿里巴巴协助传播谣言的声明，并指阿里巴巴行为与其将推出C2C"百付宝"支付平台有关[④]。阿里巴巴对此进行了否认，并发表了公开声明"作为中国互联网企业的重要一员，我们的责任在于让用户和社会公众了解真实的信息；我们的使命在于使每一个公民都拥有安全、放心的消费渠道。这是阿里巴巴集团的价值核心"。很多博客作者也卷入双方论战，互相指责对方为"不道德"竞争。

5. 品牌沦陷

9月16日，中央电视台新闻联播公布了国家质检总局婴幼儿奶粉三聚氰胺含量专项检查的结果：总计有22家婴幼儿奶粉生产企业的69批次产品检出了含量不同的三聚氰胺。其中石家庄三鹿牌婴幼儿奶粉三聚氰胺含量最高达2 563毫克/公斤，其他品牌三聚氰胺

---

① 第一财经日报，2008年9月12日报道。
② 资料来源：新华网石家庄9月15日电（记者 董智永）。
③ 中国经济时报最早报道了相关消息，搜狐财经、人民网、和讯网等国内主要网络媒体均转载了相关报道。
④ 很多传统媒体和网络媒体对此做了报导，更多信息可以参见新浪科技 http://tech.sina.com.cn/。

含量在 0.09~619 毫克／公斤之间。除三鹿外，知名品牌伊利、蒙牛名列其中。

9 月 17 日，田文华被石家庄市委免职。随后，全国各地质检机构在各大品牌液态奶中也陆续检出三聚氰胺成分。三鹿事件迅速演变成一场全国性食品安全事件，公众强烈要求相关企业和管理部门承担法律责任。根据石家庄市卫生局资料，截至 9 月 17 日 12 时，全市共接诊 21 401 例，其中确诊泌尿系统结石患儿 1 569 例，住院 95 例，出院 24 例，门诊治疗 1 474 例。而根据卫生部通报，截至 2008 年 12 月底，全国累计报告因食用三鹿牌奶粉和其他个别问题奶粉导致泌尿系统出现异常的患儿共 29.6 万人。

三鹿等 22 家责任企业对 30 万名确诊患儿给予一次性现金赔偿，并出资 2 亿元建立医疗赔偿基金，用于支付患儿医疗费，直至年满 18 周岁。在三鹿等责任企业表示开始对消费者进行赔偿的同时，三鹿供货商、经销商损失惨重。

2009 年 2 月 12 日，石家庄市中级人民法院发出民事裁定书，正式宣布石家庄市三鹿集团股份有限公司破产。

6. 结局及后续事件

9 月底，李长江辞去国家质量监督检验检疫总局局长职务，由原国务院副秘书长王勇接任。至 2009 年 1 月 12 日，河北省检察院共批捕犯罪嫌疑人 60 人，21 人被提起诉讼。1 月 22 日张玉军、高俊杰一审宣判分别以危害公共安全罪被判处死刑和死缓；三鹿集团原董事长田文华以生产、销售伪劣产品罪被判无期徒刑；其他三名高管被判 5~15 年有期徒刑。2 月 1 日，田文华等提起上诉；3 月河北省高院裁定全案驳回上诉，维持原判①。田文华因在狱中表现良好，数次减刑。2014 年，田的刑期已经减至 18 年。

三鹿事件发生一年多后，上海再次出现了三聚氰胺的新闻②，来自上海市食品安全联席会议办公室的消息显示：上海熊猫乳品有限公司涉嫌生产、销售三聚氰胺超过国家标准的乳制品。事实上，这是一个对公众"保密"了 8 个月之久的迟来的消息。同时，全国各地陆续查处了陕西金桥乳粉、山东"绿赛尔"纯牛奶、辽宁"五洲大冰棍"雪糕、河北"香蕉果园棒冰"等多起乳品三聚氰胺超标案件，更为恶劣的是，这些产品所使用的均是 2008 年未被销毁的问题奶粉作为原材料的。

自三鹿事件后，中国消费者开始大量进行海外代购，多个国家或地区实行奶粉限购。

案例讨论

1. 试分析三鹿奶粉食品安全事故产生的原因。
2. 你认为在该起事件中，三鹿集团、当地政府、质监部门应当承担怎样的责任？
3. 有人认为田文华女士在这起事件中的责任被放大了，你同意这种观点吗？为什么？
4. 一些评论者认为三鹿集团破产最主要的原因是危机处理失败，你同意这种判断吗？
5. 如果你是三鹿集团的负责人，你会如何处理？
6. 请分析道德的情感因素在这起事件中的作用。

---

① 中国检察日报，2009 年 1 月 12 日。
② 根据《21 世纪经济报道》和新华社电，商报网 http://www.shangbw.com/zhengzhou/201002/02-55095.html。

6.4.2 章先生应该向顾客说明实情吗？

章先生是一家 DIY 护肤品公司的经理。DIY 制作护肤品是为满足顾客个性化需求，实现护肤品生产和营销一体化的新尝试。公司在店面提供包括特用化学品、化妆品原料、天然精油、香精及最新的 DIY 材料，顾客可以根据自己的皮肤特性，在店员指导下配置专属护肤品。开业两年以来，顾客反映很好，公司正打算尝试连锁经营以扩大营业额。

章先生发现最近两周提供给顾客的一款基础油的调配出了问题，其中使用的橄榄油原本由一家国外知名厂商提供，但他的下属老张却擅自做主将另一种低价橄榄油混了进去。相较原有品牌，该款橄榄油价格更为低廉，而质量上的差异却不太容易被发现。章先生查看了店面台账，发现 126 位顾客使用了该款精油配置护肤品，到目前为止顾客还没有发现自己所使用的原材料已经被替换。在章先生看来，用价格更低的原材料替代原有材料显然是不对的。虽然到目前为止，消费者看起来并不知道新产品与原有产品的区别。老张与章先生共事多年，他承认这次是因疏忽大意导致了工作失误并请求章先生谅解。章先生感到问题有点棘手，他是否应该告知顾客这件事？如果告知顾客真实情况，有些人可能要求退货或者退款，更麻烦的是这对公司声誉可能产生不良影响。如果章先生不处理这件事情，他需要考虑，消息一旦被泄露出去会产生的后果。另外，他是否应该私下处理老张的问题？如果这次放任这种情况发生，会不会在将来出现更多的"疏忽"事件呢？毕竟，一旦容许欺骗行为的存在，就可能在公司内部逐渐形成可以不诚实甚至是可以欺骗的文化，章先生不能不考虑这些后果。

案例讨论

1. 识别章先生所面临的伦理问题，你认为其中有哪些不道德现象？你的判断标准是什么？
2. 针对章先生所发现的问题，你会如何处理此事？
3. 如果章先生选择公布此事，你认为如何做才能避免不好的结果？

6.4.3 新闻事件：海外品牌在中国打赢侵权官司

造假问题一直是中国市场上令外国公司头疼的问题，但现在越来越多的海外品牌在中国打赢了侵权官司。

根据公安部的公开信息，2014 年，发现有中国公司假冒欧莱雅、迪奥、香奈儿、欧米伽、劳力士等众多国外品牌，其中仅假冒名牌手表的估值就高达 3 亿美元。

蒙克莱公司[①]在 2013 年发现北京公司生产并销售与蒙克莱外观雷同的羽绒服产品，其所使用的公鸡图案也涉嫌侵犯蒙克莱公司的商标权。2014 年 12 月，蒙克莱向北京知识产权法院提起诉讼。2015 年 11 月，意大利奢侈服装品牌蒙克莱在中国打赢了一起侵权案件。北京知识产权法院认定一家北京公司侵权事实成立，判令该公司赔偿蒙克莱公司 300 万元人民币。

蒙克莱公司公告说该公司在全球范围内打击侵权行为，2014 年发起了 1 450 项诉讼，

---

① 资料来源：环球时报转引法新社报导，意大利奢侈品牌在中国打赢侵权官司，2015.11.17。

罚没假冒伪劣产品45万件，关闭1 800家售卖假货的网站。公司称，这次在中国的胜诉，更具突破意义。该案件是中国2014年5月开始实施新商标法后的首次裁决，也是罚款额最高的一次裁决。

英国《经济学家》[①]在2012年刊出的一篇文章指出，假冒产品在中国正在失去市场。作者在评论中指出：中国消费者的态度发生了某些变化，假货不再受欢迎。不久以前，中国人还赞扬造假者让他们省了钱，现在却看不起这些人。如果是冒牌货，那就别去张扬。

随着中国日益富强，造假者的日子越来越不好过。贝恩咨询公司最近发表的研究报告称："消费者在寻找真东西，他们越来越愿意买，而且买得起真东西。"

造假者承受压力的另一个原因是，中国公司现在有自己的知识产权需要保护。"联想"和"海尔"都是非常有价值的品牌，因此值得保护。投诉造假行为的中国创新者越多，政府的执法就会越严。

就连心怀疑虑的外国制造商也认为中国在改变。中国知识产权专家道格拉斯·克拉克指出，欧盟—中国商会的一份调查报告表明，造假问题在很长时间里都曾经是其成员的第一或第二大忧患，如今排在第三、第四甚至根本不在忧患之列。

中国消费者逐渐意识到，品牌不仅仅是用来炫耀的，它们还反映了质量。可乐绝不会让你中毒，因为一旦那样就会给可口可乐品牌造成数十亿美元的损失。

新闻事件讨论

1. 怎样看待蒙克莱公司打赢侵权官司这一事件？
2. 对知识产权侵权问题的重视程度，在不同国家可能完全不同。请搜集主要经济体国家的情况并分析它们对知识产权保护的态度差异及其原因。
3. 你认为消费者的行为选择与盗版和仿冒问题是否存在联系？如果有联系，请分析消费者和厂商的道德责任。
4. 有人认为知识产权保护对穷人是不道德的，你同意这种说法吗？怎么看待山寨问题？

本章思考题

1. 消费者权利和生产者责任的平衡点在哪里？你知道都有哪些不同观点吗？请谈谈你的看法。
2. 谈谈你对产品安全和"适当关注"的认识，你认为惩罚性赔偿是否适合中国市场？
3. 仔细观察周边市场，选择3~4个具体案例谈谈市场特性和消费者偏好对企业伦理决策的影响。
4. 从消费者权利和生产者责任的角度，讨论消费者信息保护的道德问题。
5. 请分析大数据时代消费者隐私权保护中存在哪些问题，你有何对策和建议？
6. 你是如何看待动物福利保护问题的？如何平衡人类和动物之间的福利？

[①] 资料来源：参考消息，造假在中国越来越没市场，2012.1.14（8）。

7. 结合你所了解的案例，从战略角度讨论伦理决策与企业竞争力的关系。

参考文献

[1] Edgar H Schein. Coming to a New Awareness of Organizational Culture[J]. Sloan Management Review, 1984, 25(2): 3-16.

[2] John R Boatright. Ethics and the Conduct of Business. Englewood Cliffs, N.J: Prentice-Hall, Inc, 1995.

[3] Lawrence Kohlbrg. The Philosophy of Moral Development[M]. New York: Harper & Row, 1981.

[4] Levitt, Steven. White-Collar Crime Writ Small: A Case Study of Bagels, Donuts, and the Honor System. The American economic review, 2006. 5(96/2): 290-294.

[5] Linda Smircich. Concepts of Culture and Organizational Analysis[J]. Administrative Science Quarterly, 28, 3(Septemeber 1983), 339-358.

[6] Linda Smircich. Concepts of Culture and Organizational Analysis[J]. Administrative Science Quarterly, 1983, 28(3): 339-358.

[7] Mag. Christina Keinert. Corporate Social Responsibility as an International Strategy. Physica-Verlag Heidelberg: Springer, 2008.

[8] Manuel G. Velasquez. Business ethics: Concept and Cases[M]. Peking University Press, Pearson Education, 2002.

[9] O.C.费雷尔. 张兴福等译. 商业伦理：伦理决策与案例[M]. 北京：清华大学出版社，2005.

[10] Philip Kotler. 卢泰宏，高辉译. 营销管理（第2版）[M]. 北京：清华大学出版社，2003.

[11] 戴维·J. 弗里切. 杨斌，石坚，郭阅，译. 商业伦理学[M]. 北京：机械工业出版社，2005.

[12] 符启林. 消费者权益保护法概论[M]. 海口：南海出版公司，2007.

[13] 国家标准计量局. 消费品使用说明总则[Z]. 1985-06-29.

[14] 姜松荣. 第四条原则——设计伦理研究[J]. 伦理学研究，2009(3).

[15] 金占明. 企业管理学[M]. 北京：清华大学出版社，2002.

[16] 肯尼斯·S. 亚伯拉罕，阿尔伯特·C. 泰特. 许传玺，石宏，译. 侵权法重述第二版[M]. 北京：法律出版社，2006.

[17] 李义松. 美国、德国产品责任法比较研究[J]. 法学研究，2000(11).

[18] 刘红叶. 企业伦理概论[M]. 北京：经济管理出版社，2007.

[19] 罗超. 人身伤害实用法律手册[M]. 北京：中国法制出版社，2007.

[20] 琼·罗宾逊. 安佳，译. 经济哲学[M]. 北京：商务印书馆，2011.

[21] 维克托·迈尔，肯尼思·库克耶. 盛杨燕，周涛，译. 大数据时代[M]. 杭州：浙江人民出版社，2015.

[22] 王冰，李津燕. 消费者特征与消费者问题产生原因的分析[J]. 当代经济研究，2005(1).

[23] 肖知兴. 寻找共同的底线. 北大商业评论[J]. 2008.12：65-68.

[24] 亚当·斯密. 谢宗林，译. 道德情操论[M]. 北京：中央编译出版社，2008.

[25] 张云. 我国缺陷产品立法研究[M]. 北京：经济管理出版社，2007.

[26] 中国消费者协会. 良好企业保护消费者利益社会责任导则[Z]. 2007-03-15.

第 7 章 股东、管理层与雇员关系中的伦理问题

学习目标

理解股东、管理层和雇员之间的权利和义务关系；理解管理层和雇员责任的区别；理解雇主和雇员的权利与义务；了解雇佣关系中的主要道德问题及其法律要求；理解避免工作歧视和尊重雇员权利的重要性。

引例

大众尾气检测作弊是工程师个人行为吗？

2013 年 5 月，美国西弗吉尼亚大学一位工程师丹尼尔·卡德和他的 5 人研究团队，发布了一份质疑德国大众柴油车尾气排放数据作弊的报告。丹尼尔的研究团队发现，大众柴油车的尾气排放量与官方检测数据相差甚远，实际排放量可能比官方数据高出 10~35 倍[1]。

丹尼尔的报告引起了美国政府和公众的关注。美国环保署和加州空气资源委员会证实了丹尼尔的研究结果。根据美国环保机构的调查，大众汽车集团自 2008 年开始在美国销售的约 48.2 万台柴油车内安装了非法作弊软件。该软件能够识别汽车尾气检测，通过启动汽车的全部排放控制系统以降低尾气排放量。但该控制系统在日常驾驶过程中则不会启动，这将导致氮氧化物排放量最高可至法定标准的 40 倍，此举明显违反了美国《清洁空气法》。

2015 年 9 月，大众公司承认存在作弊行为。2015 年 10 月，美国众议院能源和商业委员会举行了听证会，大众 CEO 迈克尔·霍恩承认大众汽车存在尾气检测造假并宣布大众汽车将对此负责。前 CEO 文德恩（Martin Winterkorn）辞职负责，奥迪研发主管哈肯贝格（Ulrich Hackenberg）、保时捷发动机主管哈茨（Wolfgang Hatz）也被解雇。哈肯贝格此前负责大众汽车的品牌开发，而哈茨负责大众发动机的开发工作。

大众公司监事会执行委员会认为已经辞职的前 CEO 对作弊行为并不知情。在回答众议院质疑时，霍恩表示"这不是公司的决定，董事会及监事会没有对此行为负责，造假是个

---

[1] 本案例根据纽约时报、凤凰科技、新浪财经、彭博新闻报道整理。

人行为"。但这一回答遭到众议员的抗议，众议员克里斯·柯林斯批评大众公司"最高层串通起来掩盖真相，而且直到现在还在掩盖真相"。

美国环保局指出，大众公司的行为旨在规避美国汽车尾气排放标准，属于违法行为并有害公共健康。根据美国的法律规定，该行为有可能导致最高180亿美元的罚款。

彭博社报道指出，大众汽车德国高管直接控制了在美国进行的排放测试。根据该报道，位于美国加州West lake Village的实验室检测人员根据从德国公司传来的测评标准对相关车型进行评估，所有结果在上报美国环保署之前都要先行发给德国总部。如果任何车型未能达到排放标准，德国总部或者奥迪在巴伐利亚州英格施塔特基地的一组工程师会被派往加州。通常用一周左右时间，该车型就会通过检验。

事件爆发后，不仅大众公司股价下跌，德国公司的品牌价值也下跌了4%。同时，美国司法部开始着手调查该事件是否存在刑事犯罪。

> 思考一下：在大众尾气检测作弊事件中，公司管理层和雇员都负有哪些责任？

在大众公司汽车尾气检测作弊事件中，大众的管理层认为这主要是公司所雇佣的工程师擅自做出的错误决定，但也有包括美国众议员在内的很多人并不认同这种说法。在这个案例中，美国公众、德国国家品牌、德国大众的股东、管理层和雇员的利益受到了损害。在本章，我们更关心的是股东、管理层和雇员各自的权利、义务和责任问题。

7.1 股东、管理层与雇员：权利与责任

7.1.1 企业与内部利益相关者

企业的经营不仅涉及与外部利益相关者的伦理关系，也必须妥善处理与其内部利益相关者的关系。股东、管理层和雇员的利益制衡将直接影响企业的伦理行为，而理解企业与股东、管理层和其雇员之间的伦理关系，则需要思考企业为何而存在。

1. 企业存在的合法性

对企业因何而存在这一问题，存在多种解释。股东理论、社群理论和特许理论是其中比较典型的代表。

（1）股东理论

股东理论是时下最流行的观点之一，曾经得到很多主流经济学家的普遍认可。股东理论认为企业应以增进公司利润、实现股东收益最大化为目标，因此"公司不是慈善组织，也不是为了向经理人所决定的支出计划提供资金而成立的"（保罗麦卡沃伊和艾拉米尔斯坦，2006）。企业组织是关于生产投入的契约，除了股东所投入的资本外，其他所有的生产要素都已经按照市场价格获得了回报。在这种契约条件下，所有者（股东）是唯一没有契约保障其投入能够获得固定回报的参与者。股东理论认为是股东而不是其他人承担了企业经营的剩余风险，因而股东有权索取所有的剩余价值。

基于这种解释，股东价值最大化理论使股东权力至上具有了合法性。过于强调股东利益最大化，可能会忽略社会对企业的期待和要求。

（2）社群理论

与股东理论针锋相对的是社群理论。长期以来人们认为该理论的建立是基于政治而不是经济的思考。社群理论认为公司其他利益相关者同样有权利获得公司的剩余价值。布莱尔用剩余分配对经济绩效的影响来解释雇员的分配权（Blair, 1995），认为人力资本因其长期服务于特定企业而具有专用性，从而使雇员和雇主之间形成了长期的"套牢"，拥有公司专用技能的员工具有处于风险中的"权益"，即长期雇员因承担剩余风险而与股东一样拥有剩余价值的索取权。

社群主义的另一代表是自由社团主义，该理论将公司看作是在管理者控制下各参与者的利益统一体，具有和谐和共同的目标（Stokes, 1986），因而公司内部管理的诀窍就在于利益团体之间的良好平衡。

（3）特许理论

特许理论介于股东理论和社群理论之间，认为公司的存在和运营可以视为政府特许的产物，在现代公司普遍承担有限责任的情况下更是如此。在特许理论下，公司立宪主义为平衡各方利益和分担责任提供了思想基础。公司立宪主义的关键特征有三：双重决策、协商决策和权力分立（丹恩，2008）。

① 双重决策。双重决策的理念主要体现在股东大会和董事会的不同角色界定上，股东大会代表全体股东的利益，是最高权力机构；而董事会受股东大会委托，监督公司管理层。这也意味着，公司一旦成立即获得了合法性，公司就不再是其设立者的附属品，而是一个自我实体（法人实体）。所有者的意志不再是公司唯一的意志，公司不仅与股东有关，而且与其他利益相关者包括管理者和雇员相关。

② 协商决策。协商决策的理念则是要确保公司决定充分考虑了所有相关问题，并且是公开的、经过审慎思考的。由于现代企业中所有权、经营权（通常集中在管理者手中）的分离，协商决策试图将不同的利益相关者纳入决策过程中。

③ 权力分立。这一原则是为了确保公司决策权分散但责任明确，通过公司组织的设立，将公司权力分散到不同的利益相关者手中，以确保公司责任的履行。

作为一种折中的观点，特许理论不再将公司法人与其设立者捆绑在一起，从而将公司利益看作是一种抽象的概念，因而更适用于"选民模型"（constituency model），股东、债权人、管理者和雇员都被视为公司选民，在不同的选民中间，需要平衡其收益和成本。特许理论下，人们更多地是考虑不同利益相关者的利益均衡。

目前对企业存在的合法性的解释，更多倾向于说明企业存在的社会基础。特许理论采用平衡的观点，表明企业既要保护投资者（股东）的权益，同时也需要对社会期待做出及时反应。

2. 主要利益相关者

（1）股东

股东是企业最重要的内部利益相关者之一，是公司的出资人（投资者），也是企业运营中剩余风险最主要的承担者。

传统上，可以根据股东所持企业股份的不同将股东分为大股东和小股东，现在基本上按照对公司的实际控制权区分大小股东。大股东可以通过直接、间接拥有简单多数表决权股份，或者通过交叉持股、二元股份等形式，实际控制公司。大股东通过任命公司董事会成员、选择管理层等方式，在实质上获得了公司的剩余控制权并能够干预公司剩余索取权的分配（苏赟，2005）。相对于大股东，小股东权益保护是公司伦理问题的重点。

在很多国家，除家族企业外，私人股东并不是主要股东，机构股东如公司、银行、政府、养老基金等机构投资者占据了相当一部分。但不同的机构投资者在制衡公司权力、保障股东权益方面的作用有相当大的差别。股东不一定是公司的实际管理者，除了家族企业外，多数公众公司或国有公司的股东不参与公司的实际管理，公司的剩余控制权掌握在管理层手中。

（2）管理层

管理层主要是指公司的高管团队，他们通常掌握了公司的剩余控制权，在实现公司目标、制定公司决策、管理公司运营方面具有相当多的自决权。

管理层的道德水平、个人目标以及企业的监管机制直接决定了管理层在剩余索取权分配中的作用。很多公司丑闻和公司危机的发生，都与管理层有直接关系。管理层与股东、雇员利益的一致性、冲突和协调性，直接影响了公司的经济效率和经济利益分配的公平性。

（3）雇员

雇员在企业利益博弈中的地位，与公司的政治基础密切相关。北欧、西欧国家的法律体系和强大的工会组织，使雇员权益受保护程度较高；而东亚国家尤其是东亚家族企业中，雇员权益的保障相对薄弱。一般认为，雇员力量的强弱对管理层在公司治理中的伦理行为有一定影响。

3. 冲突与合作

现代公司治理是投资者、管理者和雇员权利与义务关系的制度性保障。由于市场在资源配置中的作用不断增强，公司的组织行为发生了巨大变化，从传统的重视企业内部资源运用开始转向市场战略。在"股东最大化"理论盛行的同时，管理者获得了丰厚的报酬和巨大的公司权力，公众公司股东对公司的控制权几乎可以忽略不计，雇员的薪资和工作稳定性与以前相比也呈相对下降趋势（奥沙利文，2007）。

所有公司的运作都离不开其政治基础，即公司长期、稳定的发展必须解决股东与雇员的疏离与对抗问题。在股东与雇员的对峙关系中，管理层的作用变得非常突出。管理层在股东利益和雇员利益的博弈中，如何选择结盟对象直接决定了双方对峙的结果。因此，从公司内部伦理关系角度来看，对管理层的制衡是一个关键问题。股东、管理层和雇员的利益平衡模式，与公司治理体制密切相关。股东是否参与公司管理，或者说公司所有权、经营权分离程度以及对管理层的控制方式，决定了双方利益平衡的可能性及方式。

在不同的管理体制下，公司管理者在公司组织整合中的作用和地位不尽相同。雇员和股东力量的对比、公司治理结构都明显约束并影响管理者的行为方式，从而使管理者（通常也被视为雇员中的特殊阶层）在雇员和股东之间保持利益一致性的可能性，在不同国家显示出显著差别（查卡姆，2006）。以下是几种比较典型的公司治理模式。

（1）英美模式

又被称为市场模式，其核心在于市场激励，并以强调股东价值最大化为目标，通过对管理层的激励使管理者利益与股东利益一致，明确并强化管理层和董事会的责任，被视为公司治理的有效手段。在该体制下，无论是单个公司还是集团公司的管理层，都享有相当大的自由权利。雇员权利则通过雇佣契约和劳工团体协商等方式加以保障。股东、雇员和管理层之间存在高度对抗，因而监督和制衡机制的建立备受重视。美国、英国、爱尔兰等都属于这一类国家。

虽然英美公司治理模式经常被并称为英美模式，但美国的公司制度具有强烈的例外性质，股权高度分散的公众公司在美国的比例远高于其他国家，公司内部权力制衡具有其独特性。

（2）德日模式

德日模式的称谓与英美模式相类似，两个国家之间既有共同点又有较大的区别。德日模式的共同特点是债权人（主要是外部银行）对公司具有主导性的影响力，传统上公司股东、管理层、雇员之间的冲突低于英美模式，强调合作而不是对峙；同时法人交叉持股使得资本市场和控制权市场较英美发育迟缓。德国模式更强调所谓经济民主化，雇员在参与公司管理和利益分享中有更大的自主权，共同决策在德国发挥了重要作用。日本则更具东方特点，产经关系体现为政府指导下的利益共同体。

（3）西欧模式

以法国、意大利为代表的西欧国家，公司股东和雇员关系体现了高度对抗性。国家垄断产业和竞争性产业并存，股东管理控制力度较强，家族企业占据较大比例，对小股东和雇员权利的保护程度基本取决于法律保护的强度。以欧莱雅集团为例，该集团是2006年法国媒体评选的公司治理大奖的得主，但透过梅耶母女争产诉讼一案[①]，可以发现家族成员在公司中的作用仍然是举足轻重的。法国雇员主要是通过企业委员会保障其利益，企业委员会可以聘请财务顾问、检查账目、进行集体谈判。多数西欧国家，包括英国和爱尔兰，雇员工会的力量是相当强大的。

（4）东亚模式

东亚模式以韩国、东南亚等国家及中国香港和台湾地区为典型代表，公司类型以家族企业为主，家族成员在公司管理中发挥重要作用，股东（管理层）和雇员的冲突、对峙类似西欧国家，但行业工会或企业委员会在保护雇员权益方面作用不强，雇员处于相对弱势地位。

（5）中国特色

中国经济具有高度的二元性，国有企业在垄断行业占主导地位，其管理具有明显的公营事业特点；民营经济主要集中在竞争性行业，具有典型的东亚特点，家族管理和大股东控制占主导地位；雇员力量虽然较为薄弱且缺乏必要的行业组织加以保障，但雇员寻求自我利益保护的意识开始觉醒，政府也在推动集体谈判等措施。

---

① Bettencourt Meyers（梅耶）和 Lilliane Bettencourt（莉莉安），因为莉莉安向其朋友和摄影师 Francois-Marie Banier（弗朗索瓦）提供10亿欧元的赞助而产生股权争夺诉讼。

总体上，虽然公司运营的政治基础和利益制衡机制各不相同，但股东、管理层和雇员所承担的基本伦理责任和义务大同小异，都强调信托责任和职业伦理。

4. 创新与共享经济时代的变革

自 20 世纪 90 年代中后期以来，信息技术、互联网和通信技术的发展和普及，极大地改变了商业经营的态势。波特霍夫和哈特曼（2015）在解释工业 4.0 时代工作世界的变化时指出：工业 4.0 时代不仅仅是在工业领域，而是在所有的工作领域技术创新都将带来巨大的改变，我们必须用新视角去探索和解决问题。在这个工作领域，社会技术系统的三个维度：人、组织和技术也将产生巨大变化。

在新技术下，旧有的组织系统和制度体系将面临变革和挑战，这使股东、管理层及雇员关系的伦理问题出现了新变化。虽然股东、管理层和雇员各自的基本伦理责任和道德义务并没有发生根本性改变，诚实、信用、公平、公正和自由权利等依然是最高的道德规范，但在确保这些道德规范得以遵守的手段和环境方面，却发生了巨大变化。

互联网和信息技术不仅使信息的披露、传播和沟通变得更为快捷，也使更多利益相关者得以参与到这一过程中，从而促使传统的利益制衡方式发生改变。例如，与传统模式相比，以网络服务为基础的投资者关系模式更能提高公司治理的有效性，特别是在财务报告和披露方面（瑞扎伊，2009）。在与雇主关系方面，雇员可通过匿名手段参与公司治理，从而给雇主施加更大压力，而雇主在对雇员进行管理控制时，也可能采取信息技术手段侵犯雇员的权利；二者之间的道德界限变得更为模糊。信息化和互联网时代，不道德的行为更容易被揭露出来，也更容易被隐匿。

信息技术、互联网和通信技术，也推动了共享经济的发展。共享经济意味着资源、信息、利益的共享和风险的共同分担。在这一新的经济模式下，"人"和其他资源的组织方式也将产生变革。尤其是作为重要投入要素的人力资本，不再强调传统意义上的服从组织指挥链条和标准化，而更多要求创造力和创新性。

7.1.2 伦理关系与道德责任

股东、管理层和雇员在企业经营中的道德责任有所不同。股东主要以其出资为限承担对企业的责任，而包括董事会和高管团队在内的管理层与公司一般雇员的责任也更有不同。管理层强调的是审慎的信托责任，而一般雇员所承担的则是一种契约责任。

1. 股东责任与权利

股东伦理主要解决股东与股东之间、股东与企业之间的伦理关系，其基本原则包括股东利益保护、股东之间的公平性、明确的股东和企业责任、信息透明等。股东权利又分为自益权和共益权。自益权被称为"受益权"，是指股东从公司获得以经济利益为目的的权利；而共益权属于派生权利，又被称为"治理权"，是以股东参与公司治理为目标的权利，包括参与公司决策、经营管理、监督控制等权利。

按照 OECD（经济合作与发展组织）公司治理准则[①]，股东权利及保障的基本原则包括："可靠的股权登记办法、转让和过户股份、定期及时地获得公司有关实质信息、参加股东大会并投票、选举和罢免董事会成员、分享公司利润，股东有参与和充分了解公司重大变化决定的权利"；股东"应获得参与股东大会和投票的机会、并得到股东大会议事规则的通知（包括投票程序），应当披露使特定股东获得与其股票所有权不成比例的一定控制权的资本结构和资本安排，应确保公司控制权市场的有效性和透明性，应推动所有股东行使所有权、包括机构投资者，应允许股东（包括机构投资者）之间相互协商上市公司治理原则中所界定的股东基本权利有关的事宜，但要以防止滥用的例外情况为条件"（证监会《中国上市公司发展报告》，2010）。股东权利保护的两个重要目标是提高股东价值和在股东之间实现公平分配。

（1）提高股东价值

股东价值的提高属于如何做大"蛋糕"的问题，由于所有权的差异，在分散的公众持有公司和控股性股东持有公司中，股东对公司的管理控制有很大差异。股东所拥有的公司管理控制权越高，提高股东价值的理念越容易占据主导地位，伦理问题集中在股东之间。在高度分散的所有权结构下，公司管理控制权掌握在"内部人"手中，内部人作为"代理"可能会肆无忌惮地掠夺属于股东的公司利润，因此主要的伦理问题集中在对职业经理剩余控制权的管理和规范方面，股东与管理层的关系是其中的重点。

（2）股东之间的公平分配

股东之间的公平分配主要集中在大股东对小股东的剥夺问题上，其核心是如何在股东之间分配"蛋糕"。大股东通过各种方式（如掏空、内幕交易等）对小股东进行剥夺，就其本质而言是一种偷窃，是对小股东财产权和管理权的窃取，解决伦理问题的关键是加强对中小投资者的保护。

拥有多数表决权的大股东的剥夺问题比较明显，但一些小股东可以通过交叉持股、多元持股、集团公司等方式在仅握有少量所有权的情况下，在实质上掌握对公司的控制权。由于小股东控制的隐蔽性，小股东的偷窃行为更不易被发现。

（3）股东参与

股东参与主要是股东共益权的实施。股东参与公司管理，与直接管理公司是有差别的。股东的参与管理主要是通过股东大会挑选董事会、通过董事会选择公司管理层并对其进行监管。与股东权利相对应，股东也应履行相应的责任，其中之一是任命和监督公司董事会（董事），中国公司法和证监会相关规则对公司董事会（董事）及监事会（监事）的成立和运作做了详细规定，对董事会委员会的设立没有强制性规定，但对上市公司独立董事及委员会做了相应要求。股东参与不能剥夺管理层的自由决策权，在监管权与经营自由权之间始终存在一些模糊地带：一方面股东有义务进行监管（有些情况下，国有股东、公众公司股东的监督权利和责任，经常被忽略），但另一方面也不应越过管理边际而直接干预公司经营。

[①] OECD 公司治理准则，首次发布于 1999 年，在此之后进行了多次修订。OECD 治理准则包括确保公司治理结构的基础、股东权利、股东的公平待遇、信息披露、利益相关者的角色、董事会的责任等方面。

(4)信息透明与财务报告

信息透明和公允的财务报告是股东参与和股东权利保护的基础。信息透明是股东对公司进行有效监管的必要条件之一。所谓信息透明是指公司应该向股东披露具有实质性内容的信息，包括：公司财务和经营成果、公司目标、主要股份的所有权和投票权、董事会成员和主要执行官的薪酬政策、董事会成员相关信息、关联交易、可预见的风险因素、有关员工和其他重要利益相关者的重要问题、治理结构和政策，尤其是公司运营所依据的任何公司治理规则或政策及程序的内容。[①]财务报告舞弊一直是公司伦理的重大问题，这多数是由管理人员和内部会计及审计人员所造成的。虽然国内尚缺乏相关统计数据，但根据美国政府问责办公室（GAO）的报告，上市公司披露财务重述的数量在2002—2005年从3.7%上升到6.8%；财务重述的次数上升了67%（瑞扎伊，2009）。究其原因，管理层在业绩考核（如利润、资产回报率等）、以及股价涨跌方面面临巨大压力。为了达成目标，管理层可能会要求会计人员粉饰、甚至伪造财务报表。从操纵会计数字到会计欺诈，都是伦理监测的重点。

(5)股东诉权

股东诉权是一种衍生权利，是维护股东利益的基本权利之一，其诉讼的对象是公司董事会及高管团队，虽然股东可以就董事会及管理层违反受托责任而造成的损害进行求偿，但在实际操作过程中却经常处于一种"两难境地"：通常这些应该被起诉的董事或高层管理者正在掌管公司（西方谚语说的狐狸掌管鸡舍，说的就是这种情况），股东想以公司或公司代表的名义起诉他们存在一定的困难。

股东诉权在英美国家有明确的法律规定，股东或投资者可以就相关问题提起法律诉讼，包括集体诉讼和证券欺诈的集体诉讼。目前，我国尚未有完整、清晰、明确的股东（投资者）诉讼制度，法律救济手段相对有限。

股东伦理既影响企业本身的绩效，也影响公司控制权市场。从企业内部的角度，股东伦理是指导股东、管理层决策和行为的指南和标准，也是指导企业建立良好公司治理机制的基础；从控制权市场的角度，规范、良好、可预期的股东伦理环境有助于投资市场的稳定和繁荣。否则，当股东伦理出现重大问题（如安然公司的财务欺诈问题）时，投资者利益如果无法获得保护，就只能选择用脚投票。

2. 董事会与管理层的信托责任

董事会和管理层的伦理责任主要是他们对股东的信托责任。随着现代公司制度的演变，公司治理的双重委托关系确定了董事会和管理层的双重信托责任。

所谓信托责任是为他人利益而行动的责任，在履行信托责任时，受托人必须使其个人利益服从他人利益。董事会和管理层所承担的信托责任主要是忠诚责任和审慎责任。

(1)忠诚责任

对于董事会而言，主要是要求董事以善意按照公司及其股东的最佳利益而行动，不能将自己的利益置于公司利益之上，包括不能与担任董事的公司竞争、避免在与公司的交易中存在利益冲突；经理人的忠诚责任还包括不能在没有委托人（股东）同意的情况下做出

---

① OECD公司治理准则。

对其不利的决策和行动,也不能在没有委托人同意的情况下代表其对委托人不利的人采取行动。违反忠诚责任的例子包括内部交易、欺诈、窃取公司财产等。

(2) 审慎责任

要求董事和经理人在履行其职责时勤勉谨慎,这里所说的谨慎是合理的审慎,包括董事对管理层的监督和管理层的经营管理活动,均应审慎决策和行动。

董事会和管理层的信托责任还包括顺从、善意和公允披露的责任。顺从责任要求他们在公司章程和其他规章制度规定的权利范围内履行其责任;善意责任则要求避免不负责任、鲁莽和不忠诚行为的发生;公允披露责任则要求向股东和其他利益相关者提供及时、可靠、透明的财务及非财务信息。

例如,美国证交会明确要求上市公司披露是否建立了高级经理人员的伦理守则。适用于公司管理层(包括主要财务经理人员)的伦理守则包括:管理层应按照道德要求处理个人和专业关系中的利益冲突问题,披露任何可能造成利益冲突的事项,遵守适用的法律、规定和法规,进行充分、公允、准确、及时和可理解的财务报告,对违反伦理守则的行为及时进行内部报告,建立并遵守公司伦理守则责任制等。

在现代公司制度下,经理人经常为了获得个人利益或者个人的管理权势而偏离投资者利益的目标。例如,管理层通过建立与公司的不当交易获得不当利益、管理腐败(如直接侵占公司财物、偷懒行为、不合理契约、个人权利垄断、不按照股东利益进行决策)等都是违反公司伦理的常见做法。管理层的薪酬和绩效评价也是公司伦理管理的重要内容。由于管理层掌握着公司的实际控制权,他们可以通过各种手段(如设定不合理的薪酬),将股东财富转移到个人或其利益相关者手中。因此,管理层的不道德行为就成为伦理监督的重点。

判断董事会及管理层的信托责任,需要与商业判断原则相区别。虽然商业判断原则经常被管理层用来对抗董事会和股东的监督,但它仍然是非常重要的基本原则。商业判断原则是一种保护管理层经营自由权的程序原则,只要管理层是出于善意、履行了审慎责任、所做的商业判断不存在重大失误、不存在个人利益冲突并且符合法律要求,则管理者不必为其管理失误而承担法律责任。商业判断原则作为管理层的保护伞,一方面有利于公司的正常经营,另一方面也需要防止管理层以此为借口实行管理腐败。

3. 雇员和雇主的契约责任

雇佣关系是指劳方、资方和政府的策略选择与集体行动,是三方之间的冲突、合作与权利的相互影响,这种相互影响将对雇佣关系的内容和规则、资源的使用和分配产生重要影响(鲁塞弗尔达特和菲瑟,2000)。雇佣关系所涉及的利益相关者包括雇主、雇员、雇员组织、雇主协会、第三方组织及政府等,其中所涉及的伦理问题因国家和地区的文化、法律、商业习惯的不同而有很大差别。雇主与雇员关系是雇佣伦理问题的核心。一般雇员是指受雇于个人、公司或其他组织,由雇主提供工作场所、劳动工具及劳动报酬,按照雇主要求向其提供劳动和服务的人员。

雇主与雇员的伦理关系,建立在雇佣契约的基础上。因此,讨论雇主和雇员的伦理关系及道德责任时,通常都强调对契约的尊重和遵守,他们相互责任的底线被设定为契约责任。

（1）雇员的契约责任

当代公司治理研究通常都特别强调雇员对企业组织的伦理责任，这种责任来自于雇主之间的契约。与管理层的信托责任相类似，雇员同样应遵循相应的工作伦理（也称职业伦理）。而工作伦理的核心是雇员努力工作以达成公司目标并获得薪酬与职业升迁，并履行勤勉审慎、忠诚于公司目标的责任，雇员不能为谋求个人利益而损害公司利益。

雇员的不道德行为，可能比较轻微，但也可能演变成严重的违法行为，其表现形式包括工作敷衍不尽责、与公司存在利益冲突、假借工作职能接受礼物甚至接受商业贿赂或敲诈交易对象、窃取公司财物、泄露公司商业秘密等，这些都属于严重程度不等的不道德行为。

从契约责任的角度，雇员只要遵守了公司制定的伦理规范和伦理守则，就视为尽到了道德责任。一般性的伦理规范通常包括以下要点：勤勉、忠诚、可靠、主动、负责的工作态度；团队合作精神；符合公司要求的礼仪风范；良好的工作技能以及尊重他人等。

（2）雇主的契约责任

与雇员责任相对应，雇主也应承担相应的契约责任。在劳资关系比较偏向于劳工保护的国家中，雇主责任更强调公平和公正地对待雇员，尊重雇员的尊严和自由权利。

所谓公平和平等，主要是反对一切不合法的歧视，包括不因年龄、性别、种族、宗教、政治信仰、社会观点的不同而遭受歧视性待遇，也不因个人健康、相貌等原因遭受差别化待遇。

公平和正义还反映在雇员有获得与其劳动相称的薪酬及人道待遇，其福利薪酬应与雇主的能力相一致，并能支持其达到并保持与社会其他成员相一致的生活水平。1994年，美国总统产业竞争委员会对产业竞争力进行了解释。所谓产业竞争力不仅是要在全球市场上向顾客提供满意的产品和服务，而且也能够不断改善雇员的福利，包括持续增长的工资薪酬和良好的工作环境，以使其保持作为"人"的尊严和幸福感。

世界上不同地区，对雇主伦理责任的要求有很大差距。在一些发展中国家，侵犯雇员基本的人权、个人尊严和隐私权的问题仍然非常严重，更不用说雇员参与、经济民主等权利了。这些名词对他们来说，可能比天方夜谭更遥远。

从中国实践来看，社会和企业界同样需要调整公司内部的伦理关系。自20世纪80年代，中国逐渐开始向市场经济国家转轨，公司内部伦理问题产生了很大变化。一些人错误地认为市场化就是公司所有人的利益至高无上，管理者可以为所欲为。在股东利益和雇员权益保护两个方面，很多企业组织都存在比较严重的伦理失范问题。

与商业伦理领域的其他问题一样，在雇佣关系中，伦理管理的核心问题是维护公平、正义和利益相关方的平等权利。应该指出的是，道德和伦理中至高无上的准则是提升"人"的幸福和福利。无论是对雇主还是对雇员来说，文明而有尊严的工作都是讨论雇佣伦理的前提条件。

7.2 管理层治理：伦理问题及治理

7.2.1 管理层与企业利益的冲突

按照信托责任的要求，董事会与经理层应该忠诚、审慎地完成股东的信任托付。由于股东目标和经理人目标存在差异,为了监督、激励经理人完成股东目标,董事会受托对经理层进行监控。但董事会经常因不掌握公司管理控制权而形同虚设,或者被大股东控制。现实中的公司治理,经常处于顾此失彼的境地。股东和管理层的目标差距、管理层的道德意识、对管理层的激励和监管都是影响公司伦理表现的重要因素。

1. 所有权与管理控制权的分离

如果说股东之间利益冲突的产生主要是由于所有权与控制权的分离,使控制性股东有机会实施不道德的商业决策和行为。股东与管理层之间的利益冲突,则是基于所有权与管理控制权的分离。

当公司完全掌握在创始人手中时,不存在股东与管理层的利益冲突问题。随着创业公司的组织发展,就出现了代理问题,公司逐渐成为分权型组织,任何一个创始人都无法完全掌控公司管理。基于管理职能的剩余控制权开始从股东手中逐渐转移到经理层,麦卡沃伊和米尔斯坦(2003/2006)在《公司治理的循环性危机》一书中对此进行了解释(见图7-1)。

在传统经济模式下,由于生产链条比较单一,董事会对管理层能够实现比较有效的监管。随着生产和服务链条的日益复杂化,基于管理职能而产生的控制权权利逐步从董事会手中转移到管理层,这就使管理层而非董事会处于企业管理的权利核心。在这种情况下,管理层与企业利益的冲突就产生了较多的伦理问题。

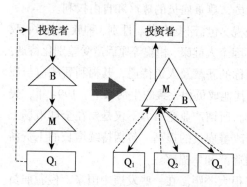

图 7-1 剩余控制权的转移
注:M 代表管理者行为,B 代表董事会行为,Q 代表产品和服务。麦卡沃伊和米尔斯坦,2003。

2. 目标差异与利益冲突

管理层和企业本身所追求的目标存在差异。从投资者价值的角度,追求公司的长期、可持续发展符合公司利益的最大化;但经理层在公司运营中还有其自身的利益,如追求短期利益最大化以获得高额薪酬、追求公司规模扩张而获取管理权势等,股东和管理层的目标差异和利益冲突很难完全避免。近年来,很多管理层非常热衷于公司兼并和收购,不仅仅是因为这可能符合公司的整体利益,更可能是因为这更加符合管理层的利益。强化董事会的作用,是2001年系列公司丑闻爆发以来欧美国家解决公司治理问题的关键点,并取得了一些效果。但在中国和其他东亚国家,董事会的作用效果还有待检验。

3. 管理层激励和监管

实施管理层激励,是运用薪酬、股权激励等方式将管理层的利益与股东利益捆绑在一起,试图达到约束和激励管理层的目的。有时候激励的确可以起到作用,但有时候则难以见效,特别是在管理层可以透过其他方式获得更多利益而又缺乏监管的时候。珍妮特(2008)在《集团公司的治理》一书中是这样说的:"放宽对受托人的约束,激发了各式各样的恶行。

通过各种普通人难以琢磨透的专业手段，诸如特殊投票权股份、毒丸计划、分类制董事会、锁定、爬行收购、熊抱、白衣骑士、黑衣骑士、白衣护卫、股票期权、绿票讹诈、皇冠上的钻石、拍卖、自我回购、职业经理人及类似的袭击者腐蚀着股东的民主政治。"股东在保卫其权利方面并不总是赢家，由于股东通常很难觉察管理层的不当行为，监管经常流于形式。

7.2.2　伦理问题的不同面向

从全球公司治理实践来看，股东和经理层之间的伦理问题至少在表面上看起来有极大差异性。在股权高度分散的公众公司、家族企业或国有企业中，伦理问题的表现可能完全不同。

在典型的公众公司中，股东与经理层的伦理问题通常表现在如何制约经理层的管理腐败、短期行为以及不作为。管理层的薪酬和股权激励也是经常讨论的问题。公司治理的规范化、董事会监督的强化，以及外部监管和白领犯罪刑事责任的加重，被看作是解决经理层与公司利益冲突问题的相对有效的方法。

相反，在以家族控制为特征的企业中，股东与管理层的伦理问题可能表现为创始人家族与经理层的管理冲突，以及管理层的隐性腐败和利益冲突问题。

国有企业则是另一种情况。国有企业由于存在明显的股东缺位，管理层几乎掌握了相当于创始人家族的权势，其伦理行为更缺少制约，所隐藏的道德风险较一般公司经理人更高。

尽管在不同的公司中，股东与经理层伦理问题的表征看起来非常不同，但有些问题仍然具有高度的一致性，这些问题主要集中在：管理腐败与利益冲突、背离公司目标、内幕交易、经理人薪酬、管理层掏空、不作为等方面。在法律监管比较严格的国家，管理层的不道德行为经常游走在法律边缘的"灰色"地带。

1. 管理腐败与利益冲突

管理腐败和利益冲突是管理层较常见的不合规行为。管理层腐败和利益冲突包括从职务消费、接受商业贿赂到侵占公司财务等各个方面。

1985年，英特诺斯和休斯敦天然气公司合并成立了安然公司，在公司CEO雷伊的领导下，安然公司快速扩张，在美国、中美洲、南美洲、加勒比海、印度、菲律宾和英国等地设有公司。至2001年倒闭前，安然公司在全球各地雇佣了30 000多名员工，休斯敦本地雇员达到6 000多人。

然而在2001年年初，一家纽约投资公司Kynikos Associatees的对冲基金总裁James Chanos对安然的赢利提出疑问。随后，安然公司的股价从高达80美元快速跌落到不足1美元，并最终导致了安然公司的垮掉。

美国安然公司倒闭之前，安然公司的高管法斯特通过设计复杂的合伙人交易模式，从安然公司获得了巨额收益（见专栏7-1）[①]。

根据美国国会安然事件特别调查委员会的报告，2000年LJM与安然有23项投资，第

[①] 委员会报告引自安然事件特别调查委员会报告（Report of Investigation by the Specila Investigate Committee of the Board of Directors of Enron Corp. 2002.1）。

一年投资回报率达到 69%，有些交易利润高达 2 500%。法斯特曾经向董事会报告他在两年内向 LJM 投资 500 万美元并获得了 4 500 万美元的收益，其他管理者也从中获利，如有两个雇员投资 5 800 美元并从中获利 100 万美元①。

专栏 7-1　安然公司管理层的腐败与利益冲突

法斯特是安然公司的财务总监，2006 年 9 月，法斯特因涉及欺诈、内部交易和洗钱而获刑 6 年。

法斯特为安然公司设计了一套特别复杂的合伙人交易项目（LJM），该设计极其有利于项目合伙人。以 2000 年的 LJM2 项目为例。LJM2 项目于 2000 年 6 月，从安然公司购买纤维光学电缆，项目向安然公司支付 3 000 万美元和 7 000 万美元利息转让单。LJM2 把电缆的一部分以 4 000 万美元转卖给其他公司，安然公司帮助 LJM2 寻找买家获得了 2 030 万美元的代理费。2000 年 12 月，LJM2 再将剩余电缆以 1.13 亿美元的售价出售给 SPE 并用转让收益支付了此前的 7 000 万美元借款利息。SPE 是安然为达成交易而成立的所谓特殊目的实体，该实体由其他投资者参与投资。在整个转让过程中，安然公司需要与 SPE 的投资者签订一份保值协议，以确保投资者利益不受损害。

通过 LJM2 合伙人项目，法斯特从中获得了巨额收益。与此同时，安然公司通过出售电缆修饰公司业绩提升公司股票在交易市场上的价格，财务总监法斯特本人因虚假业绩在股票市场获得 3 300 万美元收益和巨额奖金。

（资料来源：根据安然事件特别调查委员会报告整理。）

法斯特在 LJM 合伙人项目中的作为属于典型的背信行为，其所作所为与公司利益形成了明显的冲突。不仅是法斯特，安然公司的 CEO 雷伊、财务总监斯基林和董事会的一些成员也涉及此问题。安然公司董事会中有多位成员与安然存在利益冲突。特别调查委员会报告指出：安然公司从 1996 年就开始向其董事 Wakeham 爵士支付咨询费和额外的董事薪酬，2000 年共支付 72 000 美元；从 1991 年开始，向另一位董事 A.Urquhart 支付咨询费用，2000 年支付了 493 914 美元；董事会成员 Herbert Winokur 先生同时担任 National Tank Company 的董事，自 1997—2000 年，该公司分别从与安然的设备及服务交易中获得 103.5 万、64.5 万、53.6 万和 37 万美元的销售收入。此外，安然公司还向董事会成员任职的安德森癌症中心（德州）和乔治·梅森大学进行捐赠。董事会和管理层成员的腐败和利益冲突问题，因其隐蔽性而难以发现。

2. 管理层掏空

管理层掏空，最常用的方法是通过控制关键管理职能来实现的，小股东掏空行为，也

---

① 参见安然事件特别调查委员会报告，2002.

经常发生在管理层身上。在包括公众公司、私人公司和国有公司中，都有类似的情况发生。

例如，1984年，万润南、沈国均等人借资2万元成立了北京四通新兴科技开发公司[①]，挂靠在北京四季青乡。1986年，公司更名为北京四通集团公司。1987年北京四通集团公司（持股75%）与日本三井物产（持股25%）合资成立了北京四通办公设备有限公司，公司开发的四通打字机在当时风靡一时。四通办公设备有限公司以8 000元价格提供给四通集团销售，市场价格为13 500元。但四通集团很快被掏空。1987—1988年短短两年时间不到，集团公司就成立了24家二级公司、32家分公司、100多家培训中心、900多家维修中心和1 280家销售代理商（白益民，2008）。

针对管理层掏空问题，很多研究者认为应该采取胡萝卜加大棒的治理方法，通过高薪激励作为胡萝卜促使其努力实现股东利益或公司利益最大化，以加强监管和加重白领犯罪刑事责任作为悬在CEO头上的大棒。通常，在缺乏激励和监控、股东管理缺位时，管理层的投机主义倾向更为严重。

3. 内幕交易

内幕交易具有高度的隐蔽性，经理人利用内幕消息购买、出售本公司股票从中受益的行为从根本上违背了信托责任：当公司在创新、市场开发等有重大利好消息时，他们可能向少数股东隐瞒利好信息，迫使少数股东卖出股票或者进行管理层收购，变相剥夺少数股东财富；同样，当公司可能面临重大问题时，他们也通过类似的操纵让少数股东成为接盘者。在中国经理人中，基金经理是内幕交易的重灾区。上投摩根、南方基金、交银施罗德、长城、景顺长城、光大保德信等都有基金经理涉嫌内幕交易。基金管理人作为受托人管理基金资产，其内幕交易行为极大损害了投资者利益，也伤害了行业发展的信任基础。由于各国法律对"内幕"界定的不同，从事内幕交易的违法成本不同，内幕交易的泛滥程度也不同。欧盟法律将"内幕"界定为"尚未公开披露的，与一个或几个可转让证券的发行人，或与一种或几种可转让证券的准确情况有关的信息"，规定非常严格。美国对内幕交易的惩罚力度也很高，帆船集团的拉贾拉南因涉嫌内幕交易被判11年监禁并退还5 380万美元非法所得，罚款1 000万美元，集团中有25人认罪或被定罪。相比之下，中国的刑罚力度较轻，罚款多在几十万元人民币，很多涉案人获得缓刑或免除刑罚。

4. 背离公司目标

背离公司目标是一种隐蔽的违背信托责任的不道德行为，通常是由于管理者为追求个人权势和个人利益而造成的。管理层可能通过追求短期利益最大化而获得个人升迁、薪酬激励，也可能追求不断扩大公司规模而寻求更多的权势。早在1969年，丹尼斯·米勒就在自己的著作《联合合并理论》中分析了公司合并的历史，认为合并往往是"经理人实现了公司规模增长的最大化而不是公司利润或股东福利增长的最大化"，对此他是这样描述的：

[①] 参见四通集团创始人之一王辑志的网络文章和白益民的三井帝国在行动。

"与利润相比,公司经理人的薪酬、奖金、股票期权以及升职等,更多取决于公司规模或公司规模的扩大;同样,经理人从职位中所获得的声望和权势,直接与公司的规模和发展而不是公司的收益联系在一起"(Mueller,1969)。

由于董事会、独立董事及管理层人员通常是由控制性股东选择的,因此他们也会背离公司目标而致力于保障向他们提供职位的控制性股东的权益。公司经理层背离公司目标的另一种方式,是与雇员合谋,这种情况在某些国家可能更为盛行。由于工会的强大压力,经理层更倾向于向雇员和工会妥协。动用公司资源换取个人声誉和权利,在公司经理层中也是一种比较常见的行为。例如,一些管理层在未经董事会批准的情况下,擅自决定对外捐赠,也属于不当行为。

在西方公司中,"经理人资本主义"曾被视为一种理想的治理模式,认为职业经理人可以更关注雇员权利、社区发展以及公司的可持续发展问题(保罗麦卡沃伊和艾拉米尔斯坦,2006),但实践证明,所谓的"经理人资本主义",并不能解决经理人的自利与背离职务问题。

5. 偷懒与不作为

偷懒和不作为是一种消极背离股东信托责任的行为,一些经理层可能疏于公司管理,放任公司业绩下滑而无所作为。偷懒和不作为,与为个人利益而过度追求企业的扩张一样,都与商业判断原则有相当的模糊地带。董事会有责任判断经理人行为的合理性并进行有效监督。

通用汽车董事会解雇其经理人斯坦普尔的行动,是董事会积极主义和强化董事会独立性进程中的标志性事件。1992年10月,通用董事会解雇了长期业绩不佳的CEO并在1994年发布了董事会指南,以强化董事会的作用。

董事会通常被要求承担的责任有:选择并评价CEO的工作,为CEO确定薪酬、监督CEO的继任计划及其执行;监督和指导公司高级管理人员的选拔、任命、发展和薪酬计划并提供参考意见;审查公司财务和业务战略及其他重要行动;对公司面临的主要风险进行评价,并检查风险预防和控制方案;维护公司诚信(包括财务诚信、守法和道德诚信、对顾客、供应商以及其他利益相关者的诚信)等。董事会和独立董事制度的实施,虽然加强了对经理层的监督,但经理层仍然有很多途径可以对抗这种监督。

6. 经理人激励的公平性问题

公平、公正的管理层激励对于提高公司在经济、伦理、社会绩效方面的表现有积极作用。经理人激励的主要形式是薪酬激励、股权激励以及声誉和其他形式的激励,其中薪酬、股权激励属于外在激励,而声誉、自我价值实现等属于内在激励。经理层激励通过各种内在和外在激励手段将经理人目标和股东目标、公司目标捆绑在一起,以期通过激励使经理人的行为符合公司目标。影响经理人动机和行为的因素很多,包括董事会与公司的政策、法律体系、经理人市场以及公司的政治文化生态等方面。经理人固然可能由于各种原因对内在激励非常敏感,但在现实中,多数CEO可能更看重外在的激励,其至有可能主要看重外在激励。

经理人激励问题经常引起的伦理争论还包括经理人薪酬是否合理。经理人在享有薪酬、股权激励报偿之外，还有其他报酬：经营控制权中产生的职务消费和职位特权、退休及辞职报酬（经常是被解职时也不受影响）、低息贷款（很多时候在被解职时经常无须返还）。经理人薪酬过高，可能被认为是不道德的，有时甚至会引起股东的愤怒。

经理薪酬在过去的20年中，呈现直线上涨的趋势。20世纪90年代，为了约束经理人薪酬增长过快的趋势，美国采取措施要求公开经理人薪酬。但根据美国官方统计数据[①]，经理人薪酬公开后，较公开之前出现了更大幅度的上涨。2000年前后，标普500强公司CEO的平均薪酬约为普通雇员的108倍，但10年后则达到一般工资的343倍。

在中国，管理层薪酬尤其是国有企业管理层薪酬问题在最近几年也颇受社会关注。通常，经理人被认为是一种稀缺资源，同时经理人承担了更高的信托责任和管理风险。因此，为增强公司竞争力，必须给予经理人高额回报以吸引优秀人才。这一观点在中国社会也得到了普遍认可。但是，日益悬殊的薪酬差距，仍然经常受到质疑。这些质疑主要集中在两点：其一，经理人薪酬与公司业绩缺乏联系，CEO薪酬的增加幅度在很多时候远高于公司绩效增加的幅度。其二，与其他雇员相比，经理人薪酬显得不公平、不公正。确定经理人薪酬是否过高，还要考虑相对公平性。否则，会使其他社会成员有相对剥夺感。

在薪酬激励问题上，不同社会的差异很大。例如，美国体系的核心主要是外部监管，企业的绩效表现直接决定公司CEO及主要执行官的薪酬。多数欧洲国家及日本则倾向于通过内部控制解决经理人激励的问题，而东亚国家则具有鲜明的家族特色。

股权激励引发的问题之一是可能稀释股东的利益。向经理层发放股权，可能会减少股东的收益；虽然理论上如果经理层将蛋糕做大，股东分到的蛋糕会比原来的更大。但一些公司在确定经理人行权价格时存在不当甚至不道德行为，被认为是对股东财产的掠夺和偷窃。股权激励引发的其他不道德行为包括由会计利润衡量经理层业绩所诱发的短期行为、高风险行为和会计操纵、股价操纵行为。

虽然很多公司建立了正式的CEO评价体系，并将经理层薪酬问题交由董事会的薪酬委员会来进行判断，但经理层特别是CEO薪酬的公平性问题、CEO评价的独立性问题、仍然缺少很好的解决办法。薪酬委员会一般由独立董事组成，委员会负责建立、批准、监控和披露公司的经理人员薪酬确定的原则（包括薪酬的所有组成部分、现金和股票奖励的组合比例、经理与其他雇员薪酬的关系），监督高层经理人员薪酬等。依据有关统计，那些由独立董事组成的薪酬委员会往往更倾向于向经理层提供更高的薪酬。

7. 董事会越权

股东与经理层关系中的伦理问题，不仅存在于强经理人对弱股东关系中，同样也存在于强股东对弱经理人关系中，股东对管理层的干预是否合理，是伦理思考的重点。最主要的伦理问题体现在股东或者代表股东的董事会应该在多大程度上干预经理层的经营决策权，以及当股东力量非常强大时，如何处理经理层的商业判断与股东的管理监督之间的关

---

① 资料来源：Jennifer Liberto, CEOs earn 343 times more than typical workers, http://money.cnn.com/2011/04/19/。

系问题。

针对股东可能的干预,企业的经理层通常也会采取一些自我保护的对策(专栏7-2),这些措施大致包括两种类型:一种是对自我权益的保护,例如,通过与公司签订的各种契约,明确经理层的利益以及在公司发生重大变故时经理层的利益保护;另一种则是对经理层经营控制权的保护,包括日常的经营权以及公司并购等情况下,可能采取的各种反并购的措施。

专栏 7-2 经理人自我保护举例

分类董事会: 利用公司章程,规定每届董事会换届的比例;如大众公用公司规定除独立董事和职工代表董事,换届不得超过1/5;

金色降落伞: 在公司联合合并时保护经理层利益,如万科公司2006年首次授予总裁潘刚等33人合计5 000万股票期权,规定当出现收购行为时可行权90%(正常情况下首次不得超过25%);

回购条款: 规定回购公司股份以阻止恶意收购,如2006年大众公用公司规定单独或合并持有公司10%以上股份的股东继续收购公司股份时,公司可以立即收购本公司股份并将该股份定向转让给特定对象而无须另行取得许可或授权,但仍应履行信息披露义务。

绝对多数条款: 可规定持有一定股份的股东须一致同意,股东大会才能形成决议,如大众公用公司规定股东大会决议必须经由出席股东大会2/3以上股东表决通过并获得持有20%以上股权股东一致通过。

(资料来源:编者整理所得。)

关于股东对公司进行干预的界限划定问题,通常认为股东不应干预公司经营活动。按照商业判断原则,经理层有公司经营的自主权。但在涉及公司并购等重大问题上,经理层是否能以公司长期利益的名义否决股东意见?在这个问题上,并没有统一的见解。美国时代—华纳公司的董事会否决了股东意见,似乎表明股东在这个问题上也不掌握最后的决策权(专栏7-3)。

专栏 7-3 时代—华纳管理层否决派拉蒙收购案

1989年,派拉蒙公司试图收购时代—华纳公司,当时派拉蒙公司占有14%的市场份额。时代—华纳公司的股东对派拉蒙公司的收购出价很满意,但时代—华纳董事会却否决了该收购提议。

时代—华纳公司的股东表达了强烈不满，并向特拉华州衡平法院提出诉讼。而时代—华纳的董事会则进行了抗辩。其抗辩理由认为：当经理层能够系统阐述其长期战略从而为股东以及其他"公司所代表的利益共同体"提供更大的利益时，那么股东的权利虽然是重要的，但并不是至高无上的。

该案最终的审理结果是，承审的首席法官艾伦驳回了股东的请求。艾伦认为，即使派拉蒙公司进行溢价收购，时代—华纳董事会仍然有权拒绝。艾伦指出，虽然有观点认为董事在行使管理企业的权利时，有义务遵从多数派股东的意愿。但本席认为公司法的运作并不依赖这样的理论。董事会虽然必须在拥有可靠信息的基础上采取行动，但并没有义务在短期内促进股东价值的最大化，即使是在诸如公司收购这样的事项上，也适用这一原则。

艾伦的判决，显然是以多层信托责任理论为依据的。多层信托责任理论认为公司经理层不仅对股东负责，还应对社会、雇员、债权人、供应商等股东以外的利益相关者负责。因此，股东并不总能要求经理层从股东利益最大化进行思考，股东权利也并不是至高无上的。

在这里，争议的核心是当管理层、股东和企业的利益不一致时，何者为大？2009年黄光裕和陈晓的国美控制权之争，本质上也是同一个问题。在那次争议中，黄光裕家族最终赢得了控制权。

7.2.3　国有企业的特殊性

国有企业中与经理层相关的伦理问题，与其他企业相比，有一些共性问题，剥夺型公司和代理型公司的问题在国有企业中同样存在。但国有企业还有一些特殊性问题。理论上，国有企业属于全体国民，由国资委管理。但在实际运作过程中，国资委履行股东义务时会受到资源、能力的限制，从而出现股东管理缺位的问题。而其中的一些问题，特别容易受到社会关注。

1. "一把手"文化：失衡的权利？

很多国有企业中，"一把手"文化特别盛行，"一把手"独大的现象也比较普遍。

在"一把手"文化盛行的企业中，公司掌门人个人的偏好和能力往往可以决定整个公司的发展前途。在个人王国中，"君主"的好坏具有极大的随机性。我们既不能假定所有的"君主"都是追求个人利益最大化的危险人物，也无法假定他们都是努力实现公司利益最大化的"圣人"。

"一把手"文化最大的问题在于权力的失衡。通常，不受制约的权力最容易导致各种不道德行为的发生，因此，权力不受制约是极为危险的。

由于缺乏权力制衡，国有企业董事会、监事会的指导和监督作用相对薄弱。董事会与高管层在履行其信托责任时，常出现的问题是将公司变成个人王国，或者不作为。经理人不道德行为虽然不一定非常普遍，但从公开报道所披露的高管白领犯罪刑事案件来看，其比例不见得很低。

2. 管理层收购：隐性或公开的掏空？

关于管理层收购（MBO）是否是对国有企业的掏空这一问题，国内曾对此展开激烈辩论。2004年8月，郎咸平（2004）发表了题为《格林柯尔：在国退民进的盛宴中狂欢》的演说，并由此引发了学术界、社会公众的大讨论。以杨帆、左大培、胡星斗为代表的新左派与以吴敬琏、张维迎等为代表的新自由主义经济学家展开了激烈论辩，郎咸平也正式走入中国公众的视野中，并从此登上学者舆论化的舞台①。2005年4月14日，国资委、财政部正式公布《企业国有产权向管理层转让暂行规定》，要求大型国有及国有控股企业及所属从事该企业主营业务的重要全资或控股企业的国有产权和上市公司的国有股权不向管理层转让；符合条件的地区可以探索中小型国有及国有控股企业的国有产权向管理层转让，但必须满足一定的融资规定（国资委、财政部，2005）。

MBO中的伦理争论主要集中在国有企业经理人是否借机侵吞国有资产的问题上，质疑者认为国有企业的财产权属于全体公民，管理层收购中存在大量"贱卖"国有资产的问题，其本质是对全民财产的"偷窃"和"侵占"；支持者则认为不能把MBO和侵占国有资产画上等号，应该善待为社会做出贡献的人；他们认为MBO将为社会创造新的价值。张维迎（2004）发表了如下论断：

"一个学者的独立性，不只是指要独立于政府的意识形态、个别利益集团的利益，还包括你要独立于大众的情绪化的东西。一个学者如果只为了自己知名度的最大化，只为迎合大众的流行舆论而讲话，那他就已经丧失了学者的独立性，也丧失了基本的学术良知。"②

MBO中被质疑最多的问题主要是资产定价、融资、员工持股和股利政策问题。

（1）资产定价问题。管理层收购中的定价问题主要是国有资产定价过低，使收购者可以"合法"侵占国有企业财产权。一些管理层还利用经营控制权，人为操纵会计账目，增大负债、隐瞒收益，从而造成国有资产流失。

（2）融资问题。英国在20世纪80年代的私有化浪潮中，允许经理层抵押国有资产进行融资（专栏7-4）。而包括中国在内的一些国家则不允许。我国国有企业管理层收购的资金来源问题也备受质疑，很多管理层缺少个人资金来源，采用抵押国有资产收购国有资产，或通过安排过桥资金来解决收购资金。在这个过程中，也可能产生违规行为。

专栏7-4　管理层收购：英、美、俄的经验

英国：英国管理层收购的两次浪潮分别发生在20世纪八九十年代和2000年前后。第

---

① 2004年8月9日郎咸平在上海复旦大学发表了题为"格林柯尔：在国退民进的盛宴中狂欢"的演讲，该演讲后来被很多媒体转载，并激起了全国性的争论。

② 参见2004年8月24日《经济观察报》和《证券市场周刊》记者联合采访。

一次浪潮主要解决国有企业（电信和资源垄断部门）私有化问题，由政府主导进行规范化收购。政府主导作用主要体现在目标确定、流程规范、公开、透明，建立公正和公开的收购秩序。收购向一般公众、金融机构、工业企业、内部管理者和雇员出售，多数公司被其内部管理者收购。为鼓励管理层收购，英国修改了公司法并允许在管理层收购中用企业资产抵押筹措资金。第二次浪潮则主要发生在新经济领域，2000年交易额达到最高峰，MBO主要通过市场完成。

美国：20世纪80年代是管理层收购的高峰期，其收购一般由外部投资者主导，多数情况是为了拆分业务、剥离资产、反对敌意收购或者避免财务危机。由于存在成熟而发达的并购市场和充分的市场化运作，收购形式主要是股权投资者（资本运作才能和财务管理才能）和管理层（实业经营才能）联合收购；收购对象为成熟稳定、现金流丰富的公司；为保护投资者利益，建立了规范的法律体系，防止管理层利用内部优势侵害投资者，特别重视建立信息披露、交易程序和公平性的整套法律、法规。

俄罗斯：其管理层收购是俄罗斯政治经济转轨期的特殊现象，由政府官员和企业管理者推动，存在大量违规操作，主要问题是国有企业定价过低。例如，乌拉尔机械制造厂，拥有34 000名雇员，仅售270万美元；车里亚宾斯拖拉机厂，54 300名雇员，售价220万美元。其他问题包括不允许员工集体持股，只允许单独购买；大量企业落入黑手党、权贵阶层以及公司内部经理人手中等。

（资料来源：中国公司治理报告，2009。）

（3）员工持股问题。管理层收购过程中，对员工持股的比例、持股形式、持股后股东权益保障等问题缺少制度化规定，可能损害雇员权益。

（4）股利政策问题。一些公司在完成管理层收购后，通过高额现金分红政策，将国有企业多年留存的利润转移到管理层手中。例如，在多家上市公司MBO完成后，都发生了股利政策的大调整。某著名葡萄酒集团在MBO前4年，累计现金分红仅为2亿元；MBO完成后，当年就按照10派5的比例分配现金红利，高达2亿多元，与此前4年的总额相当。

3. 垄断租金与低效率

在一些垄断性国有企业中，由于存在垄断利润，公司内部各方，包括股东、管理层和雇员之间，会产生争夺垄断租金（指超过市场必需水平之上的利润）的博弈。

市场竞争越薄弱，可能产生的垄断租金越高，放松对管理层的约束所导致的股东代理成本越高。管理层寻租的动机和行动的可能性越高。

垄断租金的存在还会导致公司内部各方（股东、管理层和雇员）之间产生新的博弈，相互争夺垄断租金。垄断租金越高，各方讨价还价的余地越大（罗伊，2008）。理论上，国有企业的垄断租金应该归国有企业的股东（全体公民）所有，但由于经常存在股东监管缺位的情况，国有垄断企业的租金争夺就简化为：垄断矩阵分给管理者还是雇员？

有些行业，如银行、电信等，其雇员工资水平明显高于其他行业，如果不是该行业创造财富的能力远高于其他行业，那么，显然就是瓜分垄断租金的结果。垄断租金的分配还与公司的政治生态有关，在一些雇员力量强大的国家中，雇员参与瓜分的能力就较强。例如，希腊的国有企业雇员通常享有比同类民营企业雇员更为优厚的报酬；相反，垄断租金就为管理层所取得。

垄断还会造成企业内部的低效率，使国有企业没有取得本应取得的垄断租金。但为数庞大的垄断利益，没有流向其他利益相关者，而纯粹是由于垄断企业的内部低效率而白白耗费掉了，从而造成了整个社会的福利损失。

提高劳动生产率、增加企业边际收入，是企业取得竞争优势的重要手段（Becker & Gerhart, 1996）；而这些都离不开雇员的努力，建立良好的雇佣关系对改善雇员表现有重要作用。随着当代社会政治、文化和经济环境的改变，虽然规范雇佣关系各方的道德基础没有改变，公平、公正和权力平等的原则仍然是最核心的道德标准，但雇佣双方对彼此关系的性质、彼此的权利与义务的认知却产生了巨大的变化。

7.2.4 股东至上主义的反思

虽然企业社会责任的口号已经流行多年，但股东价值最大化的观点仍然统治着企业实践。当我们讨论股东伦理，呼唤积极股东主义和经理层道德责任时，仍然无法摆脱股东至上主义的桎梏。对股东至上主义，有几点问题是特别值得思考的。

1. 股东和其他利益相关者

黄光裕和陈晓之争，虽然以陈晓的离职而告终，但黄、陈之争中所提出的经理人信托责任问题仍然值得探讨。虽然我们一直强调董事会、管理层对股东的信托责任，但"股东"权利并不是公司运作的一切。

首先，股东至上主义的一个盲点在于"股东"的抽象性。股东利益最大化，何谓股东？理论上所有的投资者享有平等的权利，但股东至上主义的困境之一是如何管控控制性股东的不道德行为。董事会和经理人如何保障所有投资者的利益？

其次，股东利益既包括长期利益也包括短期利益。面对追求短期利益的股东，董事会和经理人应该如何决策？派拉蒙和时代—华纳公司的判例，认定董事会负有保护公司长期利益的责任。一个期望保持长期竞争力的公司，不可能仅仅依靠单纯的股东价值最大化而实现可持续的成长。

我们在第4章从多个角度考察了现代企业的责任问题，公司不仅仅是股东的公司。公司因占用社会资源而对社会负有责任，雇员是公司内部最重要的利益相关者之一，股东至上主义如何考虑雇员利益？

我们无法否认，当英国、法国、希腊等国家的雇员走上街头抗议政府削减福利和退休金时，在另外一些地区，甚至连包括跨国公司在内的企业，都存在严重损害雇员利益的问题。在这些地方，实现股东利益最大化（尤其是短期利益最大化），可能就意味着雇用童工、损害雇员健康和安全以及剥削问题。董事会和经理人应该如何考虑股东和雇员利益的均衡？

2. 社区、社会及环境责任

企业的社会责任并不限于公司内部，还包括重要的外部利益相关者，如社区、社会和环境，而股东至上主义恰恰可能导致企业放弃这些责任。例如，在苹果公司的股东收获高额收益的同时，多家非政府组织都指出，苹果公司的供应链中存在着大量损害环境和剥削雇员的问题。那么，苹果公司的董事会和经理人是否应调整其战略？

尤其是在发展中国家，环境污染的外部性特征，使很多企业可以逃避其环境责任。在这种情况下，即使不考虑可持续发展而片面强调股东价值最大化，在短期甚至不太短的时期内，可能都不会导致严重后果。在这种情况下，董事会和管理层是否还会考虑自愿责任的问题？

对此类问题，股东至上主义的回答都是否定的。以股东价值最大化为借口，经理人经常会忘记他们首先是一个"公民"，然后才是一个"经理人"；股东至上主义，也可能使某些政府官员忘记其本来的职责而沦为某些特定利益集团的护航者。

股东至上主义，是利益相关者理论的反面。后者虽然在口头上已经风行一时，但理论可能仅仅是理论。只要股东至上主义统治世界，一些利益相关者就会成为无关者。

7.3 雇佣关系中的权利与责任

7.3.1 雇佣伦理的新变化

在传统的劳资契约关系中，雇主与雇员的责任和义务更多强调"等价交换"，即建立在公平和正义基础上的平等关系。进入21世纪后，伴随着年轻世代的成长，新的伦理观念正在改变传统的劳资关系。人力资本价值的提高、雇员自我意识的觉醒、工会组织和其他利益相关者的参与，以及社会整体氛围的变化，都促成了伦理环境的悄然改变。而伦理环境的改变，正是推动雇佣关系发生变革的重要力量。在这种形势下，雇主与雇员的关系早已超越了契约的限制，具有了更丰富的内容。

1. 雇员自我意识的觉醒

传统思维下，劳动者仅仅被视为管理的对象。在长达数千年的中国传统社会中，"民可使由之，不可使知之"被统治者视为治理普通民众的座右铭。愚民政策是历代统治者的共同选择，而劳动者自身也安于被治理的状态。民间社会有一句谚语："宁为太平犬，莫做离乱人"，除了表达对太平世界的向往之外，也传达了身为草民百姓的无力感。

随着现代民主和平等观念的普及，雇员已经不再将自身定位于被动的劳动工具。相较于祖辈，年轻一代雇员更强调人的尊严和社会参与，单纯的经济报酬已经不能满足他们的需求。在劳资关系中，他们更强调平等伙伴而不是支配与被支配、管理与被管理的关系。一种全新的道德体系，在当代以及随后的几代人中，将会逐渐建立起来。

2. 人力资本日益重要

人力资本，作为最重要的知识资产，在企业竞争中的作用日趋突出，这使雇主与雇员之间的合作方式开始产生变化。雇员，尤其是关键岗位上的雇员，有能力更多参与到公司利益的分配中。这一点，对那些技术创新和知识管理对企业发展有决定性作用的公司来说，尤其如此。在这些企业中，嵌入在员工头脑中的隐性智力资本，与资金、技术同等甚至更加重要，雇员也因此更容易获得与雇主平等的权利。同时，这样的雇员，也更加关心薪酬之外的其他收益：他们更愿意参与公司事务、更追求公司民主化进程，也更有能力推动雇佣双方平等合作与雇佣关系的变革。

3. 工会与劳工团体

工会是最主要的雇员组织，其力量强弱对雇员权利的影响较大。例如，第二次世界大战之后的德国，在其社会管理中特别强调经济民主化问题。劳工理事会和工会的双重体制保障了雇员的权利和对企业事务的参与。1972年1月通过的《劳工法案》规定：劳工理事会代表雇员利益并从雇员中选举产生，其成员有固定薪酬并不受雇主与管理层威胁，代表雇员协商工时、弹性工作、加班、工资、解雇、工作安全、激励、建议机制等一切与雇佣条件有关的事项。劳工理事会下设经济事务委员会，代表雇员了解公司财务、生产销售状况、投资计划、项目变更、组织变革、公司合并及工作方式变动等情况并可在无法和雇主协商一致时申请仲裁。工会代表雇员与雇主谈判基本工资和工作条件，并拥有举行罢工的权利。德国公司实行管理委员会和监督委员会双重治理结构，劳工理事会和工会成员在监督委员会中占50%的席位。一位德国企业家曾经自豪地说：即使大街上发生骚乱和罢工，也不会有雇员从监督委员会中退出（乔纳森·查卡姆，2006）。

我国在1949年后的历次宪法修订中，对罢工自由有不同的解释。1975年的宪法明确提出了"罢工自由"权，但1982年修改宪法时没有将"罢工自由"权作为基本权利列入宪法。对此，法律专家解释说宪法没有明示罢工自由权，代表法律不鼓励、不保护罢工，但不意味着罢工违法（李步云，1984）。这一解释可以从多项相关法律和法规中找到佐证。1997年，中国加入了联合国《经济、社会及文化权利国际公约》，该公约规定缔约国保障劳动者享有罢工权，中国没有提出保留意见。2001年的工会法也提出"企业、事业单位发生停工、怠工事件，工会应当代表职工同企业、事业单位或者有关方面协商，反映职工的意见和要求并提出解决意见。"①工会和劳工团体的参与，有助于雇员在劳资关系中发挥较大影响，并对政府相关政策的制定和实施产生积极作用。

4. 社会、政府和第三方力量

在雇佣关系的天平中，雇主和雇员利益的制衡与社会氛围有直接关系。第二次世界大战后，以西欧和北欧国家为代表的社会市场经济国家，不断提高社会福利水平，雇员权利受到高度重视。因此，西欧国家的雇员享有较多权利。自1949年以来，中国雇员的地位经历了从国家和企业的"主人翁"到市场化竞争的转变；雇佣条件也由政府统一制定转向市场配置，大批农民工离开土地进入产业工人的行列。在市场经济的最初阶段，社会开始更

---

① 参见《中华人民共和国工会法（2001年修订）》，2001年10月27日人大常委会第24次会议通过。

注重强调雇员的市场属性而不是社会属性。随着市场经济的深化，平衡雇主和雇员权利与责任的观点开始被逐渐接受。一些第三方组织，包括中国香港大学师生监察无良企业行动等多家组织，陆续开始发起了企业调查活动，对跨国企业及其供应商进行监督并形成了较大的社会影响，为迫使雇主改善员工工作条件、提供公平雇佣条件做出了很大的努力。

政府的劳工政策对调节雇佣关系至关重要，在发展中国家尤其如此。由于发展中国家比较普遍存在资本力量至上的社会意识，雇员在与雇主的博弈中经常处于弱势地位。一些企业为追求利益最大化，忽视雇员基本权益的情况时有发生。在有些地方，甚至连不受歧视、获得公平报酬这样一些最基本的雇员权利还没有落实。在类似矿产采掘、低端制造等行业中，基本的劳动安全尚未得到保障。在这些地区，更需要政府通过立法手段解决问题。

5. 专业团体与专业伦理

专业人士不仅适用于一般的伦理规范，还需要考虑专业的特殊规范。专业伦理的特殊性体现在它对专业性和道德操守有特殊要求，其适用对象为专业人士（如医生、律师、教师、科研人员、会计师、审计师等）。这些职业需要经过特殊的专门训练，对从业人员有特定的职业要求，在长期的专业发展中，这些专业人士慢慢凝聚了对本专业从业道德标准要求的共识，并将其作为各自专业的伦理规范，以帮助他们处理工作中可能面临的道德问题。专业伦理通常被视为"对话伦理"，由于非专业人士在判断专业人员是否违背专业伦理时经常存在知识和信息不足的问题，因此专业伦理更多体现为一种自愿责任和自我审查的道德要求。较一般雇员，专业人士是否遵守专业伦理，对企业经营具有更大的影响。例如，在安然事件中，由于安达信公司的审计人员未能恪尽职守，使安然公司的财务欺诈问题长期存在而未被发现，最终不仅自身受到严厉处罚，也给包括雇员在内的利益相关者造成巨大损失。

7.3.2 管理效率与雇员权利

传统雇佣伦理强调雇员对雇主的忠诚、服从，强调企业组织目标和效率的实现，并认为为了达成此目标，雇员必须让渡部分公民自由和权利。在很多雇主和管理者心中，这种观念至今仍有市场。但是，今天的管理者必须重新思考管理效率和公民权利之间的关系。

即使不从道德的角度思考，企业及其管理者也应该意识到时代的变化：那些出生在20世纪五六十年代的劳动者，可能会为了赚钱养家糊口而选择忍气吞声，容忍厂方的强硬管理。但对那些出生在20世纪八九十年代以及以后的正在进入或即将进入职场的年轻一代，这些强硬的管理方式可能适得其反。公民意识的觉醒会使这一代的劳动者更看重尊重和公民权利的保障。

有关企业管理与公民自由和权利的冲突，不仅在发展中国家存在，在发达国家同样存在，只是表现形式有所不同。Shaw（2005）曾经讲述了一位名叫MacIntire的工程师的故事。MacIntire是一位事业有成的工程师，在杜邦公司工作多年。MacIntire非常喜欢文学，工作之余他发表了一本小说：《科学家和工程师：并非专业》。小说中的一些故事原型来自于他工作的杜邦公司。MacIntire的上司非常不满MacIntire在小说中对公司的批评，于是就解雇了他。MacIntire 尝试起诉公司，但得克萨斯地区法官未予立案。

Shaw 引述了美国工作权利协会（national work rights institute）主席 Lewis Maltby 的一段话。"你得随身带着护照，因为当你走进办公室大门的一刹那，你作为美国公民的权利就自动消失了；"Lewis 说："很多雇员认为他们受到人权法案的保护，他们享有言论自由权、他们享有隐私保护权、他们享有免受任意处罚的权利，基本上他们是正确的，除了他们去工作的时候。"

很多人喜欢引述这样一句话：在美国可以骂总统但不能骂老板。在很多公司或非公司组织中，限制雇员公民权利的情况是比较普遍存在的。

观察上述几个不同案例中企业管理与雇员公民权利之间的冲突，很大程度上是由于企业或其他组织对雇员的态度所决定的。目前，在中国很多企业中，泰勒的科学管理学说仍占有重要地位。机械化大生产使"人"的地位产生了变化，"人"附着在组织系统、生产系统、技术系统中，"人"已经退居第二位，成为组织系统中的一个螺丝钉。

导致企业不断侵犯雇员权利的另一个常见原因，是雇主和雇员双方关系的不平等。由于各国法律和工会力量的不同，导致雇员在与雇主的博弈中，多数处在弱势地位，雇员不得不忍受或"自愿"放弃部分权利，换取工作机会。

法律在保护雇员的公民权利方面，也经常落后于企业管理现实。在"合理"的管理和尊重雇员公民自由及权利之间，有时法律也很难给出明确说法。特别是，当雇主以公司管理为理由要求雇员让渡自身权利的时候，雇员尤其是那些处于弱势地位的雇员，经常面临"要么服从，要么走开"的困境。

随着社会生产方式的转变、民主化进程的推进以及法律对劳工权利保护的加深，企业组织也必须对此作出响应。尊重雇员公民自由和权利，不仅是道德要求，而且已经成为提高组织效率、保持企业长久竞争力的必要条件。

通常来说，在一个组织文化和伦理氛围良好的环境中，绝大多数雇员都乐于努力完成本职工作、愿意与团队成员建立良好的人际关系，希望为企业做出贡献并使他们的工作得到管理者和同事的认可。他们关心自己的工作和工作环境，也关心自己的工作是否得到合理的回报、是否能够获得公平的报酬、是否能够获得升职加薪？换言之，他们在被要求完成自己工作的同时，也非常在意企业是如何对待他们的。如果他们认为企业损害他们的尊严、侵犯他们作为一个"人"的基本权利时，他们也会做出相应的反应。雇主可以丝毫不考虑雇员的情感、不考虑雇员公民权利的时代已经不复存在；其行为不符合社会期待的雇主将无法招聘到合适人才，这将大大降低他们取得成功的可能性。

一些成功企业已经开始制定自己的道德守则，以明确雇员的责任和权利。他们认识到，尊重雇员的公民权利，不仅不会损害企业自身的利益，反而有助于建设一个更人性化、更有活力的组织。雇员一旦认识到公司真正关心他们的利益、愿意帮助他们提高工作绩效、认同他们的工作成果，他们也将加倍回报公司。一般而言，那些尊重雇员权利并提供公平、公正工作条件的企业，更容易取得好的绩效。

一位 3M 的雇员这样评价自己的公司："在 3M，你可以感受到(一贯的)积极工作氛围和公平待遇。"其他一些公司的雇员在解释自己为什么喜欢公司时，大多都谈到公平的待遇、信息透明、相互信任以及公司给予员工职业发展方面的帮助。这些理由显示，在这些杰出的公司中，雇员在关心自身利益的同时，也愿意将自身的发展与公司的前途紧密结合在一起。尊重将换来尊重，尊重可以转换为公司利益。正如美国国家仪器公司的一位雇员所说："这是我所知道的最独特的公司，公司文化推崇开放、诚信和公平。这里的人们工作非常勤奋，但公司也鼓励员工学会放松、学会享受工作之外的人生，并保持工作和生活的健康平衡状态。"[①]

7.3.3 雇主责任

雇佣伦理强调雇佣关系中的公平、公正与平等权利，最基本的逻辑基础是权利和义务对等的原则，雇主与雇员，站在公平与公正这台天秤的两端，一方的权利就意味着另一方的责任和义务。无论是雇主还是雇员，在享受各自权利的同时，也有道德责任负起相应的义务。

雇主一旦与雇员建立了雇佣关系，就形成了对雇员的一些特定责任。雇主对雇员的基本道德责任包括：提供工作机会并支付劳动报酬，提供安全、健康的工作场所，雇主应尊重雇员基本人权和公民自由权、为雇员提供参与公司事务和职业发展的公平机会。在社会和经济发展的不同阶段，人们关注的重点可能有所不同，但对道德基础（公平、公正和公民权利）的认识却是基本一致的。

1. 保障工作权利并提供人道待遇

保障雇员的就业权是雇主的基本责任之一，雇主有提供人人平等的工作机会的义务。雇主在招聘、选拔及解雇、开除雇员或裁员时必须慎重考虑其中的道德问题。雇主还应提供雇员工作所必须的工具和条件，同时支付公平的报酬。

（1）保障雇员工作权利

雇员的工作权利属于基本人权，雇主必须公平地对待所有的应聘者，不得无故剥夺他人劳动权利。例如，不应以各种不正当或歧视性理由拒绝聘用某人，也不应以与工作无关的理由任意解聘或开除雇员。企业为了节约成本而大规模裁员，在很多地方也被认为是不符合社会道德期待的，并且经常受到法律的限制。在一些国家中，大规模裁员必须经过与劳工组织的协商。在发生经济危机或财务危机时，与工会协商达成雇员自愿减薪而不是大规模裁员的方案通常比较容易被接受。

在保障雇员就业权方面，不同公司的表现有很大差异。有些公司承诺采取不裁员政策，如日本公司在20世纪50—90年代普遍采用终身雇佣制，有些公司则将裁员视为降低成本的重要手段。即使是同一家公司，在不同国家和地区的表现也有很大不同，这主要取决于公司的雇佣政策、当地劳工组织的力量以及政府规制。对是否应该采用严格的就业保障制度，不同国家有不同的传统和观点。越是严格限制雇主解雇雇员的国家，雇主在聘用雇员时就越慎重，其劳动市场的活跃程度就越低。

---

① 参见 http://www.greatplacetowork.com/best-companies/100-best-companies-to-work-for。

比较不同地区的实践可以发现，欧洲各国的法律比较倾向于限制雇主在解雇和裁员方面的自由度，美国则属于灵活但受法律限制的国家，政府雇员和工会成员的就业权受到法律或集体协议的保护。中国实施的是"批量裁员报告制度"，公司一次性裁员20人以上或10%以上，须要向劳动和社会保障部门备案。由于国内目前还缺少雇员组织或雇员组织力量薄弱，企业无论是解聘、开除或裁员都比较自由，而不少企业也会采取变相裁员的方式规避政府和工会的干预。

对于企业为节约成本而大规模裁员的做法，有些人认为是企业自决权，而另外一些人则持不同观点。例如，根据网易财经针对2012年年中三一重工裁员事件所做的调查（7月11日—8月10日），认为裁员合理和不合理的意见大约各占一半。一些公司在裁员时，往往采用比较粗暴的方式，快速处理裁员问题。社会对裁员问题的讨论，主要集中在两个层面上：一个是政策是否违反法律和公司伦理；另一个是公司处理人员分流时的工作程序。多数雇员表达了对公司解决方案和强硬态度的不满。企业裁员是否损害雇员的工作权利，虽然视情况不同而无法明确判断，但在通常的认知中，以裁员为手段的赢利方式，显然不受雇员和社会的欢迎。

雇主应提供雇员基本工作条件并协助雇员完成工作，因此必要的培训和工作协助在雇佣关系中也是必不可少的。财富最佳雇主评选中，很多雇员认为愿意帮助他们解决工作困难的雇主更受欢迎。

（2）公平薪酬及人道待遇

这项责任是与保障雇员工作权利密切相关的。所谓人道待遇，从底线层次去理解，就是尊重雇员的基本人权，提供雇员公平的薪酬和福利；从更高层次去理解，则是尊重雇员，并对雇员与顾客一视同仁。

获得薪酬是雇员工作的基本目标，雇主所支付的薪酬和福利应该是公平的。虽然有学者认为只要是雇员愿意接受的薪酬就是合理的薪酬，但考虑到劳资双方博弈力量的对比，对缺少劳动技能、受教育水平较低的劳动力来说，他们无法单独依靠自身的意愿和能力获得合理的报酬，因此各国都设定了最低工资标准以保护雇员的利益。

（3）提供健康与安全的工作场所

雇主应保障雇员在工作场所的安全与健康。由于技术或经济的原因，一些工作场所，尤其是欠发达地区的一些工作场所，离国际上通行的健康和安全标准还有一定的距离。采矿业是问题最严重的行业之一。在这些国家和地区，采矿业通常被称作"带血的GDP"。

历史上，矿工被视为最危险的职业，其危险程度超过军人和警察。法国于2004年4月23日关闭了国内最后一座煤矿，在那些仍进行煤矿开采的国家，煤矿的安全问题一直是困扰雇主的大问题。英国煤矿博物馆的墙上就写着："矿工曾经是这个国家最危险的职业之一，火灾、水灾、爆炸和塌方随时威胁他们的安全。"根据英国的相关规定，煤矿总经理可以在井上负责煤矿管理，但必须一天24小时将安全置于首要地位，每个作业时段井下必须有一个副经理负责现场管理。在严格立法下，2000—2005年英国每年死亡矿工人数为零。2006年，英国煤炭公司发生安全事故，造成4名井下工人死亡，公司承认违反了《工作健康与安全法》，被罚款120万英镑。

今天，在多数国家和多数人的观念里，经济效益和生命安全之间是不需要选择的。为了追求经济效益而抛弃雇员生命安全，不仅是不道德的，也是严重违法的。保障雇员生命安全是雇主的基本责任，即使在高度危险的行业，如煤炭采掘、消防、高空作业等行业，雇主仍应尽最大可能保障雇员的人身安全。

雇主的另一项责任是提供不损害雇员健康的工作环境。目前，高能耗、高污染产业在我国产业结构中仍占相当大的比例，这些产业低附加值较低，很多雇主因此不愿意或者没有能力提供安全、健康的工作环境。即使在相对发达地区，包括一些知名跨国公司的供应商，其工作场所也经常存在各种健康和安全问题。例如，苹果公司是全球最赚钱的公司，但其供应链上，仍有一些中小企业的雇员仍然在有毒有害、缺少保护的环境中工作。位于苏州工业园区内的联建科技公司，就曾发生了40多名员工因擦拭手机触摸屏而中毒入院治疗的安全事故。而苏州吴江的一家小厂，处在苹果代工产业链的最底层（不是苹果的正式供应商），也发生过类似事故，这家企业的工人因老板破产而无法得到事故赔偿。

某种程度上，正是一些大企业过度压缩成本的行为导致了这一后果。由于利润空间狭小，这些大公司的供应商缺乏改善雇员工作条件的能力和意愿，而从事这些缺乏健康和安全保障工作的雇员，也大都缺乏其他工作技能，只能接受不公平的工作待遇。在这种情况下，大企业能否负起道德责任固然重要，但政府能否提供充分的法律保障更是至关重要。

安全健康的工作环境，也包括雇员的心理健康。由于竞争的加剧，企业雇主及管理层更多采用内部挖潜的方式应对市场竞争，超时工作、严格的考核制度、日益加剧的职业竞争等，都使雇员的工作压力非常高，从而导致心理健康问题。在白领阶层和一些机械性、重复性的工作中，心理健康问题尤其突出。在白领阶层，"过劳死"和"忧郁症"的发生概率也较以前大幅增加。企业需要充分理解过高的工作压力有可能给雇员带来的心理危害，并通过改进组织文化、完善沟通渠道和绩效考核体系、积极干预并加强对雇员的心理支持等方式帮助雇员克服问题。

2. 尊重与保障雇员公民权利

雇主充分尊重雇员的公民权利并且公平、公正地对待雇员，既是企业履行道德责任的体现，也是塑造和谐、友善、关爱的组织环境的基础。"公平"与"公正"对保护雇员的尊严、增强雇员道德感来说是很重要的。雇员在工作场所如同在家庭、学校和社会一样，享有免于遭受一切不合法的歧视、不受威胁和侮辱的权利，雇员的隐私权、知情权、言论自由同样受到尊重。

尊重雇员的人格，避免在言辞、行为上冒犯雇员的尊严，是现代文明社会组织内部伦理关系中非常重要的方面。中国古语说："士可杀而不可辱"，西方社会则有所谓道德金律：你希望他人如何对待自己，就如何对待他人。但一些当代的管理者似乎忘记了雇员的"尊严"为何物，公开羞辱、体罚等各种损害人格尊严的行为，时有发生。个别管理者甚至视其为磨砺员工斗志的法宝，认为只有将人变成无所顾忌的"机器"，才能发挥最大的劳动效率。

当雇员违反公司规定时，一些企业更是采用不当甚至可能违法的方式，通过羞辱雇员人格施加压力，以期达到解决企业管理问题的目标。

例如，在一些小规模企业中，内盗一直令众多企业主头痛。为防止内盗，很多企业在加强监控措施的同时，也对涉嫌内盗的雇员采取严厉惩罚措施。在专栏7-5的两个例子中，企业的做法实际上就涉及了羞辱雇员人格的问题。

> **专栏**
>
> **专栏7-5　这就是小偷的下场**
>
> 2010年5月13日中午，一家位于晋江陈埭寮步镇药的制鞋厂门口，两个男子站在厂门口，胸前放着一块纸板：这就是小偷的下场。
>
> 一些人看到两名男子在厂门口大约罚站了半小时左右。期间，工厂下班的工人议论纷纷："小偷也有人权，厂方有权利这么做吗！"一名工友也表达了自己的想法：小偷确实让人厌恶，但被抓后公开示众，让人感觉不是滋味。
>
> 同样的一幕也发生在另一家鞋服公司中。该厂3名工人因偷拿厂里的衣服，被绑在公司门口示众3小时。公司负责人表示将他们在公司内部示众，是为了教育其他员工不要偷拿东西。
>
> 这3名雇员从晚上9点开始被绑在公司大门口附近的摩托车棚边，胸前挂着一个写着："小偷！偷工厂衣服"字样的纸牌。偷衣服的男子自称姓吴，安徽人，旁边两人是他的亲戚。他们每人偷拿了10多件衣服，大部分是次品。
>
> 第一家企业选择了报警，第二家企业没有报警，但两家企业的厂方管理人员都表示，他们采取这种做法，就是为了达到震慑的作用，也是为了教育这些雇员。
>
> （资料来源：根据2010年1月19日深圳卫视和宁波电视台新闻报道整理。）

在这两起涉及雇主公开羞辱雇员的事件中，涉事雇员都没有寻求侵权诉讼。在一些企业中，时常发生雇员偷拿公司财物的事件，企业处理类似事件时也习惯于简单粗暴的方式。很多国家和地区曾有过民间"私刑"的传统，例如，殖民地时期的美国、现代中东某些地区都有这种传统。而这两起事件中对雇员的公开示众，也属于变相"私刑"，这种做法不仅羞辱了涉事雇员，损害了雇员的人格和公民权利，也与现代文明和法制精神背道而驰，雇主存在法律和道德上的双重风险。

从文明社会的角度，雇主不应粗鲁地冒犯、羞辱雇员。但对于如何界定"粗鲁"、"羞辱"以及"冒犯"行为，并没有明确、统一的标准。例如，公开批评一个人，在有些国家和地区可能被视为一种羞辱，但在另一些地方可能视为"正常"的。在一些场合下，有时候使用粗鲁的语言甚至被视为一种"自己人"的标志，诸如TMD等国骂词语，要么被用来羞辱对手，要么仅在自己人圈子里面才会出现。但总体上看，粗鲁和冒犯式的语言在大多数场合是不受欢迎的，多数雇员讨厌他们的老板对自己态度粗暴，对受教育程度较高的雇员来说，尤其如此。

一些粗鲁的行为还隐藏在日常管理运作中，很多时候管理者已经习以为常，却可能给公司带来问题。例如，有些公司的HR专员在接收应聘者面试材料时随手丢弃，在面试时不当评论应聘者的外貌和语言等。

隐私权也是重要的公民权利，公司对雇员隐私的了解应仅限于和工作相关的方面，雇主不应分析或公开谈论雇员与工作无关的私人生活，包括雇员的宗教和政治信仰、社会观点、个人生活习惯等。

工作场合的尊重和雇员基本人权保障还包括应尊重雇员表达不满、反对意见和提起诉讼的权利，企业不应通过各种内部规定限制雇员使用他们的权利。同时，雇员在享用这些权利的时候，也不能损害企业的利益。在保护雇员权利和尊重公司利益之间，也可能存在一些难以明确界定的灰色地带。例如，雇员在工作时间以外发表对公司不利的评论，即使是真实的评论，在很多雇主看来也是无法接受的，正如前面所讲述的工程师 MacIntire 的故事那样。

3. 提供公平发展机会

与尊重一样，提供雇员参与的机会，不仅是雇员民主权利的表现，也同样是提升和改善组织伦理环境、提高企业竞争力的基础。现代社会中，采用传统的威权管理方式容易造成管理团队与雇员之间的对立情绪，从而影响企业的业绩。

在传统的层级组织中，雇员的民主权利被让渡给管理层，人们习惯于单纯的服从，但现在雇员更愿意表达他们对公司事务的想法，更在乎自己是否被视为组织中的一员。当企业给予雇员更多授权和表达意见的机会时，他们同样也能给企业带来更多回报。韩国三元精密仪器公司的案例（哈里森和萨姆森，2004）就充分显示，当雇员感受到民主权利和尊重时，他们同样能够积极回馈企业（专栏 7-6）。

专栏 7-6　三元公司工人的自主管理

Samwon 三元精密仪器公司是一家成立于 1974 年的韩国企业，20 世纪 80 年代成为韩国商业和工业部认可的汽车配件供应商，1983 年成为韩国国防部合格供应商。但三元公司在不断扩大规模的同时，也面临成本上涨的压力。

在公司所有者 Mun Hak Moo 的支持下，执行董事 Yang Yong Sik 在三元公司推行了以 5S 为标志的管理变革。5S 在中国被称为"五常法"，即：Seri（整理）、Seiton（整顿）、Seiso（清扫）、Seiketsu（清洁）、Sitsuke（素养）。为了推行变革，Yang 先生建立了 1 秒钟时间管理系统（Sho kwan ri），对生产流程中所有工作活动可能存在的浪费（包括无效的团队会议、闲聊时间、抽烟、咖啡休息、企业流程、库存、工作动作、等待、物流、工业事故、质量问题和管理工作等）进行识别并量化到 1 秒钟。

1 秒钟时间管理浪费计算表　　　　　　　　　　　　　　　　单位：韩元

时间	管理者工资	工人工资	时间	管理者工资	工人工资
1 秒	3	2	8 小时	86 400	57 600
1 分	180	120	12 小时	129 600	86 400
1 小时	10800	7200	24 小时	259 200	172 800

乍看起来，这似乎更像是一个从雇员那里榨取时间的方案并遭到管理人员的强烈反对。该计划从 1980 年开始实施，直到 1988 年才取得成功。在这个过程中，Yang 开除了大约 10% 的雇员，其中多数为管理人员。

继 5S 和 1 秒钟时间管理系统后，杨先生又推出了"Saryuk 0.01"运动作为后续改进计划的一部分。该运动要求雇员在一切方面尽百分之一百二十的努力，Saryuk 指的就是为达成最终目标而进行疯狂努力。杨先生为三元公司提出了新的座右铭："为了提高 0.01 的生产率而 Saryuk；为了减少 0.01 的浪费而 Saryuk；为了增加 0.01 的收益而 Saryuk。"

Yang 还提出"我是公司所有者"、"我自己首先来做"、"我得到我应该得到的"、"请根据我的工作而不是我的学历评价我"等新文化体系，这套体系改变了传统的韩国管理者与工人之间的伦理关系。实践表明工人能够自主管理自己，并且渴望改变、愿意为公司和自己而努力。工人感受到自己是企业的主人公而不仅仅是被动的管理对象，他们因为受到尊重和平等待遇而愿意更努力工作。

在变革中，Yang 打破了工人和工程师的界限，鼓励工人参与技术创新，并取得了成功。工人们在变革的过程中被授权自我管理，他们参与了公司的晨会建议系统，每个工人被要求每月提出自己对减少浪费的建议并进行自我评估。有贡献的建议者可以从其建议产生的收益中获得固定比例的回报，并获得升职提薪。

通过变革，公司的生产成本降低了 30%，产量是其他同类公司的 4 倍。公司将变革的收益用于再投资和奖励雇员，三元公司雇员的固定薪酬比其他公司多 30%，奖金提高的幅度从 400%~900% 不等；公司负担所有雇员子女直至大学毕业的所有教育费用，并支持雇员参加海外培训。

（资料来源：根据延世大学 Kee Young Kim 案例改编。）

从雇员的角度思考，工作满意度不仅仅受薪酬福利、工作条件的影响，雇员也渴望从工作中获得其他的满足，参与公司事务、获得职业成就、贡献社会等，都可以增加雇员的满足感和幸福感。因此，雇主应努力创造雇员参与合作的组织环境。我们在第 5 章讨论了商业活动中的竞争与合作问题，组织内部同样也存在竞争与合作。雇主应提供雇员公平竞争、按照工作业绩评价其表现的机会，并建立正式的渠道帮助雇员改进他们的工作表现。

7.3.4　雇员责任

在 7.3.3 中我们讨论了雇员的权利，涉及工作权、获得合理报酬的权利、安全与健康保障权、隐私权、知情权、参与公司事务等。本节我们重点讨论雇员的伦理责任。

与雇员权利相对应的是，雇员也应承担对雇主的道德责任，雇员应按照雇佣契约履行自己对雇主的基本责任并忠诚于企业利益。

1. 服务公司并遵守公司制度

向雇主提供合格的劳动和服务，并遵守公司规章制度，是雇员的基本责任，雇员需要持续提高自身的工作技能并达到工作岗位的要求。

雇员在工作中，需要遵守劳动合同和企业内部伦理守则，尊重公司的指挥链条以及由公司职位所授予的管理者的权限，按照岗位职责和工作描述的要求完成本职工作。雇员有权利获得公平、人道的待遇，同时也有义务努力提高个人技能、在工作上取得良好的成绩，这样才能建立良性双赢的劳资关系。

随着年青一代从学校走入职场，雇佣伦理可能会面临新的问题。很多年轻雇员会经常衡量自己的工作是否获得公平的报酬，并且习惯于高估自己的工作表现。他们重视相对公平性，并常常乐于进行沟通和比较，对公平性和公正性也更为敏感。

雇员一旦与公司签订劳动合同，就意味着雇员与企业之间形成了一定的契约责任。一些雇员则相对缺乏契约精神，离职流动率较高。例如，每年大学毕业生招聘季节，一些学生为了保险起见，常常同时与若干公司签订雇佣合同，从中挑选自己满意的企业后再同其他企业毁约。不考虑工作连续性、不提前通知雇主就随时"跳槽"的行为也比较普遍，尤其是在低端劳动岗位上。

2015年年底，一封"天冷起不来，辞职去冬眠"的辞职信在互联网引起热议。一位在长沙某公司从事创意文案工作的"90后"，因冬天太冷一个月内连续迟到17次而提出辞职，辞职理由为"冬天太冷"，被称为史上最强辞职信。

通常，除非有特殊规定，雇员拥有自由辞职的权利，但在行使该权利时，也应充分尊重雇佣合约的规定。在中国大陆地区，通常会要求雇员辞职应提前30天通知企业。

对这个问题，除了雇员自身应加强职业道德素养外，雇主也可通过提供相应的入职培训，订立明确的伦理规则，使雇员有章可循、有规可依。

2. 避免利益冲突

避免利益冲突是雇员责任中非常重要的道德标准。对雇员而言，良好的职业道德的核心是以自己的技能服务于公司并对公司利益保持忠诚，不允许发生为个人而与公司利益相悖的行为。例如，沃尔玛的伦理准则中就明确规定雇员不能与供应商建立任何工作之外的能让人产生任何不良联想的社会关系，诸如与供应商保持密切的家庭联系、一起度假、一起参加各种活动的行为，都被认为是不符合伦理规则。曾经有沃尔玛采购部的雇员因为此类行为被公司解雇，虽然该雇员曾经向法院起诉沃尔玛，但最终以该雇员撤诉了结此案。

对于利益冲突问题，很多公司在一些关键岗位的雇员入职时，会要求他们声明不存在与公司利益冲突的情况。如果雇员在入职时隐瞒或没有披露这种关系，则属于违规行为。下面的情况就被视为违规行为。雇员A在某公司财务部门或采购部门工作，如果他的妻子或儿子、女儿担任该供应商股东或管理者时，A就构成了与公司的利益冲突。A在担任该职务时，需要向公司申明并经过商业伦理专员的审核。如果A没有公开这种关系，则可能受到处罚甚至解雇。在这种情况下，该雇员将无法获得公司解雇补偿金。

近年来，虽然中国企业在招聘重要雇员时也开始进行背景调查，但一般公司通常不要求提供雇主推荐信，也较少建立正式的伦理规则和伦理办公室对雇员进行指导。在雇员方面，对雇员责任的认同度也有所不同。有些雇员会采取所谓变通的方式处理"利益回避"

的要求。例如，国内一些企业，主要是外资、合资以及私营企业，通常要求具有夫妻关系的雇员应进行利益回避，而一些雇员则采用"隐婚"手段来应对公司要求，这些都可能构成潜在的伦理问题。

有一种情况被认为是例外。私人家族企业中由家族成员担任公司管理职务是非常普遍的，这些私人企业存在的基本形式就是家族、朋友共同经营，因而家庭成员和朋友同处一家公司是很正常的，无须利益回避。

利益冲突还包括窃取公司财物或侵占公司利益。通常，管理层对公司利益的窃取比较隐秘，而一般雇员则更多表现为"占小便宜"之类的行为。雇员有责任对自己在工作中所了解的商业秘密和知识产权保密，泄露商业秘密包括离职后泄露商业秘密，这都是违背雇佣伦理的行为。

竞业限制是企业要求雇员保守商业秘密的一种特殊形式，其本质是要求雇员在离职后的一段时间内不得从事与原工作性质相同的工作，其目的是限制雇员利用原属公司的商业秘密与原属公司进行竞争。竞业限制在有些地方被称为"旋转门"条款，签署竞业限制合同的雇员需要经过一段冷冻期才能重新从事原来的工作。为了公平起见，在此期间，雇主必须提供相应的补偿。在实践中，对于未提供相应补偿的竞业限制，法律可能不予以支持。

从事内幕交易也会构成利益冲突。雇员利用工作和职务之便，从事内部交易活动，被认为是不道德甚至是违法的。对于内部交易的合规性，需要公司制定明确伦理规制加以规范和指引。允许雇员从事内部交易活动，有可能存在极大的道德风险。

内幕交易的种类繁多，可能涉及公司高层雇员和业务骨干，也可能涉及一般雇员。内部交易本身是否违反道德规则，要视交易本身的性质和公司规定而定。在专栏 7-7 的例子中，开除的雇员是否涉及利益冲突的问题呢？中国有句俗话叫作"靠山吃山，靠水吃水"。过去，大家都已经习惯了电业局的雇员可以免费用电、公交公司的雇员可以免费乘车等现象。

专栏 7-7　超市营业员被开除

越来越多的大型超市开始每天提供一款或几款折扣商品，用以吸引顾客。一家位于解放路上的乐购超市，经常有特价生鲜食品和水果销售，一些精明的家庭主妇一大早就会去排队等候。

但她们最近发现事情有点不对劲，不管每天什么时间去排队，特价生鲜食品和水果柜台上摆放的都是一些看起来品相不好或者接近保质期的商品，原来那些吸引她们的物美价廉的鲜肉、小排和水果都不见踪影。

渐渐地，主妇们发现了一件奇怪的事情：一个老太太每天都能买到满满一购物车的特价生鲜食品和水果，品种多样且质量上乘。她们发现老太太每次都是傍晚时分过来，从超市柜员那里拿走这些特价品后直接去结账。更令她们奇怪的是，老太太结账后径自把一包包分装好的特价品存入自动储物箱中。当超市下班之后，陆续有身穿超市制服的人走到储物箱，取走老太太存入的特价品。

主妇们终于发现特价品消失的秘密：超市的柜员将当天打折销售的商品提前包装好，等老太太来的时候再拿出来，由她负责结账分货。老太太购物车里面装得都是超市雇员为自己挑选的特价商品。主妇们喜欢的特价生鲜和水果就是这么从柜台上消失的。

生气的主妇们找来了报社记者，报社公开报道了此事。消息见报后，超市开除了被记者发现的员工。

（资料来源：选自MBA学员整理讨论案例。）

在本案例中，被开除的雇员感到很委屈："大家都这样做，我仅仅是运气不好而已，为什么只开除我呢。再说，我也不是直接购买本店产品，我是托人购买的。"但超市方面认为，这些雇员的行为已经明显违背了公司的雇员守则。按照公司规定，雇员是不可以在上班时间为自己选购本店产品的。如果按照传统的观点，这些超市雇员的行为似乎能够被理解。但如果按照现在的观点，这些营业员的行为确实已构成了与超市的利益冲突。这种利益冲突可能导致企业声誉损失、顾客流失，因此很多公司都有类似的禁止性规定。例如，2011年日本大地震期间，震区超市的瓶装水供应短缺，但在超市服务的雇员是不被允许在上班期间私下购买的。雇员在就职期间需要进行利益回避的观点在中国也被列入很多公司的相关规定。

内幕交易则是另一种更严重的不当行为，金融行业可能是发生概率最高的行业之一。2015年中国证监会对内部交易的调查力度可能超过了以往任何时候。在证券市场上非常有影响力的私募泽熙公司管理了大约200亿元的资产。在泽熙掌舵人徐翔被调查之前，泽熙1~5期产品在2015年的回报率从160%~380%不等，长期收益更是包揽前五，创造了私募界的收益神话。徐翔因内幕交易和操纵股票被查，这已经不是个案。早在2011年，中国内地见诸公开报道并确定刑事责任的案件已有多起，涉案人员多为中层人员。2015年的调查区别在于指向了更高层级，包括证监会主席助理张育军在内，有多人被调查。

3. 其他责任

（1）正确使用公司资源

新近出现的对公司资源的滥用行为，主要发生在与互联网和信息技术相关方面，具体包括，滥用公司资源在工作时间浏览与工作无关的网页、发送私人电子邮件、滥用电子邮件骚扰其他雇员等行为。个别雇员还涉及利用工作时间和公司资源浏览、传播色情作品。2002年新西兰的一位中学校长就因在学校办公室计算机中保存大量色情作品而被解职。一项网络调查显示，多数雇主不允许雇员利用公司资源进行私人浏览，认为这种行为违反公司伦理。

（2）尊重公司文化及他人

雇员应积极融入公司文化，尊重公司传统和价值观，尊重其他雇员，不侵犯和伤害他人（包括不伤害他人情感）。随着很多公司国际化程度的提高，特别需要注意文化差异。有些行为，如粗鲁地或者抱有敌意地对待同事或顾客、打探同事或顾客隐私、歧视身体缺陷等，在多数国家都不被接受；其他一些行为，如公开讨论同事的体重、婚姻状况等是否被视为敌意，则因国家不同而有所不同。但尊重他人、尊重公司文化的要求是共同的；强调雇员自由权应以尊重公司规则、尊重他人为前提。

任何公司都存在一些大大小小的非正式群体。雇员在这些非正式群体中的行为，不应与公司利益发生冲突，也不应歧视与自己文化、种族、年龄、性别不同的雇员。在几乎所有的组织中，冒犯他人被普遍认为是不可接受的，而具有团队合作精神、懂得尊重他人的雇员更受欢迎。

（3）审慎行为的责任

雇员应履行勤勉、谨慎的义务，忠诚维护公司利益。基本上，雇员对公司的忠诚体现在三个层面：按照雇主要求提供相应的服务、对工作中获得的商业秘密负保密责任以及审慎履行责任以增雇主利益。在工作中，还应尽量避免越权行为；多数情况下，越权行为会被认为是不符合职业伦理规范的，在多数公司都不受欢迎。在为了公司利益而不得不越权行动时，也需要考虑企业文化和雇员守则是否允许越权行为。

自2001年安然、世通公司丑闻发生后，很多国家都要求上市公司加强伦理规制的建设。对那些没有建立适当伦理规制的公司，发生违规问题时将受到更为严厉的制裁。在这种情况下，一些公司开始设立首席道德官，其主要职责是对公司的伦理规制和守法问题进行审核和管理，并要求雇员一旦发现公司内部存在任何不道德的行为，都应及时向首席执行官或首席道德官报告。

虽然多数公司鼓励雇员遵守伦理规则和专业伦理，但当公司利益与专业伦理及雇员个人道德观念发生冲突时，还是有相当多的公司不允许雇员将公司内部事务泄露给社会公众。告密仅仅是公司内部的一种规制手段。换言之，公司在"应该做什么"和"实际做什么"之间，还存在很大的差距，伦理决策依然面临道德两难境地。

7.4 伦理困境与伦理决策

虽然工作场所的基本伦理规则是明确、清晰的，但在实际运用中，却可能由于理解的不同或者受到各种其他因素（如成本、人际关系等）的影响而无法坚守伦理规则。虽然人们能够了解工作伦理的重要性，但还是会忍不住时时去衡量一下，到底值不值得遵守这些伦理？在这一小节中，我们重点讨论雇员权利相关的伦理决策问题。

7.4.1 公平与歧视

公平与公正是处理劳资关系的基本准则。工作场所的"公平"包含两层意义：首先，任何决定应该考虑并且只考虑工作及工作表现；其次，决策应该审慎且决策所使用的规则应该是明确的、前后一致的，这也就是人们常说的程序正义。当我们期望"公平"和"公正"时，不仅期望结果是公正和公平的，我们也期望过程本身是"公平"和"公正"的。仅仅是结果的公平，还不是真正意义上的公平，正如有瑕疵的证据不是证据一样。

商业伦理对"公平"问题的讨论,不是为了对"公平"本身进行哲学或者道德上的讨论,而是为了在工作场所避免不公平的发生。有关公平与歧视的讨论将集中在两方面:其一,如何识别工作场所的"歧视"问题;其二,对雇员普遍关注的公平问题建立制度化解决方案。

1. 工作歧视

工作歧视,是指基于各种先赋因素而在招聘、薪酬、职业发展等方面对雇员实施差别化待遇的行为。1958年6月4日,国际劳工组织理事会召开了国际劳工组织大会;大会于6月25日通过了"消除就业与职业歧视公约"。1983年,中国恢复了在该组织中的席位。虽然我国目前仅批准了23个国际劳工公约,占全部182个公约的12.6%;但按照国际劳工组织的章程,作为成员国,中国有责任推进各项公约的落实。

在《消除就业与职业歧视公约》中,将"歧视"定义为:"基于种族、肤色、性别、宗教、政治见解、民族血统或社会出身等原因,具有取消或损害就业或职业机会均等或待遇平等作用的任何区别、排斥或优惠"或者"有关会员国经与有代表性的雇主组织和工人组织(如存在此种组织)以及其他适当机构协商后可能确定的、具有取消或损害就业或职业机会均等或待遇平等作用的其他此种区别、排斥或优惠",但"对一项特定职业基于其内在需要的任何区别、排斥或优惠不应视为歧视"。[①](ILO,1958)

工作歧视是一种普遍存在的现象。以美国为例,尽管法律明确禁止在刊登招工广告、招聘与雇佣、推荐就业、工作岗位设置和职位晋升、工资和薪酬、辞退和解雇过程中的歧视行为,但根据美国平等就业机会委员会(EEOC)公布的数据,2008—2011年,委员会收到的投诉每年都接近10万件[②]。国内虽然没有相关机构进行专门统计,但工作歧视的现象同样比较普遍,而近期的国家公务员考试已经提出禁止歧视。经常被讨论的工作歧视集中在性别歧视与性骚扰、年龄歧视、种族和地域歧视、健康或外貌歧视以及其他类型的工作歧视等方面。

(1)性别歧视与性骚扰

性别歧视与性骚扰,是工作场所中存在的最典型的歧视类别。性别歧视主要是对女性在工作及相关权利上的限制,多数国家都可能存在相当程度的性别歧视。有些宗教国家或某些宗教信徒中,对女性的歧视尤为明显。据EEOC的统计,最近几年的工作歧视投诉案例中,有关性别歧视的占了三分之一左右。

性别歧视在中国就业市场中更为严重,限制招聘女性雇员的广告堂而皇之地占据各种平面媒体,企业招聘人员包括女性管理人员也更倾向于招聘男性雇员;在从业时间方面,女性雇员的平均工作年龄低于男性,法律明确规定女性50~55岁退休,在女性期望寿命高于男性的今天,显然不是由于男女生理因素造成这种差别的;而就平均薪资水平来说,女性也普遍低于男性。

性别歧视还体现在工作岗位配置和职业晋升方面:在科学研究、工程、财经金融、经

---

① 英文原文参见 ILO,C111 Discrimination (Employment and Occupatio,www.ilo.org。
② The U.S. Equal Employment Opportunity Commission, http://www.eeoc.gov。

济管理以及领导岗位的女性雇员比例均低于男性,女性获得升迁的机会也相对较少。贬低女性能力和工作热情的不仅限于企业界或男性,哈佛大学前校长也因公开评论男性比女性更适宜从事科学工作而被迫辞职。工作中的性别歧视还包括对女性结婚和生育的限制。有些公司在招聘女性雇员时常常口头约定结婚和生育年龄,甚至要求女性雇员不得在25岁之前生育。对此,一些国家通过立法,对女性雇员产假时限进行规定并保障女性雇员返回工作岗位的权利。

性别歧视不仅只针对女性。有些岗位,如传统的幼儿教育、服务业,可能被认为不适宜男性的工作,如果这些工作场所拒绝男性雇员,也构成性别歧视。反对性别歧视并不意味着要求女性雇员与男性雇员必须完全一致。由于女性生理因素的差异,企业在女性特殊时期如孕期、哺乳期等,不能安排女性从事不适宜的工作。有些企业以此为借口辞退女性雇员,也涉及歧视待遇。不同国家在消除性别歧视方面所做的努力差别很大,一些欧洲国家特别是北欧国家,在这方面就比较成功。例如,男性和女性可以共同享受育儿假,给男女共同承担家庭义务提供了方便(见专栏7-8)。

专栏

专栏7-8 其他国家父母产假(育儿假)规定

欧洲国家:1995年,瑞典出台了《父母亲产假法》,规定凡工作的父母每生育一个子女享有16个月(480天)的带薪产假,由国家和雇主分摊:前390天的薪水为原工资的77.6%,后90天为每天固定补助180克朗,在16个月的假期中父亲享有2个月。该产假法还规定,孕妇有权在产前或产后带薪休假7周,不受其他条件限制,这项规定减少了男女职业不平等现象,为女性雇员重返工作岗位提供了方便。挪威的育儿父母则可以共同享受47周带薪休假或57周部分带薪休假(80%),费用由国家承担。其他国家虽然在休假时间和带薪基数方面不如北欧国家慷慨,但基本上都有类似规定,如英国女性雇员可以申请52周产假,前6周可以领取90%的工资,中间33周为固定薪资(每年规定不同),最后13周为无薪假期。父亲可以另行申请2周固定薪资休假。2011年4月起,英国父亲可以与母亲联合享受假期。

美国及加拿大:美国是工业化国家中假期最短的国家,女性雇员可以享受12周无薪产假,并且此前该雇员必须为特定雇主工作至少12个月,不少于1 250个小时的时间。加拿大则规定每个家庭可以享受50周带薪假期,费用由就业保障系统支付。

国际劳工组织:国际劳工组织通过了《生育保障公约》,规定女性产假不少于14周。

(资料来源:本书整理。)

性骚扰是工作场所越来越常见的问题,并已引起广泛的重视。很多国家对此进行了立法规范,带有冒犯和挑逗意味的语言、肢体动作、声音,包括短信、即时通信工具中的上述行为,都视为性骚扰。女性雇员的上述行为,同样被视为性骚扰。

（2）年龄歧视

年龄歧视是另一种典型的工作歧视。虽然年龄歧视在很多国家都存在，但国内的年龄歧视较一般国家更为严重，受歧视的年龄也更低。很多雇主在招聘雇员时，对年龄有严格的要求，即便是中层雇员，超过35~40岁的男女雇员都很难再加入到就业市场中。包括很多大学和研究机构，也明显存在年龄歧视，除了院士等极少数群体外的具有高级职称的研究人员，在超过这个年龄界限后通常也难以在就业市场上流动。与此形成对照的是，政府资助的各种研发项目对青年的定义也是在35岁或者40岁以下。换句话，很多正在"青年"的劳动力在大多数雇主眼中上已经失去了"价值"。

年龄歧视和性别歧视的原因很多，其中一个因素可能与国家劳动保障体系的落后有关。雇主认为雇佣女性雇员或年长雇员，需要支付包括因生育、疾病等产生的额外负担；劳工权利保障体系的缺失则是另一个重要原因。雇主在就业市场上具有强势地位，而又缺少劳工团体的制衡，歧视就无可避免。

（3）种族和地域歧视

移民国家的种族歧视相对比较严重。如欧美国家，虽然都有禁止种族歧视的法律规定，但少数族裔仍然受到各种隐性的歧视。一位华裔女性求职者曾投书报社讲述了自己的求职经历："当我使用自己的姓氏提出申请时，很少收到面试通知；当我使用夫姓的时候，我收到了好几个面试通知。"根据EEOC的统计，美国各级法院每年受理的涉及种族歧视的工作歧视诉讼有近万件，提起诉讼的雇员主要是黑人、西班牙裔人和亚裔，占工作歧视诉讼的10%左右。国内虽然少见种族歧视问题，但仍然可以经常观察到地域和身份歧视的现象。受制于国内户籍制度的限制，劳动力的自由流动尚未完全实现，很多工作岗位仅对特定户口和特定地区的人群开放。以京津沪地区为例，很多工作岗位都要求有本地户口，甚至包括购车、购房都受户籍限制。

（4）健康或外貌歧视

设定与工作无关的健康和外貌要求，被视为健康歧视。比较明显的健康歧视包括对残障人士、患有某些特殊疾病如艾滋病、乙肝病毒携带者的歧视。残障人士的就业在国内一直处于非常艰难的困境。雇佣残障人士可能会给企业增加额外的负担，例如，需要改造工作场所的设施以提供残障人士通行方便。加上一些雇主担心残障人士的工作效率以及沟通能力、社会普遍性的对残障人士的歧视等，都使残障人士就业问题难上加难。虽然不少地方政府对未雇佣残障人士的企业征收残疾人就业基金并向雇佣残障人士的企业提供一次性补贴，但收效甚微，而政府机构本身也几乎从不雇佣残障人士。2003年，安徽省公务员招考拒绝录用肝炎病毒携带者张某，被张某提起诉讼，成为一起标志性的事件。此后经过多年争取，乙肝病毒携带者获得了理论上的公平对待；但在实践中，乙肝和艾滋病病毒携带者仍处于受歧视地位。残障人士就业权利的保障，可能需要通过长期努力才能实现。例如，美国直至1994年才通过《残障人士法》，要求任何超过15人的公司在不造成业务上不必要的困难时，都应为残障人士提供适当的工作条件。

与对残障人士和乙肝、艾滋病病毒携带者的公开歧视稍有不同，外貌歧视是一种更为隐蔽也更为普遍的工作歧视。身高、体重、相貌等外在吸引力经常被明示或暗示为应聘者的第一道门槛。改变这种状态，需要多方努力并有赖于法律的保障。同时，也需要被歧视者通过法律诉讼迫使雇主的改变。例如，美国旧金山地区曾经有一位体重超过 200 磅的男性求职者，应聘舞蹈教练被拒后诉诸法律，并最终迫使雇主改变了歧视性做法。其雇主在雇佣该教练后表示，通过该事件，她认为任何体重的人士都有可能成为一个优秀舞蹈教练。

（5）其他类型的工作歧视

在一些有宗教信仰的地区，宗教信仰的不同可能会影响求职者的录用、工作任务的分配以及薪酬的设定和职务升迁；政治观点的不同也可能会造成上述影响；有些雇主对与自己生活方式不同的人，也可能采取歧视性做法。例如，一些生活方式比较保守的雇主可能不喜欢另外一些喜欢冒险或者有不良生活嗜好的人士，并因此对他们加以歧视。

对工作歧视的判断有一些灰色地带，例如，某些人士罹患不适应特定工作的疾病，或者具有不适应工作岗位的诸如酗酒、吸毒等恶习，甚至违反法律被判刑事罪行等，在他们恢复健康或重归社会之后，雇主以各种理由拒绝聘用，这是否构成工作歧视？再如，有些雇主在招聘从事非党务工作的雇员时，要求具备中共党员身份者优先或大学担任学生干部者优先，是否可以视为某种工作歧视？有些雇主因不愿意雇佣其他族裔的人士而提出对特定工作语言的要求，是否构成歧视？有些雇主以超出工作能力需要为理由拒绝雇佣具有硕士或博士学位的人士，是否也是工作歧视？对这些问题的回答，显然是有分歧的。

工作歧视最重要的判断标准是雇主所提出的雇佣条件（包括升职条件）是否与工作本身及雇员的工作能力有关。例如，一个处在少数民族地区的雇主，如果所服务对象主要为少数族裔，那么提出语言要求就是一种职业的必要条件而不是歧视。招聘空中小姐对身高、体重有一定要求，是为了适应飞机空中服务的特定要求（如减少飞机负荷、达到打开行李舱的身体高度）不属于工作歧视，但要求应征者具有有吸引力的外貌则属于工作歧视。近年来，国外一些航空公司开始改变身高要求，只要应征者举手能够摸到特定高度即可，其目的也是突出身高是工作的需求而避免被指控为工作歧视。

由于工作歧视的隐蔽性，雇员在与雇主的诉讼中可能面临诸多举证的问题，因此有些国家法律要求雇主必须明示招聘条件，以避免隐蔽性歧视问题。还有些国家包括中国大陆地区在内，都采用公正原则和权力原则对歧视性措施进行纠正（韦斯，2005），通过设立相应法律限定不得进行歧视或者为女性、少数族裔等弱势人群提供教育、培训以及工作机会。例如，印度为低种姓人士保留一定份额的大学入学和政府机构工作机会，新西兰对原土著毛利居民提供类似优惠，中国也为少数民族地区人士提供在入学加分和政府工作机会等方面的优先保障。这些为纠正种族、性别歧视而提供的保护性措施，不被认为是对其他人士的工作歧视。随着这些弱势群体能力的提高，可以对这些特定的措施进行修订或取消。

工作歧视的形成，除了市场选择因素之外，社会的公民意识、人文精神的缺失、法律法规的不健全以及传统偏见是最主要的因素。

2. 工作中的公平

工作中的公平问题，涉及薪酬、雇员评价、就业升职等多个方面，而薪酬和工作评价与职业发展则是人们最关心的问题。

（1）薪酬

薪酬虽然不是雇员工作的唯一动力，但也是最重要或的动力之一。薪酬是雇员赖以生活和发展的基础，薪酬中的公平问题也是最敏感的问题。人们总是在各种比较之中观察自己的薪酬是否符合自己的期待，是否与自己的贡献呈正比，而比较的结果往往会认为自己的薪酬过低。

有人力资源专家认为雇员可以接受的薪酬就是公平的薪酬，因为人力资本同其他资本一样在市场上自由流动，雇主必须支付合理的报酬才能聘用到他所希望的雇员。这种观点虽然得到很多经济学家的支持，但由市场确定劳动力价格虽然符合经济有效性，仍然有一些伦理问题必须考虑。

首先，是人力资本专用性的问题。一些雇员长期服务于某些岗位，他们的经验往往与特定企业和工作岗位环境联系在一起。假如这些岗位具有高度的特殊性，他们的经验将逐渐变得只适用于该环境，除非他去重新学习新的知识和技能，否则该雇员的服务最终就只能提供给该企业（Penrose，1995）。雇主对这类雇员是否提供适当的补偿？

其次，对于一些属于弱势群体的雇员，他们往往缺乏就业市场所需要的劳动技能和教育背景及工作经验，只能接受比较恶劣的工作条件和较低的工资水平。对这类雇员，雇主又该提供何种水平的薪酬？

在一些比较极端的情况下，如雇佣童工、雇佣智障人士，该如何确定薪酬呢？还有一些更为极端一些的例子。数年前，媒体曾经广泛报道过黑煤矿绑架、诱拐、非法拘禁劳动力的案例。在这些案例中，雇员的薪酬都无法通过自由市场确定其价格。如果一味依赖市场决定雇员薪酬的形成，那么，不完善的市场机制将会产生很多道德问题。

我们在前面讨论公平的两个判断标准，同样可以用于判断薪酬的公平性。公平的薪酬水平，首先是按照雇员对公司的贡献和价值而不是与管理者的亲疏远近等其他因素来确定的。由于对贡献和价值的判断具有很强的主观性，往往需要借助其他一些因素间接判断，在这个过程中就可能产生不公平的问题。一些公司规定，薪酬属于保密信息，雇员之间可能存在同工不同酬的现象。

工作本身的性质也决定了薪酬的高低。一些工作岗位需要从业者有更好的学历、经验和更高技能，这种工作比较容易获得较高薪酬。而有些工作，工作条件恶劣、工作风险高或者工作的社会评价低，也需要雇主给予合理的补偿。相反，对那些工作条件舒适、工作稳定、压力不高且有良好退休福利的工作，通常认为其薪酬应该按照社会一般水平支付。现实中的情况可能正好相反，例如，工作安全性非常低的煤矿工人，本应该获得充分的风险补偿，但由于这些工作通常是由那些缺乏技能和信息来源的弱势群体承担，往往无法获得足够的薪酬补偿。

从道德的角度来看，人类与动物最关键的区别在于人类具有同情心，能够包容和同情弱者而不是一味强调竞争。因此，在考虑何谓薪酬公平时，就不能完全依照市场机制来定价，还必须考虑到劳动者满足自身生存与繁衍需求的成本（包括生活成本和医疗、教育成本等）。一个社会如果有人因为饥饿而去偷面包，那不仅仅是偷窃者个人的耻辱，也是整个社会的耻辱。尊重、关怀弱势者，向其提供最基本的生存保障，既是一种人文关怀，也是人类最高的道德标准之一。在薪酬体系中，设立最低工资标准，就反映了法律在这方面的思考。

人们评价工资的公平性，不仅从绝对数量的角度，而且还常常从相对比较的角度进行评价。组织行为理论在讨论公平问题时认为，雇员衡量公平的标准既包括自己的付出和收益，也包括自己和他人之间的比较。通常在比较工资薪酬是否公平时，人们会与社会一般工资水平比较，也会与本行业的大多数人的工资薪酬相比较。有些行业，尤其是垄断行业，普遍存在的管理层与一般雇员薪酬水平都远高于其他行业的现象，就被认为是不公平的。相对公平性对雇员的心理有较大影响。以谷歌公司为例，为鼓励杰出人才的创新活动，谷歌设立了创始人红利制度，给予那些有杰出贡献的雇员高达数百万美元的股票奖励，但那些没有获奖的雇员却感到自己的努力被忽视了。谷歌公司是一个以聚拢一流人才、创新领先为特色的公司，其他企业在效仿其制度设计时需要慎重考虑。组织内部的相对被剥夺感会造成相当大的问题，一般公司内部薪酬水平差距过大有可能导致一般人员的消极怠工等后果。

工资与薪酬是否公平，还与雇主的能力有关。创业中的小企业，或者不景气企业，其本身可能就处在现金流短缺、利润微薄的境地中，很难要求雇主提供高于最低工资标准的薪酬。

✎ **思考一下：为什么劳工团体认为沃尔玛和耐克这样的大公司应该对其供应链上的血汗工厂负责？**

相反，对沃尔玛、耐克、苹果这样的超级跨国公司，人们往往要求它们负起更多的责任。大企业的供应链管理政策可以直接影响、规范其供应商的行为。在这些大公司的供应链上，特别是它们的次级供应链上，还存在一些所谓的血汗工厂。在这些工厂主中，有些是不愿支付合理薪酬的，有些则是无力支付合理薪酬的。

最后，影响工资与薪酬公平性的还有雇员的谈判能力。集体协商制度、工会力量的强弱等，都会影响雇员薪酬的高低。公司内部是否有明确的薪酬政策、该政策是否公开、透明，以及公司所在国家的法律、法规是否倾向于保护雇员权益，同样影响薪酬的公平性。

薪酬中的不公平问题，还有另外一些形式。一些不道德的企业，会采用不道德的手段控制人工成本。例如，通过不正当的招聘和解雇，在试用期间给予雇员很低的工资甚至不支付工资、或者以招聘的名义要求应聘者提供解决方案，但最后却以既不实际招聘也不支付劳动费用等方式，达到降低成本的目的。

较低的工资不一定意味着不公平。有些工作岗位，虽然起薪较低，但有很好的发展前景或者该职位是通向更高职位的必经之路，人们更可能愿意接受这样的低薪岗位。

（2）招聘、绩效评价与升职

对雇员的工作进行评价，是企业人力资源管理中的重要环节，绩效评价的结果经常和雇员的薪酬、职业发展以及个人的成就感联系在一起。

企业应对雇员工作绩效进行公平的评价，这种评价不应考虑诸如个人关系等与业绩无关的因素。因此，清楚明确的岗位描述和工作职责划分对公平评价雇员绩效就十分重要。在招聘、绩效评价及雇员升职中经常存在的问题主要是裙带关系及朋友圈子的影响。

裙带及朋友关系，经常发挥隐性作用，企业管理者是否在其决策中受到裙带关系和朋友关系的影响，很难被直接观察到。岐黄羊"内举不避亲、外举不避仇"的做法被视为公正与公平的典范，但在实际运行过程中，很少有人能够真正做到这一点。因此，很多企业设立了"利益回避"条款，对有可能形成利益冲突的裙带及亲族关系进行限制。相形之下，朋友关系则很难进行规范。很多人都是在求学、社会活动以及工作中建立了亲密的朋友圈子，管理者在招聘、考核雇员工作绩效或者选拔人才时，是否应该将自己的朋友排除在外？仅仅因为与管理者关系紧密就被排除在外，是否是不公平的呢？反过来，如果仅仅因为朋友关系就聘用、提升某人，对其他人是否也是不公平的呢？这里，评价公平性的基本标准仍然是雇员本身的工作能力和工作业绩。

裙带关系对组织公平性的影响是显而易见的，不公平的行为很容易导致组织内部的不信任感和各种非正式小圈子的形成，从而影响组织内部的士气和组织绩效。

3. 主要影响因素

工作歧视是影响组织内部公平的主要因素。从公平的角度，管理者应按照雇员的工作能力及工作岗位的必要要求来完成薪酬设计、绩效考核、工作岗位安排及升职选拔等工作，但种族、性别、年龄、裙带关系、朋友圈子等，都可能促使管理者偏离理性思考，而无法公平地对待雇员。

在所有的因素中，社会关系网络可能是最重要也最隐蔽的。北京大学的一位博士生以"中县干部"为题完成了他的博士论文[1]。在论文中，他详细描述了中国一个县城的官场生态。该县城中主要的领导岗位，基本上都由若干政治家族把持，他们之间通过亲缘血脉和联姻等方式，组成了一个巨大的关系网络。在这个几乎密不透风的网络中，其他人士很难进入该官场的核心位置。现实生活中，社会关系网络在二、三线城市的影响远超过大城市。很多曾经因为房价和工作压力而逃离北上广的年青一代，发现他们回到各自家乡必须通过这种社会网络而不是个人能力获得工作机会和事业发展机会时，又不得不回到北上广。社会关系网络的这种负面影响将会导致其所在地区损失良好的人力资本，并失去创新和活力。

传统观念也会影响公平性，其中最主要的是年资序列制度的影响。理论上，雇主应该综合考虑雇员的能力及其长期贡献，以"公平"对待雇员。例如，一些雇员长期服务于雇主，随着年资的增长，其工作能力可能不如新进入企业的雇员。如果只考虑当前的工作贡献，或者只考虑历史贡献，显然都有失公平。不同文化背景，对此问题有不同的解决办法。在亚洲的很多地区，传统上习惯于年资序列制度，虽然其影响在近些年呈现下降趋势，但很多人仍然习惯于按照雇员的学历、工作资历而不是工作能力评价雇员的工作绩效；而有些国家则在计算雇员薪酬时，要求严格按照工作岗位进行测算，实行绝对的同岗同薪制度。

工会和劳工组织在保障雇员权利方面具有积极的影响。在工会和劳工组织力量薄弱的地区，雇员的公平权利经常受到侵犯。在与工作相关的基本条件上，如果单纯依赖市场定价，雇员基本上无法取得与雇主制衡的地位。相反，在改善雇员工作条件、给予雇员合理

---

[1] 详见冯军旗博士论文，中县干部。

薪酬、保障雇员就业权利等方面，依赖工会等劳工组织的力量进行集体协商，比起单个雇员的努力，会更有效果。在工会等劳工组织发达的地区，雇主也经常会组成行业公会与其抗衡。通常，经过多方博弈而达成的能够被普遍接受的雇佣条件，可以实现雇主与雇员的双赢。

雇员工会在确定薪酬和裁员方面，具有重要作用。劳资协商和罢工是雇员与雇主抗衡的两种主要途径。通过劳资协商，雇佣双方在薪酬、工作条件、解雇等方面达成一致，可以减少纠纷。罢工则是一种更为激烈的制衡手段，但总体上仍然是一种协商过程中讨价还价的手段而不是破坏性行为。相对而言，雇员工会组织的罢工可以减少自由罢工的危害，因此很多国家规定雇员工会有权利举行罢工。一般情况下，有关罢工的事项须提前公布。雇员工会在欧洲国家有很大影响力，在美国、韩国的某些行业中也有相当大的力量；而在日本、中国等国家，雇员权利的保护主要依赖法律规定、雇主自律及传统惯例而不是工会和管理方的对峙。

为避免陷入工作歧视和不公平对待雇员的纠纷中，一些雇主会在组织内部建立公平委员会并制定相应的工作规则和伦理指引，以减少违规行为。公平委员会的成员通常包括来自企业不同层级的代表，经常采用的方式，是由公平委员会举行听证来解决内部争端；当企业内部救济机制不起作用时，雇员会转向企业外部寻求仲裁或诉讼。

从总体上看，世界各国在保障雇员公平待遇方面，虽然已经普遍有了很大改善，但仍然存在众多问题，中国也不例外。

7.4.2 言论自由与隐私权

企业为了提高公司的管理效率和保护公司整体利益，经常会要求其雇员让渡部分权利，并因此引发了公司利益与雇员公民权利的冲突。在所有的争议中，雇员的言论自由权和隐私权是最经常被讨论的问题，也是雇主和雇员矛盾较多的问题。

1. 言论自由权

雇主对雇员的权利被限定在与工作相关的范围，但何为与工作相关？雇主以维护公司形象为名要求雇员不得对外发表和公司相关的负面言论，对雇员在业余时间的言行进行规范，是否属于侵犯雇员言论自由权？

雇主对雇员言论自由的限制主要集中在限制雇员发表对公司不利言论方面，一些公司设立了相关的言论审查机制，要求雇员不得对外公开批评公司内部事务；有些机构禁止雇员在各种社交网络媒体如Twitter、Facebook、微博上发表与公司相关的信息。

互联网的普及，使越来越多人在互联网社区上分享个人的工作、生活经验和意见。雇员在上传信息的时候，往往未经深思熟虑，很多时候是兴之所至，经常会产生泄露公司机密的问题，有时候也会因个人情绪而发表有损公司声誉的评论。如何对雇员言论进行规范，歧视是一个有很大弹性空间的问题。

对雇员是否应该可以公开发表不利于公司言论这一问题，存在一定的争议。有些认为，雇员的言论自由不受任何限制；但也有些意见认为，即使雇员所提供的信息完全是真实的，也不应该公开发表对公司不利的意见。

有些行业，其存在本身可能就涉及道德争议。例如，烟草行业，在很多国家被禁止进行公开的广告宣传，并被强制要求在包装盒上明示"吸烟有害健康"等提示语，有些更严格规定必须附有令人厌恶的提示健康危害的图片。再如，为解决青少年酗酒问题，大多数国家规定不得向未成年人提供酒精饮料。类似的行业还包括博彩业等。那么，在这些行业工作的雇员，是否可以参加戒酒、戒烟协会的活动，是否可以公开宣传饮酒和吸烟的害处？披露行业内幕是否算泄露公司商业机密？对此，也没有完全一致的看法。但普遍的情况是，这些行业的企业都不愿意自己的雇员从事类似活动并通过各种办法加以限制。

相反，在行业性的不道德行为面前保持沉默，同样也会招致批评。例如，在三聚氰胺事件中，众多的从业人员保持了沉默，用该行业从业者的话，"脓包是由新闻媒体挤破的"，这种沉默是否是雇员自愿放弃其公民权利和义务呢？

对雇员言论自由的限制还可能以其他形式出现。例如，美联社规定其雇员不得在Twitter等社交网络上提前发布重大新闻。这种与工作有关的限制是否属于侵犯雇员自由权利同样没有明确的答案。

以三聚氰胺事件为例。假设，该行业的某个雇员试图公开揭露丑闻，我们对此假设进行分析。该雇员的行为确实可能对整体行业形象造成损害，但他所揭露的问题并不属于正常的公司机密，公司很难用此理由解雇该雇员。另外，其所在公司会认为他缺乏忠诚，其他雇员也可能因害怕失业等原因而反对他的做法。但从总体上看，该雇员具有道德上的优势：毕竟三鹿集团的问题触犯了法律底线。如果换一个背景，烟草行业的从业人员公开反对吸烟，对公司是否有权限制该雇员的言论和行动自由就难以作出明确的判断。如果该公司已经建立了明确的规定，禁止雇员公开讨论公司事务并在与雇员签署雇佣合同时明确告知雇员，则在一般情况下，除非企业有明显的违法行为，雇员的言论自由权很难获得保障。在这一点上，雇员有时候不得不牺牲个人言论自由，除非法律有明确规定。

2. 雇员隐私权

雇员在工作场所拥有隐私权，也就是说在工作场所，除非工作本身的要求，雇员有权利自行决定在何时、何地、以何种方式披露与自己有关的私人信息。

与工作本身相关的判断可能成为隐私权保护的关键。雇主对雇员私人信息的收集和记录是否侵犯雇员的隐私权，确定公司利益和个人生活的分界点就是最关键的判断标准。

企业到底在多大程度上可以搜集雇员的私人信息，在招聘及工作过程中，是否有权要求雇员提供与工作无关的私人信息？对这些问题，每个国家的法律规定可能有相当大的差别。

对雇员进行背景调查在有些国家是一种普遍的行为，几乎不被认为是侵犯雇员隐私；但在另一些国家，捍卫个人数据和隐私权的保护的力度则很高，企业无权了解超出工作必要的雇员信息。美国最高法院曾经判决个人隐私受宪法保护，政府不得侵入。雇主记录雇员个人信息、进行测谎、心理测试、在工作场所安装监控都可能涉及雇员隐私的问题。在此规定下，记录雇员的家庭住址、健康检查结果等被认为是错误地侵犯雇员隐私权，雇主散布与雇员个人隐私相关的信息也会构成对雇员名誉权的妨害，尤其是利用错误信息损害雇员声誉时，更是如此。

德国利德尔集团是一家专门售卖廉价货品的大型集团，旗下有2 700多家分店，约4.8万名雇员。该公司因在各家分店按照监控探头和雇员侦探监视雇员并形成书面报告的做法被公开曝光后，其总裁就遭到公司解雇。对雇员实施监控，曾经是很多德国公司的常规做法[①]（专栏7-9）。

专栏

专栏7-9　德国公司的雇员监控计划

一些德国公司经常采用各种秘密调查的手法对其雇员进行监控。

德铁公司自1998年开始，一共五次对内部员工进行调查，涉及24万人，其中17.3万名员工的姓名、住址、电话号码、银行信息以及电子邮件通信记录被公司调查并记录在案。此前，在2002—2003年，公司执行了代号为"巴比伦计划"的内部调查，将被调查员工资料与8万余名铁路物资供应商的资料进行对比。

欧洲空中客车公司德国分公司也在暗中监视两万名雇员的银行账户，对比员工与供应商账户信息以防止企业雇员可能存在的不当行为。

德意志银行自2001年起聘用侦探对监事会中的工会代表杰拉德·赫尔曼进行监控，以调查他是否是公司的泄密者，在查明其并非泄密者后，公司不得不向这位监事道歉。后来，德意志银行又雇佣侦探监视其股东迈克尔·霍恩多夫，甚至租住了他在西班牙的一个住所，试图挖掘更多信息。霍恩多夫曾多次在股东年度大会对公司管理层提出批评，并与一位和公司关系紧张的商人利奥·基尔希联系密切，后来银行也不得不对此致歉。

（资料来源：根据德国明星周刊、英国金融时报报道整理。）

德国公司管理层将他们的监控行为归咎于德国法律，认为共同决策制度使雇员在公司管理和监督中具有重要的话语权，可能导致雇员的泄密行为或利益冲突，因此他们不得不采用更多间谍手段收集雇员的私人信息。公司还将监控行为与反对商业腐败联系在一起，根据德铁的说法，"巴比伦计划"查出了300起违规操作，其中100起有可能涉及内部腐败。

但是，德国公司监控雇员的行为受到工会组织和社会的普遍批评。工会组织指出，采取监视措施无异于将所有的雇员当做小偷。德国联邦数据保护专员也指出，企业无权掌握雇员的健康隐私。涉世公司的雇员更是表达了自己的愤怒："我非常生气，我简直不敢相信这么多年他们一直在监视我们。""我对这样的公司文化感到震惊和厌恶，他们完全忽视了员工的权利和隐私。""这与反腐败无关，这明明是管理层想掌控所有员工。"

与欧美国家相比，印度、中国等发展中国家更重视企业的利益，对私人信息的开放度也比较高，类似收入、年龄、个人爱好、婚姻状况等一般也不被视为个人隐私。但无论如

[①] 资料来源：新京报，空客德国公司监视员工账户，新任领导层将发起调查，2009年4月3日。

何,类似上面案例中德国公司监控雇员的情况,也很难被接受。

雇员隐私权的保护还与信息技术的应用有关。越来越多的公司对雇员在工作时间如何使用公司资源有比较详细的规定,一些公司不允许雇员使用公司网络处理私人事务,另外一些公司可能允许这些行为。很多公司会利用计算机系统监控雇员在互联网上的活动,一方面是为了确认雇员是否正确使用了公司的资源,另一方面也是为了提高工作质量。例如,在处理与客户服务相关的事项时,会使用电话监听、计算机记录等技术进行监控以确保服务质量,这些与工作相关的监控行为是否侵权,通常依据获得信息的程序是否合法作为判断标准。如果雇员被明确告知监控行动的存在并同意接受监控,一般不存在侵犯雇员隐私权的问题。但在对监控所得资料的使用,则需要建立严格规制以确保雇员隐私不被泄露,例如,监控系统可能会记录下雇员之间的私人谈话,这些谈话与工作无关,不应被记录在案或者被泄露。对私密空间(如洗手间和浴室)进行监控、公开雇员私人事务、泄露雇员健康医疗记录、擅自使用雇员姓名和肖像进行商业活动、监听雇员私人电话和私人电子邮件,则侵犯了雇员的隐私。企业需要建立明确的政策指引,避免或减少模棱两可,使雇主和雇员均有章可循,以减少违规行为和冲突。

雇员健康资料也属于雇员隐私。很多传统的中国公司对雇员健康资料持一种相当开放的态度。例如,一些公司经常组织雇员进行健康体检,体检报告随意放置,使雇员的私人信息被泄露,这些都可能导致侵犯隐私的问题。与健康隐私有关的还有另一种情况。有些雇员罹患某些特殊疾病,如乙肝和艾滋病等,这些信息一旦被披露很容易导致对该雇员的歧视。如果雇员从事的工作不需要披露此项信息,且雇员罹患的不是传染性疾病,应该允许雇员自主选择是否对此保密。

厂商在提供服务的过程中,也可能会遇到消费者要求公开雇员健康信息的问题,厂商如何平衡用户知情权和雇员隐私权的保护也是一个问题。例如,肝炎患者、艾滋病毒携带者在从事医疗、教育等服务工作时,是否需要披露信息?此时,雇员的隐私与消费者的知情权之间形成冲突,厂商应优先考虑哪种权利?

对此问题,不同国家或行业组织有各自不同的做法。例如,美国医药协会认为不需要向病患告知此类信息,美国疾病预防和控制中心则认为应该而且必须告知并征求患者同意。在国家层面上,美国、南非、澳大利亚和马来西亚等国家的就业法则规定医护工作者没有义务向雇主告知个人健康信息,医疗机构的雇主有责任为其雇员的医疗记录保密。中国方面没有严格的法律规定,一些机构会要求雇员提供相关信息,但一般不会向用户公开。从理论上看,如果雇员的疾患不影响其工作,雇主就不应以顾客的喜好来决定是否雇用或继续雇用该雇员,雇员有权保护自己的隐私不被披露。

7.5 案例与讨论

7.5.1 小李的交通事故

王东是太行医疗器械公司销售部的负责人[①],该公司在民营企业中一向以福利待遇较高

[①] 本案例为虚拟案例,仅供课堂讨论之用。

而著称,公司雇员对工作现状一直都很满意。

2014年7月的一天,王东接到了下属小李的一个求救电话:小李在返回公司的高速公路上发生了伤人事故。王东心里咯噔一下,一直以来他所担心的事情终于发生了。

1. 第2张卡的变化

2013年以前,太行医疗器械公司销售人员的薪酬和福利采用底薪加提成的方式。按照不同等级,销售人员底薪在2 000~3 000元,提成按照上年业绩在月薪和年终奖励中兑现。以小李为例,他的年收入约在15万元,其中公司年底兑现为5万元,那么,他的月工资平均在8 500元。

按照现有纳税规定,小李的纳税额约在450元。公司方面以为员工合理避税为由,要求销售人员报销加油费冲抵工资,小李每月可以报销4 500元。公司员工私下称该方案为第2张卡。由于多数销售人员都自驾上班,很多人对此安排感觉满意,一方面可以少缴所得税,另一方面还可以有一些私房钱。

2013年年底,公司对报销政策进行了调整。小李单月报销汽油费下调到2 500元,其余2 000元需要用租车费发票冲抵。公司可以协助安排销售人员将车辆挂靠在其他营业性租车企业,由租赁公司提供相应租车发票。

2. 小李的麻烦

高速公路上的事故,让小李陷入了麻烦。虽然自信驾驶技术良好,小李还是给自己的爱车上了最高额度的保险,其中商业险赔付额最高可达50万元。车祸受害者是一个违章的老太太,小李的商业保险和交强险可以覆盖事故费用。

但想到自己在租赁公司挂车的事情,小李很担心保险公司是否能理赔;如果理赔的话,自己又是否会有其他麻烦?小李在报警的同时忐忑不安地给王东打来了求救电话。

3. 王东的难题

接到小李的电话,王东也感到很不安。该怎么办呢?保险公司并不知道小李私家车挂靠租赁公司的安排,如果走商业保险也许可行?但王东也想到:小李的事故是在工作期间发生的,这是不是可能会引起其他问题?一时之间,王东也举棋不定,该何去何从呢?

小李的事故迅速在销售部传播开来,大家都意识到自己以前可能忽略了某种风险,下一步该怎么办呢?

案例讨论

1. 请识别本案例中可能存在的伦理问题。
2. 公司的薪酬安排对雇员是否公平?你如何评价?
3. 公司的薪酬安排可能存在哪些法律上的风险?
4. 从长期的观点看,公司的第2张卡有哪些坏处?
5. 如果你是王东,你怎么处理这件事?

7.5.2 张先生的毕业论文

张先生是某电信公司的雇员，他利用业余时间参加了 MBA 学习。在一次营销课上，张先生讲述了电信行业如何通过捆绑式销售获得更多收入的故事，这个故事引起了同学和老师的兴趣，大家在课堂上展开了比较激烈的争论。

对电信公司的营销手法，有些学员很赞同，认为"利润就是王道"；但也有些同学反对，认为电信公司的做法是不符合商业道德的。还有同学在讨论中讲述了社会上广为流传的一则笑话。

某电信部门的某领导来到一个小县城看望老朋友，去镇上唯一的一家公共浴池洗澡，刚到门口就被服务生拦住："先生，请您先缴纳 15 元初装费，我们会给您安装一只喷头。"接着他又被服务生拦住："先生，对不起，我们这里每只喷头都有编号，请您再交纳 10 元的选号费。"在陆续缴纳了选号费、改号费、使用费后，服务生又向其收取月租费。忍无可忍的领导决定放弃洗澡，离开这家浴池。服务生再次拦住他："对不起，先生！您还需要缴纳销号费，否则我们仍将按月向您收取月租费！"在他表示自己要投诉服务生时，浴池经理出现了："先生，对不起，洗澡业在我们这里是垄断经营，还好你没有泡池子，不然你还要交'漫游'费呢。"

课后，老师建议张先生以营销中的商业伦理问题为题目完成毕业论文。张先生的论文写作很顺利，即将参加答辩，拿到学位。同时，他的毕业论文也被选编成课堂教学案例，用于课堂讨论。

凑巧的是，张先生的上司也在同一所学校学习。当他拿到这篇案例时，感到非常生气。尽管案例编写者已经隐去了公司名称，但张先生的上司显然认为该案例讲述的正是本行业的故事，于是要求张先生负责向学校交涉，不得使用该案例，以免影响电信行业的形象。

张先生承认自己在课堂上讨论过捆绑式销售问题，但认为自己所说的都是实话，没有任何编造之处。张先生同时还指出，该案例所讨论的问题是目前整个行业的共性问题，自己也已经隐去了公司名称，故不愿意向学校要求撤回该论文。

张先生的上司对张先生的态度非常不满，认为张先生的论文会导致电信用户对整个行业的负面评价。张先生的上司提出：要么撤回论文，要么辞职走人。

案例讨论

1. 你认为张先生的写作是否有损公司利益？公司有权利要求张先生撤回其论文吗？
2. 如果该公司制定了员工言论规范，是否可以据此要求张先生辞职？请说明你的观点和理由。
3. 你认为曝光行业内幕是否与忠于公司利益相冲突？请说明理由。
4. 如果你是张先生所在公司的领导者，你会怎样解决类似问题？

7.5.3 力霸集团的掏空行为

力霸企业集团由王又曾创立于 1959 年，涉及水泥、建筑工程、纺织、饭店、百货、饲料、油脂、房地产、银行、通信、仓储、多媒体、传媒等多个行业，总资产超过 3 000 亿新台币（下同）。

2006 年 12 月 29 日，力霸集团旗下上市公司力霸股份有限公司、嘉新食品化纤股份有限公司因巨额亏损及负债向中国台北地方法院申请企业重组并获得法院同意，即日停止股票交易。2007 年 1 月 4 日消息公布后引发旗下中华商业银行爆发挤兑潮，中国台湾当局被迫接管该商业银行。中国台湾股市一连 2 天暴跌近 200 点。中国台湾检调单位随后开始对力霸集团进行调查，发现集团公司涉嫌大规模违法掏空旗下公司，并转移资产。

王又曾案发后携妻子王金世英出逃海外遭中国台湾当局通缉，其子女遭羁押起诉。2008 年 12 月案件宣判，全案判决书厚达 4 000 多页（2009 年 2 月 25 日公布），被告多达 139 人，其家族成员有 9 人被判刑，共计 133 年 6 个月并科罚金 35.6 亿元；四子王令麟虽早已脱离力霸集团，另立东森集团，仍遭判 18 年①。经过估算，包括中国台湾当局动用的公司及金融重建基金 430 亿元和集团旗下公司拖欠银行债务在内，整个集团造成的损失上千亿元。

1998 年力霸集团出现财务危机，自 2000 年开始，王又曾开始有计划地对力霸集团进行精密切分，根据中国台湾学者研究，王又曾掏空力霸集团路线图经历了如下几个阶段②。

第一阶段：建立复杂的金融与工业集团。同多数家族集团一样，王氏集团采用控制金融保险公司、上市公司及工业公司的模式，通过复杂的产权关系，隐匿公司实际控制人。将少数公司变成上市公司后，可以通过不断融资和募股、股价操纵等形式，将上市公司的利益输送到其他公司。金融保险公司的设立则有利于家族进行资本运作，这也是东亚公司的一种普遍的模式。

第二阶段：虚设纸上公司进行掏空。王氏家族设立了包括鼎森、金东、连南、连湘、仁湖、力森等上百家以王又曾配偶、子女和亲信名义登记的虚设公司，将力霸集团的资金通过关联公司转手至创办人账户。王氏家族由王令麟创办新的企业集团（东森集团）后，大量优质资产被转移至东森集团，东森集团控股或关联公司包括东森国际、东森人保、东森财保、东森公关（东森民调、东森市调）、东森电视、东森旅行社、森辉旅行社、东森休闲娱乐、东富资讯科技、鼎森国际管理顾问、东森百货、凯擘股份、东森美洲卫视、东森亚视、东森房屋等公司。

第三阶段：切割套现并携妻外逃。王氏集团自 2004 年后开始加速力霸集团与东森集团的切割，如东森媒体大量股份出售给外资企业（向美国卡莱尔财团转让 60%股权）等。在完成套现、切割后向市场监管单位申请破产重组，经法院同意后获得公司重整的缓冲期，并就此逃遁。

根据检调单位的报告，王氏家族从集团旗下两家上市公司掏空 239 亿元、亚太固网 272 亿元、中华商银 116 亿元、友联产险 47.53 亿元、力华票券 1.1 亿元，累计逾 600 亿元。

案例讨论

1. 查阅力霸集团相关资料，分析王氏家族采用哪些手法进行掏空？

---

① 根据中国台湾地区苹果日报报道，转引自东南卫视海峡午报，2009 年 2 月 27 日。
② 很多研究者和企业界人士对该案例进行了总结和分析，如美林证券（中国台湾公司）的马淑静等。

2. 分析内部交易、交叉持股和股权转移在掏空过程中为什么能够成功？

3. 王氏家族设立复杂关联公司的目的是什么？观察最近几年的新闻，你能找到相似的案例吗？

4. 你认为应该如何控制类似事件的发生？

本章思考题

1. 企业内部主要的利益相关者有哪些？他们各自的权利和责任是什么？
2. 信托责任和契约责任有何异同？请举例说明。
3. 管理层的道德责任来自哪里？观察 3~5 家公司，找出他们的主要问题。
4. 工作场所的伦理标准是否有特殊性？如果有的话，你认为体现在哪里？
5. 选择三个以上的公司作为典型，了解他们在保障雇员权利方面有哪些异同？并分析其原因。
6. 你认为组织效率和雇员公民权利是否存在冲突？如果存在，应该如何降低冲突？

参考文献

[1] Fernando A C. Business Ethics and CorporateGovernance. Noida: Dorling Kindersley Pvt.Ltd., 2006.

[2] Becker B, Gerhatr B. The impact of human resource management on organizational erformance: Progress and prospects. Academy of Management Journal, 1996 (39/4): 779- 801.

[3] Bernard J Jaworski, Ajay K Kohli. Market Orientation: Antecedents and Consequences[J]. Journal of Marketing, l993(7): 53-70.

[4] Caspar von Hauenschild. How to Discover and Avoid Corruption in Company. In Walther Ch. Zimmerli, Walther C. Zimmerli, Klaus Richter eds. Corporate Ethics and Corporate Governance. Verlag Berlin Heidelberg: Springer, 2007.

[5] Dennis C Mueller. A theoryof Conglomerate Mergers, Auarterly Journal of Economics, 1969(11): 643-659.

[6] Ethical Resource Center. National Business Ethicis Survey, Arlington, VA: Ethical Resource Center., 2007:11.

[7] Geroge A Steiner, John F Steiner. 张志强，王春香，译. 企业、政府与社会[M]. 北京：华夏出版社, 2002.

[8] Guido Palazzo. Organizational Integrity – Understanding the Dimensions of Ethical and Unethical Behavior in Corporations. In Walther Ch. Zimmerli, Klaus Richter, Markus Holzinger eds., Corporate Ethics and Corporate Governance. Verlag Berlin Heidelberg: Springer, 2007.

[9] Henry Mintzberg. Power in and around Organizations. Englewood Cliffs NJ: Prentice- Hall, 1983.

[10] 尼克松 J C，怀特 C，韦斯特 J. 陈俊言译. 企业经理的伦理道德[J]. 国外社会科学文摘，1992(6).

[11] Mintzberg H. Managers not MBAs. San Francisco: Berrett-Koehler Pub, 2004.

[12] Mowday R T. Review of Managers not MBAs: A hard look at the soft practice of managing and management development. Academy of Management Executive 2004 (18/4): 160-166.

[13] Stokes M. Company Law and Legal Theory, in W Twining (ed.). Legal Theory and Common Law. Oxford, Basil. Blackwell, 1986.

[14] Penrose E. The Theory of the Growth of the Firm, 3rd. Oxford and New York: Oxford University Press, 1995.

[15] The ethics Resource Center. National Business Ethics Survey: How Employees Perceive Ethics at Work. 2000: 38.

[16] William H. Shaw. Business Ethics. Michgan: Tomason Corporation, 2005.

[17] 巴达拉克. 杨斌，译. 沉静领导[M]. 北京：机械工业出版社，2008.7.

[18] 保罗·麦卡沃伊，艾拉·米尔斯坦. 赵玲，译. 公司治理的循环性危机[M]. 北京：北京大学出版社，2006.

[19] 李云步. 新宪法简论[M]. 北京：法律出版社，1984.

[20] 弗雷德里克，弗雷尔. 陈阳群，译. 商业伦理:伦理决策与案例[M]. 北京：清华大学出版社，2005.

[21] 国资委，财政部. 企业国有产权向管理层转让暂行规定. 2005.4.14.

[22] 玛丽·奥沙利文. 黄一义，谭晓青，冀书鹏,译. 公司治理百年[M]. 北京：人民邮电出版社，2007.1.

[23] 诺玛·哈里森，丹尼·萨姆森. 肖永波，刘晓玲，译. 技术管理：理论知识与全球案例[M]. 北京：清华大学出版社，2004.4.

[24] 乔纳森·查卡姆. 郑江淮，李鹏飞，等，译. 公司常青[M]. 北京：中国人民大学出版社，2006.2.

[25] 维克托·迈尔，肯尼思·库克耶. 盛杨燕，周涛，译. 大数据时代[M]. 杭州：浙江人民出版社，2015.

[26] 杨斌. 沉静领导之道——"告密者"的背后[J]. 经济观察报，2003.2.25.

[27] 约里斯·范·鲁塞弗尔达特，耶勒·菲瑟. 于云霞等，译. 欧洲劳资关系：传统与改变[M]. 北京：世界知识出版社，2000.6.

[28] 约瑟夫·W. 韦斯. 符彩霞，译. 商业伦理：利益相关者分析与问题管理方法[M]. 北京：中国人民大学出版社，2005.

[29] 珍妮特·丹恩. 黄庭煜，译. 公司集团的治理[M]. 北京：北京大学出版社，2008.10.

下篇

伦理管理与伦理挑战

第 8 章 构建伦理领导力

学习目标

认知伦理领导力的内涵及其在经济活动和企业经营中的地位和作用；探讨构建商业伦理的途径和动力。

引例

企业高管"高"在哪里？

2005年4月1日，马克·赫德（Mark Hurd）接任美国惠普公司首席执行官，遂开始大刀阔斧地降低企业成本，积极扩展业务范围，2008年惠普以139亿美元收购了EDS公司，使公司的股价迅速增长两倍多。2010年8月6日，马克·赫德忽然宣布辞职，原因是此前一项性骚扰调查认定，他与惠普一名女合同工朱蒂·费雪（Jodie Fisher）存在"密切的私人关系"，后者获取了2万美元"不适当的报酬"。

惠普首席法律顾问霍尔斯顿于2010年8月6日在新闻发布会上介绍说，虽然调查显示赫德并没有违反公司有关性骚扰的规定，但已查实他有申报虚假发票的行为，这让董事会确信他已"无法有效领导公司业务，因此必须辞职"。"他做出了严重缺乏判断力的事情……我们发现的事实促成公司最终做了这个决定，这跟领导者的正直、信用和诚实有关。"

2010年9月7日，美国惠普公司对马克·赫德提出起诉，以阻止他转投竞争对手美国甲骨文公司。惠普在起诉书中说，赫德不可能在不泄露惠普商业秘密、不违反保密协定的情况下，完成他在甲骨文公司的工作。惠普强调，赫德担任首席执行官5年间，负责制定惠普发展战略，熟知惠普利润率等情况，了解惠普针对甲骨文公司"高度机密"的分析报告内容。因此，赫德进入甲骨文公司工作，"对惠普业务构成严重威胁"。赫德签下保密协定，离开惠普后获得可能多至4 000万美元"大红包"。

美国《福布斯》杂志于2010年12月公布了"2010年全球十大失败总裁排行榜"。在这份榜单中，马克·赫德排第二名。[①]

---

① 引例由本章编者整理。

企业的管理者以什么服人？他/她要以怎样的方式向外界传递公司的信息？

当代商业竞争中，拥有足够的财富和地位就是成功的观念似乎成了普遍价值观。企业高管中不断出现类似事件。不管我们是否愿意承认，"唯成功论"已经盛行多年。商业活动的一切，几乎都被囊括在这种"成功"羽翼下，精致的利己主义者成为社会典范。相反，对社会的责任、对情感的珍惜、对人格的追求，在巨大商业利益的逼仄下已经被很多人遗忘。

企业高层管理者的道德瑕疵似乎并不罕见。例如，在有关学历问题上的造假行为，就严重损害了管理者的"诚信"形象。发生在2009年前后的"学历门"事件在坊间发酵后，曾引发了大量上市公司公开澄清高管学历。

在很多国家，诸如性丑闻、造假等个人道德问题很容易上升到违法行为。因此，很多公司会在第一时间表明立场，以免受牵连而影响企业正常运作。高管的道德问题，虽然是个人行为，但与公司的商业道德和社会形象有着千丝万缕的联系。

从这个层面上来看，公司不仅仅是经济组织，也是社会的重要组成部分（陈怀远和邓泽宏，2012）。对此，很多跨国公司明确规定了其公司高管的行为规范。对那些不小心踏过"红线"的高管，迎接他们的只有扫地出门一条路。事实上，当今商业社会对企业领导者的个人道德提出了相当高的标准，只有那些遵循较高伦理准则的企业领导者才能成为合格的管理者。

8.1 合格的管理者

伦理是通过引导、习得并经过实践而发展起来的一种习惯（Miller，2013）。在现实社会中，我们每个人都会塑造出自己的道德空间并在其他人遇到人生挑战时给予指导；但在商业领域中，只有当企业领袖和管理者有意识地采纳正确的伦理理念并不断加强其道德榜样的力量，才会影响并形成更大范围的企业道德空间。正如通用汽车公司常务副总裁 Elmer Johnson（1997）始终坚持的那样，企业应该可以发挥其作为社会重要调节机构的功能，成为形成和完善人格的道德社区，而不仅仅是一个为股东盈利的公司。一个合格的管理者不仅需要具备诸如必要的技能、权威、团队意识等特征，还应该是企业的道德榜样、伦理文化的营造者，并具备强烈的伦理意识。

8.1.1 道德榜样

亚当·斯密在其《道德情操论》中写道："正因为人类更愿意感受快乐而不是痛苦，我们会炫耀自己的财富，同时把贫穷隐藏起来。"我们都想让他人承认我们，支持我们，可能的话，崇拜我们。财富的积累显然是获得这种认可的一个有效途径。因此，我们看重的并非自己的财富，而是这些财富能够保障的他人的认可（Slegers，2013）。既然人们通常都把成功与财富联系起来，虚荣往往就体现在对所谓成功的追求中；而一旦认定财富会使我们得到所谓"成功"，人们就有可能通过走捷径的方式追求财富。当企业管理者也选择"捷径"

时，后果显然难以预料。这也是为什么人们普遍强调高管应该成为道德榜样的理由。

伦理领导理论认为组织的高层管理人员，作为道德榜样至少要承担以下四种责任：为组织其他成员树立道德榜样；决定什么样的组织活动在道德上是正确的或错误的；营造企业价值观所支配的组织氛围和文化；授权其他组织成员按照既定的道德标准运作（Windsor，2013）。

很多高级管理人员渴望道德榜样作为可以效仿的样本从而引导其职业决策，但究竟是什么力量构成了道德榜样？亚当·斯密（1759/1769）认为市场这只"无形的手"在很大程度上可以促成道德典范，因为自由市场体系不仅会提高人们的物质财富，而且使其能够更加自由并有能力追求自己理想的美好生活（Coate 和 Mitschow，2013）。虽然我们普遍承认市场这只"无形的手"存在误区和盲点，但我们是否可以将商业活动中对成功的渴望转变为真正意义上的成功呢？

人类总是拥有追求自由的个人主义倾向，考虑到这一点，我们在组织协调各种事物时，需要尽可能地充分利用各种自发的力量，将"僵化的等级系统"转变到"人类有机会求知和选择"的系统（Hayek，2007）。工作使我们"挣得面包"、"尽到参与的责任或义务"、"通过转变自然实现自我"（Mitschow，2012）。企业作为商业组织，可以汇集人们的才能、智慧和技能来满足他人需求，并使人们通过工作获得了个人发展。因此，我们不应该把市场竞争、经济效益和商业利益与伦理行为对立起来，而是应该在更广泛的社区中实现商业体系的好处，使商业行为成为构建道德空间的重要支撑。

很多领先企业的领导者已经意识到这一点，他们接受并不断加强道德榜样的作用，认为这些榜样是营造和维护公司道德空间的必要因素。显然，这些领导者本人首先应该是公司的道德榜样；同时，他们必须有能力成功地引导和延伸道德榜样的力量，在其公司形成容纳而不是驱逐德行的企业运作系统并形成良好的伦理文化。唯有如此，领导者才能发挥道德榜样的作用。

8.1.2 伦理文化的营造者

企业的正式组织架构对员工行为的影响非常深远，企业应该确保其等级、规制、政策、权威和沟通流程等正式结构层面不削弱员工的伦理敏感性和伦理态度，从而促进其雇员遵循伦理行为。Mintzberg（2004/2009）指出：组织结构决定了正式的权利和权威定位，因此其对于协调机制、策略、政策和程序等的选择与设计，应使其内部运作符合外部环境。由于其在协调信息、决策和所采取行动中的复杂性、集中度和正规性的特征，使组织结构对于组织自身及其雇员的商业伦理行为能够产生重要影响（Daft，2010）。一旦工作描述不清晰或决策和问责体系无效，正式结构中诸如工作岗位及其责任的履行，就可能给员工从事不道德行为留下空间（White 和 Lam，2000）。

伦理文化与其他规范一样，也是组织正规化的构成要素之一。

公司伦理方案或伦理体系通常由伦理规范、员工伦理培训、沟通战略和洞察错误行为的报告机制构成，而高层管理人员在构建这些体系过程中发挥着重要作用，特别是在撰写伦理规范和以身作则形成的榜样力量方面（White 和 Lam，2000）。任何构建伦理体系的努力都始于组织的高层领导者能够致力于伦理实践，继而培育最佳资源、保障机制和政策，并明确伦理责任（Hoffman 等，2001）。此外，高层管理者的支持还包括保证提供足够的资源（Hoffman 等，2001），使组织能够充分意识到伦理需求并有资源支持伦理行为。高管们应该认识到伦理制度对组织的所有者和各种活动的参与者所具有的影响，并促使其具有清晰的伦理敏感性。

领导能力、政策、技术和伦理系统、激励和审计构成了伦理文化的五个主要框架要素Segon & Booth（2013），这五个要素之间彼此联系，相辅相成。

领导能力：主要体现在提供伦理实践的执行和战略承诺等方面，包括培育保障资源、建立机制、制定管理伦理职能的政策和责任。

政策：在所制定的政策中，要说明组织期待的实践标准，同时要在公司进行全面的沟通，以支持标准的有效执行和达到预期效果，从而在评估所有破坏规则的行为时有章可循。

技术和伦理体系：包括一些系统性工具，如决策指南、报告系统和培训等。通过运用参与机制，使得各利益相关方参与伦理决策，尽可能形成组织的伦理机制和伦理承诺。

激励和审计：好的伦理行为需要有效的政策激励。鉴于人性的弱点，必须定期进行审核伦理以确保良好的伦理行为得以延续。建立企业伦理框架，评估其有效性并及时完善，也是伦理文化框架的重要组成部分。

8.1.3 伦理型领导

1. 伦理型领导的内涵

企业追求经济利润最大化的单一使命观与当前社会变革对企业所提出的积极承担公民责任、构建伦理型商业组织的要求之间存在明显差距。Brown 和 Trevino（2006）提出，要想真正拉近二者距离，平衡经济效益与社会价值，企业组织必须首先重塑自身伦理观，切实地让每位成员感知并认同其正确的伦理主张，进而逐步与其多方利益相关者实现行动匹配和利益共赢。在这一过程中，作为企业运营与管理核心的企业领导必然要被赋予新的定义与功能，伦理型领导正是在这一变革背景下应运而生的。伦理型领导最初被界定为一种思维方式，旨在明确描述管理决策中的伦理问题，并对决策过程所参照的伦理原则加以规范（Enderle，1987）。伦理型领导包括个体和组织两个层面的内涵。

在个体层面上，伦理型领导关注的是领导者个人的行为合乎伦理，领导者具备诚信、正直等个体特征，并能执行公平、符合伦理规范的决策，在与下属持续互动的过程中能够成为实施伦理行为的模范榜样。在不断沟通和对话过程中，激励和引导下属做出符合伦理道德标准的行为（Meda，2005）。

在组织层面上，领导是合乎伦理的管理者，关心他人和组织利益，并采取能正面影响组织价值观、道德观以及下属行为的符合伦理规范的策略（Trevino 等，2000）。从这个意义上，伦理型领导应该是指帮助下属应对各种变化，帮助下属在经济快速发展的社会背景下处理价值冲突，激励下属勇于面对困难，并为下属提供一个值得信任的工作环境。

总体上，伦理型领导应该是通过自身行为与人际互动，向员工表明什么是规范的、恰当的行为，并通过双向沟通、强制等方式，使其遵照执行。所谓"规范性的、适当的行为"，主要体现在对他人诚实、公平公正、关心他人等被下属认为是合乎其所处环境背景、符合道德规范并被下属视为榜样而进行的行为；"双向沟通的方式"是指伦理型领导者不仅仅只关注自身行为的规范性，并且会通过适当的方式去规范和引导下属行为；"强制的方式"则指伦理型领导者会通过建立伦理标准，并依据此标准对下属行为进行奖罚，从而促使下属实施符合伦理道德的行为。

2. 伦理型领导的结构维度

与上述伦理型领导概念相呼应的是对其结构维度的研究。Trevino 等人（2003）对美国众多行业大中型企业高层管理者的访谈结果显示，被调查者普遍认为伦理型领导应当包含坚持以人为本、设置伦理标准、拓展伦理意识、采取伦理行动以及执行伦理决策五方面的内容。

在研究领域，研究者对伦理型领导内涵的研究呈现不同的情形，这些研究或者从单一维度或者从多个维度对伦理型领导进行了刻画。Brown 等研究者收集了多家金融服务机构员工对其直接上级伦理型领导行为感知评价的数据进行研究，感知评价呈现单一维度（Brown 等，2005）。而 Khuntia 和 Suar（2004）对印度东部 4 家公司中层管理者的研究则发现，他们对其直接领导者的伦理行为评价是从授权动机和特质两个维度进行的。

Kanungo 和 Mendonca（1998）则从行为动机、影响策略和伦理品质三个方面对伦理型领导进行分析，他们的研究明确区分了伦理型领导具有利他和利己两种不同的动机。DeHoogh 和 DenHartog（2008）以荷兰 73 位中小企业领导者和 249 位雇员为对象的研究，则将伦理型领导划分为道德公平、角色界定、权力分享三个维度。

伦理型领导在不同文化背景下的表现也引起了研究者的关注。Resick 等研究者（2006）发现，诚信、集体动机、利他主义以及激励四个维度具有较好的跨文化适用性，其他研究者对 455 位美国中层管理者和 398 位德国中层管理者的访谈验证了这一结论（Martin 等，2009）。Resick 认为伦理型领导是一个多层面的心理过程，具备诚信、利他主义、集体动机、激励、伦理意识和伦理责任管理等特征。

不管我们从何种角度进行阐释，伦理领导都是企业得以生存和辉煌的根本保障。财经作家吴晓波在纪念特蕾莎修女的文章中说[①]："这个世界在商业的旋涡中已经越来越冰冷和缺乏快乐，那些古老的传承和信念变得十分的遥远和荒谬，我们已经很久没有被生命感动。"这也许就是为什么我们呼唤管理者拥有伦理意识的原因吧。

伦理型领导总是能够焕发出人们内心的感动。1995 年，美国麻省一家纺织厂 Malden Mills 在一场大火中烧毁。第二天，厂主 Aaron Feuerstein 宣布继续给员工发放圣诞红包和全额薪酬直到工厂修复。在当时大部分纺织企业都处于大规模减员的情况下，这一善举立刻引起了公众的各种猜测。厂主本人究竟拥有怎样的价值观使其做出如此选择？Feuerstein 是一个沉默寡言的人，对待工人非常公平。当媒体询问他的观点时，得到的答案是因为受

[①] 转引自2014年8月3日吴晓波频道8月纪念：特蕾莎修女：我是上帝手中的一支铅笔。

到犹太教信仰和教义的熏陶（Zimmerli 等，2007）。对大多数雇员来说，人们更关心厂主对自己的实际行动。我们可以设想一下，Feuerstein 在大火之后解散工厂，似乎是更具有经济理性的，但他显然做出了利他的选择。

阿尔·吉尔（2006）讲述的巴斯夫公司的案例（专栏 8-1），也显示了企业领导者如何进行伦理思考。

专栏 8-1　商业伦理再思考：巴斯夫的选择

许多年前，德国巴斯夫公司（BASF）决定效仿其他欧洲公司在美国建厂，要求建厂选址必须能够提供 1 800 公顷的辽阔土地、每天大约 500 万加仑的淡水、所在地区拥有大量廉价劳动力、免收进口税且附近要有铁路和海港。最终，公司选定了靠近南卡罗莱纳州的沿海小镇 Beaufort County。这个地方似乎完美地符合上述所有的要求，公司随即购买了 1 800 公顷土地。

南卡罗莱纳州和 Beaufort 郡对巴斯夫的决定欣喜若狂，他们热切期待工厂能建在南卡罗莱纳州。这一地区一直经济萧条，人均收入始终处于全国平均水平之下。巴斯夫在此建厂，可以增加众多就业岗位从而带动当地经济发展。尽管巴斯夫还没有确定具体生产计划，但州立污染（控制）中心却认为他们肯定能够满足本州有关污染标准的法规。

化工厂距离国际著名度假胜地希尔顿海德（Hilton Head）不远，这里每年吸引成千上万度假者，其中多数都是有钱人。巴斯夫每年需要向当地的克里顿河（Colleton River）排放化学物质，虽然巴斯夫表示按照生产规划该排放不会降低河流水质，但度假村开发商担心巴斯夫在此建厂会污染空气和水，尤其是化工厂的污水排放会对克里顿河造成污染，从而严重影响度假村的声誉。开发商还发现巴斯夫在预算中仅编列了 100 万美元用于污染控制。

与开发商意见相反，Beaufort 郡的居民则欢迎巴斯夫在此建厂，并递交了有七千多人签名的请愿信支持新工厂。当地一位商人说："我猜 80%的人支持巴斯夫，因为他们都不富裕。"

（资料来源：编译自阿尔·吉尔，2006。）

在这个案例中，巴斯夫的化工厂不可能杜绝污染，进一步污染控制需要增加巨额投资；但同时，南卡罗莱纳州官员的建厂热情似乎又在传递当地政府会对巴斯夫网开一面的信息。

巴斯夫的管理者显然陷入了经济与道德的两难境地：按照当地的"宽松"政策，公司可以实现利润最大化以满足股东的经济利益，但这将导致破坏当地环境和景观；增加巨额投资则会损害公司的盈利机会。继续建厂，会给当地提供很多就业机会，但也会损害度假胜地开发商和旅游者的利益。此外，化学物质长期排放的影响当时还很难预料，而以往的经验并不乐观。

巴斯夫最终改变了选址。与 Aaron Feuerstein 纯粹利他的伦理动机不同，巴斯夫的选择实际上达到了利己的目标。改变化工厂选址，巴斯夫牺牲了短期的经济利益，但对伦理的思考使其能够获得更长久的经济利益。可以想象，如果不改变选址，巴斯夫在不久的将来所面临的社区冲突、环境管控问题，我们就不难得出这一结论。正如 Karl Homann（1994）曾经指出的那样，道德标准植根于游戏规则，是从动机到对行动约束的转变。不道德的行为并不在于行为者的罪恶动机，而是源于机制的缺陷，通常是制裁执行力的缺失。

当今社会发展对一个合格管理者的伦理领导力提出了更加全面的要求。中国的管理者如何成为更具伦理领导力的管理者，也是当代商业伦理研究和实践所面临的问题。将"儒学"引入现代商业伦理实践，得到了很多人的支持。一些传统的家族企业也正在通过转型为社会企业寻求长久的生命力。有兴趣的读者，可以在实践中发现很多真实案例。

8.2 伦理领导力及其商业价值

伦理领导力是通过组织良好的伦理表现和伦理氛围而形成的组织领导力。随着社会公众对企业社会表现的关注，有越来越多的企业期望通过构建伦理领导力来获取竞争优势。

8.2.1 领导和领导力

在充满变化和不确定性的商业世界中，伦理领导力对企业成长和成功变得越来越重要：人们对领导者的形象定位已经不再局限于产品、市场或品牌，同时也关心他们企业和企业家是否具备道德上的优势。

1. 领导

领导从字面解释就是"率领"和"引导"之意。管理学界对"领导"的阐释以美国管理学家孔茨、奥唐奈和韦里奇（1990）的定义最具有代表性。他们认为，领导是一种影响力，是对人们施加影响的艺术或过程，从而使人们自愿、热心地为实现组织或群体的目标而努力。领导是领导者及其领导活动的简称，贯穿于管理活动的始终。

目前，有关"领导"的讨论主要存在三种观点：服务论（或活动论）、行为论（或关系论）和过程论（金黛如，2006；熊培云，2011；Katzenbach，2003）。

服务论认为领导就是服务，这意味着领导除了发挥组织、指挥、管理与协调功能外，还必须认识到掌握权力是为了服务于他人和实现社会全体成员的目标。

行为论将领导视为一种政治行为，是明确组织目标并领导其追随者实现这一目标的行为，是领导者与被领导者实现共同目标过程中的一种特殊关系的反映。换言之，领导体现了以民主为基础的组织权威。

过程论则将领导看作领导者运用其说服力施加影响以实现组织目标的过程。在这个过程中，领导者需要妥善运用其权力、声望和影响力，包括来自职位的权力以及领导者个人的影响力。

"领导"这一行为具有以下重要特点（孔茨、奥唐奈和韦里奇 1990）。

（1）领导过程的社会属性。领导的本质特征是领导者利用其主导和支配地位来决定和影响组织与社会的运作过程。

（2）领导者的权威性。领导的过程是领导者发挥主导作用的过程；领导者是否具有引导、带领他人的权威性非常重要。领导的过程不是压迫与剥削的过程，而是说服、引导和影响的过程。

（3）领导者的决定性。这意味着领导者对领导的结果具有决定性的作用，领导者本身的素质和追求将决定其领导的价值和后果。这一特性也解释了为什么很多战略管理者将企业"一把手"视为重要的战略资源。

（4）领导的群体性。领导不是领导者个人的行为，而是为完成组织目标需要动员组织资源、协调统一并且以组织的价值和规范作为评价标准的群体行为。在这一过程中，领导者与被领导者存在大量互动行为，从而完成共同的组织目标。

此外，领导还是一种极具艺术性的行为，面对动荡多变的环境、组织内外复杂多样的群体和个体，领导者必须具备领导的艺术，才有可能实现真正的领导。

2. 领导力

领导力则被认为是一系列领导行为及其影响的组合。有关领导力的研究，发轫于19世纪末20世纪初的领导特质理论，该理论重点研究领导者的人格特质及其对领导力的影响；20世纪40年代至90年代，领导行为理论、领导权变理论（情境理论）、领导归因理论以及领导的交易型与转化型理论等系列研究，从多个方面探讨了领导行为、领导情境、领导归因与领导力的关系。这些研究为我们理解领导和领导力提供了相当广泛的理论基础。

从实践的角度来看，那些曾经卓越的领导者对领导力也有各自的理解。例如，美国前国务卿基辛格博士形象地将领导比喻成带领人们从现在之所在去往未来之所在；鲍威尔将军则强调领导力的艺术性，认为它能够完成管理科学认为不可能完成的事情；而管理大师德鲁克更精辟地指出领导力是动员一切资源为实现组织使命而奋斗的能力，是做人的艺术而不仅仅是做事的艺术（兴盛乐，2007）。

中国的企业家对领导力也有自己独特的见解。联想集团的创办人柳传志就指出[①]，领导力是建立在对公司业务的深刻理解、明确的领导目标以及长远的战略思考基础上的，领导者既需要懂得坚持和妥协，也需要了解如何分步实现公司的战略。

关于领导力的定义是如此丰富多彩，也许正如领导理论大师沃伦·本尼斯所说："领导力就像'美'，它难以定义，但当你看到时，你就会知道"（本尼斯，等，2008）。领导力是一个社会、一个企业或一个群体能够健康、稳定、持续发展的重要条件，它意味着充分地调动和使用一切资源，以最低成本实现领导的目标，从而提升整个社会、组织或群体的效率。领导力既体现在个体的层面上，也体现在群体和组织的层面上。

（1）个体层面的领导力

不可否认的是，领导者从来都是企业兴衰的关键影响因素。领导者要么领导企业稳步向前，在世界舞台上打造其影响力，如柳传志之于联想，张瑞敏之于海尔；要么在瞬息万

---

① 摘自华声论坛"中国改革风云人物"——联想集团董事局主席柳传志文集，2008年11月。

变的商业环境中将企业带入万劫不复的境地，如顾雏军之于格林柯尔，唐氏兄弟之于德隆。

虽然领导是管理活动中的重要环节，但领导者不同于管理者。管理者负责处理复杂性、建立秩序并保持组织的一致性；而领导者则是指出企业组织前进方向、引领组织前进的人。

领导者具有影响和改变他人行为的能力，其权威来自权力和威望，下面的公式也许可以帮助我们理解领导权威。

$$（权威影响力）=（权力强制性的影响力）+（威望自然影响力）$$

其中，强制性的影响力来自领导者的职位，由领导职位所赋予领导者的权利被称为法定权利，使领导者因具有惩罚权和奖励权而具有了影响力，职位权利通常具有时间和范围上的局限性。与法定权利相辅相成的则是威望，通常是因领导者所具备的专长、品质、个人魅力等而形成的影响力。对于领导者而言，强制性影响力和个人影响力缺一不可，这两种影响力都会对领导行为的效果产生重要影响。

组织的伦理领导力首先来自高层领导者个人的道德魅力。美国《华尔街日报》曾就领导者的成功之道对美国大型企业的高层管理者进行调查，结果显示他们普遍认为正直、勤奋和与人相处的能力是最重要的三个因素（周祖城，2005）。这三个因素都与领导者的个人道德密切相关。普林斯顿大学教授鲍莫尔也曾经列举了企业领导者应该具备的10个条件，其中半数以上与道德有关，"品德超人"也被列为单独一项重要特质（周祖城，2005）。持同样观点的还有哈佛大学教授戴维·麦克利兰，他指出那些为了获得自身利益，如地位的提高、财富的增加而从事管理工作的人成不了有效的管理者；有效的管理者感到有责任使组织强大起来，愿意为组织的利益而牺牲一些个人利益，他们乐于工作，把公正看得很重要（McClelland，1995）。

对于一个优秀的领导者而言，需要具备多方面的才能，包括专业能力、协调与整合能力、洞察力和远见卓识、决断与推动力等，但更重要的是一个优秀的领导者首先应该是一个具有高度道德意识的人，领导者的个体道德在很大程度上决定了组织的道德水平。而一个不道德的人或组织，显然无法成为一个优秀的领导者。

（2）组织和社会层面的领导力

任何领导现象都是在一定的时间、地点、背景以及领导主客体周围其他实质性因素的有效刺激下才得以发生的。这些条件和其他实质性因素构成了领导现象的现实环境。领导环境是产生、形成或制约领导现象的基本因素。在这些基本因素的作用或影响下，领导行为产生了一系列或大或小的社会结果。这些结果，反映在组织中，可能是个人与企业目标的有机融合，或者说是个人利益和群体利益的协调与平衡；反映在社会层面，则是对企业在社会中职责和权利的定位。

无论是组织层面还是社会层面，企业的伦理领导力，都是企业整体伦理环境的反映。有关这部分内容，我们在下一节中会进一步探讨。

3. 服务力

对许多人来说，服务力的概念也许很陌生。让我们先回顾一个小故事。

多年以前，在一行外出旅行的队伍中，有一个名叫雷欧的人，他一直伴随队伍左右照顾大家的琐细杂事。人们大都习惯把他当作佣人或服务生，也没有在意正是雷欧精神和歌声使得整个队伍和谐愉快，始终保持前进的动力。直到有一天，雷欧失踪了。整个队伍很快就陷入混乱，只好放弃旅行。多年以后，当这些人再次找到雷欧并重新继续行程时，人们才意识到，这个大家都认为是服务者的人，实际上才是那个一直给予他们精神支持的真正的领导者。

读者也可以把这个故事看作一个传说，传说虽简单但其中却蕴含了一个宝贵的真理：伟大的领导者首先是一个服务者，领导者的服务意识和行为才是成功的关键。现代社会的进步之一就是人们正在逐渐以各种弱化的强制性和更具相互扶持的方式建立彼此的关系，即把对彼此的服务看作是第一位的，也是内在的。只有作为服务者（无论是以领导者的身份还是以追随者的身份），才会不断探索、倾听，在任何时间或地点做出最佳决策，实现彼此的共赢。对领导者的选择亦往往是基于人们对其服务力的认同和信任，而不是被动的接受。

这里我们也许要搞清楚两个概念，即基于服务的领导和基于领导的服务。前者源于内在服务的心愿，即服务放在第一位，并成为推动良心选择去成为领导者。相比之下，后者先有做领导的欲望，更多的是出于某种权力欲和对物质拥有的渴望，对服务的选择始于领导地位的确立。

尽管这两种领导类型也许是两个极端，人性决定了我们更多地介于各种错综复杂的中间地带，但这些不同却展示了服务型领导者的明确出发点，即其服务愿望主导的关爱意识，他们会在管理中思考更人性的问题，诸如"我是否把服务的对象当作和我一样的人看待？"、"他们在我服务的过程中是否更加健康、智慧、自由、自主？是否更可能自己也想成为服务者？"、"我的决定对社会上的弱势群体产生了什么影响？他们会受益于我的决定吗？或者至少他们没有遭到进一步的伤害吧？"如果缺乏这种意识，巴斯夫公司不会改变选址，纺织厂厂长也不会在大火后继续给员工发放薪酬。

没有人能保证自己所有的行动都能实现道义上的完善，也不可能确切了解自己的服务会产生怎样的结果，这也许正是人类的伦理困境之所在。正如 Zimmerli 等人所说的那样，我们需要不断学习和反思。

我们需要在学习和经历之后不断地假设，继而根据假设采取行动和验证结果。这也是为什么我们永远都有一个更加崇高的目标在那里，永远都在每一个假设实现以后变得更加崇高而不是最崇高。然而在这个不断学习和体验的过程中，内在的服务者（即把服务放在第一位的领导者）较之内在的领导者（把领导放在第一位的领导者）更可能坚持并优化特定的假设来满足他人的最紧迫需求，因为后者更多地是出于稳固自己领导地位而遵守规章制度（Zimmerli 等，2007）。

8.2.2 伦理领导的商业价值

伦理领导力不仅是一种道德的标杆，也在无形中塑造了巨大的商业价值。领导者通过其自身所处的位置，影响企业其他员工的工作环境、影响企业的整体文化氛围和伦理氛围的潜移默化，在无形中直接影响了企业的商业价值。研究表明（Resick 等，2013），伦理领导力可以通过对组织心理环境（包括伦理氛围和伦理文化）的影响而阻止了潜在的不道德或反社会行为。通过塑造有道德的企业伦理氛围，伦理领导力影响着企业雇员的工作热诚和对企业的忠诚度，影响顾客、商业伙伴及社会对企业的道德评价，并进而影响企业的商誉和形象。

我们不妨再回想一下 8.1 节中的两个故事，其中的伦理领导力体现在哪里？巴斯夫为什么在可能获得当地政府和多数工人支持的情况下改变工厂的选址？Feuerstein 厂长的选择又会带来怎样的后果？

不难想象，假设巴斯夫明知会给当地旅游业带来损害而仍坚持建厂，在未来的经营中将会面临各种矛盾与困境，州政府和当初的支持者也可能改变初衷。而当 Feuerstein 厂长重建工厂之时，当地的工人们对他的敬重和帮助也是理所当然的。这两个例子恰好可以让我们了解伦理领导力及其商业价值之所在。

伦理是领导过程的核心，领导者所倡导的价值观不仅对组织的价值观有重大的影响，而且由于他们的权力和影响力，领导者在建立塑造组织伦理氛围的过程中起着举足轻重的作用。如果说蕴含服务力的领导力是保持企业伦理方向的定盘针，最终会引领实现企业和社会的双赢；那么，出淤泥而不染的感慨也许正是我们对自己更易受环境影响而表现出的无奈和期待。也可以说，是对良好的组织伦理氛围的期待。

伦理氛围是企业文化的一部分，是企业的特征或决策过程，同时也是用以决定和判断是非对错的标准（George，1990）。企业的伦理守则和政策、高层管理者的伦理取向、组织成员之间的相互影响以及组织内部不道德行为的发生概率等，都属于伦理氛围的范畴。

企业家、首席执行官，尤其是企业创始人的信仰、信念、领导方式，通常是企业伦理文化形成的重要基础。例如，麦当劳坚持质量、服务、清洁、价值观的理念源于雷·克洛克。领导者的价值也在于此。很多研究发现，人们所处的工作团体中可以感知到的伦理性是影响其伦理行为的主要因素（Cunningham 和 Ferrell，1999）。伦理氛围中道德因素越彰显，做出不道德决策的可能性就越小。

伦理氛围有多个层面，比如家庭、组织和社会伦理氛围等。Victor 和 Cullen（1987）首先提出了伦理氛围的概念并进行了开创性的研究。他们认为伦理氛围是组织氛围的一部分，体现了组织处理伦理问题的特征，也是组织成员对"什么是符合伦理的行为"和"应该如何处理伦理问题"所形成的共同感知。

有些研究者使用了不同术语研究同一问题。Cohen（1998）采用"道德氛围"代替伦理氛围，也有一些研究者如 Grojean 等人（2004）不赞成"组织伦理氛围"这一词汇，认为这种表述将组织的伦理变现混同于标准，也会产生组织内部成员对伦理行为已经形成一致判断和标准的误解。实际上，一些组织内部所公认的伦理标准可能完全不符合社会标准（例如，黑社会组织的伦理标准与社会伦理标准之间存在巨大差异性），而组织内部也存在对伦理标准的不同认知和判断。

正因如此，一些研究者认为 Victor 和 Cullen 所定义的组织伦理氛围，主要是用于描述组织内部占主导地位的伦理思维模式，但无法用来测量组织道德水平的高低。Victor 和 Cullen（1988）在定义伦理氛围的基础上提出了伦理氛围的识别模型，以反映组织成员对组织伦理的集体认知和判断。这主要反映两个方面的因素：组织的伦理准则以及组织的伦理决策过程。根据组织成员对这两个方面因素的不同认识，将企业组织的伦理氛围分为关爱型、严格遵守法律与法规型、强调组织规则和运营程序型、工具主义型和尊重雇员个人道德判断型五种不同类型。

虽然对伦理氛围一词有不同的意见，但大部分研究者倾向于使用"伦理氛围"或"伦理工作氛围"作为专用术语来描述组织共同的道德感知。从总体上看，多数研究者也都认为组织伦理氛围反映了组织成员的共同认知，对组织的伦理表现具有重要影响力。

对于经理人来说，理解影响组织伦理氛围的因素对营造良好的组织伦理氛围具有重要意义，他们需要了解到底是什么因素造成组织成员做出道德或不道德的行为。鲍姆哈特最早对这个问题进行了研究，他对1 500多名《哈佛商业评论》的读者（管理人员）进行了调查和分析，从而对影响组织伦理氛围的主要因素及其重要性进行了识别（Baumhart, 1961）。布伦纳和莫兰德（1977）、波斯纳和施米特（1984）随后分别对鲍姆哈特的研究成果进行了补充和修正（见表8-1）。

表8-1 影响不道德行为的因素

因素	由波斯纳和施米特（人数=1 443）	布伦纳和莫兰德（人数=1 227）	鲍姆哈特（人数=1 531）
上司的行为	2.17（1）	2.15（1）	1.9（1）
组织当中同事的行为	3.30（2）	3.37（4）	3.1（3）
社会的道德氛围	3.79（4）	4.22（5）	——*
正式的组织制度（或缺失）	3.84（5）	3.27（2）	3.3（4）
个人财务需要	4.09（6）	4.46（6）	4.1（5）

（注：*鲍姆哈特的研究中未包含此项因素。）
（资料来源：黄煜平，2004。）

从表中各个影响因素的排序来看，上司的行为被排在了最重要的位置。在工作场所，上司是有关什么是规范行为的一个重要的身边信息来源。社会认知检验人们如何理解和诠释对自己和他人产生意义的社会信息，并付诸决策和行动。当员工认为其上司行为符合伦理、对待他人公平有理、决策基于伦理、并确立了道德标准时，他们就会对公平公正和道德上得体的行为形成清晰的理解，进而产生对自己行为的伦理需求（Resick，2013）。社会学习理论从三个方面解释了伦理领导对员工伦理判断的影响（Resick，2013）。第一，领导者通过不断展示规范得体的行为（例如，值得信任、决策公平、实行伦理问责制，通过对雇员和他人透明开放和体谅与尊重的行为透露出忠实于社会道德标准的动机等）而具有道德榜样的魅力及合法性。第二，要形成社会学习，个体需要关注的不仅是榜样，还有成为榜样的行为，而直属上司的行动和决定通常是被观察对象，特别是涉及奖罚的行为，更容易受到关注。第三，个体通过奖励和惩罚等形式理解结果有助于社会学习。因此，伦理领导者不仅树立了行为对错的榜样，而且在帮助员工判断什么是符合或不符合伦理的行为时提供了线索。

通过成文或不成文的规定，企业表达了对员工行为和表现的期望，也形成了企业的伦理氛围。如果一些被默认的不符合伦理的行为或决策形成传统，并在企业内（或局部）传承下去，不道德行为或决策成为企业文化历史的一部分时，要加以改变就非常困难。在这个时候，企业可能必须进行外科手术式的变革，才能塑造新的文化和伦理氛围。营造良好的伦理氛围，领导者要用信任、培养和移情来营造让追随者受到支持的环境，使追随者在面对难题时获得安全感，稻盛和夫通过自己的经营理念创造的日航奇迹就是一个典型的例子（见专栏 8-2）。

专栏 8-2　稻盛和夫的经营理念与日航奇迹

稻盛和夫于 1932 年生于日本鹿儿岛县，是日本著名实业家，经营四圣之一。稻盛和夫的经营理念始于他开始经营自己的陶瓷公司时。那时，稻盛和夫全身心投入新型陶瓷技术开发和生产，对于员工要求十分严格，一些年轻的工人因劳动强度大、工作时间长、待遇低而集体提出抗议，并以集体辞职相威胁。稻盛和夫同他们进行了三天三夜的交涉。最后，以其对公司未来的坚定信念和对员工的真诚之心，打动了青年工人。这件事让他重新认真思索什么是公司，创办公司究竟是为什么？

在反复思索中，稻盛和夫认识到要有更高层次的追求："要致力于追求全体员工物和心两方面的幸福，同时，为人类社会的进步和发展作出贡献，并努力使股东获得充分的报偿。"由此，稻盛和夫树立了自己的经营理念：强大的内心世界、同甘共苦的精神、利他哲学、敬天爱人。以这样的经营理念，稻盛和夫创办的京都陶瓷株式会社（现名京瓷 Kyocera）以及第二电信（原名 DDI，现名 KDDI），皆已进入世界 500 强。

稻盛和夫还以 80 岁高龄接手申请破产保护的日航。自 2010 年 2 月 1 日—2011 年 3 月底，稻盛和夫担任日航 CEO 共 424 天，用"以心为本"的经营哲学，让企业摘掉破产的帽子，浴火重生，做到了三个第一：利润世界第一、准点率世界第一、服务水平世界第一。

上任伊始，稻盛和夫就指出日航亏损的深层次原因是员工思想意识涣散。为此，他每个月都要向雇员宣讲他的哲学：敬天爱人、热爱自己的工作和生活，宣示生命的意义在于克服困难，完善自我；他要求大家投入热情做事，发自内心地为客户着想，而不是简单遵守工作守则。

稻盛和夫还到各机场巡访，与员工直接对话。他要求一线员工对乘客抱有"真诚的感恩之心，亲切的关怀之心，无微不至的服务之心"。他本人乘机也总选择经济舱，以表明与员工同甘共苦的决心。

稻盛和夫的努力改变了日航员工的心境，他们开始为自己和日航的进步而获得成就感，并不断以此激励自己和团队。"以心为本"的经营哲学由高层管理者向中层管理者乃至员工渗透，激发了员工人性中"善"的本性，包括对自己、对企业、对客户的责任感，这成为日航起死回生的重要力量。

（资料来源：袁小哲等，2002。）

公司出现危机的时候，伦理领导的作用更能体现出它给组织所带来的凝聚力和影响力。

强生公司的泰诺药片中毒事件就是一个被广泛引用的好例子。对此,《华尔街日报》报道说:"强生公司选择了一种自己承担巨大损失而使他人免受伤害的做法。如果昧着良心干,强生将会遇到很大的麻烦。"强生危机处理成功的关键不仅仅在于公司有一个"做最坏打算的危机管理方案";当企业遭遇危机时,首席执行官吉姆·博克及时、正确的领导也是十分重要的。正因为他把应对危机的重点放在了公众和消费者利益上,才最终挽回了强生公司的信誉,这是伦理领导力的再一次验证。

8.3 伦理战略构建

伦理领导力在企业中的重要性已经不言而喻,已经开始有越来越多的企业重视伦理领导力,并致力于构建企业的伦理战略。

8.3.1 战略目标与路径

企业是一个多目标导向的经济和社会组织,企业的经济目标和伦理目标在本质上应该是高度统一的,这也是企业拥有可持续竞争力的关键所在。有越来越多的企业在其战略目标中充分考虑了伦理因素的影响,这类企业的战略目标中,不仅包含市场目标、经济目标,也包含了伦理目标。换一个角度分析问题,我们也可以说企业的伦理目标调节着企业的经济目标,只有在关注组织成员全面发展和社会整体福利的价值观的指导下,企业才有可能取得长期的经济价值。

企业伦理目标强调企业活动的伦理价值,以公正、公平为道德底线,在尊重他人正当利益的基础上追求企业自身的利益。将伦理提升到战略目标,意味着企业将道德标准作为企业经营的最高标准之一,任何经营活动都必须符合道德标准的约束。

企业实践表明不存在实现企业伦理战略的最佳路径。每个企业都有其各自的成功经验和诀窍,但成功者通向伦理战略的道路也有很多共同点。其中伦理文化塑造和伦理制度建设被视为最为重要的经验。

企业文化不仅代表了企业的形象,更重要的是其所蕴含的企业价值观和企业使命感。正是这些核心价值观和使命感,促使组织内部成员形成强大的凝聚力,共同完成组织的目标,包括伦理目标、经济目标和社会目标。缺少具有高度道德感的企业文化的指导和约束,企业组织就不可能完成其使命,也不可能一直行走在正确的道路上。

伦理制度的建设也是实施伦理战略必不可少的工具和基石。如果说伦理目标和伦理文化是企业实施伦理战略的推动力,伦理制度则是伦理战略的基础设施。没有制度的保障,伦理战略就是空中楼阁。

8.3.2 德治与法治

实施伦理战略的方式有很多,我们可以归纳为两大类:德治与法治。

所谓德治,即以德服人,是通过引导、教育和说服的手段,通过培育组织成员内在的良好修养和道德意识，促使其自觉遵守企业的规章制度、努力服务于企业的伦理目标和经济目标；而法治则是通过经济、行政、制度、法律等带有一定强制或硬性规定的方式，实现提高组织伦理水平和道德表现的目的。

法治通过外在力量对组织及其成员的决策和行为进行规范，而德治的力量则更多来自内在驱动力。缺少法治的力量，德治就缺少了强制力；而没有德治的基础，法治也无法解决道德的根本问题，德治是对法律调节的有效补充。德治与法治，刚柔并济，才是治本之道。

德治的关键在于领导者的"德"与"能"。真正的领导力体现在领导者能够使其追随者基于共同的动机、价值观和目标参与企业活动。在这一过程中不仅反映出领导者的需求，更应反映出追随者的真正需求，而后者则是确保企业整体价值观实现的主体。

从某种意义上说，企业组织成员的道德水准就是领导者道德的透视镜，领导者不仅需要发挥自身的领导作用、道德示范作用，还需要给其追随者提供良好的沟通平台、持续的道德培训以及规范化的道德指导。

在这个过程中，良好的群体关系就变得更为重要。不难想象，一个群体内的关系越是亲近，越可能产生敌意与和谐并存的局面；合作群体越小，越容易彼此不耐烦。群体和群体中个体的冲突往往源于价值观不同所造成的目标的差异性。任何群体都不可能完全避免冲突，关键是其领导者如何去引导和控制冲突。

在第2章中我们对人性问题进行了探讨，无论是个人、群体或社会，都可能存在潜在的紧张和敌意，进而形成各式心理和政治模式。领导者的作用就是要通过激励或影响力把相互冲突的要求、价值和目标转化为有意义的行为。领导者在表达和利用追随者的需求和希望的过程中难免会有利己性，但无论是出于机会主义或是理想主义，还是二者兼而有之，领导者的行为在激发追随者的良知中发挥着催化剂的作用。他们要洞察追随者可能表现出的任何不满、需求和紧张，主动与他们建立联系，寻找其可能激发的性格特征和潜力，表达出他们的痛苦和没有得到满足的需求，在应对不同追随群体时使彼此感到领导者是在为自己的利益而不懈努力。

在各种冲突中所显示出来的无论是强度、导向性，还是多变性、潜在性以及势力范围，只要稍加注意就会发现，冲突的结果最终取决于道德败坏的程度或其影响的范围。在冲突中，群体发挥着决定性作用（Burns，2007）。但如果注意观察整个群体，就可以发现使群体卷入冲突的正是领导者。领导者的行动会改变参与者的人数，影响冲突蔓延的形式；领导者是更多人卷入冲突的重要"工序"。

群体的存在，或者说之所以有派系，是因为人性导致的各种价值取向的微妙变化，促使人们不断地进行着像排列组合一样的选择和取舍，或是追随，或是压制，但只有很少情况下是为了共同的"美好"而合作。对领导者的依附性从反面说明了领导力导向的重要性，因为正是领导者，无论其有没有和谐诉求，都不可能回避各种冲突，必须面对、利用、最终体现它，同时更重要的是，领导者不仅在表达和调解冲突，而且通过影响冲突的强度和范围在创造冲突；只有领导者可以缩小或扩大冲突的范围，有办法限制或增加参与到某种意识领域的人数。这里的关键词在于引导和激发追随者对目标和动机的认识。那么，有目的地唤醒人们进入到某种意识领域并使其心甘情愿地接受某种游戏规则，正是我们探讨构建伦理战略的关键，即发挥领导者的作用，使追随者在潜意识状态中对伦理道德的诉求变成有意识的行动。

另外，法治是德治实施的保障。所谓法治，是企业正规的治理制度和规则。法治的核心内容在于明确责任与权利，建立规范的企业治理结构和运行机制。在伦理建设方面，应强化伦理制度，包括建立伦理组织机构、制定统一的伦理守则和伦理管理流程，使伦理建设规范化、制度化。

法治的核心还在于权利与义务的均衡。企业组织的成员，包括企业的所有者、管理者和雇员，各自对自身所应承担的道德责任和义务应该有明确的认识，在维护自身权利的同时，也应努力完成自己的责任和义务。

总而言之，企业必须处理好德治与法治的关系：在执行法治时，辅之以德治的内在引导；在执行德治时，借助于法治的外力制约。然而，如何运用德治和法治的力量，并没有统一的规范可以作为灵丹妙药，每个企业由于自身情况的不同，德治与法治的运用自然也会有所不同。正如我们在德治讨论中展示的，真正权变的领导者应该是具有伦理领导力的，他们最重要且具有激励性的关键品质在于对各种日常需求和期待的回应能力，对道德培育的响应能力，以及领导行为中体现出的一系列理性而明确的价值理念。

8.4 伦理文化与伦理守则

8.4.1 道德、制度与伦理守则

制度与道德是两种不同的社会规范形式，二者在性质和功能上有显著的区别。道德是人类精神自律的结果，是内在的要求和约束；而制度则是外化的具有严格程序、系统的、具有强制力的规制和要求。

企业的伦理建设不仅需要内在的道德培育，也需要外在的制度保障。伦理规则和伦理守则的确立，也需要遵循一定的原则。在所有的原则中，最重要的仍然是公正与公平的原则、权利与自由相结合的原则。

公平公正意味着伦理守则不仅是对组织成员的约束，也是对其权力的保障；权力与自由相结合的原则意味着道德的判断最终是建立在个体行为的基础上的。没有组织成员的个体道德发展，就没有组织道德的形成和发展。

伦理守则是表明一个组织基本价值观和希望其成员遵守的道德规则的正式文件。一方面，道德准则应尽量具体，以向雇员表明应以什么精神从事工作；另一方面，道德准则应当足够宽松，从而允许雇员们有个人判断的自由（周三多等，1999）。

1943年，强生公司首次提出了著名的23项信条，较为详细地勾勒出公司对顾客、雇员、社区和股东所负责任的内涵，被认为是世界上第一部正式的企业伦理守则。伦理守则在不同的组织中呈现出多种形式，这些守则包括在公司的行为守则、操作守则或者公司目标中。

Kaptein（2004）曾收集整理了全球 200 多家大公司的伦理守则并对其进行了分析。分析结果显示，超过一半的公司伦理守则都包含以下内容，这些内容按照顺序排列分别是：产品和服务质量（67%）、对当地法律和规则的遵守（57%）、对自然环境的保护（57%）、透明性（55%）、利益冲突问题（52%）、诚实性（50%）、贪污问题（46%）、欺诈问题（45%）、公平性（45%）、团队合作（43%）、歧视问题（44%）、胁迫问题（43%）等。

这些问题集中反映了在公司的核心价值观、对雇员恰当行为的规定、公司财产权问题以及公司与顾客、员工及自然环境之间的关系中存在的问题。

伦理守则描述了企业对利益相关者的责任或者对员工行为的期望，明确了公司追求的道德目标、所秉持的道德观念以及所承担责任的内容。伦理守则的主要内容通常涵盖雇员关系（包括平等就业发展机会和合理报酬、安全健康的工作环境等问题）、社区和环境（包括遵守各种法律法规、保护环境等问题）、顾客关系（包括产品质量和安全、诚实信用等问题）、股东关系（包括股东利益和经理层的信托责任等）、供应商及其他商业伙伴（包括公平交易、尊重财产权和商业秘密等问题）、竞争者关系（包括公平竞争等问题）等方面。

Kaptein 的研究还发现：大部分公司的伦理守则较多关注对顾客、投资者、员工、社会和自然环境的责任，而对竞争者和供应商的责任关注明显减少。基于上述分析结果，Kaptein 将伦理守则分为三种类型：有关利益相关者的规则（72%）、价值观的陈述（40%）和行为守则（46%）。特别重要的一点是，多数伦理守则中清楚地阐述了企业的核心价值观念，这是企业各种行为的基础。这些价值观包括合作精神、责任感、创新、效率、忠诚、参与、分享、成本意识、和谐等。

道德教育和伦理培训的关键在于将企业的规制和伦理守则以清楚、明白的形式呈现给组织成员，并帮助他们理解和应用这些规则和守则。

8.4.2　伦理文化建设

企业伦理文化是企业文化的重要组成部分，由于其以哲学思想为理论支撑体系，在某种程度上可以看作是企业文化的根基，良好的伦理文化对于形成积极、有效的企业文化起着重要作用。

1. 伦理哲学与伦理准则的重塑

综观国内外许多知名企业之所以能够取得成功，最深层次的原因就在于其正确、合理的伦理价值取向。兰德公司对世界 500 强追踪 20 年，得出的一个结论就是：凡是百年不衰的企业都紧紧把握住了企业文化、企业伦理当中的三条原则。

（1）人的价值高于一切。在这些企业中，能够充分尊重人的价值和人的权利，正如我们在前面章节所引述的道德论述，所有的道德归根结底是为了人的幸福和福利。

（2）集体利益高于个人利益。在这些企业中，个体主义和集体主义的协调发展形成了个体与集体的双赢，因而其雇员能够将集体利益置于个人利益之上。

（3）社会价值高于利润。当利润和社会价值发生冲突时，这些企业都能够抛弃短期的利益而追求长期的社会价值，其结果是社会价值和经济利润的最终统一。

2. 伦理教育与伦理培训

组织完善（integrity）不仅指主导一个组织的规范、活动、决策程序和结果的伦理完善，还指个体行为者的道德廉正以及彼此之间互动的伦理质量（Palazzo，2007）。因此，组织完善远不只是管理完善或组织中的个体表现出好的品质。当然，拥有"好的"经理人是组织完善的前提，但这不能阻止组织产出坏的伦理结果，无法把异常组织行为出现的可能性减少到零，就像我们可以把变质的苹果从篮子里拿出去，但却不能完全阻止苹果变质一样。这是因为坏苹果可能形成一种怪味道，有时候甚至可能是由于篮子本身就有问题。Badaracco 和 Webb（1995）的研究表明，年轻经理人经常因为不道德行为而感到压力很大，这种压力不一定来自他们的上司，而更多的来自组织本身。还有研究表明（Greenberg，1993），不道德行为困境往往是由于道德推理造成的：推测自己遭到不公平待遇会使人"名正言顺"地还击或重新调整给予和接受之间的关系；有些雇员可能会以公平的名义偷窃雇主。此外，现代社会中的个人行为和决定往往植根于非常复杂的合作关系网，在这张网中，一个人可能没有意识到自己的行为有害，抑或确实没有危害，但这些"无害的"个人行为汇聚在一起则可能导致灾难性的结果，却彼此不知（Dörner，1992）。那么，要使企业整体伦理意识和行为得到完善，仅强调伦理环境和伦理制度的完善是不够的，还必须辅之以伦理教育和伦理培训。

许多公司通过制定道德规范来体现和维护组织的道德价值体系，为员工提供了可以遵循的规章制度，但同时借助教育培训的方式阐释了他们之于各个利益相关者所应具有的使命。例如，在董事会成立伦理委员会，把伦理道德融入公司高层，使其向外界传达公司对道德的关注，并通过在解决棘手问题时所需的必要的政治影响来支持伦理方案（Barry 等，1984）。委员会还可以得到伦理办公室的支持，后者通常负责处理和协调日常伦理管理中的方方面面，进行公司的伦理培训，执行和管理全过程，向员工传达伦理规范并解答员工的问题。有些公司为了完成这一任务还安装了免费"伦理热线"，由伦理办公室官员负责，调查各种疑似违规行为并向董事会报告。为了监督这些活动的有效性，伦理办公室还展开伦理审计，努力调查雇员是否了解各种规范、是否能够应对伦理敏感局势、公司伦理计划的哪些方面或部分可能需要调整等。

伦理教育的核心是通过道德培训强化组织成员的道德认知，特别是对本企业价值观和道德准则的认知。例如，松下电器强调团队精神，通过培育团队合作精神提升企业的组织勤奋精神，就是一个很好的例子。道德教育和伦理培训的关键在于将企业的规制和伦理守则，以清楚、明白的形式呈现给组织成员，并帮助他们理解和应用这些规则和守则。

伦理教育对组织伦理氛围的形成有非常重要的作用，对职场新人伦理行为的养成尤为重要。我们可以通过一个简单的例子说明这种影响。假如你是一个刚进入公司的新人，你的同事告诉你公司为了得到一个政府项目，对某些产品进行低价投标；然后公司会采取降低产品质量的方式来弥补低价投标可能造成的损失。作为一个新人，如果你必须独立应对这种不道德的欺骗行为时，你可能会感觉到很大的道德压力。但是，如果你的同事告诉你以那样的低价格供给那样质量的产品是很公平的,在行业里也是很"正常"的,你所面临的道德压力可能就会消于无形。此时,如果没有组织系统的伦理培训和教育,作为职场新人的你,很可能就此接受了原本认为不符合伦理的观点和行为。

3. 伦理实践与建设

伦理管理的动机多种多样,有些公司可能想成为一个"好的企业公民",愿意将伦理内化为公司本身的需要;有的公司可能是希望摆脱坏名声和公众压力,提高公司的社会声誉;也有一些公司是为了满足法律的要求,避免不道德行为的法律后果。

1991年,美国联邦量刑标准正式生效,成为美国公司进行伦理管理的重要激励因素。按照该法案,如果违规公司已经表现出为保证其雇员遵纪守法而"应有的努力",该标准允许法官有权对最初的处罚量刑适当降低,最多可以降低5%。而符合这个要求的一种可能性就是拥有有效的商业伦理方案。伦理官协会(Ethics Officer Association,伦理官员协会)的调查显示,超过50%的美国公司设立伦理项目是为了响应这一法律要求(Palazzo,2007)。

Palazzo针对复杂的全球市场所面临的各种公众压力以及个人和公司必然可能承担的各种风险,提出了三点建议:首先要学会做"家庭作业",发现自己公司的腐败程度;其次要完成"家庭作业",实施严格的反腐败政策;最后要微调"家庭作业",在可控的细分市场展开反腐联盟。

在许多情况下,以公开一致的对话方式发现公司的不道德行为,直接描述和分析困境与冲突也有助于改善公司伦理管理。这需要包括一线经理、检查人员和法律及人力资源部门的代表以及最终决策者的及时参与。如果公司的高层管理者不能在初始阶段就及时参与进来,或者其CEO不能公开说出最佳企业伦理和公司的价值理念,那么,在当今这种追求透明沟通的形势下,势必使公司陷入危险的战略境地,导致所谓"信誉陷阱",因为大家觉得你所说的和你所做的不一致,在危机管理和重构的时候,就不会有人再相信CEO。

德国商业伦理科学家Josef Wieland设计了一套WMS系统(Wieland,2004)。该系统包括两个子系统:价值体系和严格的实施过程。

价值体系:绩效价值(如能力和创造性)、合作价值(如忠诚和团队精神)、沟通价值(如尊重和透明度)以及道德伦理价值(如公正、责任和可靠性)。公司所有的行为规范都基于这四种价值体系,并明确传递给所有雇员、经销商、客户、媒体和公众。

严格的实施过程:由行为规范、沟通、实施以及把该系统与其他管理系统进行的整合构成。对所有的不道德行为"零容忍",避免公司陷入道德困境。

WMS系统实施的重点不仅在于和各个利益相关者沟通,还在于之后的付诸实施,即这些行为规范及其价值观要成为个人业绩考核和公司目标及核查内容的一部分,还要整合到人力资源管理体系中,并在每年的公司报告中把违规行为和相应的处罚公布于众。

此外,各级政府和地方重要社团合作,共同推进反对不道德行为日程也是伦理建设的重要途径。例如,2002年德国巴伐利亚的建筑行业达成一项共识,针对商业贿赂行为,每家公司承诺各自清理门户,以形成良好的行业风气。高瞻远瞩的经理人是不会满足于道德底线,他们更追求心安理得的长远发展。

组织的伦理建设过程实际上也是一个学习的过程。Zadek（2007）把这个过程总结为5个步骤（见表8-2）

表8-2　组织学习的五个阶段

阶段	组织采取的行动	组织行动的原因
防卫阶段	否定实践、结果或责任	防御对自己声誉的各种进攻，因为这些攻击在短期内可能会影响销售、聘用、生产或品牌
核查阶段	采取基于政策的核查措施作为经营的一种成本	减少由于不断的声誉和诉讼风险造成的中期经济价值的损耗
管理阶段	在核心管理程序中嵌入对社会问题的关注	通过把负责任的商业实践融入日常经营中，减少中期经济价值的损耗、实现更长期的赢利
战略阶段	在核心商业战略中嵌入对社会问题的关注	通过使战略和过程创新与解决社会问题保持一致，增加长期经济价值并获得先发优势
公民阶段	提倡在企业责任方面进行广泛的行业参与	通过战胜任何对先发优势的不利因素提高长期经济价值，采取集体行动实现赢利

（资料来源：Zadek，2007。）

Zadek对组织的伦理学习进行了详细的解释。

在第一阶段和第二阶段，公司通过主要回应外部责难和审视，实现有效防御；更重要的是必须有相应的政策公布于众，随时自省，要把核查列入公司经营的必要成本预算中，从而在保护公司信誉和减少诉讼风险方面创造价值。例如，当雀巢公司因为婴儿配方问题遭到攻击的时候，公司花了数年时间转变其营销政策，向准妈妈们宣传确保婴幼儿全面营养的方法，因为许多时候并不是产品本身有问题，而是妈妈们在使用时没有遵循相关程序，包括使用本身不清洁的水冲泡奶粉而造成孩子的健康问题。

在管理阶段，公司必须了解伦理管理问题仅依靠规章制度或公关战略是不能解决的，必须将问题及其解决办法嵌入到管理者的核心责任中。例如，当耐克和其他休闲服装和鞋帽行业的领军企业进行伦理改革时，它们开始意识到：如果在其全球供应链中设立了一致的劳工保护标准但却没有确立相应的采购激励措施、预报销售额以及管理库存总量措施，这些标准是很难得到贯彻的。

公司必须具有体现企业责任的战略。例如，汽车公司必须强化开发更加环保安全车型的能力、医药公司将保健融入商业模式中，使自身更具战略优势。

作为"社会公民"，企业还应通过推进集体行动来应对社会关切。例如，英国能源行业的企业发起了采掘业透明度倡议（Extractive Industries Transparency Initiative），敦促政府公布其源于资源开采的总税收。有些行业开始探讨企业在未来社会中的作用，以及全球化社会本身的稳定性和开放性问题，这些都是企业公民意识的典型体现。

一旦行业的主导企业选择履行企业社会责任承诺时，落后者要么跟随他们的行动，要么就必须承担不作为的风险。Zadek在阐述企业责任路径时就引用了几个典型的事例。

1991年，当Levi Strauss公司发布了自己的聘用条款（界定了该企业合作者的劳工保护标准，是世界上首批公司行为政策之一）时，同行业所有其他公司都提出质疑，认为其他公司的劳工保护不是自己的责任；当 20 世纪 90 年代中期化妆品连锁店 Body Shop 采用人权政策时，多数主流公司认定其实践不可行。

BP 公司 CEO 在斯坦福商学院演讲中提出本公司在应对全球变暖相关挑战中具有同样不可推卸的责任时，他坚信 BP 正在发挥着领导作用，其他公司一定会追随 BP 的脚步。事实也正是如此。所有这些在当时看似天方夜谭的行为，都推进了本行业社会责任的发展。

本章思考题

1. 你是如何看待伦理领导力在创造商业价值过程中所发挥的作用的？请举例说明。
2. "中国目前的大环境使人们讲不起道德"，你同意这种说法吗？请举例说明。

参考文献

[1] Barry Z. Posner and Warren H. Schmidt. Spring. Values and the American Manager: An Update, California Management Review, 1984: 202-216.

[2] Brown M E, Trevino L K, Harrison D A. Ethical Leadership: A Social Learning Perspective for Construct Development and Testing[J]. Organizational Behavior and Human Decision Processes, 2005, 97(2): 117-134.

[3] Brown M E, Treviño L K, Harrison D A. Ethical leadership: A social learning perspective for construct development and testing. Organizational Behavior and Human Decision Processes, 2005, 97(2): 117-134.

[4] Carroll A B, Buchholtz A K. 黄煜平译. 企业与社会：伦理与利益相关者管理[M]. 北京：机械工业出版社，2004.

[5] Coate and Mitschow. Free Market Economics Supporting Catholic Social Teaching: A moral Exemplar For Business Persons, Moral Saints and Moral Exemplars, Research in Ethical Issues in Organizations, Volume 10, 41-62, Emerald Group Publishing Limited, 2013.

[6] CuIIen J B, Parboteeah K P, Victor B. The effects of ethical climates on organizational commitment; A two-study analysis[J]. Journal of Business Ethics, 2003, 46(2): 127-141.

[7] Daft R L. Organization theory and design (10th ed.). London: Sage Publications, 2010.

[8] David C. Mc Clelland, Powerise the Great Motivator, Harvard Business Review, January- February, 1995.

[9] De Hoogh, Den Hartog D N. Ethical and despotic leadership, relationships with leader's social responsibility, top management team effectiveness and subordinates'optimism; A multi-method study[J]. Leadership Quarterly, 2008, 19(3): 297-311.

[10] Deborah Vidaver-Cohen. Moral Climate in Business Firms: A Conceptual Framework for Analysis and Change. Journal of Business Ethics, 1998, 17(11): 1211-1226.

[11] Donaldson T, Dunfee T W. Ties that Bind: A Social Contracts Approach to Business Ethics (Harvard Business School Press, Cambridge, MA), 1999.

[12] Ferrell, John Fraedrich. 陈阳群译. 商业伦理：伦理决策与案例[M]. 北京：清华大学出版社，

2005.7.

[13] Freeman R Edward, Daniel R Gilbert. Corporate strategy and the search for ethics[M]. MA: Prentice Hall. 1988.

[14] Georges Enderle. Some Perspectives of Managerial Ethical Leadership[J]. Journal of Business Ethics, 1987(6): 657-663.

[15] Grojean M, Resick C, Dickson M W, Smith D B. Creating the Desired Climate Regarding Ethics: The Role of Values and Organizational Leadership, Journal of Business Ethics, 2004, 55(3), pp. 223-241.

[16] Hayek F A. The road to serfdom: Text and documents. Chicago, IL: The University of Chicago Press, 2007.

[17] Hoffman W M, Driscoll D, Painter-Morland M. Integrating ethics. In C. Moon & C. Bonny (Eds.), Business ethics: Facing up to the issues (pp. 38-54). London: The Economist Books, 2001.

[18] James Mac Gregor Burns. The Structure of Moral Leadership, in Corporate Ethics and Corporate Governance, Springer-Verlag Berlin Heidelberg, 2007.

[19] Johnson E. Corporate soulcraft in the age of brutal markets. Business Ethics Quarterly, 1997, 7(4), 109-124.

[20] Kanungo R N, Mendonca M. Ethical leadership in three dimensions[J]. Journal of Human Values, 1998,4:133-148.

[21] Kaptein M. Business Codes of Multinational Firms: What Do They Say?. Journal of Business Ethics, 2004, 50: 13-31.

[22] Katzenbach J R, Smith D K. The Wisdom of Teams, Harper Collins Publishers, 2003.

[23] Khuntia R, Suar D. A scale to assess ethical leadership of Indian private and public sector managers[J]. Journal of Business Ethics, 2004, 49(1): 13-26.

[24] Margaret H. Cunningham and O. C. Ferrell. Ethical Decision-Making Behavior in Marketing Research Organizations, working paper, School of Business, Queen's University, Kingston, Ontario, 1999.

[25] Martin G S, Resick C J, Keating M A, Dickson M W. Ethical leadership across cultures: A comparative analysis of German and US perspectives[J]. Business Ethics: A European Review, 2009, 18(2): 127-144.

[26] Meda A K. The social construction of ethical leadership[D]. Benedictine University, 2005.

[27] Raymond C. Baumhart, How Ethical Are Businessmen? Harvard Business Review (July/August, 1961), eff.

[28] Resick C J, Hanges P J, Dickson M W, Mitchelson J K. Across-cultural examination of the endorsement of ethical leadership[J]. Journal of Business Ethics, 2006, 63 (4): 345-359.

[29] Resick C J, Hargis M B, Shao P, Dust S B. Ethical leadership, moral equity judgments, and discretionary workplace behavior, Human Relations, 2013, 66(7): 951-972.

[30] Richard T. De George, Business Ethics, 3rd ed. New York:Macmillan, 1990, pp.14, 26-27, 40, 63, 79-80, 83-85, 105-108, 160-178.

[31] Segon M, Booth C. Values-based Approach to Ethical Culture: A Case Study. Ethics, Values and Civil Society Research in Ethical Issues in Organizations, Volume 9, 2013, 93-118, Emerald Group Publishing Limited.

[32] Slegers R. Revaluating Vanity: Adam Smith as Moral Exemplar for Business Education. Moral

[32] Saints and Moral Exemplars. Research in Ethical Issues in Organizations, Volume 10, 2013, 27-39, Emerald Group Publishing Limited.

[33] Smith A. The theory of moral sentiments. New York, NY: Penguin (Original work published 1790), 2009.

[34] Steve Brenner and Earl Molander. Is the Ethics of Business Changing? Harvard Business Review, January/February, 1977.

[35] Stringer A. Robert. Leadership and organizational climate: the cloud chamber effect[M]. Upper Saddle River, N. J.: Prentice Hall, 2002.

[36] The Outcome of Leader Values and the Practices that Reflect them. [J]. Leadership Quarterly, 2001, 12(2): 197-217.

[37] Trevino L K, Brown M, Hartman L P. A qualitative investigation of perceived executive ethical leadership: Perceptions from inside and outside the executive suite[J]. Human Relations, 2003, 56(1): 5-37.

[38] Trevino L K, Hartman L P, Brown M. Moral person and moral manager: How executives develop a reputation for ethical leadership[J]. California Management Review, 2000, 42(4): 128-142.

[39] US Catholic Bishops. Retrived from, 2012. www.usccb.org/beliefs-and-teachings/what-webe-live/catholic-social-teaching/.

[40] Victor B, Cullen J B. A Theory and Measure of Ethical Climate in Organizations. Research in Corporate Social Performance and Policy 9, 1987: 51-71.

[41] Victor B, Cullen J B. The Organizational Bases of Ethical Work Climates. Administrative Science Quarterly, 1988, 33(1): 101-125.

[42] Walther Ch.Zimmerli. Klaus Richter and Markus Holzinger (Ed.). 2007. Corporate Ethics and Corporate Governance, Springer-Verlag Berlin Heidelberg.

[43] White L P, Lam L W. A proposed infrastructure model for the establishment of organisational ethical systems. Journal of Business Ethics, 2000, 28(1), 35-42.

[44] William D. McDonald, Youth Corps Looking for Jobs. The State, Feburuary 23, 1970.

[45] Windsor D. A Typology of Moral Exemplars in Business, Moral Saints and Moral Exemplars, Research in Ethical Issues in Organizations, Volume 10, 63-95, Emerald Group Publishing Limited, 2013.

[46] 阿尔·吉尔. 商业伦理学案例[M]. 北京：北京大学出版社，2006.

[47] 陈怀远，邓泽宏. 中国企业的可社会性变迁及其社会履责机制再造[J]. 社会科学，2012(3): 43-49.

[48] 洪雁，下端旭. 管理者真能"以德服人"吗?——社会学习和社会交换视角下伦理型领导作用机制研究[J]. 科学学与科学技术管理，2011(07).

[49] 黄珺君. 伦理型领导对组织伦理氛围的影响：基于渗透过程模型[D]. 浙江工商大学，2013.

[50] 金黛如. 地方智慧与全球商业伦理[M]. 北京：北京大学出版社，2006.

[51] 孔茨，奥唐奈，韦里奇. 管理学[M]. 上海：上海人民出版社，1990.

[52] 唐能赋. 市场经济学疾呼"伦理制度学"的建构[J]. 哲学动态，1997，(1)27-29.

[53] 沃伦·本尼斯（Warren Bennis），琼·戈德史密斯（Joan Goldsmith），姜文波. 领导力实践[M]. 北京：中国人民大学出版社，2008.

[54] 兴盛乐. 领导素质与领导艺术[M]. 北京：企业管理出版社，2007.

[55] 熊培云. 自由在高处[M]. 北京：新星出版社，2011.
[56] 袁小哲. 稻盛和夫经营哲学在中国的传播[D]. 东北师范大学，2002，5.
[57] 周三多等. 管理学——原理与方法[M]. 上海：复旦大学出版社，1999.
[58] 周振林，王传邃. 论领导冲突[J]. 学习与探索，1994(4): 86-89.
[59] 周祖城. 企业伦理学[M]. 北京：清华大学出版社，2005.

第 9 章 伦理风险与伦理治理

学习目标

认识伦理失范对企业经营的风险；能够从不同角度了解伦理风险控制的重要性；了解合规管理的基本内容；了解管理者和雇员在合规管理中的作用；了解影响伦理风险控制的组织因素。

引 例

卖空大师 James Chanos 揭开安然倒闭序幕？

2001 年 12 月 2 日，安然（Enron Corp）正式向美国破产法院申请根据《破产法》第 11 章的规定破产。然而就在当年年初，《财富》还把安然列为 500 强的第 7 位，在此前的 7 年中，安然连续被《财富》评选为最具创新力的公司。

2001 年 3 月，《财富》杂志记者麦克莱恩根据对 Kynikos Associatees 对冲基金总裁 James Chanos 的访问发表了"安然股价是否高估？"的文章，认为人们有理由相信安然通过"资产与投资"项目的资产出售金额对公司利润进行操纵。

此前的 2000 年，安然的股价接近 90 美元，2001 年 1 月股价仍高达 80 多美元。然而，市场已经出现怀疑情绪，5 月 OWS 证券分析公司建议投资者卖空安然的股票，安然的 LJM 交易越来越受到质疑。随着第二季度季报的公开，安然股票价格开始快速下跌。10 月开始，安然几乎是不顾一切地寻找资金来源。11 月，评级机构标准普尔将安然债券信用等级连降至 B-，此举触发了安然与其关联企业和信托基金达成的偿债合同条款，安然无力偿还 34 亿美元的债务，公司只能宣布破产。

在安然破产之前，安然公司的会计师沃特金斯（Sherron Watkins）已经发现公司财务存在重大问题，公司的损失和债务没有写入公开的财务报告中，沃特金斯认为这将导致灾难性后果，并将她的担忧以匿名备忘录的形式报告给雷伊，并建议雷伊雇佣外部律师进行调查。沃特金斯在备忘录中写道（韦尔林，2008）：

"安然是否已经成为一个危险的工作场所？斯基林（Skilling）的突然离职将会引起关于财务不正当行为和评估问题的怀疑……市场不会接受……我极其担忧我们将引发一系列

财务丑闻。在我的履历表上，我在安然的 8 年将会变得毫无意义，商业界会把过去的成功看作是一场精心制造的财务骗局。"

沃特金斯的顶头上司法斯特（Andrew Fastow）发现了沃特金斯的行动后试图解雇她，但雷伊告诉法斯特他要开始调查。雷伊的调查并没有起作用，他所聘请的律师正是沃特金斯建议回避的与 Raptor 交易有利益关系的文森和埃尔斯律师事务所。

2004 年 9 月，安然向 3 家天然气管道公司和波特兰通用电气公司出售了价值 31 亿美元的债权，后者负责承担将近 15 亿美元的债务，剩余资产被改组为 Prism 国际能源公司。

安然的倒闭使其员工损失惨重：4 000 名本土员工被解雇，欧洲部分解雇了约 1 100 名员工。员工退休金计划变得几乎一文不值，他们只能从安然获得 4 500 美元的退休金。此外，安然的债权人只能收到总债权的 20%，其中 92% 以现金形式，20% 以 Prisma 公司股票的形式支付；安然的股东一无所获。安然的审计公司安达信会计事务所本来在业内声誉卓著，但在安然和世通公司丑闻事发后被迫全面裁员，并被禁止在美国国内从事审计业务。

摩根大通、花旗集团以及美林集团因与安然的不当交易分别被罚款数千万美元至数亿美元，其中美林集团与安然的交易仅赢利 50 万美元而罚款额度高达 8 000 万美元。

安然的首席执行官雷伊、前财务总监斯基林、会计师格里森等受到美国司法部的刑事指控。格里森于 2003 年 9 月认罪入狱；2006 年 7 月 5 日，雷伊，这位被布什总统称为"肯尼伙计"的前 CEO，因心脏病突发而去世。2006 年 9 月 26 日，法斯特因欺诈、内部交易和洗钱获刑 6 年。

✍ 思考一下：安然公司会计师沃特金斯的努力为什么没有效果？她能够阻止公司的倒闭吗？

9.1 伦理风险的产生

我们在第 5 章至第 7 章讨论了企业在处理内外部利益相关者中可能存在的伦理问题，本章重点讨论伦理风险的识别与控制问题。

所谓企业风险，是指可能对企业目标产生负面影响的事件发生的概率，而伦理风险则主要考虑由于不道德经营行为所导致的风险。与其他风险类似，伦理风险同样将导致企业信用、声誉、战略及其他业务的损害。因此，识别、判断并控制伦理风险对企业经营是非常重要的管理问题。

9.1.1 公司治理失效

为什么在同样的外部环境下，一些组织比另外一些组织更容易发生不道德行为？如果非伦理行为仅仅发生在少数人身上，我们可以将其归结为个人道德问题；但如果出现大面积的伦理失范，就需要考虑个人道德水准之外的系统性因素。

从形式上看，中国企业在建立现代公司治理结构时借鉴了美国体系和德国体系的特点，设立了董事会和监事会双重监管机制。

美国公司以公众公司为主，其公司治理体系是一种单层结构，经股东大会批准的董事会居于公司治理的最上层，"良好公司治理的最终责任在于董事会（经济咨商会）"。按照"商业圆桌会议"的描述，董事会的最高职责是捍卫公司股东利益。美国《商业公司法（示范文本）》规定，"一切公司权利都须由董事会或在董事会的约束下执行，公司的经营活动须在董事会的指导下执行"。[①]基于管理层掌握公司管理控制权的现实，公司监管的重点是通过对管理层的激励实现股东和管理层的利益高度一致，但这种激励模式容易导致管理层重视短期利益。

德国模式的关键是共同决策制度。德国法律规定：在超过500人的有限责任公司和所有的股份公司都必须设立监督委员会和管理委员会。公司监督委员会的职责是任命管理委员会，管理委员会负责其他职能（查卡姆，2006）。监督委员会的主要职能包括审查公司账目、对主要资本性开支、战略性收购、项目终止进行审查、任命管理委员会以及批准股息派发比率等。监督委员会有相当大的权力，在2 000人以下的公司，监督委员会2/3的席位由股东占据，1/3由职工和工会占有；在2 000人以上的公司，则各占1/2。在德国的法律制度下，失职者需要承担个人责任。

中国公司法对公司治理结构的制度性安排结合了这两种体制，在董事会（执行董事）外设立了监事会（监事），实行双重监管。但董事会制度和董事会、监事会双重监管制度的设立，并不能自动解决公司治理问题。安然丑闻发生后，安然事件特别调查委员会发布的报告指出安然董事会对公司的突然倒闭负有责任[②]，他们没有捍卫股东利益，允许公司从事高风险的会计、不恰当的有利益冲突的交易、未向投资人披露公司活动以及给予高管团队过高薪酬。

安然公司的倒闭是一个非常典型的伦理风险个案。20世纪90年代中期，安然从一家地方性能源企业开始了快速扩张。在安然扩张的过程中管理层的伦理失范问题日益严重，直到一发不可收拾。

调查委员会成员Campbell评论说："我无法想象与审计人员坐在一起被告知我们采用了高风险的审计标准并且同意这样做。"安然财务总监法斯特成立、运作LJM项目并直接从中获利，有些交易利润甚至高达2 500%。董事会还允许大量账外交易，以便使公司财务报表看起来更好看。安然没有体现在公司资产负债表上的账外交易总额高达270亿美元，接近安然公司资产的50%。安然董事会和管理层、审计代表未能谨慎履行信托责任与公司倒闭有直接关系。

中国公司治理失效也是一个常见问题。在2015年公布的国有上市公司被查处的案例中，涉及的问题包括腐败、内幕交易、关联交易等各种原因。根据《信息时报》的报导，2012—2015年1月，广东国有企业工作人员涉及贪污贿赂案件1 075人。

很多研究表明，无论公司按照何种方式组织并运行，是否建立规范的运行机制对约束公司组织内部的不道德行为有直接关联。当控股股东或掌握管理控制权的管理层被有效监

---

① 参见 The Model Business Corporation Act（《商业公司法示范本》），转引自公司治理：中国视角。2008.10。
② 委员会报告转引自安然事件特别调查委员会报告（Report of Investigation by the Specila Investigate Committee of the Board of Directors of Enron Corp. 2002.1，编者译）。

督时，发生侵犯其他股东权益的概率相对降低。现代公司制度中强调董事会与管理层的双重信托责任，通过强化董事会及董事会委员会作用，尤其是独立董事的作用，以期达到对控股股东和管理层的监管。但在多数中国公司中，董事会及董事会委员会、独立董事都较少甚至很少发挥作用。事实上，只要"一把手"（不管一把手是股东还是管理者）的权力不受监管、或者公司的监管体系缺乏详细的可操作规程，"一把手"的不道德行为就完全有赖于"一把手"的自我监督，任何表面的规范化管理都无法解决问题。

9.1.2 经理人机会主义定向

管理层的道德意识，是影响公司伦理水平的关键因素之一。管理层的不道德行为将对公司经营带来致命影响。

Mastoss 是一家位于加利福尼亚州的高技术公司，该公司和 Erinsar 公司、Furolias 公司都属于同一家母公司 Nalodou's Group。Gorekius 是该集团创始人，也是集团董事会主席兼总裁，同时兼任 Erinsar 和 Furolias 公司的董事会主席。专栏 9-1 描述了发生在该集团的一个不道德事件专栏。

> **专栏**
>
> **专栏 9-1　Karisios 的艰难维权路**
>
> Karisios 是 Erinsar 公司的副总裁，与 Gorekiusu 关系密切。Erinsar 公司是一家成功的高技术公司，团队内部关系和谐，士气高昂。但是从 1987 年开始，Karisios 发现公司的 CEO 开始采取不道德竞争手段时，他选择从公司辞职。此后，随着公司高层人员陆续离职，公司的道德水准日益下降。
>
> Karisios 没有公开揭露公司的不道德行为，他仍保持着与 Gorekiusu 的友谊。1991—1993 年，Karisios 担任了 Furolias 的外部审计师，他将平生大半积蓄都投入了 Furolias 公司，所购买股票的平均价格在 6 美元左右。
>
> 渐渐地，Karisios 发觉种种不道德的行为也开始在 Furolias 蔓延。从 1993 年下半年开始，Karisios 不再为这家公司提供审计服务。此时，Karisios 已经感觉到公司似乎有点不正常：虽然公司正在研发的新产品，一旦投入市场就将带来巨大的回报，但公司股票价格开始不断下跌。曾和他一起在 Erinasar 工作的 Dorian 告诉过他，公司最早将在 1992 年收购 Furolius。因为自己与 Wersonn 的关系，Karisios 没有卖出他的股份。他担心如果卖出股票，是否会因涉及内幕交易而违反 SEC 的规定。
>
> 1994 年 7 月，当 Furolius 的股价下跌到 80 美分时，Eninsar 接管了 Furolius；8 月 3 日，Eninsar 和 Furolius 在收到各自董事会以及投资银行（Osttowar）提供的公允意见后批准签署了合并协议；12 月 30 日，特别股东大会也批准了合并协议。Nalodo、Gorekiusu 在两家公司都有股份，公司合并对他们并无损害，但这次合并，严重损害了公司其他非关联股东的利益，越来越多的证据显示这次合并预谋已久。
>
> Tevel，Nalodo 集团的高管之一，曾经问过 Karisios 为什么还不卖出 Furolias 的股票，

当听到他回答说要等待股价重新回到6美元时，Tevel告诉他这不可能。另外一些朋友Barad、Amir和Orion也跟Karisios说过类似的话，他们从Gorekiusu那里听说公司有风险。Karisios还听说持有Nalodo、Erinsar和Furolias三家公司股份最多的Apollo股权基金已经在股价下跌前全部售出了公司的股份，该基金是由Durtem建立的，他也是"家"里的一分子，是朋友圈子里面的人。

Karisios认为这次合并存在严重的问题。1994年7月12日，他的律师Yraye给Furolias公司发出律师函，提出了18个具体问题对兼并过程的合法性提出质疑，这些问题包括董事会成员（包括独立董事）是否以及如何参与并购决策、是否与其他潜在买家进行谈判以及谈判过程、Wersonn承诺的继续在公司工作的情况等。

此时，Karisios仍然没有打算起诉Gorekiusu。虽然Gorekiusu对Karisios感到抱歉，毕竟他不仅仅是"少数股东"，还是"家庭"的一分子。但两家公司还是决定对Karisios采取拖延战术。两天之后，Robin，Furolias的律师，也是Karisios的朋友，给他回复了一份官样答复："我们正在准备一份详细的代理声明，你所提的问题都将会在声明中给出答案。我们确信合并符合特拉华州公司法及SEC的所有相关规定。"在此期间，公司修订了协议中的漏洞。

在股东大会上，公司对提出质疑的股东解释说Erinsar公司是唯一愿意按照市场价格出价的公司。他们以每股1美元，收购费用总计800万美元，用Erinsar公司的股份或股票支付。

评估公司仅仅从单纯财务角度对Furolias进行估值，而根据12月2日通过的公司章程，应从所有角度评估公司价值。Furolias的前景非常好，其价值被大大低估。

Karisios试图提出诉讼，他与自己在以色列的律师、老师、朋友以及在美国的朋友进行了讨论，但他所有的朋友都选择站在公司一边。有个朋友对他说，虽然我也是股东，但是我先生在Erinsar任职，我没有选择。Karisios最终未能挽回自己的损失。

（资料来源：改编自JACQUES CORY，2005。）

Karisios作为公司的副总裁和外部审计师，在管理层不道德行为盛行的情况下，最终损失了自己的投资。在这个案例中，我们可以发现，管理层团队的集体行为，最终将一家非常有前途的公司导向了垮掉。1998年，Mastoss公司的股价从1997年夏天的40美元跌落至5美元。

在本案例中，担任Erinsar公司总裁的stovius、Furolias公司总裁的Wersnon，都是同一个圈子里面的朋友。在这样一家所谓"家庭"成员式的企业中，集团管理者利用不道德手段实施公司兼并，不仅损害消费者的利益，对其"家庭"内部成员也不手软。

观察从Erinsar公司到Furolias公司，再到Mastoss公司所发生的故事，经理人的机会主义定向是一个非常重要的诱因。在这个由所谓熟人和朋友所组成的圈子里面，大家关心的是个人的获益而非经理人的责任。在这几家公司中，所有的经理人心照不宣地选择了欺骗手段互获取个人利益。甚至，当他们的朋友Karisios因遵守法律而没有同流合污时，他们也毫不犹豫地放弃了这个朋友。

我们可以思考这样一个问题，同样在缺乏董事会监管的情况下，为什么一些公司经常发生管理层违背信托责任甚至违反法律规定的事件，而另一些公司则一切正常？这种情况在中国企业中也屡见不鲜。同样是权力集中在"一把手"手中的国有企业,有些公司频繁出现职务犯罪,有些公司却很少出现管理腐败问题。很多研究者将这种现象归结为管理者尤其是 CEO 的个人道德水平和组织文化的影响。管理层的道德水准对整个组织的伦理氛围影响极大,其不道德行为可能造成组织内部不道德行为的蔓延和在组织内部的渐次扩散。

施泰因曼和勒尔(2001)在其所著的《企业伦理学基础》一书中曾经对欧洲地区经理人的伦理取向和价值观进行了描述,其中有两项研究成果很有代表性。其中一个是考夫曼、贝克尔和楚勒纳在 1986 年所做的有关"德国慕尼黑和纽伦堡地区经理的伦理与宗教问题"的研究。该研究显示,经理人有强烈的机会主义冲动和利己主义偏好(贝克尔和弗里切,1987)。考夫曼等将其归纳为四种典型:以自我为中心的等价交换(强调在任何事情上都需要等价交换)、为了成功可以付出道德代价(成功就必须有所牺牲,可以不顾忌伦理目标)、高度的享乐主义(成功的生活就是极大舒适的生活)、道德的自我评价主义(没有共同道德标准,道德仅是经理人的自我感觉),因而不需要承担道德责任,在他们眼中价值观不过是"经过巧妙掩饰的追名逐利而已"。总体上看,针对欧洲经理人的调查显示:经理人的道德水准似乎很少向良性方面靠拢,多数情况下只是受到制度和规则的束缚而不至于恶化(布伦纳和莫兰德尔,1977)。

另一个比较重要的研究,则是由乌尔里希和蒂勒曼(1992)完成的。他们的研究发现不能简单判断经理人的道德取向。他们以经理人对经济过程、经济和伦理关系的认识作为评价标准,将经理人的伦理取向划分为经济论者、改革论者、习俗论者和理想论者四种倾向(见图 9-1)。

	系统定向者:43%	文化定向者:57%
和谐论者:88%	经济论者 33%	习俗论者 55%
冲突论者:12%	改革论者 10%	理想论者 2%

图 9-1　经理人的伦理定向
(资料来源:转引自施泰因曼和勒尔,2001。)

在经理人对经济过程的认识方面,如果经理人认为只能被动地根据市场需求无法考虑伦理问题做出决策,就被视为系统定向;否则就被视为文化定向。同样,如果认为伦理和经济发展不矛盾,则被定义为和谐定向;反之则被定义为冲突定向。研究结果发现,坚持伦理取向的经理人超过 5 成(习俗论者),这显示经理人的伦理与多数人一样,都受文化和制度环境以及个人观点的影响和制约。大量案例表明,经理人的伦理取向对企业的伦理氛围和伦理行为有直接影响。

经理人经常以自我中心主义、要成功就无法兼顾其他、物质享乐主义为自己辩护,在他们看来,道德纯粹只是一种情感的表达,在商业环境中是无法适用的。

在这些机会主义经理人的管理实践中，任务导向被视为最重要的管理活动，他们可能全然不关注自身行为的伦理属性，量化的绩效指标被置于最重要的位置。这种倾向被视为艾希曼式的伦理管理。艾希曼是德国纳粹屠杀中"彻底解决方案"的负责人，在纽伦堡审判中曾以执行军事命令为自己辩护。他认为执行希特勒的命令是他作为军人的天职，因而不应承担责任。但纽伦堡审判确立了军人作为个人的责任，没有人可以因为执行命令而赦免其所犯下的罪行。与艾希曼式的管理相类似，精致的利己主义也是普遍流行的经理人机会。他们精于计算个人利益得失，并把个人利益置于所有其他利益之上。我们看到，在专栏 9-1 中，公司的高管们几乎完全放弃了他们作为高管的信托责任，而完全无视公司和股东的利益。

与艾希曼或精致的利己主义者不同，组织公民强调经理人必须拥有道德判断力，并将这种判断力运用于企业的具体实践中。作为管理者的个体，不能因为追求组织的赢利目标而忽略个人的道德责任。

9.1.3 伦理缄默与伦理实用主义

1. 伦理缄默和规则失灵

伦理缄默也是系统性伦理风险的重要因素之一。在安然公司的案例中，公司会计师莎朗·沃特金斯（Sherron Watkins）在事发前已经发现公司财务计划存在重大问题。公司的损失和债务没有写入公开的财务报告中，沃特金斯认为这将导致灾难性后果，并将她的担忧以匿名备忘录的形式报告给雷伊，她还建议雷伊雇佣外部律师进行调查，但雷伊并没有重视或接受沃特金斯的建议。可以说，在雷伊的公司中，伦理缄默现象非常突出。

所谓伦理缄默，通常是指组织内部的管理者不愿意采用伦理规则对组织进行管理的现象，他们担心过度强调道德和伦理规则可能会影响公司内部的和谐。在伦理缄默主导的组织中，普遍存在伦理敏感度较低的现象。

公司的伦理氛围包括是否制定了明确的伦理守则、管理层对待伦理规则的态度、同事的影响以及发生不道德行为的概率。伦理缄默与公司的伦理氛围密切相关，很多研究都指出，雇员在工作中的伦理行为最容易受到工作场所中重要人士的影响。根据伦理资源中心的一项调查（The ethics Resource Center，2000），在那些感受到组织伦理标准与个人伦理冲突的雇员中，28%的人认为压力来自同事，39%认为来自主管，36%认为来自管理层。如果管理层倾向于回避伦理规则的制约，雇员也会选择回避伦理问题。

尼克松、韦斯特和怀特（1992）曾经针对雇员在企业经营中的道德表现进行调查，有37.2%的雇员认为在他们的工作环境中，人们从不提及伦理行为这个概念；30.6%的人承认他们曾经按照公司要求做过不合道德标准的事情；高达 64.7%的人表示如果不按照公司要求完成那些看似不道德的工作，他们可能被解雇。

多项针对企业销售人员的调研也显示了类似的倾向。虽然多数人表示不会做不符合公司规定的事情，但也有高达四成以上的雇员表示公司不太关注伦理规则问题。多数情况下，只要能够完成业绩，公司对销售人员多报销费用、借用公司名义私下接单这样的行为，基本上都是不太干涉的。

伦理缄默与企业文化密切相关。当企业完全以绩效导向指导经营活动而缺少核心价值观时，企业管理者更愿意保持伦理缄默。他们担心如果对下属和同事做出伦理评价，就需要批评某些人，使其产生愤怒和敌意，从而影响企业的绩效。管理者对伦理问题的规避，也更加促成了企业文化的恶质化（Steiner和Steiner，2002）。

在伦理缄默型组织中，伦理规则缺乏合法性地位，组织的绩效评价不考虑任务完成的过程而仅仅关注其结果，这就是所谓的"不管白猫黑猫，抓到老鼠就是好猫"。经验表明，在一个对伦理问题更愿意保持缄默的公司中，存在不道德行为的概率较高，相反，组织文化越倾向于伦理敏感，决策者做出不道德决策的可能性越小。如果雇员明确了解公司的伦理规则，了解公司的道德戒律，则在试图违反这些规则时，会感受到较大的伦理压力。例如，在一个不强调伦理规则的公司中，当销售主管通过商业贿赂获取订单时，其下属很容易用"这是上司的名利"、"这与我无关，我只不过是执行者"等作为借口；相反，雇员可能必须独立承担道德责任。

改变伦理缄默现象，培育组织的伦理敏感性，可以为雇员的道德决策提供合法性：每一个雇员都有责任反对任何不道德的行为，即使是在上司要求其从事不道德行为时，也是如此。相反，如果伦理缄默现象持续存在于公司组织，雇主和雇员都会逐渐偏离他们的责任和目标，工作满意度也会下降。久而久之，工作中产生的挫败感反过来会诱使雇员的不道德行为增加，从而产生更多的伦理问题。

2. 非正式组织与办公室政治

尽管经济学几乎处处强调理性经济人假设，公司也经常被视为理性组织，认为在公司组织中各种资源包括人力资源被按照明确的、公开的、正式关系组织起来以便有效实现一定的技术或经济目标（Thompson，1967），公司组织层级分明、指挥链条明确，不同层级的雇员（包括管理层）按照雇佣合约的规定完成各自的任务。

完全的理性组织在现实生活中可能仅具有理论层面的意义。越来越多的研究者从政治角度观察公司，认为公司如同社会组织一样，存在各种正式、非正式群体，这些群体之间存在大量正式关系之外的非正式关系和沟通渠道。权利和信息沟通不仅遵循正式渠道运行，而且在非正式渠道中发挥诸多作用。

很多时候，非正式渠道中的权利结构及沟通方式会对其中多数人的行为方式产生重要影响。一些公司内部的小利益集团自成体系，凌驾于企业和社会利益之上。某些管理者可能为实现个人利益或小群体利益的最大化而偏离公司组织目标，把违背公司利益的决策循非正式途径加以实施，管理者通过与雇员合谋，将股东利益转移到管理层或雇员手中。

"办公室政治"是多数雇员都必须面对的职业现实。雇员置身于企业组织中，仿佛置身于一个政治团体，彼此为获得权利、资源以及个人的职业发展而竞争与合作。亨利·明茨伯格对企业组织的理性与政治性进行了分析，指出企业是一个类政治组织而非理性组织（Mintzberg，1983）。

在企业政治组织中，具有相似背景和目标的雇员形成若干小群体，与其他群体相互竞争，从而获得他们所需要的资源和权利，以实现各自的目标。因此，在企业组织中发挥作用的不仅是正式的权力架构或者雇佣契约，而且是某个个体或某个群体影响他人、改变他人行为的影响力。在这种情况下，企业组织中的道德问题就不仅仅是契约责任的问题，那些拥有组织内部"权威"的人如何运用他们的影响力，如何看待道德自律问题，也是非常重要的的。

虽然只是非正式的影响力，但公司内小群体的伦理氛围不仅可以左右其成员的选择，也可能对未加入这些群体的成员施加影响。Google 公司的管理法则中有一条是"招募比你优秀的人"，设定高标准、在人才品质上不妥协，这是很多优秀企业的共同做法。通过创建强大的团队避免平庸小团体，对创建良好的公司伦理氛围也是非常有帮助的。

当企业组织的伦理氛围比较薄弱的时候，企业内部的非正式组织就更容易发挥作用，甚至可能取代正式组织的大部分权利架构。在这种情况下，组织目标、群体目标以及雇员目标之间的差异性，将会使雇员的忠诚责任变得模糊不清，有些雇员会更忠于小群体而不是企业组织的利益。办公室政治是一种现实存在，在这个政治团体中的个体，面对伦理困境，必须做出自己的选择。

此时，不可避免的，那些不愿意与平庸小团体同步的人，也可能保持缄默。人们经常将组织的伦理问题归咎于个人利益与组织利益、组织利益与社会利益的冲突，很多不道德的行为也被归咎为行为者个人的道德品质问题。但事实上，单纯以个人道德修养解释组织中存在的伦理问题，有失偏颇。是组织本身而不是雇员的道德，决定了组织的整体伦理表现。

3. 伦理实用主义

从伦理实用主义的角度，人们更关注雇员的伦理行为是否符合道德规范而不关注伦理原则本身。对伦理规则的设计、持续的监察制度、清楚明确的责任分担，都被认为是组织伦理管理重心。

伦理实用主义的优点在于避免理论上的争议，而着眼于如何防止不合规则的行为对企业造成不良影响，这一点也很符合中国传统对恶行"论行不论心"、对善行"论心不论行"的观点，因此更容易被企业管理者所接受。

另外，伦理实用主义过于注重伦理管理对企业绩效的实际影响，在出现伦理规则与企业绩效相冲突时，也会导致漠视伦理规则的现象出现。

伦理实用主义的另一个表现是对不同雇员采用不用的道德标准。例如，企业在处理违规雇员时，往往难以做到一视同仁。假设一家公司规定雇员不得使用公司资源浏览与工作无关的网页，但公司的副总却被其他雇员发现不仅在上班时间打游戏，还浏览下载色情网页，公司该如何处理？我们还可以假定违反规则的人对公司具有非常重要的价值，比如是重要的客户经理或者掌握公司所必须的其他资源的人，公司是否仍会严格按照伦理规则进行处理？如果违反规则的人是 CEO 的朋友，是否也会受到公正处理？

理论上的答案显然是肯定的，但现实则是丰富多彩的。伦理实用主义者就可能采取因人而异的处理方式。短期看，这种处理方式能解决眼下的困局，但从长期的角度，在违规行为被公开时采用实用主义的处理方式，会造成更大的危害性。这将使伦理违规行为慢慢成为一种流行病，侵蚀组织的伦理氛围。

无论是伦理缄默还是伦理实用主义，都有一个共同特点：组织缺乏伦理愿景。由于缺乏伦理愿景，雇员无法清楚认知其在工作中应该遵循何种伦理规范，很多违规行为的发生都与此有密切关系。如果组织管理体系中没有规划清晰、明确的道德愿景，也缺少系统的道德指引，雇员的决策也很可能不考虑道德要求。

Guido Palazzo 使用管理语言对此进行了解释，他指出可以从管理者使用的管理语言中分析组织的道德倾向（2007）。企业组织是一个由使用共同语言彼此互动的社会网络，管理语言构建了特定背景下相互沟通和解决问题的平台。企业的运营涉及诸多问题，其中也包括组织成员之间在价值观、问题理解上的冲突，建立组织统一的伦理规则就有助于减少冲突和矛盾。这种伦理规则就是通过管理语言进行传达的，如果企业管理语言中缺少伦理内容，则将导致伦理缺失和不道德行为增加。

没有伦理愿景支撑的企业组织，管理者在决策中不可能充分考虑伦理因素，占绝对统治地位的只能是经济和法律因素。请大家回忆一下默克公司的开发河盲症治疗药品的案例，当 Roy Vagelos 面对非洲贫困病患而选择研发该药品时，如果仅仅考虑经济、法律或者科学问题，就不可能做出当时的决策。我们还可以观察苹果公司的情况，在苹果公司的供应链上，很多企业不仅污染当地环境，而且为它们提供代工的工人仅获得微薄的工资。当有第三方团体要求苹果公司着手解决这些问题时，苹果则回答说它们已经遵从了相关法律要求，其他问题应该由市场来解决。再考虑生活在南美洲和非洲咖啡园、橡胶园的贫困工人，考虑更多发展中国家制造业流水线上的贫困工人，他们的劳作支撑了跨国公司的财富累积。诸如"遵从市场经济规律"这类经典回答，显然是无法令人满意的。

现实的问题在于，不论是企业管理还是商学院的教育，都过于关注所谓科学理论。计量经济学的广泛应用，使数学方法被大量引入工商管理领域，明茨伯格曾经批评 MBA 教育所提供的决策方法更像是采用数学技术对各种现象进行分析的艺术（Mintzberg，2004），"就好像给了小男孩一把榔头，任何事情看起来都像钉子。MBA 教育给他们的学生太多的榔头，结果企业变成了一张被砸烂了的床，床上到处都是钉子"。Mowday（2004）甚至认为商学院的教育并没有给管理者提供伦理思考的框架，"是在错误的时间（缺乏经验）以错误的方式（过于强调数学方法）向错误的人（偏好分析）灌输了错误的目标（股东价值最大化）"。

伦理愿景的发展，至少可以为管理者及其下属提供道德想象的空间，发展正确的伦理规则并付诸于行动。在这个过程中，企业组织同样需要发展一整套新的管理语言，将伦理思考纳入其中。

9.2 伦理风险的外部治理

虽然不同国家在伦理风险的外部治理方面有一定的差异，但强化法律治理、控制权市场和社会压力，在很多地区都被视为防范伦理风险的重要力量。

9.2.1 若干敏感议题

虽然特定企业的伦理问题形形色色，但有些议题具有高度敏感性，社会及公众更为关注。如果企业对这些议题未能做出积极的、符合社会期待的反应，则可能对公司经营造成长久的负面影响。对于那些有志于跨国经营或拥有海外市场的企业来说，增强对这些议题的敏感性，则更为重要。一些企业往往以其在单一国家法律架构下的传统体制应对伦理风险，可能无法适应全球化经营的需要。

1. 人权与劳工权益保护

强化对劳工的人权保护，是近年来伦理风险治理的一个重要议题。一些公司经常因使用廉价劳工以获得成本优势而受到"血汗工厂"的指责，尤其是在一些发展中国家，由于工会等劳工保护组织的力量相对薄弱，劳工权益的保护更有赖于法律的保障。20世纪90年代开始，国际人权组织、一些国家的工会组织和非政府组织，对一些它们所称的"血汗工厂"施加了强大的压力，包括法律诉讼，迫使跨国公司不得不采取对策，解决血汗工厂问题。

雇用童工，在亚洲、拉丁美洲、非洲一些国家是一个长期以来没有得到很好解决的问题。包括耐克在内的一些跨国公司也都曾卷入雇用童工的丑闻。中国的立法也禁止雇用童工，根据《劳动法》，任何组织包括国家机关、社会团体、企业事业单位、民办非企业单位、个体工商户在内，不得雇用未满16周岁的未成年人，同时禁止任何组织和个人为其介绍就业，也不允许不满16周岁的未成年人从事个体经营。

在世界大国中，中国是少数迄今仅有的尚未建立平等工作权利保护机构的国家。正如我们在第7章所讨论的，就业歧视问题在中国目前还比较严重，通过立法解决歧视问题具有一定的急迫性。除了性别、年龄、地域歧视问题，还存在就业者身份双轨制问题。这一问题，已经在多地形成了劳资冲突。

例如，2013年7月29日，建设银行和工商银行总部门前有雇员集体抗议[①]。据报道，抗议者主要是一些对公司"一刀切"裁员方案不满的派遣制员工。工商银行回应称，抗议者为"多省份多单位协议解除劳动合同人员，表达诉求涉及多家银行。"

在最近20年，一些企业通过劳务派遣制回避对雇员的法律责任，派遣制雇员与正式员工还未实现同工同酬。2013年7月1日开始实施的新劳动合同法，从法律上规定不同身份雇员实施"同工同酬"。

此外，中国在1993年由劳动部发布了《企业最低工资规定》，在1995年的劳动法中正式规定了最低工资保障制度；2004年劳动和社会保障部公布了新的《企业最低工资规定》，自3月1日始实施。本次修订规定企业在支付最低工资时应提出加班、特殊工作环境补贴和其他福利待遇，最低工资规定适用于非全日制用工形式的最低小时工资制度。与发达国家相比，中国大部分地区没有采用最低小时工资制度，一些企业通过延长工作时间来降低

---

① 新京报2013年7月29日报道。

成本。

虽然多数国家已经制定了劳工保护的相关法律规定，例如，实施最低工资保护自20世纪初期就已经开始。国际劳工组织（ILO）于1928年6月16日通过了《制定最低工资确定办法公约》，供国际劳工组织各会员国依据国际劳工组织的章程规定加以批准。但从全球角度来看，劳工权益保护还有待完善。根据国际工会联盟公布的《全球权益指数》（2014），在全球139个评价国家中，马来西亚、柬埔寨、孟加拉国、中国等19个国家被列为第五级，美国、中国香港等列为第四级，新加坡等为第三极，仅有丹麦、挪威、乌拉圭等18个国家和地区位列第一级。

在国际贸易中，人权和劳工权益保护问题也是一个重要的争议点，对中国企业而言，这一问题也是中国产品被污名化的重要方面，因此值得特别关注和认真对待。

2. 反商业贿赂与反腐败

在当前的商业环境中，反对商业贿赂已经成为一项全球性的共识。多数国家，不仅规定发生在本国的商业贿赂行为属于非法，也将本国企业在海外的商业贿赂行为规定为非法活动。

美国是较早制定"反海外商业贿赂法"的国家，中国新刑法修订案中也将海外商业贿赂行为纳入管控对象。对商业贿赂的监管，并不局限于一般性的钱权交易。除了一般性商业贿赂外，雇佣官员子女以获取业务这一话题也正在成为人们关注的焦点。2013年《纽约时报》报道，美国联邦机构正在调查摩根大通是否通过雇佣官员子女获得不正当利益。在法律层面上，雇用官员子女并不违法，除非相关机构能够证明这些官员子女资格不符或者雇佣行为直接带来了相关业务。由于监管和取证上的困难，很难证明雇佣行为是非法的。

中国对商业贿赂的法律治理在最近几年也有强化的趋势。2014年9月，葛兰素史克（中国）投资有限公司（GSKCI）被以对非国家工作人员行贿罪判处罚金30亿元人民币，董事会主席马克锐被判有期徒刑3年，缓刑4年，并被驱逐出境（见专栏9-2）。葛兰素史克公司商业贿赂罪名成立后，引起社会较强烈的反响。公司总部除了公开道歉外，也公开承诺"将以实际行动在中国医药行业树立改革样板"。葛兰素史克在华经营历史已经超过100年，其所销售模式也并非该公司独有，该案件对类似企业将产生导向性影响。

专栏 9-2　葛兰素史克的道歉

2014年9月,中国法院公开宣判葛兰素史克行贿罪审判结果后,葛兰素史克总部官方网站刊出了一份致歉信:

"葛兰素史克总公司完全认同中国司法机关依法认定的事实和证据,服从中国司法机关的依法判决,并向中国患者、医生、医院和中国政府、全体中国人民深刻道歉。"

"葛兰素史克总公司已经深刻反省,并从中吸取教训,采取了具体措施,全面整改葛兰素史克中国公司运营中存在的问题，尽一切努力，重新赢得中国人民的信任。"

根据法院审判，葛兰素史克公司在华进行商业贿赂的手段主要是以行贿方式贿赂中方医务人员。马克锐"以销售产品为导向"形成了以费用促销售的贿赂销售模式。葛兰素史克的法务部门为贿赂提供帮助和掩护，业务部门则通过医药代表邀请行贿对象参加由公司赞助和组织的境内外会议、支付招待费、讲课费、现金回扣等方式进行贿赂。

法院判决后，葛兰素史克公司及相关人员没有提起上诉。

（资料来源：根据2014.9.22法制日报报道整理。）

3. 资源与环境保护

环境污染包括大气污染、水污染、土壤污染以及噪声污染等。贯穿整个20世纪工业化过程，大规模的经济活动产生了大量的污染排放，导致人类赖以生存和发展的环境质量急剧恶化。在20世纪10大环境公害事件中，数百至数百万不等的人成为环境污染事件的受害者。这些环境污染事件都是由于工业生产或者安全事故所导致的大规模废气、废水、固体废弃物排放所引起的。

对环境造成污染的不仅是工业生产，农业生产、服务业以及居民生活同样产生大量的污染排放。现代农业生产中不当使用农药、化肥对土壤和地表水、地下水水质产生严重污染并最终导致海水污染；现代城市生活，尤其是私人交通工具的快速成长，也使汽车尾气排放成为重要污染来源。在中国，随着工业化进程的不断推进，近30年来，环境污染问题日益严重并正在突破生态环境承载力的阈值。尤其最近几年，雾霾已经成为一个全国性的环境难题。

根据中国环境状况公报的环境监测数据[①]，2014年在全国161个监测城市中，仅有16个城市空气质量达标。

环境资产具有公共资产的特点，在环境问题上很容易导致公地悲剧的出现。污染排放或过度资源消耗所造成的环境污染、生物多样性退化或者资源的枯竭，具有较强的负外部性效应；保护环境和资源则具有正外部性效应。如果不将外部性内部化，企业就缺乏保护环境和资源的经济动力。当市场缺乏竞争或者资源定价过低时，企业也会缺乏有效使用资源的动力，同样将产生资源过度消耗的问题（谭崇台，2004）。

发达国家早在20世纪60年代开始陆续对环境质量进行法律治理，例如，1969年美国通过了"国家环境保护法案"（US-NEPA1969），启动了强制性环境保护活动机制。该法案的通过，迫使政府和企业在相关决策中将环境保护纳入考虑中，法案实行政府代理机制对企业经济活动的环境影响进行干预。

至1973年，全部发达国家和75%以上的发展中国家启动了环境保护立法机制。中国环境保护工作始于20世纪70年代后期，从北京西郊、南京、广东茂名、官厅水库流域及渤

---

① 参见环保部、国土资源部等13个部委联合编制的《2014中国环境状况公报》。

海海域水质评价工作开始,至 2003 年 9 月 1 日正式开始环境影响评价工作。

1989 年,中国制定了第一部《环境保护法》;2014 年 4 月修订通过的《新环保法》被称为最严格的环境保护法,该法于 2015 年 1 月 1 日生效。《新环保法》实施按日连续罚款制度,增加了企业环境违法的成本。

在资源与环境保护问题上,跨国公司责任是一个经常引起争议的话题。中国企业在走向全球化经营时,也不可避免地碰到这一问题的困扰。一家大型中国矿业公司在南美投入巨资并完成矿业开采的前期准备工作后,就遭遇当地居民的抗议,以破坏环境为由阻挠公司按时开工。类似的情况在南亚、蒙古等国家和地区也时有发生。

Korten(2001)在《公司统治世界》一书中还有另一段描述:

"日本已经将其铝生产能力从 120 万吨减少到 14.9 万吨,而且现在需要进口 90%的铝。菲律宾联合冶炼和精炼公司所做的一项案例研究,恰好说明这其中有什么猫腻。位于莱特省的这家冶炼厂是由日本给予经济支持建立起来的,其生产的产品销往日本。该厂占地 400 英亩,是由菲律宾政府以近乎白送的价格从当地居民手中征收来的。工厂排放的废气和废水,混合着高浓度的硼、砷、重金属和硫化合物,污染了当地的供水,降低了渔业和水稻的产量,毁坏了森林,使当地居民感染了呼吸道疾病。当他们的家园、生计和健康成为这家工厂的牺牲品后,他们却不得不依赖工厂向他们提供的临时工作,从事那些最危险和最肮脏的工作。"

而丹恩(2008)在《公司集团治理》一书中则更进一步指出,全世界的化学工业、核电工业、汽车工业、烟草工业几乎都沿着相同的轨迹从发达国家向巴西、墨西哥、沙特阿拉伯、埃及、泰国、印度及中国台湾地区和大陆地区迁移。在全球产业的梯度转移中,环境污染和资源消耗也随着转移到了这些国家。

不仅是在海外国家和地区,中国大陆本土地区的环境问题甚至已经上升到政治问题的高度,很多突发性公众事件都与环境污染问题有关联。根据一些科学文献的报道,华北一些地区居民肺癌的患病率最近几年的增长率甚至超过了 300%。

4. 创新、知识产权保护与社会公正

技术创新是世界经济和社会发展最重要的推动力,技术在造福人类的同时,也不可避免地带来了一些副作用。哈利勒(Khalil,2000)曾经这样描述技术对人类的影响:

"诸多文明建立于新技术之上,也随着技术落后而衰败。古埃及人依靠种植和保存谷物的技术积累了庞大的财富,他们依靠技术和创造力建造美丽的城市、巨大的金字塔和宏伟的庙宇;中国人制造陶器、装甲,修筑长城保卫他们伟大的文明。国王、长老、皇帝和苏丹,利用其人民的劳动和创造力聚敛财富、攫取权势。战爷弓箭、刀枪剑戟、长矛盾牌,这些当时的新技术帮助人类获取自然资源以满足自身的需求,同样也是这些技术被用于杀伐征戮;技术带来和平也带来战争,创造文明也毁灭文明。人类可以选择:为善还是为恶?灾难性地使用技术,暴露了人类良知的脆弱性。"

从世界领先国家来看,企业在创新投入中的占比已经达到或超过 7 成的比重。企业在引领创新方向的同时,也存在一些问题。

例如，企业是否会运用自身的市场地位不当诱导科学研究的方向？企业是否正确运用科学研究的成果？在这一过程中，是否存在欺诈问题？创新成果保护（财产权保护）和公共福利之间，如何划定合理的边界？

本书读者可能对三鹿事件还记忆犹新。三鹿奶粉广告对其奶粉科学性的宣称，今天看来更像一种讽刺。在一些企业产品宣传中，科学成为粉饰和误导消费者的工具。类似的情况不仅发生在中国。2000年，英国的《自然—生物技术》第18期刊登了Niiler的一篇文章，讨论了大学与企业对研究数据的不同解释和争论问题（Niiler，2000），认为这些争论明显反映了大学研究和其资助者之间的分歧。2000年发生在哈佛大学与Immune Response公司之间的诉讼案，就明显反映了这种分歧和冲突（见专栏9-3）。

专栏9-3　大学研究人员与IRC公司的法律诉讼

IRC公司，全称Immune Response Corp，成立于1987年，总部位于美国加州卡尔斯巴德，是一家以创新为导向的生物制造企业。

该公司开发了一种针对艾滋病治疗的生物制剂Immune，该制剂试图通过剥离一种名为GP120的蛋白质辅之以放疗及化疗，杀灭艾滋病毒颗粒。Immune主要是用于增强感染者的免疫功能(Susan，2006)。

1996年2月，在加州大学医学研究专家James Kahn博士和哈佛大学统计学专家Stephen Lagakos博士的领导下，IRC对Remune的疗效进行了第一阶段大规模试验，总计2 527名志愿者（均已感染HIV病毒）参与了项目研究。由于对试验结果存在争议，项目至1999年5月被终止。试验停止后，IRC解雇了将近三分之一的工作人员并实施强制性减薪措施。

随后，IRC与辉瑞公司在2000年收购的一家研究机构Agouron进行合作试验并向美国卫生研究院（HIN）提供了相关数据。但Kahn和Lagakos声称IRC所提供的数据是不完整的，因此他们认为应该如实公布自己对试验的分析结果。2000年7月，IRC公司向Kahn博士发出律师函，称只有在公司同意的情况下，他才可以发表相关数据。公司总裁Carlo宣称公司将依据研究合同维护自己的权利，并将此事诉诸法庭。在两位博士拒绝接受公司要求后，IRC不再继续向他们提供参与试验的志愿者的最终检查结果，并坚持要求Kahn发表的研究论文必须将公司的分析结果包含在内。11月，Kahn博士和他的同事利用所掌握的90%~95%的试验数据，在美国医学联合会期刊（JAMA）上发表了研究结果。文章认为Remune具有免疫原性但试验未能证明其疗效。按照正常情况，类似文章在发表前应送给所有参与者审查，但Kahn博士在文章中说明IRC公司拒绝提供所有参与者的联系方式，因此他仅与部分人士取得了联系。JAMA最终决定发表文章，他们认为不能仅发表研究项目资助者想要公布的结果。文章发表后，IRC公司的股票在一个小时内暴跌19%。IRC公司在该项目研究中已经投入将近1.91亿美元，且公司没有任何其他药物能替代Remune的地位。IRC公司发表评论称该文章是小道消息和抹黑，并建议公司采取法律行动。Kahn则回应说IRC公司的行为像一个恶霸，并指责IRC的研究只挑选对自己有利的数据，涉及修改数据和造假。

论文发表后，IRC提起诉讼称该论文故意排除对公司有利的数据并要求700万——1 000万美元的损害赔偿。大学方面随即提出反诉，指称IRC错误地隐瞒数据。

2001年7月，一项针对IRC的多方法律诉讼指责IRC公司违背了1934年的证券交易法，公司股票价格再次下挫44%。11月，IRC诉加州大学和哈佛大学案件的仲裁结果出炉，两位博士无须支付任何赔偿。

一年后，IRC总部解雇了一半以上的雇员，Carlo也辞去了公司总裁的职位。截至2005年8月，由于IRC涉及证券欺诈案，Remune一直未能得到FDA的批准。

（资料来源：根据Susan Haack的论文整理。）

在本案例中，IRC公司的不道德行为主要表现在：选择性使用科学数据、对科学家施加不当影响以获得对公司有利的研究结果。从长期来看，企业在合作创新中的这种不当行为将导致科学丧失独立性和公正性，而科学家和大学本身的可信度也将随之受到影响。

一些研究者指出，在商业机构支持的研究中，很大一部分不是为了科学目标而是为了实现商业化目标而开展的，在这个过程中，违背科学伦理的事例时有发生。为避免企业资助对研究结果的影响，科学期刊的编辑、论文的同行评议以及国家监管机构应起到重要的制衡作用（Chopra，2003）。

由于各种原因，尤其是大学对企业资助研发资金的需求，使很少有大学研究者像Kahn博士一样站出来反对他们的资助者，因此很难弄清楚企业资助者在合作研发项目中所施加影响的程度。国内企业与大学合作中的类似纠纷也日渐增加。

校企合作研发项目的利益冲突可能来自于大学和企业目标的差异，也可能来自于实际商业利益的冲突。从理论上讲，企业的创新是以商业化为目标、以市场和赢利为判断标准的。为此，企业会努力阻断或减缓技术创新扩散的速度，通过知识产权和商业秘密保护机制，使自身实现创新收益的最大化。相反，科学研究强调研究者的兴趣、爱好，是好奇心驱动而不是单纯经济利益驱动的创新模式。大学研究人员应秉持公开、自由和创造科学新知的态度，以独立性、科学性而区别于企业的创新活动。科学研究较少考虑短期应用效果，其目标是增加公知科学领域的知识基础；因此大学基础研究既是企业进一步创新的科学基础，又不同于企业创新。

应该认识到，即使是在同一个研究项目中，大学研究人员的职责与企业资助者也有明显不同。正如Immune Response公司（IRC）与哈佛大学诉讼案中所显示的那样，前者偏重于发现新证据并对其进行公正的评价，而后者则更想证明自己的产品是有效的；二者之间存在潜在的利益冲突。有研究者指出，当研究经费有2/3以上来源于商业渠道时，就可能减少大学人员的科学产出、降低其公正性和公开性（Eaton，2007）。

虽然对创新成果的知识产权保护体现了对创新者财产权的保护，但这种保护是否兼顾了社会公平，特别是知识产权保护对公共利益的影响，对穷国和穷人利益的影响以及信息自由与知识产权保护之间的冲突等问题，常常是争议的焦点。

百度出售其百度贴吧管理权的事件就引起了社会的广泛争议。百度贴吧，虽然建立在百度平台上，但其内容是由网民贡献的。2015年，百度利用其自行定义的贴吧所有权，撤销了白血病贴吧原吧主和吧务的管理权，而将其出售给私人公司。此后，该贴吧由病友讨论空间变成了医疗广告区。在公众反对声浪中，百度发表声明将贴吧改为由公益组织管理。类似的情况，还广泛存在于中小学教育、考试、留学等可能形成商业利益的贴吧中。

此外，有关信息自由和互联网上的版权保护也是争议的焦点问题之一。公众经常要求开放互联网资源，指个人用户拥有可以根据自身的需求，自由使用软件资源并加以修改的权利（Nüttgens，2007），但版权的拥有者则倾向于捍卫自己的私人财产权。

9.2.2 法律治理与控制权市场

对伦理风险的外部治理，主要依赖法律体系。只有在公开、公正、透明、规范、稳定的法律体系下，才能够建立规范的、可预期的、具有信任基础的伦理关系。法律的"程序正义"问题同样重要，法律能否为所有人（大股东、小股东、公司管理者）提供公正的、共同的平台决定了他们之间的互动是受明规则还是受潜规则的影响，也决定了这种关系的稳定性。此外，控制权市场也是制约企业管理者伦理行为的重要因素。

1. 法律治理

观察不同国家对伦理风险的外部法律治理，虽然不同国家的治理重点各有侧重，但其共同特点都是运用法律手段，对商业活动及其后果进行规范。其中，对白领犯罪刑事责任的惩罚力度是法律体系影响公司运作的重要方式。

最近十余年，世界各国对白领犯罪的刑事处罚力度在不断增强，这将迫使企业改善其治理机制。以美国的萨班斯-奥克斯利法为例，财务欺诈可能最高被判25年有期徒刑并处罚金。

该法案强调公开、透明、规范，强化白领刑事责任。根据该法案，公众公司必须建立独立的会计监察体系，保证审计师的独立性，且强化了财务信息披露、公司纳税申报、公司报告的规范性。法案还明确了公司和白领欺诈的刑事责任。

由于公司管理层普遍受商业判断原则的保护，通常情况下，分散的股东和公众很难对他们的决策施加影响。通过强化白领刑事责任，可以迫使公司管理层更审慎地履行其职责。值得一提的是，萨班斯法的通过，不仅制约和影响美国公司，对其他外国公司尤其是在美国拥有业务的公司，同样适用。

根据斯坦福法学院证券集体诉讼数据中心的统计，在2012—2014年的集体诉讼案中，有85%的案件与虚假陈述或隐瞒信息及其他欺骗行为有关。根据10b-5规则[①]，任何人利用州际商业手段或设施、邮件，或利用全国性证券交易设施所实施的与任何证券买卖有关的欺诈行为均为非法，具体包括使用任何技巧和策略进行欺诈、以不真实陈述或隐瞒真实事实以及任何构成或可能构成欺诈他人的行为或商业活动。

2015年，美国司法部对大众公司汽车尾气排放检测数据造假进行了调查。司法部和环保署以违反清洁空气法起诉大众公司。根据相关法律，大众公司可能面临天价罚款。对欺

---

① 美国证券法10b-5规则是适用范围最广的反欺诈条款，适用于所有与证券交易有关的欺诈行为。

诈行为的法律治理，迫使企业管理层更审慎地履行其职责。

中国的法律治理力度也在不断增强。根据证监会报告，2015年1—12月，证监会系统新增立案案件345件，较2014年增加68%，涉案金额37.51亿元。其中，移交刑事审理的案件273件。

从整体上看，中国与企业经营相关的法律规定，包含了以下几个方面内容。

（1）对如何组建企业组织的法律规定。以公司法、合伙企业法和其他企业法为主。这些法律规定对公司、合伙企业和其他企业的设立、注册、认缴出资、组织设计、登记、核准等进行管理。

（2）对企业经营的法律规定。主要包括民商法、物权法、合同法、知识产权、侵权责任法、反垄断法等。这些法律对影响企业经营的一些关键问题进行了规范。

（3）对企业进行管理的法律规定。主要是对企业及其活动进行管理，主要设计税收、金融活动、产品质量、财务管理、环境管理、公平交易、安全生产等方面。

（4）对其他利益相关者进行保护的法律规定。主要包括消费者保护法、劳动法、保险法等。

其中重要的法律规定包括公司法（2013年修订版）、证券法（2013年修订版）、刑法修正案（九，2015）、企业国有资产法（2009）、会计法（2000）；部门规章和规范性文件包括：中国上市公司治理准则（2002）、上市公司信息披露管理办法（2007）、上市公司章程指引（2014年修订）、上市公司股东大会规则（2014年修订）、关于在上市公司建立独立董事制度的指导意见（2001）、关于加强社会公众股东保护的若干规定（2004）、上市公司收购管理办法（2006）、上市公司重大资产重组管理办法（2014）、企业内部控制基本规范（2008）等；自律性规则包括上海证券交易所股票上市规则（2014年修订）、上海证券交易所交易规则（2015年修订）。

在一些国家，法律救济主要是通过集体诉讼来实现的。集体诉讼可以降低维权成本，这类案件中诉讼费用通常由律师负担，在诉讼成功后律师费用可能高达30%~40%以上。由于集体诉讼这样一种民事诉讼民主机制的存在，减少了不道德的公司从单个利益相关者身上窃取利益却不会招致法律诉讼的投机机会，对这些不道德的公司而言存在相当大的法律高风险：败诉后对利益相关者的赔偿甚至可能高达数十亿美元。就减少大股东及管理层的欺诈和剥夺行为而言，股东集体诉讼是一种非常有效的威慑力量。这些集体诉讼案件可能涉及企业经营的方方面面，从公司欺诈到环境问题，都有可能引发集体诉讼。

2. 控制权市场

公司控制权是对公司全部经营活动构成影响的权力，既可能依据所有权也可能不依据所有权而获得，股东或管理层争夺控制权的博弈结果对公司治理具有重要影响。

所有权和控制权分离，使控制性股东或掌握控制权的管理层有更多机会获得不当利益，因此，解决所有权和控制权分离问题成为公司治理的一个重要方面。

股东对公司的权利分为所有权和控制权，所有权又被称作现金流权，是股东投资所产生的权益；控制权属于派生权利，又称投票权。通过分离所有权和控制权，掌握最终控制权的股东就可以用较少的现金流控制更多公司。所有权和控制权的分离，可能使控制性股东产生转移公司利益的动机。请看下面的例子。

假定某家族持有 A 公司 40%的股权，A 又持有 B 公司（上市）20%的股权（假定一股一票，AB 之间没有交叉持股）。则该家族拥有 B 公司的所有权（现金流权）和控制权分别为：

40%×20%=8%（控制链中所有权的乘积）和 20%（投票权链中最弱的环节），也就是说该家族用 8%的现金流控制了 20%的投票权。

再假设该家族又拥有 C 公司 25%的股份，而 C 公司拥有 B 公司 10%的股份，则该家族拥有 B 公司的所有权和控制权分别为：40%×20%+25%×10%=10.5%（两个控制链中所有权的乘积之和）和 20%+10%=30%（两个投票权链中最弱的环节之和）。

该家族在三家公司的所有权和控制权分别为：40%：40%（A）、10.5%：30%（B）和 25%：25%（C）。由于在三家公司中有不同的现金流权，各家公司对该家族的利益影响不同，由此产生了偷窃的动机（从 B 公司向外转移利润）。

控制性股东或管理层通过依据所有权而产生的投票权进行控制外，还可以通过其所掌握的实际控制权操纵企业决策，从而实现利益的转移或对其他利益相关者进行压制。无论是转移或压制行为，通常都需要通过公司董事会或高管团队操纵公司决策。

针对控制权问题的外部治理，主要体现在少数股东法律救济、规范公司治理以及鼓励股东积极参与等方式。

（1）法律救济

主要是通过公司法对利益相关者进行保护。由于控制权问题主要集中在家族控制、多元股份和交叉持股等方面，一些国家通过实施一股一票制改革、上市公司信息透明等措施，推动问题的解决。还有一些国家，通过立法对少数股东权益进行保护。例如，瑞典法律规定一个股东无论是自己还是和其他人共同拥有超过公司三分之一和二分之一股份，在其他股东要求时将被责成购买后者的股份和有价证券。这一法律规定确立了少数股东的退出机制，作为对控制性股东或管理层侵权行为的对峙措施。中国现行法律也增加了对少数股东的保护措施。如在公司投票规则上，增加了累积投票制；还规定少数股东可以要求解散公司、退股等，以保障少数股东利益。

（2）公司治理规范

公司治理规范主要是通过强化公司治理的科学性、规范性和制度性，强化公司董事会及委员会责任、建立独立董事制度、建立分权体制（如董事长兼任 CEO 要设立总经理）等方式，强化对股东利益的保护。公司治理在某种程度上是解决决策者和剩余索取者之间的冲突。所有权和控制权分离的情况下，剩余风险的承担者（股东或委托人）无法确定其代理人是否根据风险承担者的利益行事。现代公司治理是否能够解决这一问题，也存在诸多争议。

（3）股东积极主义

股东积极主义包括个人股东积极主义和机构股东积极主义。有些国家规定养老基金、共同基金等机构投资者必须参与公司治理。个人股东积极主义在最近十年开始盛行起来，包括中国的个人投资者，也开始通过网络、新闻媒体、股东大会等形式，积极参与公司治理过程。

由于我国资本市场保留了巨大的行政力量，市场投机、股价操纵、市场定价机制失灵等严重问题普遍存在（中国公司治理报告，2013），股东对公司治理的作用还相对较弱。独立董事制度曾被视为防止管理层伦理风险的重要机制，但迄今为止多数中国公司的独立董事制度仍未能发挥作用。根据上市公司发布的公开信息，中国上市公司的独立董事多来自高校和退休官员。这一现象引起了一些不良反应，自2015年下半年以来，多家上市公司独立董事宣布辞职。其中，仅第四季度，就有逾300名高校独立董事离职。

控制权市场作为一种外部监督机制，重点解决企业管理层为谁负责的问题。控制权市场越有效，越能够起到监督作用。

控制权市场通过两种主要的途径干预公司治理：第一种途径是在公开市场上识别企业的绩效，不能取得满意绩效的管理层将遭到惩戒（例如，被解职）；第二种途径则是通过外部市场的股权交易，为股东和外部人提供掌握企业控股权的机制，实现对管理层的监督。

当代中国控制权市场起步于1989年，1993年的宝延风波（宝安公司并购延中实业公司），是中国控制权市场的第一起上市公司并购案。由于市场机制不完善以及政府主导等特点，中国的控制权市场在实现外部监督方面还相对薄弱。但随着中国控制权市场的日趋成熟，股东、管理层之间对公司的控制权之争已日趋增多。2009年的国美股权之争是一个标志性事件，而发生在2015年的宝能集团与万科董事局之间的控制权争夺，本质上也是外部投资者与管理层的控制权之争（见专栏9-4）。

专栏 9-4　宝能集团收购万科股权

2015年12月17日，万科董事局主席王石公开发表声明，不欢迎宝能集团成为万科第一大股东。

2015年6月，姚氏兄弟主导的宝能集团开始在资本市场上借助高杠杆融资收购万科股票。在不到半年时间内，宝能集团已经持有万科22.45%的股权，超过华润集团成为万科第一大股东。按照万科集团的公司章程，单一所有人持股30%就成为控股股东。

万科董事局主席王石和总裁郁亮认为宝能的收购行为属于敌意收购，并指宝能的价值观与万科不符，万科不欢迎宝能集团入主万科。

18日，证监会就收购案表态，只要"双反"合法，证监会不会干涉。同日，万科公告停牌。23日，王石在公开演讲中宣称不会启动毒丸计划。

（资料来源：根据网易财经、相关公司公告等整理。）

由于万科董事局主席在天山峰会上宣称万科一直是国有股占第一大股东，不欢迎民营企业入主，导致舆论多有所批评。如果我们比较时代—华纳派拉蒙并购案（参见第7章），可以发现万科和时代—华纳的管理层都反对公司被外来投资收购。在时代—华纳的案例中，管理层以公司利益否决了股东的决定并得到了法院的支持。而万科管理层与宝能集团的股权争夺战，也显示国内控制权市场正在逐步发挥作用。假以时日，接管市场的控制权争夺对管理层的监督作用将会日趋完善。

董事会和控制权市场是公司治理的重要制衡力量。遗憾的是，中国市场上这两者力量还相当微弱，使公司治理经常失效，从而导致了相当高的伦理风险。

9.2.3 社会与公众力量

社会与公众，在防范企业伦理风险上是否能起到有效作用？关于这个问题，虽然还有些争论，但如果我们观察自20世纪20年代以来企业社会责任观点的变化，就不难给出肯定的答案。

1. 社会价值观变迁

20世纪以来，人们对公司治理的讨论也发生了很大的变化（奥沙利文，2007）。在传统的股东价值论下，股东被视为唯一的风险承担者，并因此被定义为唯一的剩余索取者。股东价值最大化导致企业可能片面追求经济效益而忽略其他社会责任。作为对股东理论的替代和补充，利益相关者理论虽然普遍被认为是"政治正确"的，但由于未能回答经济效率和社会公平之间的矛盾而又经常受到诟病。

但无论如何，企业经营者都不得不认识到，今天的社会对企业的期待与百余年甚至二三十年前的社会相比发生了重大变化。人们对当代企业管理者的期待和要求远远高于他们的前辈。

今天，企业的权势与责任问题引起了前所未有的关注。企业在其与社会的关系中，在经济、政治和社会生活的各个方面，具有很大的影响力。对那些大企业来说，它们早已不仅仅被视为单纯的经济单元。社会和公众在企业公民责任履行上对它们有更高的要求。

瑞士联邦理工学院的James Glattfelder对跨国公司的统治力进行了科学分析[①]，结果显示：少量超大型跨国公司通过股权关联控制了远远超出其自身规模的统治全球经济的力量和权势。该项研究从拥有3 700万个公司资料的Orbis（2007）数据库中，选取了43 060个跨国公司，从中找出5 675家在股票市场公开上市的公司，并寻找它们直接控制或参股的公司；在此基础上通过描述大型跨国公司的所有权关联度来识别大企业的影响力。研究结果发现超大型公司的所有权正在不断集中并跨越国界限制，成为统治全球经济的核心力量。

根据Glattfelder的研究，这些公司中有1 318家控制了两家或两家以上的公司，平均每家公司与20家公司有相互关联，其收入占全球20%，占大型蓝筹股或制造企业收入的60%，对全球"实体"经济有着绝对的影响力。进一步分析则揭示出其中147家最大的超级企业占据了最核心统治地位，控制了企业网络中40%的企业。用Glattfelder的话说，不足1%的

[①] 参见James Glattfelder的研究，http://www.newscientist.com/。该项研究使用的数据库为Orbis 2007。

企业掌握了 40%的网络资源。在金字塔尖上的 147 家中，前 50 名基本上都被金融业所占据：巴克莱银行（Barclays plc）、美国资本集团（Capital Group Companies Inc.）、富达（FMR Corporation）、安盛集团（AXA）、道富集团（State Street Corporation）、摩根大通（JP Morgan Chase 和 Co.）、法通保险集团（Legal 和 General Group plc.）、美国先锋集团（Vanguard Group Inc.）、瑞士银行（UBS AG）、美林（Merrill Lynch 和 Co. Inc.）分别排在 1~10 位。

虽然新英格兰复杂系统研究所所长 Yaneer Bar-Yam 指出应更加审慎看待这一研究成果，因为该研究显示的仅仅是股权结构，而很多股权所有者属于基金公司，他们并不实际控制这些企业。但透过这项研究，我们仍然能够清楚地看到巨势企业的经济影响力。

企业权势的增长，不仅体现在经济事务上，还体现在企业—社会之间的关系上。这种权势的增长使社会政治生态发生变化，政治权力从政府转向政府与企业分治。欧美国家院外活动集团中经常可见大企业和利益集团的影子；即便是在中国内地，大型企业集团或行业利益集团，在政策制定和实施过程中也可以发挥巨大的影响力。企业权势的增长也直接影响和干预着公众生活。例如，企业的创新政策可以影响消费市场上产品供应的种类及价格、环境政策可以影响生态环境的质量、雇佣政策可以决定雇员及其家庭的生活质量。

在这一背景下，企业公民责任成为一种普遍的社会期待。我们可以从企业—社会分析的角度理解企业公民责任。Matten、Crane 和 Moon（2007）使用了三个隐喻来说明这三种角色：人、政府和舞台。

（1）人

"人"的隐喻意味着企业被看作社会公民的一份子，与其他公民一样，享有公民的权利和义务。

（2）政府

"政府"的隐喻则强调企业参与社会治理的功能。随着企业权势的增长，人们开始期待企业发挥与政府相类似的权利。企业可以与政府一样，共同影响社会公民的生活。在政府的隐喻下，企业所扮演的角色是社会公民与政府的统一体。

（3）舞台

"舞台"的隐喻更多偏向于企业作为社会经济活动载体和塑造社会环境的功能。企业与诸多的利益相关者，构成了复杂的公司网络。在这个网络中，企业提供了网络存在的环境并在其中居于核心地位。

企业公民的三个隐喻，不仅考虑了企业的经济运作，还将企业的政治和社会功能纳入思考范畴，反映了企业履行与其权势相称的伦理责任的过程及效果。

企业公民观念的普及，反映了社会价值观的重要变迁。今天的中国企业，在走向全球竞争的过程中，也将面临这种价值观转型所带来的压力。

2. 社会成员与相关机构的作用

通过市场机制、政治和社会活动等方式，外部利益相关者在参与企业的公司治理方面，正在发挥越来越重要的作用。

（1）消费者

消费者主要通过其购买决策对企业伦理行为产生影响。Zucker（1986）曾系统解释了消费信任在其购买决策中的作用。企业的伦理表现可以为消费者提供信任评价的有效判断信息，从而做出是否购买的决策。那些被感知到具有较好伦理表现、能够控制其伦理风险的企业更容易获得消费者信任。例如，Castaldo 在其对提供公平交易产品的零售商消费者信任所进行的研究显示，消费者更信赖那些伦理表现良好、具有社会责任的零售商（2007）。

当消费者愿意通过自身的购买行为对表现良好的企业做出主动"奖赏"时，将会引导企业更好地控制自身的伦理行为，从而降低伦理风险。

（2）外部审计

外部审计也是一种外部公司治理机制，对于预防财务欺诈等伦理风险行为有很重要的意义。外部审计师主要职能是监督公司财务报告的可靠性，通过外部审计，公司可以提高其可靠性和可信度。独立的第三方审计机构作为监督者，虽然不能绝对保证公司的可靠性，但可以通过审计以减少公司报表中的误报和欺诈信息。通过出具无保留意见、否定意见或者保留/无法发表意见，向公众提供判断某一上市公司是否可靠的信息。

不同国家对外部审计机构的具体要求可能有所差异，但基本上都对审计机构的独立性加以特别关注，在是否存在由雇佣关系所导致的利益冲突、相关报酬、服务范围、合伙人轮换等方面，往往有具体规定。

（3）媒体

媒体在信息传播方面的巨大能力使其在"为善"或"为恶"两方面都能起到极大的作用。虽然媒体有时也会因为过度迎合社会舆论而陷入民粹主义，但相对而言，媒体的监督作用越强，对伦理行为的正面作用就越强。例如，2008 年美国塔夫茨大学和中国湖南疾病预防控制中心的研究人员，未履行合法手续在湖南衡南县一小学进行了黄金大米的营养实验，并于 2012 年在《美国临床营养杂志》上发表了有关 β 胡萝卜素在黄金大米和胶囊中的作用对比的论文。舆论和绿色和平组织认为该实验将中国小学生作为小白鼠，事件被媒体广泛报道后，塔夫茨大学进行了调查，认为论文存在道德问题。该论文于 2015 年被杂志撤稿。

类似的，一些"环境事件"、"劳工纠纷"也都是经由媒体广泛报道而引起公众注意，从而迫使相关行为人改变其决策的。

媒体也通过反映公众意愿并引导公众舆论的方式，实施外部监督。但有时候，媒体如果不能将商业化经营与媒体监督职能进行有效划分，也会产生媒体腐败的问题。

（4）非政府组织

虽然政府在推动立法及政策管理中可以发挥重要影响，但 NGO 组织在监督企业的外部治理方面，同样也发挥巨大作用。

环保组织、劳工权益保护组织、动物福利保护组织、公平贸易组织等，在防范企业伦理风险中都扮演了重要的监督者以及变革推动者的角色。NGO 自身也存在治理问题，对 NGO 道德准则的要求，是发挥 NGO 监督作用的重要基础。

（5）机构投资者

通常认为，机构投资者较之个人投资者更能对企业进行有效监督。保险公司、养老基金、投资信托公司、共同基金等，可以在减少股东和管理层的信息不对称方面发挥更佳作用。但由于机构投资者的发展程度不同,他们在不同国家的市场表现有非常大的差异。一些机构投资者将企业社会责任标准纳入机构投资的评价准则,而另外一些机构投资者则可能漠视甚至主动参与公司的不道德行为并从中获取不当利益。

机构投资者可以通过与管理层的交流、与其他机构投资者的合作、股东大会表决等方式参与外部治理,其对公司决策往往能产生较大影响,从而在预防风险、引导企业伦理行为方面可以起到监督作用。但同样地,机构投资者也可能因其不道德行为而导致伦理风险的增加。对此,各国监管机构对机构投资者的监管也更为严格。

(6)第三方评价机构

第三方评价在公司外部治理中的作用不尽相同,这主要取决于外部伦理环境和评价的公正性。美国在2006年的信用评级机构改革法中,对信用评级质量进行了规定。中国目前对第三方评价的管理还处在改革阶段,第三方评价机构也存在良莠不齐的问题。提高第三方评价机构的公正性、独立性和评价质量是未来改革的重点问题。

一些国际组织对企业的公司治理质量进行评价。例如,金融时报证券交易所和机构股东服务公司合作开发的公司治理指数(CGI)、标准普尔董事会社会责任指数(BAI)、国际公司治理衡量组织评级(GMI)等,这些机构通过发布独立的评价报告,对上市公司进行监督。

9.3 伦理风险的内部治理

公司伦理风险的防范,不能仅仅只依靠外部治理。一些人认为公司治理可以依靠市场自身的纠错机制,通过市场竞争可以迫使企业采用最佳的治理结构。但市场实践证明这可能只是一个美好的一厢情愿。除了外部监管外,企业还必须在其内部建立有效的控制机制,防范风险。

9.3.1 内部治理体系与风险防范

良好的内部治理体系是公司伦理风险防范的重要屏障,是保障公司守法经营的基础设施。

1. 董事会及其监督职能

在所有权和控制权分离的情况下,公司的内部治理主要通过规范股东、董事会、管理层和雇员的权利义务关系,解决现代公司的委托—代理问题。

董事会制度的建立,被视为制约公司控制者或经理人损害公司利益的重要机制。如果我们观察不同地区不同类型企业,就会发现虽然董事会制度存在相当差异,但"良好公司治理的最终责任在董事会(Conference Board,2003)"这一观点仍然在很多地方占有主流地位。

政府在经济活动中的地位、广泛持有型公司的比重、社会传统、市场、产业关系、公司类型等都可能影响公司治理模式的选择。很多国家通过立法要求公司建立董事会制度,董事会需要建立可持续的战略目标以为企业创造长期价值，董事会负有监督公司治理的法定责任。然而，在实践中，董事会是否能起到真正的监督作用则经常令人质疑。在相当长一段时期，董事会被视为 CEO 的橡皮图章，在质询、监督管理层方面作用甚微。

21 世纪初爆发的一系列公司丑闻，使公司董事会改革成为各国公司治理改革的重点。董事会的独立性被看作解决公司治理的关键环节，独立董事也被视为股东利益的守护者。很多地区的法律要求独立董事与公司及其高管团队之间不存在任何财务、社会以及组织上的联系，独立董事本人及其亲属与公司没有商业关系。

虽然董事会制度并不能保障杜绝公司不当行为并确保公司以符合伦理的方式获得可持续发展，但规范的董事会制度仍然被大多数人视为公司治理的基石。

2. 首席道德官与公司合规管理

管理层在董事会监督下对公司的管理职能负有全部责任，并确保公司遵守法律、法规、适用规定的要求，管理层也对公司履行社会责任负有义务。

一些公司的高管团队设有与"合规"相关的职位，如首席治理官/合规官/首席道德及守法官。这些职位的设立表明公司治理开始从被动遵守法律转向企业实现可持续发展的内在需求。首席道德及守法官通常直接向董事会报告，其职责是确保公司遵守所有的法律、法规、准则、道德守则，制订公司守法计划和政策、监督守法政策和程序的运行，整合公司守法文化（Rezaee，2009）。

合规管理已经成为与企业业务经营和财务管理同等重要的企业支柱，金融业是中国较早实行合规管理的行业，对合规管理有明确的行业准则。例如，《证券公司合规管理试行规定》（证监会，2008）、《商业银行合规风险管理指引》（银监会，2006）等，都对合规管理做出了明确规定。国内很多其他行业的公司也设立了合规管理办公室。

合规管理的核心是从法律的角度确保公司的长期守法经营，确保公司对外部利益相关者的责任，包括财务信息披露、管理层信息披露、公平竞争等。

公司合规管理的相关规定须经董事会批准，合规要求公司及其雇员行为必须"符合法律、法规、规章及其他规范性文件、行业规范和自律规则、公司内部规章制度，以及行业公认并普遍遵守的职业道德和行为准则"。合规管理的基本制度包含了合规管理目标、管理原则、机构设置、违规事项报告和处理及责任追究、合规有效性评估、合规风险识别和防范等，合规官对公司合规管理负有法律责任。

3. 内部控制及风险报告

从广义上讲，内部控制是指由公司董事会、管理层及其他人员为实现公司目标而提供的保障过程，这些目标既包括公司经营目标也包括守法目标。

一个典型的内部控制包括事前防范、事中控制和事后监督三个完整的阶段。防范伦理风险的合规管理，其内部控制流程也不例外。财政部会同证监会、审计署、银监会、保监会制定并于 2009 年实施的《企业内部控制基本规范》确定了中国企业内部控制的五大要素。

内控环境和基础设施：企业实施内部控制的基础，一般包括治理结构、机构设置及权责分配、内部审计、人力资源政策、企业文化等。

风险评估：企业及时识别、系统分析经营活动中与实现内部控制目标相关的风险，合理确定风险应对策略。

活动控制：是企业根据风险评估结果，采用相应的控制措施，将风险控制在可承受度之内。

信息与沟通：是企业及时、准确地收集、传递与内部控制相关的信息，确保信息在企业内部、企业与外部之间进行有效沟通。

监督机制：企业对内部控制建立与实施情况进行监督检查，评价内部控制的有效性，发现内部控制缺陷，应当及时加以改进。

COSO（反虚假财务报告委员会下设发起人委员会，2014）对内部控制框架进行了扩展，将报告内容扩展到非财务报告，并在 17 项原则中纳入了反舞弊和反腐败的内容。专栏 9-5 给出了这 17 项原则。

专栏 9-5 COSO 内控原则

1. 对诚信和道德价值观做出承诺。
2. 董事会独立于管理层，并对内部控制的实施和绩效进行监督。
3. 管理层在董事会的监督下，为实现企业目标建立健全组织架构、汇报路径、合理授权及责任机制。
4. 致力于吸引、开发和留任优秀人才以实现企业目标。
5. 建立企业内部控制责任人问责制度。
6. 设定清晰的目标并识别、评估与其相关的风险。
7. 对影响目标实现的风险进行全面识别和分析，并以此为基础进行风险管理。
8. 在风险评价中，应考虑潜在的舞弊行为。
9. 识别并评估对组织内部控制有重大影响的变化事项。
10. 选择并实施内部控制活动以将风险降低到可接受水平。
11. 选择并开发通用控制技术以支持控制目标的实现。
12. 建立内部控制政策和切实可行的控制流程以落实内部控制政策。
13. 整合并使用高质量的相关信息以支持内部控制发挥作用。
14. 在企业内部宣传包括内部控制目标、责任在内的内控信息以支持内控体系发挥作用。
15. 与外部利益相关者就影响内控效果的信息进行沟通。
16. 选择、推动并实施持续的/独立的评估以确认是否存在且有效运行内部控制。
17. 定期对内部控制存在的问题进行评价，并与包括董事会和管理层在内的应采取行动的相关方进行沟通。

（资料来源：参见 www.coso.org。）

在企业实施内部控制的过程中,很多国家的法律、法规和准则要求上市公司管理层对内部控制报告的有效性进行评价,并将内部控制报告整合到公司年报中,并披露公司内部控制存在的重大弱点。

内部控制的另一个关键问题是全员培训。只有当遵循内控过程并嵌入到相关业务流程中,内部控制才可能可持续的实现。

此外,识别和纠正内部控制中存在的重大弱点,是公司防范风险的重要环节。在COSO的17项原则以及我国企业内部控制基本规范中,对此都有类似规定。

9.3.2 举报机制与风险管控

企业内部举报机制的建立,是识别和纠正内部控制中存在问题的一种补充手段,对避免风险扩散有一定意义。

1. 举报与内部报告制度

雇员的基本职责是保持"对组织的忠诚",但忠诚既存在于正式的权利架构(如服从上司的命令)中,也存在于个人关系(对有权威者或亲近者的个人忠诚)中。

在传统的组织伦理中,雇员必须按照公司指挥链条的设计逐级报告,但是当雇员发现其直接上司涉嫌不道德行为时,逐级报告制度将使想要维护公司利益的雇员面临困难,越级报告的制度化则可以减少雇员揭露公司内部不道德行为时的窘迫感。

针对内部报告制度,不同企业可能持不同的态度。鼓励公司内部举报(whistle-blower)的文化在英美公司中比较盛行,内部披露被视为遏制不道德行为的重要手段。美国联邦企业审判规则规定,如果企业没有建立用于报告存疑意见和不当行为的内部报告系统并保障其有效运行,将导致严重后果:这些企业可能面临逐渐加大的经济罚款以及刑事责任。相反,对那些已经采取措施预防不道德行为的企业,则有可能降低处罚力度。

2010年,美国国会通过了多德-弗兰克金融改革法,该法案设立了一个新的举报者项目,由SEC负责其运作。该项目强化了对揭露公司不法行为的举报者的保护,并向其提供经济奖励:如果举报者提供的信息得到核实,对公司罚款超过100万美元时,举报者可以得到10%~30%的奖励。中国国家税务总局对检举偷税漏税行为者,也提供相应的奖励项目。有数据显示,对举报进行奖励使得举报数量大幅增加。

而从公司的角度,它们更愿意将报告制度限制在公司内部。一些公司开始设立首席道德官,并鼓励雇员发现组织内部存在不道德行为时,向首席道德官或者首席执行官直接报告。

这种鼓励越级报告不道德事件的制度设计,被称为内部报告或内部披露制度。企业建立内部披露制度,对企业长期绩效具有正面的影响。愿意揭发企业不道德行为的雇员,通常都是对企业忠诚度较高的雇员。但由于雇员的举报行动可能对雇员自身的社会关系产生不良影响,因此一些企业建立了对内部报告人的保护制度以减少这种负面影响。例如,对内部审计人员实施保护、允许匿名报告制度等。一些相关的研究也显示,多数雇员只有在允许匿名报告时,才愿意揭露不道德行为。普华永道在德国的一项调查显示(Hauenschild, 2007),40%左右的不道德行为是由内部举报者揭露的,这些人虽然不惧怕向直接上司报告,但更愿意使用内部或外部的投诉系统。2010年美国参议院投票通过金融监管改革法案《多德—弗兰克华尔街改革与消费者保护法》，一家美国商业与证券律师事务所Labaton Sucharow对员工举报不道德行为的情况进行了调查。调查显示①：约四分之三的雇员愿意揭露其工作场所中存在的不道德行为，但前提条件是不担心受到报复、可以匿名，而且多数人是在有奖励的情况下才会这样做。

为了鼓励雇员在公司内部报告而不是将信息披露给社会公众或政府机构，很多公司采取措施鼓励雇员使用内部报告系统；一些欧洲公司甚至采用保密技术，使举报者可以在匿名的情况下与公司道德监察人员进行沟通，即使是监察人员也无权了解举报者的个人信息。

多数雇员并不愿意将公司内部的不道德行为公诸于世，他们更愿意在公司内部的制度架构下解决问题。只有当缺少内部报告制度或制度不起作用时，他们才会对外披露信息，希望借助其他力量迫使公司采取正确的行为。

2. 外部举报

当企业决策者做出错误决策时，或者企业利益与雇员的个人道德观念发生冲突时，应该忠实于企业利益还是忠实于个人价值观？如果这种冲突发生在企业利益和社会利益之间时，当事雇员应该如何行动？一些企业虽然鼓励雇员的举报行为，但严格限于内部的举报（即越级反映问题）。有些企业则不太倾向于鼓励举报行为。多数企业都不太可能容忍雇员对外部的举报行为。而在几十年前，人们对举报者的容忍度更低。参与旧金山湾区BART高速交通系统建设的三位工程师，霍尔格·约尔茨万、罗伯特·布鲁德、马克斯·布兰肯泽的遭遇，就是一个典型案例（见专栏9-6）。

专栏9-6 工程师的举报

1962年，旧金山湾区拟由联合公司承建该高速交通系统，工程预算为10亿美元。由于前期工程估算低估了施工的技术难度，导致建设过程中成本增加，超出预算。在施工过程中，公司拟将部分尚不成熟的技术引入到该系统，以降低成本。

当事的三位工程师发现了这一问题，并反复提请公司管理层这将引起技术上的某些问题，但未能得到公司的重视。在整个过程中，三位工程师均采用书面报告。1971年11月18日，约尔茨万经其他二人同意后，起草了未署名的备忘录提交给公司。

三位工程师感到需要通过独立的第三方专家形成一份中立报告，以验证他们的反对意见是否成立。在与公司管理层接触后，他们认为公司管理层对这一想法有兴趣，于是委托爱德华·巴菲纳进行技术鉴定，并要求他在1971年11月之前向工程师和联合公司管理层提交调查报告。

在此过程中，公司新任经理丹尼尔·海利克斯注意到了该问题，并对三位工程师的意

---

① 美国之音报道，2011.12.16。

见表示重视与肯定。在1972年1月的商讨会上，他接受了三位工程师的主张，约尔茨万也向他提交了11月18日备忘录的复印件和巴菲纳的鉴定意见（该项文件仅提供给公司领导层参考）。1972年1月9日，当地的一份报纸Contract Costa出人意料地登出了该备忘录，该报记者进行追踪调查，并诱使海利克斯说出了巴菲纳报告的存在；1月20日，该报再次刊登了报告全文。事情被暴露在阳光下。

事后，公司管理层极力想要找出幕后的操纵者并追究责任。2月24日，公司举行了部门经理会并在会上一致同意开除向舆论告发的知情人。

罗伯特向其上司瓦格纳求助，并透露了自己曾参与聘请外部专家的事情。瓦格纳及其上司逐级向上汇报了此事后，三位工程师被解雇。不仅如此，公司还对外大肆宣传三位工程师是举报者和惹是生非者，阻挠他们寻找新的工作。

事后进行的所有独立调查都证实了三位工程师对技术问题的看法是正确的，工程师协会也发表声明，证实三位工程师的所作所为完全符合工程师协会的伦理守则，他们认真履行了作为一个工程师对社会公众所应承担的责任。三位工程师也将联合公司告上法庭，但由于他们私下委托了巴菲纳进行鉴定，工程师们获胜的机会渺茫，被迫于1975年接受了庭外和解，所获得的补偿极其微薄。三位工程师的职业生涯受到了重创。

（资料来源：节选自霍尔斯特·施泰因曼．企业伦理学基础．上海：复旦大学出版社，2001．）

虽然已经开始有越来越多的公司，建立了内部流程鼓励其雇员及时报告公司内部发生的不道德行为，以避免因发生违规事件而损害公司利益。但从体上看举报尤其是外部举报行为仍然是不受公司欢迎的行为。

作为雇员，一般也不喜欢举报和举报者。但是，在工作场所人们不可避免地会碰到一些两难处境，就像湾区高速交通项目中三位工程师一样。对于约尔茨万、布鲁德和布兰肯泽来说，他们作为工程师必须对工程建设中的技术问题和工程质量负责。他们及时、谨慎地跟上司反映情况，为了证明自己的看法，还请了外部顾问帮忙。当事情曝光后，他们却成为办公室政治的牺牲品。很多雇员，尤其是专业人士，都可能遇到这样的问题。

哈佛商学院教授巴达拉克（2008）曾经写过一本名为《沉静领导》的书，讲述了组织内部沉默的忠诚者的故事。在这本书中，巴达拉克称本章引例中所介绍的安然公司的内部审计人员沃特金斯是"沉静"的英雄，他们宁愿以一种负责任的幕后的方式来报告并力图纠正组织中发生的不道德行为。他们可能选择越级报告，力求在组织内部按照一定的程序解决问题而不是向外部揭发问题。

根据多项研究的调查结果，超过一半以上的不道德行为都是因为偶然因素被发现的，这一点与很多官员因为偶然的盗窃行为被发现有非法取得的巨额财产相类似。公司内部的政治群体，对那些忠诚的雇员造成很大压力，他们必须考虑与其团队成员之间的关系。小群体的紧密关系减少了不道德行为曝光的机会，缺乏正式的组织规则也增加了发生不道德行为的可能性，这时，个人的道德信仰将决定个人的道德选择。

3. 举报者的两难：忠诚 VS 背叛

道德两难是举报者经常遇到的问题，忠于自己的道德观念，去揭露组织内部的不道德行为，通常都会面对违背忠诚守则的压力。

中国文化传统并不缺乏举报的传统。历史上，诸多举报行为所造成的巨大伤痛至今尚未抚平，很多人对"告密"行为仍然深恶痛绝。因此，企业设立内部报告制度时，需要慎重界定报告不道德行为的合理界限。此外，内部报告制度也存在一些负面作用，会造成公司内部的相互猜忌，甚至会产生为了个人私利而进行的抹黑或诬告行为。

在其他文化中，举报行为也并不总是受到鼓励。通常公司鼓励雇员进行内部报告，而对将公司丑闻暴露给外界的雇员，其态度就完全不一样。三位美国工程师的遭遇，只不过是诸多揭密者的缩影。

虽然多数雇员更愿意在公司内部解决问题，但即便是在鼓励内部报告制度的组织中，也有很多的雇员对内部报告的反馈结果不满意。正如我们在安然公司、世通公司的案例中所看到的那样，当问题不仅涉及公司内部少数人员的不当行为，而且涉及公司重大利益时，内部报告制度也会不解决任何问题。

这个时候很多希望忠诚于自己的道德信条的雇员，他们将面临非常困难的选择：假装什么也没看到继续在组织内部工作，这可能是他们的道德信仰完全不能容忍的；循公司内部报告制度，但看不到结果；以匿名的方式或公开的方式向公司外部检举，但可能会使公司受到严重伤害；公开检举也将使自身受到严重伤害；离开公司，将难题留给留下的人。

无论做出何种选择，对雇员来说都很困难。回想一下沃特金斯的故事，她小心翼翼地在公司利益、专业守则以及自我保护之间寻求平衡，但当她的故事被公开之后，"沃特金斯"已经成为举报者的代名词。现在，沃特金斯在全球进行巡回演讲，告诉人们如何理解领导力与伦理，如何避免自己的公司成为第二个安然①。

虽然这些忠诚的雇员最终可能被视为背叛者，但来自企业内部的举报者，在维护社会公义方面显然是最重要的力量之一。实际上，只有内部人士才能掌握那些不道德甚至违法的商业行为，如果没有内部人的揭露，这些问题可能永远不会为人所知或重视。

根据美国 SEC 报告，2010 年 8 月多德·弗兰克法通过后，SEC 在不到一个月时间内已经收到超过 330 份举报，所揭露的不法行为包括操纵市场、财务欺诈以及企业不实信息披露等，举报范围包括美国本土 37 个州以及海外国家。

从国内的实践来看，来自企业内部的匿名举报也是揭露不道德或不法行为的重要渠道，尤其是在政府和法律监管力度薄弱的地方。

2011 年康菲公司漏油事件发生后，据信是其内部雇员首先通过互联网匿名披露了该信息，而中海油官方的信息披露晚了一个多月。同样，中石化公款购买天价茅台的事件，也被怀疑是其内部雇员通过网络平台曝光的。互联网的存在，给雇员匿名揭露公司不道德行为提供了重要途径。

---

① 详细信息参见 http://www.sherronwatkins.com/。

一些政府机构也设立了举办公司违法行为的机制。例如,深圳建立了公司税务违法案件举报中心。劳资纠纷中的违法行为也是外部举报的重点。

对公司来说,如果不能通过内部举报发现问题,外部举报的成本有可能是巨大的。雇员选择向公司外部揭露组织内部的不道德行为,而不是在组织架构内解决问题。从本质上来说,即使在那些道德氛围薄弱的组织里,雇员的个人道德信仰仍然会发挥作用。当他们无法在组织内部解决问题时,就只好转向外部世界。

9.3.3 伦理型组织建设

对于企业组织来说,伦理管理的一个重要挑战在于如何将一个非伦理型组织改造成一个重视伦理氛围、具有良好商业道德的组织。

伦理型组织的构建,不仅需要建立明确的伦理规则和经常性的伦理监察,更重要的是关注决策过程中的伦理思考。伦理型组织的构建涉及两个因素:伦理愿景与氛围的形成、伦理规则与组织架构,正是这些因素决定组织在商业伦理方面的表现。

1. 伦理愿景

组织的伦理愿景将个人道德标准与组织伦理规则进行有效整合。很多企业管理者愿意以自我价值判断作为组织的价值标准,一般雇员也更关心自己是否胜任工作、是否在工作中获得满足和自我价值的实现。提出统一的组织伦理愿景,可以打破伦理缄默现象,并鼓励雇员在合规性前提下实现自我发展和组织发展。

组织伦理愿景的设定和发展,与个人、组织和社会三个层面的道德发展都有着密切联系。

(1)个人层面的道德发展

个人层面的道德发展来自个体的教育、家庭、社会以及自我经历和自我发展。个体层面的道德发展,是雇员做出正确道德选择的基础。领导者的个体道德发展对组织的道德发展影响深远:领导者个人目标、道德水准以及外界的激励,都会在组织内部形成示范效应。在安然公司的案例中,当雷伊、斯基林和法斯特都忙于从内部交易中赚取个人利益时,其他雇员也忙着从中分一杯羹:管理层赚取了数千万美元,从事相关交易的雇员也赚取了数万元至数十万元不等的不当收入。此时,个人的道德标准完全被他们置之度外。

(2)组织层面的道德发展

组织层面的道德发展离不开组织的伦理氛围。所谓组织伦理氛围即组织内部人员对道德观念以及如何在组织内处理道德问题所形成的共同认知,好的伦理氛围的形成是通过构建组织伦理观念与伦理规则而实现的。对一个组织来讲,重要的不仅仅是在讲什么,而是做什么以及如何做,更重要的是领导者的行为对多数雇员的影响。建立组织群体内的信任、共同的愿景和价值观,增进组织成员的情感联系,是组织层面道德发展的关键。

(3)社会层面的道德发展

社会层面的道德发展是个人道德和组织道德的外部环境,个人和企业组织的道德发展,都脱胎并受制于社会层面的道德发展。

有关组织道德的发展,详见第8章的讨论。

2. 管理者与雇员视角：关爱减少道德风险

伦理资源中心（2007）的调查显示，在一个缺乏关爱和伦理氛围的组织中，商业决策的道德风险明显更高。最主要的道德风险包括：雇主欺骗雇员、滥权行为、工作歧视、欺骗股东和投资者、虚报工作时间、工作条件不安全、将个人利益置于组织利益之上、招聘问题、性骚扰、产品和服务质量低劣、环境问题、滥用网络资源、错误使用公司信息、篡改公司财务记录以及腐败行为等。调查还显示，这些不道德行为的发生与公司伦理氛围的缺失有直接关联性。此前，在2000年所做的调查也显示了类似的结果，有接近80%的雇员认为，企业的伦理氛围在他们决定是否愿意为企业工作时是重要的考虑因素[①]。沃克信息公司所做的调查也表明，只有雇主认真处理他们与雇员的关系，雇员才能体会到组织忠诚的意义，才会认同自己是企业价值的一部分（弗雷德里克和弗雷尔，2005）。

关爱有助于形成良好的伦理氛围。对多数雇员来说，企业如果关注雇员个人的需求、在管理中有更多的关怀与互动、管理文化更加宽容和包容，雇员就更倾向于认为所在的组织是更具道德感的、更具有吸引力的。

关爱也意味着领导者不仅关心决策的后果，也关心决策过程是否符合道德标准，是否人性化。如果雇员感受到他们的雇主和管理层愿意倾听他们的心声，而不是仅仅把他们当作企业盈利的工具，雇员就更愿意遵从公司的伦理政策和规则。例如，对于被怀疑违反公司政策的雇员，应该经过公平的调查给出公正的结论；对于一般性错误，应该先警告后解雇；在公司内部创造公平、公正、平等的氛围。这些都有助于让雇员感受到组织的关爱，从而减少敌意行为，增强组织的向心力。雇员乐于为企业做出自己的贡献，其前提是雇员能感受到自己被公平对待（Jaworski 和 Kohli，1993）。

与单纯追求经济利益最大化的理性组织和追求小群体利益的政治性组织不同，关爱型组织将公司看作所有雇员共同组成的社会网络。在这个社会组织中，强调人际关系中的"关爱"和"友善"。企业组织是通过向市场提供优质产品和服务而获得利润，从这个意义上讲，获得利润是优质产品和服务的"副产品"而不是企业组织的唯一目标，一心只想获得利润的企业反而无法获得他们所期望的利润。同样地，企业社会网络通过营造关爱和友善的道德环境来实现经济效益的增长，利润、产品同样是关爱和友善的"副产品"。

除了关爱和友善之外，信任也是关爱型组织的一个重要特点。我们在伦理决策实践的各个环节中，都强调了信任作为公司资产的重要性。没有信任，就难以建立伦理型组织。关爱、友善和信任，不仅有助于改善雇员之间、雇员与雇主之间的关系，同样也有助于改善公司组织与外部利益相关者的关系，实现企业、雇员及利益相关者的双赢与多赢。

企业组织所面临的伦理挑战之一是雇员自我意识的觉醒。在满足法律所要求的公平机会和平等权利的底线之上，雇员更追求劳工权益的良好保护、关注他们在组织内部的决策参与、个人发展以及与组织的和谐等内容（Fernando，2006）。他们希望工作更具弹性和灵活性，更追求个性化的发展，但却常常对此感到失望和沮丧。

---

① 参见 The ethics Resource Center. National Business Ethics Survey: How Employees Perceive Ethics at Work, 2000.

哈佛大学开设了一门"积极心理学"课程，宣扬人本主义心理学，教授学生理解人生和幸福的本意。人本主义心理学被认为是继行为学派和分析学派之后的第三种力量，认为应该重视人的本质，给予人类更多尊严和自由。人本主义心理学虽然还不是一门非常严谨的科学，但提出了很多非常有益和有趣的理念：幸福感、乐观主义、善良、道德、美德、爱和关怀、自我实现等[①]。Tal 指出，影响人们感受的不仅仅是信息本身，还包括如何解读、理解、关注这些信息。某种程度上，解读比信息本身更重要。对企业及其雇员而言，竞争无处不在，但雇主对雇员的要求、雇员对雇主的期待之间总是存在一定的差距，由此所导致的工作压力、精神紧张呈逐年增加的趋势。从积极心理学的角度，正面的解读能增加动力，而负面的解读则使人感到人生黯淡。虽然决定雇主、雇员如何解读这些信息的因素很多，但组织氛围的重要性，则是无论如何都无法视而不见的。快乐是由人的精神状态而不仅仅是物质基础决定的，组织氛围恰恰是影响我们精神状态的最重要的因素之一，不仅在工作时间而且在私人时间里依旧影响我们。

关爱型组织强调从传统理性组织转向更个性化的管理方法，强调组织文化氛围，其理念与积极心理学不谋而合。越来越多的管理者相信，关爱和美德，是增强组织竞争力、提升雇员幸福感和工作激情的动力。海底捞的总经理张勇在总结其经营之道时，强调愉快管理学的重要性。他指出服务顾客首先要服务雇员。海底捞的管理意味着"激情+满足感=快乐，这两条都满足了，员工自然就会快乐，并把这种情绪带到工作之中。"亲情式管理，虽然不是海底捞成功的全部，但却使它有别于其他的成功者。

关爱型组织并不意味着放任式管理，关爱型组织同样需要处理个体之间的利益冲突问题。在个体、组织和社会利益发生冲突时，解决何者优先的问题在任何组织中都无法回避。建立组织伦理规制就是为了解决这些问题的，使企业能够在遵守法律、追求组织的公正性以及个人层面的公平感之间保持平衡。

3. 伦理型企业：商业逻辑的重构

与传统理性经济组织不同，伦理型企业不仅仅是将商业活动视为商业利益最大化的工具，它们更关注商业价值的创造。

亚马逊的创始人杰夫·贝佐斯（Jeff Bezos）在普林斯顿大学毕业典礼上发表的演讲中曾经说过："善良比聪明重要。聪明是上天所赐的礼物，而善良则是一种选择。天赋与生俱来而选择往往很困难。"苹果公司 CEO 蒂姆·库克在华盛顿大学的毕业典礼上也一再强调坚守价值观的重要性："当你用自己坚信不疑的价值观去创造更美好世界时，工作就会产生新的意义。"同样地，谷歌公司对其股东承诺："不作恶。作为一个为世界做好事的公司，我们终将获得长期的回报，即便这样做意味着放弃某些短期利益。"

伦理型企业，在看待商业行为与商业利益的因果关系时，特别强调价值观。它们认为自身存在的"合法性"在于为世界创造价值，在这些企业组织看来，公司长远的发展高度依赖于其价值观。只有"价值和理念才是真正的创新"（吴清友，2015）[②]，公司财富的获

[①] 参见哈佛大学公开课 Positive Psychology, Tal Ben。
[②] 吴清友在 2015 年中国绿公司年会上的演讲，http://finance.sina.com.cn/hy/20150414/094421950524.shtml。

得是追求价值创造的结果,获得财富的过程远比获得财富本身更为重要。

伦理型企业建设需要多种力量支撑,价值观之外,管理团队、组织架构和伦理规制缺一不可。

(1)管理团队

高层管理团队的表率作用,是建设伦理型组织的基础;高层管理团队在制定伦理规则、推进公司伦理氛围的演变以及伦理政策的制定与执行方面,都有举足轻重的作用。没有高层管理团队的支持,建设伦理型组织就是一句空谈。某种程度上,公司 CEO 的价值观和理念,对塑造企业伦理氛围具有决定性作用。

(2)组织架构

伦理型组织的建构需要组织资源的支持。公司内部应建立专门的机构,设立专人负责公司的道德审核与培训工作。在组织架构方面,合规管理是其中最为核心的内容。伦理委员会或者伦理办公室等,负责提出公司伦理政策和建议并制定相应的规则,开展伦理培训等工作;而建立内部报告制度和内部问题解决机制,则能有效避免或减少不道德行为的发生概率。

(3)伦理规制与培训

公司应制定明确、清晰的伦理政策和规则,并对具体工作岗位的伦理要求形成统一文件,帮助雇员了解伦理决策,知道何者可为,何者不可为。将伦理行为从雇员的个人行为转化为组织行为;应对雇员进行培训并在组织内部展开讨论,确保雇员行为符合公司伦理准则的一致性标准;了解雇员所面临的伦理困境并提出解决方案;应鼓励雇员对公司的伦理实践提出建议和批评,促进公司伦理文化的形成。

还应建立统一的奖惩标准,对任何不道德的行为采取措施并加以制止。所谓千里之堤溃于蚁穴,对任何不道德行为的纵容都将会导致雇员士气低落、逐渐丧失对不道德行为的警觉性。

9.4 全球化下的中国公司治理

全球化在今天似乎已经成为一种共识,几乎无所不在,对我们的经济、社会、政治乃至普通公民的生活方式产生了重要的影响。随着中国公司的快速成长,从本土走向海外,从地方性公司发展为全球性公司的过程,必然伴随着文化、伦理和商业实践中的种种冲突。这一节,我们重点讨论全球化及其影响、全球化下的伦理冲突以及中国企业作为跨国公司应关注的责任。

9.4.1 理解全球化

1. 全球化与全球化趋势

"全球化"这一概念,一直到 20 世纪 60 年代才开始在英语世界中出现(Waters, 1995)。"二战"之后,科学技术的快速发展和应用、国际货币基金组织等重要国际性经济组织的成立以及跨国公司生产和运作的扩张，逐步推动了全球化进程的发展。

目前，我们还没有一个通用的全球化定义。迄今为止，最经常被引用的定义仍然是将全球化视为一种观念的变化（Robertson，1992），是全球不同区域之间的相互连接和影响的过程（Giddens，1990）。

上述定义包含了全球化的两个重要特点：全球化是观念和过程而不是可描述的状态。所谓全球化不仅是"地球村"的概念，更是将地球视为一个整体，是不同地区人民的观念逐步趋同的过程。在这一过程中，全球不同地区、不同社群之间建立了更紧密的社会关系。在全球化不断演进的过程中，全球间的经济、政治、社会、文化、军事活动相互交融、相互影响。全球化不是一个单一维度的概念，全球化的趋势几乎同时发生在从经济到文化、从政治到军事的各个不同层面（George，2004）。更简单的说法，全球化是国际社会交往以更大规模、更广泛领域、更快速度和更深影响力在洲际间、区域间的流动（Held 和 McGrew，2002）。

由于全球化概念缺乏清晰的解释，有些学者甚至认为它根本就是一个伪概念，甚至认为这一提法本身就充满了自相矛盾（罗森伯格，2002），以至于都无法提出一套解释性指标，因而只能将其解释为趋向全球化的过程。

从实践的角度，全球化趋势最明显的标志是资本、信息、人力、物质以及知识等生产要素在全球层次上的广泛流动，并推动金融、贸易、投资、生产、服务以及科技创新等领域的全球化发展。随着互联网和通信技术的发展，使信息和知识更加自由流动，打破了传统的国家、民族边界及地理空间距离的束缚，国家、国际与全球三个层次上的社会交往几乎具有近似的影响力。一个最简单的例子，从北京到纽约，虽然远隔太平洋，但人们可以很方便地实现即时通信；即使从北京旅行到纽约，也不过是十几个小时的事情。而一国之内，从北京到云贵的偏远乡村，同样需要十几个小时甚至更长时间。

全球化趋势不仅体现在社会交往层次的变化，也体现在全球性活动及彼此间的相互影响发生得更频繁、更迅速。美国气象学家爱德华·洛伦兹（Lorentz，1963）曾是这样描述蝴蝶效应的："南美亚马孙流域热带雨林中的一只蝴蝶，偶尔扇几下翅膀，两周后美国得克萨斯州就可能刮起一场龙卷风。"全球化背景下，任何一个地区发生的事件，都会快速引起连锁反应。

今天，人们更加意识到全球化在推动经济、社会、文化、政治等领域变革的重要作用，因此也提升了对全球化及其后果的警觉性。与全球化趋势相对应，反对全球化的力量也在不断增强。自由贸易原则让位于贸易保护主义、以区域国家为核心的区域一体化进程明显加快。区域自由贸易协定、地区性经济合作组织，其运作更加紧密；而国家间的竞争也更加激烈。

2. 全球化的影响

全球化的影响体现在经济、政治、社会、文化、民生和军事等诸多领域。在商业伦理领域中，我们更关心全球化对经济、文化和社会的影响。

（1）经济影响

经济影响主要是通过生产、资本、贸易、金融的全球化及跨国公司的快速成长来实现的。第二次世界大战后逐渐形成的全球性产业分工、贸易以及对外直接投资的发展，直接促成了金融的全球化、自由化以及持续的金融创新。自 20 世纪 80 年代中期以来，国际投资年均增长接近 1/3，其中，金融服务占了一半左右。

全球化的经济影响包含正反两面。一些从事国际化研究的学者认为，跨国公司在带动一些地区经济发展的同时，也造成了另一些国家和地区的经济迟滞和衰退（George，2004），尤其是很多后发国家，在跨国公司所塑造的全球经济体系中被动地陷入了价值链的"低端"锁定。

（2）文化影响

全球化不仅影响国家的经济发展，以电影、软件、电子游戏、音乐、艺术、图书等为主的全球文化贸易，打破了原有的民族和地区间的文化隔阂；以互联网技术支持的即时通信、个人信息发布使个人层次上的文化沟通也更为便捷；伴随着跨国公司的全球性活动，以跨国公司主导的企业文化也将其母国的文化传播到当地国家。

但是，全球的文化交流、传播和融合，更多体现的是强势文化（主要是英语文化，尤其是美国文化）对其他文化的侵蚀。美国的影视业、图书出版业、音乐唱片业已经形成了绵密庞大的产业，其出口贸易额牢牢占据世界第一。在这种情势下，很多国家如法国、德国、俄罗斯等，都不得不努力维护各自国家语言的纯洁性。法国甚至以立法的方式来确保法语的纯洁性和固有地位，防止民族文化被边缘化。

在全球文化同化的同时，民族文化也展现出其异质性的魅力。民族文化的保存和传承受到各自国家的重视。例如，非物质文化遗产的保护问题，在很多国家都受到前所未有的重视。民族文化还被视为各国家"软实力"的基石，孔子学院、歌德学院、普希金学院和雨果学院，分别以中国、德国、俄罗斯和法国的历史文化名人命名，成为宣传本国文化的重要媒介和实践场所。

（3）社会影响

全球化对国家的社会治理（包括公民个人的生活方式）都会产生积极或消极的影响。全球化的趋势，在某种程度上，使国家边界变得更加模糊；不同国家和地区越来越具有全球性特征，而使民族性和本土性特征减弱。跨国公司成为超国家经济体系，通过金融控制掌握世界权势，使国家的社会政策目标经常被迫让位于经济目标。联合国开发计划署在其《人类发展报告》（UNDP，1999）中曾指出全球化的负面性："全球化追求经济效益、经济成长与生产利润的提升。但却忽视公平性、消除贫穷与加强人类的安全。" 12 年后，UNDP 在哥本哈根发表的报告仍然将贫困和经济发展的不平等视为极大的挑战。该年度新采用的多维贫困指数显示南亚地区集中了 8.44 亿多维贫困人口（约占全球 1/2），非洲地区则达到 4.1 亿人（UNDP，2011）[①]。

全球化使我们生活的地球成为一个日益分化的世界：一些国家变得更富有，另一些国家变得更贫穷；全球化也向我们展现了一个更为混乱的世界：非西方国家的传统社会秩序被打乱、但西方世界却没有做好欢迎后来者的准备。即便一国之内，贫富差距、阶层差距

---

① 各年人类发展报告，参见联合国开发计划署官方网站。

也明显加大，社会治理越来越趋向于所谓"精英治国"。受过良好教育，尤其是有西方教育背景的阶层，明显占据了更有利的地位。

9.4.2 全球化中的伦理冲突

通常认为，文化对塑造伦理环境具有重要或极为重要的影响。一些人认为文化的异质性将导致伦理的相对性，或者也可以更通俗地说，不同的文化背景孕育不同的伦理观念。全球化经营过程中，特别需要关注这些孕育于不同文化背景的伦理观念之间的冲突问题。

1. 关注伦理优越感

此前我们已经讨论了文化相对性、东西方人性的差异与共性问题，而这些讨论都是建立在对文化和人性的类型化、结构化理解基础上的。类型化和结构化的理解方式，虽然更容易抽象出我们所需要的概念基础、分析工具和方法，但却存在可能导致前提错误的风险。

很多学者愿意分析亚洲文化与欧美文化的差异、东方人和西方人的观念差异，这些一般性的、类型化分析有助于我们建立对于不同地区、不同类型人群的基本理解。

例如，霍夫斯坦德教授（Hofstede，1980/1991，2004），运用人类学和心理学研究方法，对不同国家的文化和人格特点进行比较。他的研究采用了包括五个维度的"文化生态尺度"，利用 IBM 遍布全球的公司网络，对不同国家的文化特点进行类型化的刻画。该研究从 20 世纪 80 年代开始一直持续进行，文化尺度也由 4 维增加到 5 维。霍夫斯坦德的"文化生态尺度"研究被广泛引用和接受，是一种典型的文化多元论。对这一问题的更详细讨论，参见本书第 10 章。

如果在文化差异性研究中过分类型化某种文化，则可能导致对不同民族或地区文化进行高度程式化的刻画，进而产生所谓主流文化的优越感。当今英语文化的优越感，在某种程度上就是建立在这种类型化的刻画基础上的。文化优越感在商业环境中特别容易形成某种歧视性看法，并导致伦理认知的不公平问题。

抱有文化优越感的人经常认为只有在自己所属的文化体系下才有可能产生"好"的伦理规范。因此，要么坚持伦理绝对主义（只有自己是对的并坚持自己的做法），要么形成虚无主义（只在自己的国家和文化中坚持伦理规范）。中国公司在走向全球化的过程中，也经常碰到类似的问题。

作为一个号称拥有五千年文明的古老国家，在某种程度上，中华文化的优越感甚至超越了英语文化的优越感。在这种情态下，人们往往缺乏对不同文化观念的尊重和关注，从而导致了伦理冲突的发生。

中华文化的优越感已经存在了数千年，即便是那些看上去特别西方化或者特别崇拜西方文化的人，这种文化优越感也可能深埋在其内心中。文化优越感所带来的最大问题是极易导致各种歧视问题。文化优越感不仅存在于华人中，几乎每个在历史上取得文明优势的国家，其人民都存在自我文化中心的问题。如果没有制定完善的非歧视政策和伦理守则来抑制这种文化优越感，将会带来比较严重的问题。尤其是在有些国家中，尽管经济发展水平相对落后，但并不缺少平权精神和民主素养的社会群体，问题更为严重。

中国文化强调"己所不欲，勿施于人"，但也需要意识到"己所欲"却未必是"人所欲"。避免文化优越感，在跨国经营中也是非常重要的文明准则。

2. 共同规范与文化的公平性

文化多元性是一种客观存在，但这并不意味着在全球化背景下，就无法形成共同的伦理价值观念或者必须接受某一种强势文化的伦理规范。在是否存在全球共同伦理规范的问题上，曾经有过争议，但随着不同文化之间不断的沟通与融合，必然形成一些共同规范作为所有文化和所有参与者都能接受的道德守则。但我们仍然无法否认，在现有的全球性商业规范，包括考克斯准则等，还是无法摆脱西方文化至上论的影响。

金黛如在对亚洲文化和西方文化的比较研究中，就指出西方研究者对所谓东方文化或亚洲文化的刻画是相当肤浅的；她也认为文化是不断交融和变化的。在这个过程中，应该发展出一种新的建立普适价值或者普适商业伦理的道德定律，而不是沿用自康德以来被西方广泛接受和使用的功利主义价值观（Koehn，2005）。

对金黛如来说，普适商业伦理的基础有二。

（1）人类利益和"善"的多重性与不可测量性。由于人类利益和善具有多重性与不可测量性，伦理冲突经常是发生在"正确"和"正确"、"善"与"善"之间，因此必须在社会属性下判断某种行为是否符合伦理。在建立普适规则时，应该考虑复杂的固有的社会关系网。当我们考虑社会关系网中我们所珍视的感情、利益、事物等，我们就能在不同的"善"之间进行比较和选择。

（2）建立在个人行为基础上的伦理判断。判断是否符合伦理应根据个人的行为而不是一个统一的领袖范式。如果我们不期待企业的领导者是一个圣人，领导者则可能更容易做出符合伦理的行为。"好的伦理领袖和人类的善一样多，我们必须与我们的同伴就某些善的价值和重要性进行讨论。"

按照这一逻辑进行推演，普适商业伦理是对多元文化的一种回应，也更容易克服文化优越感的桎梏。在这个新的分析架构中，金黛如对关系的思考似乎更接近所谓的东方式的思维模式。

金黛如给我们提供了一个假设性的背景：跨国公司为追求低成本而进行的产业转移是否符合伦理？金氏认为，最重要的判断标准应考虑公司与帮助公司成功的各方的关系。利益、关系的历史、关系的质量、承诺与契约，这些都属于"善"的方面。如果该公司曾经享受过这一地区的税收优惠，选择离开显然是不合伦理的。公司还要考虑对本地雇员的安置：他们是否存在长期关系？是否是忠诚的雇员？这些因素都影响我们对责任的判断。按照这一逻辑进行思考，也许更容易在普适标准的基础上，处理好伦理的文化多元性和公平性问题。

中国公司在全球化过程中，经常会遇到这一问题。在全球化过程中，管理者在其商业活动中应充分考虑到不同文化的伦理敏感度。避免冲突的最佳方式，是更深入地了解彼此的文化，并克服文化沙文主义的影响，以尊重、包容的心态来克服、化解彼此的冲突。

9.4.3 中国公司的全球责任

通常认为，跨国公司是"拥有或控制了其所在国之外的生产或服务设施的企业"，联合国将其定义为"允许通过一个或多个决策中心制定各项连贯政策和一项总体战略的决策体系"（UN，1985）。跨国公司的全球化布局和生产运作，极大地推动了资本、信息、人员、物质和知识的全球性流动；跨国公司对金融、资本、知识、技术、人才的占有和运用，形成了庞大的超国家经济体系，在某些地方甚至握有比很多政府更强的经济和社会影响力。也正是基于此，跨国公司也被要求在全球经济、社会体系中承担与其地位和权势相称的责任。

中国企业在参与国际竞争的过程中，也不得不面临全球责任的问题。如果不能很好地处理这些挑战，中国公司的国际化道路很难走得更远、更顺利。传统发达国家曾面临的有关"促进东道国发展"、"劳工保护"和"资源环境"问题，同样也是中国企业必须面对的挑战。

1. 促进东道国发展问题

很多经济学家在评价跨国公司对东道国发展的影响时，认为虽然从短期的角度来看，跨国公司可以促进东道国经济的总体发展；但从长期观点考察，跨国公司的目标是为其所有者（主要是发达国家的所有者）追求利润最大化而不是增加东道国的福利。对跨国公司的指责集中在以下几个方面。

（1）侵蚀、控制东道国经济体系

20世纪早期拉美国家、六七十年代亚洲新兴经济体在发展本国工业体系时，均强调出口导向或进口替代。但随着国家经济对跨国公司的开放，一些重要产业逐渐落入跨国公司手中，传统的制造业和农业成为牺牲品。随着21世纪金融市场的全球性进程，跨国公司通过资本控制、掌握他国经济命脉更成为新型的"经济殖民"手段。而一些发展中国家为了迎合或吸引跨国公司的到来，东道主的政府也将国民福利和社会发展目标置于一旁，全力配合跨国公司这架上了发条无法停止的战车。例如，根据哈里森的描述，70年代后期，FDI控制了巴西电子机械、橡胶、化工、钢铁和汽车产业的比例分别达到了33%、44%、51%、61%和100%（Harrison，1981）。

（2）穷国补贴富国和发展陷阱

为吸引FDI投资，很多发展中国家都给予FDI投资包括税收优惠在内的各种超国民待遇，使本国企业在与FDI竞争中处于不利地位。凭借发展中国家的人口红利、市场开放以及廉价的土地供给和各种政策优惠，跨国公司在带动东道国GDP增长的同时也获得了巨大的经济利益。跨国公司还可以利用内部转移价格手段，将本应留在东道国的税收转移至更符合其自身利益的地区。跨国公司还通过其全球贸易体系和产业分工布局，成功地将多数东道国本土企业锁定在价值链和产业链的低端，使发展中国家不得不以自身的资源、人力和环境为代价来换取经济增长，从而导致国民福利的巨大损失。

(3) 发展不均衡问题

公平发展与消除贫穷，始终是发展中国家所面临的巨大问题。跨国公司的进入，更可能加剧东道国国内的不均衡发展和贫富差距问题。虽然考克斯原则提出的全球商业准则之一是跨国公司应"促进当地人的进步与发展"，跨国公司确实也推动了很多地区和国家的经济成长，尤其是 GDP 的增长。但经济的成长是否能代表"进步和发展"，还是非常值得怀疑的。尤其是当我们考虑到跨国公司的到来将使越来越多的农民主动或被迫离开他们的土地和家园、成为全球化生产链条上的一根螺丝钉时，这种说法就更不那么可信了。

最近一段时期，有关中国公司在海外的争议也开始增加。这些针对传统跨国公司的指责也开始落到一些中国公司的头上。中国公司在正确理解东道国发展责任和社会发展责任时，需要做更多的努力。

(4) 理解对东道国"发展"的责任

中国公司在跨国经营中，需要努力向东道国展示自身对其发展的投入、支持和贡献。当中国进入非洲或南亚国家时，一些西方国家经常将中国描述成新殖民者，问题在于这种论调还经常得到东道国一些社会阶层的认同。对于一个几乎没有太多历史包袱的国家，这一现象值得深思。探讨其中的原因，与我们对"发展"的理解更多停留在物质和经济层面，而未能关注东道国的社会、文化、经济、政治发展需求有关。尤其是在发展中国家，经常存在错综复杂的社会结构和社会矛盾。不同的群体对"发展"的需求都有各自的理解，过于关注或依赖某些群体，将会带来不小的后遗症。

(5) 社会问题

在社会问题方面，最主要的是遵守法律底线和树立社会形象、融入当地社群的问题。企业需要努力展现支持当地社区发展、融入当地社会的良好意愿并采取实际行动；在处理政治性捐款等国内很少涉及的问题时，应特别注意关注当地的法律要求；此外，杜绝海外贿赂行为、支持员工参与公司事务、尊重当地生活习俗等，都需要建立系统的伦理规范加以指导。

2. 劳工保护问题

劳工保护问题是最容易被忽视的问题。我们先看专栏 9-7 中的小故事。

专栏 9-7　海外雇员的投诉

TX 矿业公司是一家大型国有矿业企业，在南美投资了一个投资额为 3 亿美元的项目。2012 年，该项目需要进行一个大型桥架的现场安装，计划在 2 天内完成主体工程。项目主管王先生负责该工程的现场指挥和调度。

为了减少项目施工对相邻施工现场的影响，王先生决定在夜间进行连续施工。当王先生公布夜间加班的决定时，负责现场吊点安装的 5 个当地工作人员全部拒绝加班，这与其他 30 个中国工人形成了鲜明对照。

王先生多次动员这 5 名当地工作人员，但都拒绝了。王先生的上级经理甚至直接出场，与他们反复沟通都遭到拒绝。王先生和他的经理只好从相邻工序借调了 4 名中方工人连夜加班。事后，5 名当地雇员向公司投诉王先生和经理反复动员他们加班，而 4 名被借调的工人也在私下抱怨当地工人。

加班事件刚刚平息，王先生又接到了 1 名外籍雇员 Tim 的举报。该雇员声称中国籍雇员张先生侵犯了自己的隐私权，王先生按照公司规定进行了调查。张先生和 Time 关系比较密切，在一次私人谈话中，张先生得知 Tim 从小生活在单亲家庭，妻子离家出走，自己独立抚养 3 个孩子。张先生在一次聊天过程中把这件事情告诉了同事唐某，唐某又在和 Tim 闲谈时提到了这件事。Tim 感到很愤怒，于是愤而投诉。本来关系还算友善的几个同事，从此疏远起来，工作配合也开始别别扭扭。

更令王先生哭笑不得的是 Stone 的投诉。Stone 很喜欢和中国籍员工喝酒。有一次，在几个同事的聚餐中，中方雇员频频向 Stone 敬酒，Stone 酩酊大醉。Stone 向王先生投诉，王先生直接跟 Stone 解释，他们敬酒是为了拉近关系，没有恶意。但 Stone 很不理解，认为王先生偏袒中国雇员。

在短短的几个月中，王先生不断接到类似投诉，当地雇员和中国籍员工之间的关系也在逐步恶化。王先生一想到这些事情，就开始头疼。

（资料来源：改编自 MBA 学员案例，仅供教学使用。）

王先生的困惑，也是很多走出国门的中国管理者的困惑。在中国的传统意义上，加班意味着勤劳，朋友间的隐私交流意味着亲密的关系。但由于文化的差异，中国籍雇员和当地雇员对隐私权、工人权利的理解有一定的差异。王先生和他的中国籍员工没有能够及时察觉到这种差异，从而造成了工作中的冲突和困难。

在劳工保护方面，中国公司走出国门之后发现自己常常成为批评的目标。有些管理者将这些批评视为敌意，有些管理者愿意尽自己的努力去融入当地环境。

中国公司经常受到的指责有两个方面：一是本土化问题解决得不好，很多企业为节约成本、方便管理或者缺乏对当地劳动力市场的了解，往往愿意从国内自带劳工，包括基层雇员。这样做的结果是未能增加当地就业机会，也难以扎根东道国社会。二是不了解当地的雇佣伦理，以管理国内雇员的方式，管理当地劳工，造成劳资双方的冲突和对立。TX 公司主管王先生的困惑就属于后一种。

在许多国家，工会具有合法的罢工权，法律所许可的直接罢工和声援性罢工都很常见（Jennings，2009）。由于国内工会在雇佣契约的达成、监督和保障方面，其运作方式与其他国家有很大差异，很多管理者还不适应国际社会的操作方式，对工会的运作方式、策略和政策法律规定缺乏了解。这给中国公司的海外经营造成许多困难。甚至有些公司在进行跨国兼并时，也因此遭受重大损失。上汽并购韩国双龙的案例就是其中之一，上汽在并购双龙之后，遭遇了长期的罢工，损失惨重。

3. 资源环境问题

资源与环境保护问题，是中国公司走向海外市场的另一个重大挑战。由于很多东道主国家过度追求经济发展而缺少相应的环境和生态保护意识及法律规范，跨国公司对发展中国家进行了大量的资源掠夺，并将污染和环境问题转移至发展中国家。西方国家在数百年的殖民统治时期，给其殖民地留下了大量的问题。当这些殖民地民族意识高涨，逐步摆脱殖民统治后，跨国公司的资源掠夺从早期的殖民方式逐步转变为贸易方式。通过国际贸易和产业分工，将资源、能源消耗巨大的环节布局在发展中国家，从而实现对发展中国家承载力的掠夺。此外，在全球贸易的口号下，将具有危险性的废弃物向发展中国家转移，也是一种新的掠夺形式。核废弃物、电子和医疗垃圾等发源于富国的环境问题，通过经济全球化被转移至发展中国家，给发展中国家的生态和环境安全带来严重影响。例如，根据国土资源部公布的消息，中国每年因重金属污染的粮食高达 1 200 万吨，中国有接近 1/5 的农业用地受到污染。

从道义上讲，跨国公司在全球化的进程中负有更多的伦理责任。如果说所有的企业在环境和资源保护中都承担共同的责任，这些责任就包括底线责任、管理和保护责任、尊重责任以及代际责任。

中国企业作为跨国公司走向全球经营时，显然也有义务承担更多的资源环境保护责任。特别是当国际上的领先企业已经做出示范时，作为追随者的后起跨国公司，也必须努力展现自己的责任承诺。从公平性原则出发，跨国公司对全球资源的占用和转移，使其不仅应努力保护其本国的环境和资源，还应努力保护东道国的环境和资源；不仅应与本国的社区建立良好的关系，还应努力推动东道国社区的环境保护和发展。

尽管人们对国家间的公平性、企业间的公平性、代际间的公平性、人和自然的公平性仍然存有很多争议，但无论如何，自愿责任和强制责任，仍然是当前企业履行其环境责任的主要方式。中国公司走向海外市场，不仅要遵守法律法规的约束，还需要通过软实力的展现获得更长久的竞争优势。在发展中国家尤其是缺少严格法律规定的国家，应充分考虑当地社区的环境意识和环境警觉性。企业公民实践，并不仅仅是发达国家跨国公司的责任，中国企业亦应努力承担全球责任，并推动企业社会责任实践的发展和变革，努力建立与东道国之间的良性互动关系。

在这方面，CSR 评价已经成为很多企业宣传其履行公民责任的重要工具。跨国公司履行公民责任，是否实施差别化政策，是判断其是否履行全球性责任的关键。按照乔治·恩德利的划分方法，跨国公司在履行企业责任时，有几种选择：奉行伦理相对主义，以东道国的标准作为其履行责任的底线；以其母国而非东道国的标准，设定其责任范围；在本国标准和东道国之间寻找平衡点，设立责任底线；将自身视为全球公民而不考虑国家之间的差异，制定全球统一的责任标准（Enderle, 1995）。

有越来越多的跨国公司愿意宣扬其作为全球公民的 CSR 实践，并制定自身的全球性伦理管理政策和规则。承认商业伦理的普适性，是建立全球伦理伙伴关系的基础和前提。考克斯圆桌商业原则是其中被普遍接受的一种全球性的伦理准则（参见附录）。其他一些伦理准则包括：联合国全球协议、OECD 跨国公司准则等。

此外，与领先企业建立伦理全球伙伴关系，识别其中重要的利益相关者，并与其建立良好的互动关系，逐步融入国际商业社会并成为其中的领先者，这对很多中国公司来说既是挑战也是机会。中国企业在走向全球经营的过程中，需要认知、认同并熟练运用这些规则，为自己建立伦理领导力，并将其转移到本国或本国企业的社会形象、产品、服务中，从而获得更长久的竞争力。

本章思考题

1. 伦理风险产生的主要原因是什么？
2. 你认为外部环境对企业伦理风险有何影响？
3. 经理人机会主义是一个普遍现象吗？你认为应该采取何种策略抑制经理人机会主义？
4. 观察几家上市公司，从中找出你认为伦理风险较大的企业并说明原因。
5. 有人认为合规性管理就是为了避免法律风险，你同意这种说法吗？为什么？
6. 你会采取何种措施鼓励雇员在公司内部进行举报？为什么？
7. 描述你所在行业的伦理氛围，并说明它对你的决策有何影响。

参考文献

[1] Becker H, Fritzsche D J. Business Ethics: A Cross-Cultural Comparison of Manager's Attitudes. Journal of Business Ethics. 1987(6).

[2] Blair M. Ownership and Control: Rethinking Corporate Governance for the 21 Century [M]. Washington DC: Brookings Institution, 1995.

[3] Brenner St N, Molander E A. Ethics: Is the ethics of business changing. Harvard Business Review, 1977(55/1).

[4] Castaldo S, Perrini F, Misanni N, Tencati A. The missing link between corporate social responsibility and consumer trust: the case of fair trade products. Journal of Business Ethics. 2009, 84(1): 1-15.

[5] Conference Board. Commission on Public Trust and Private Enterprise. 2003. www.conference-board.org/pdf_free/sr-03-04.pdf.

[6] David C Korten. When Corporations Rule the World. bloomfield: Kumarian Press Inc., 2001.

[7] David Held, Anthony McGrew. Globalization/Anti- Globalization[M]. Polity Press, Blackwell Publishers Ltd., Blackwell Publishing Company, 2002.

[8] Dennis C Mueller. A theoryof Conglomerate Mergers. Auarterly Journal of Economics, 1969(11): 643-659.

[9] Dirk Matten, Andy Crane, Jeremy Moon. Corporate Responsibility for Innovation–A Citizenship Framework, in G. Hanekamp (Ed.), Business Ethics of Innovation[C]. Berlin Heidelberg New York: Springer, 2007.

[10] Edward N Lorenz. Deterministic Nonperiodic Flow. Journal of the Atmospheric Sciences,

1963(20/2): 130-141.

[11] George Enderle. What Is International? A Typology of International Spheres and Its Relevance for Business Ethics. Annual meeting of International Association for Business and Society, Vienna, Australia, 1995.

[12] Haack Susan. Scientific Secrecy and Spin: The Sad, Sleazy Saga of the Trials of Remune. Law and Contemporary Problems, 2006(9/69): 143.

[13] Jacques Cory. Business Ethics: The Ethical Revolution of Minority Shareholders. Springer, 2005: 185-226.

[14] James D. Thompson. Organizations in Action[M]. New York: McGraw-Hill Book Company, 1967.

[15] Johnson S R, La Porta F, Lopez-De-Silanes A, Shleifer. Tunnelling. American Economic Review, 2000, 90: 22-27.

[16] Khalil Tarek M. Management of technology: the way to competitiveness and wealth creation[M]. McGraw-Hill Higher Education, 2000.

[17] Hofstede G. Cultures and organizations: software of the mind. New York: McGraw-Hill, 1991.

[18] Hofstede G. Culture's consequences: international differences in work-related values. Newbury Park, CA: Sage Publications, 1980.

[19] Lisa H. Newton. Business Ethics and the Natural Environment.Oxford: Blackwell Publishing, 2005.

[20] Margaret L. Eaton. Ethical Issues Associated with Pharmaceutical Innovation, in G. Hanekamp (Ed.), Business Ethics of Innovation. Berlin Heidelberg New York: Springer, 2007.

[21] Marianne M. Jennings. Business Ethics: Case Studier and Selected Readings (Sixth Edition). Mason: South-Western Cengage Learing, 2009.

[22] Markus Nüttgens. IT Innovations and Open Source: A Question of Business Ethics or Business Model? in G. Hanekamp (Ed.), Business Ethics of Innovation. Berlin Heidelberg New York: Springer, 2007.

[23] Martin, Michael J C. Managing Innovation and Entreprenurship in Technology Firms[M]. New York: Wiley Interscience, 1994.

[24] M Stokes. Company Law and Legal Theory, in W Twining (ed.), Legal Theory and Common Law. Oxford, Basil. Blackwell, 1986.

[25] M. Waters. Globalization [M]. London: Routledge, 1995.

[26] Monique de Wit and Esther Schouten. CSR in the Extractive Industry: An Integrated Approach. In Jan Jonker etl eds., Management Models for Corporate Social Responsibility. Verlag Berlin Heidelberg, Springer. 2006.

[27] Niiler E. Company, academics argue over data. Nature Biotechnology (2000/18): 1235.

[28] Roland Robertson. Social theory and global culture [M]. London: Sage, 1992.

[29] Ulrich P, Thielemann U. Was denken manager uber markt und moral? Empirische Untersuchunger unternehmensethischer ednkmuster in vergleich. Beitrage und berichte des instituts fur wirtchaftsethik an der HSG, St. Gallen, 1992.

[30] Vic George, Paul Wildding. 林万亿, 周淑美译. 全球化与人类福利[M]. 中国台北: 五南图书出版公司, 2004.

[31] Zucker L G. Production of trust: Institutional sources of economic structure, 1840-1920. Research

in Organizational Behavio. Greenwich, CT: JAI Press, 1986.

[32] 保罗·麦卡沃伊, 艾拉·米尔斯坦. 赵玲译. 公司治理的循环性危机[M]. 北京：北京大学出版社，2006.

[33] 弗里德蒙德·马利克. 正确的公司治理[M]. 北京：机械工业出版社，2009.6.

[34] 国际工会联盟：中国及美国均位列全球对待劳工最差的国家之列. 中国人力资源开发，2014(12): 7-7.

[35] 国资委，财政部. 企业国有产权向管理层转让暂行规定. 2005.4.14.

[36] 金黛如，静也译. 地方智慧与全球商业伦理[M]. 北京：北京大学出版社，2005.

[37] 霍尔斯特·施泰因曼，阿尔伯特·勒尔. 李兆雄译. 企业伦理学基础[M]. 上海：上海科学出版社，2001.12.

[38] 郎咸平. 公司治理[M]. 北京：社会科学文献出版社，2010.

[39] 郎咸平. 中国经济的旧制度与新常态[M]. 北京：东方出版社，2015.

[40] 罗伯特·韦尔林. 公司治理案例[M]. 上海：上海人民出版社，2008.1.

[41] 吕长江，肖成民. 民营上市公司所有权安排与掏空行为——基于阳光集团的案例研究[J]. 管理世界，2006(10).

[42] 马克·罗伊. 陈宇峰等译. 公司治理的政治维度：政治环境与公司影响[M]. 北京：中国人民大学出版社，2008.1.

[43] 玛丽·奥沙利文. 黄一义，谭晓青，冀书鹏译. 公司治理百年[M]. 北京：人民邮电出版社，2007.1.

[44] 宁向东. 公司治理理论[M]. 北京：中国发展出版社，2006.9.

[45] 乔纳森·查卡姆. 郑江淮，李鹏飞等译. 公司常青[M]. 北京：中国人民大学出版社，2006.2.

[46] 上海证券交易所研究中心. 中国公司治理报告（2009）：控制权市场与公司治理[M]. 上海：复旦大学出版社，2009.8.

[47] 上海证券交易所资本市场研究所. 中国公司治理报告 2013[N]. 上海：上海人民出版社，2013.11.

[48] 苏赟. 控股股东类型、股权集中度与上市公司经营分析[M]. 广州：中山大学出版社，2005.

[49] 谭崇台. 发展经济学[M]. 中国台北：五南图书出版有限公司，2004.

[50] 杨瑞法. 松下掏空小天鹅[J]. 理财杂志，2007(10): 53-55.

[51] 约里斯·范·鲁塞弗尔达特，耶勒·菲瑟. 于云霞等译. 欧洲劳资关系：传统与改变[M]. 北京：世界知识出版社，2000.6.

[52] 扎比霍拉哈·瑞扎伊. 陈宇译. 后萨班斯-奥克斯利法时代的公司治理[M]. 北京：中国人民大学出版社，2009.4.

[53] 珍妮特·丹恩. 黄庭煜译. 公司集团的治理[M]. 北京：北京大学出版社，2008.

[54] 中国证券监督管理委员会. 中国上市公司治理发展报告[N]. 北京：中国金融出版社，2010.12.

第 10 章 跨文化中的伦理管理

学习目标

认知文化的内涵；识别在跨文化管理中可能出现的文化冲突及其内在原因；探索引领组织和谐持续发展的企业文化的构建途径。

引例

会议室里的冲突

刘培走进会议室的时候，屋里已经坐满了人。由于从上海到重庆的飞机晚点，他很担心错过培训。作为A公司中国区的总经理，刘培很重视这次培训，他希望让重庆的同事感受到自己对今天这个培训主题（商业伦理实践）的重视程度。

落座后，刘培向正在主持培训的人力资源部部长肖斌点点头。从1999年在中国建立了第一家分公司起，两人一直在德国母公司工作。目前总公司已经在中国建立了两家有地方参股的合资公司，拥有其中一家公司70%的股份，另一家公司就是这家重庆第二化工公司，母公司拥有51%的股份，中方董事在这家公司非常活跃。

坐在刘培旁边的副总王志宝一脸的心事。王志宝业务熟练，负责公司销售业务，已经完成多项主要交易，但也深陷与各方合作者的矛盾冲突中：重庆公司的高管们越来越抱怨欧洲标准使其运营陷入困境，特别是在反对佣金和送礼方面的规定。在中国，送礼和接收佣金都被认为是生意场上非常普遍的事情，而且公司的许多竞争对手都在使用这些方法获得订单。王志宝认为，不送礼很难办成事，何况现在是在中国，又不是在欧洲。他很是想不通。

但是，要清楚区分送礼和违法行为并非易事。A公司总部设在慕尼黑，是在纽约股票交易所以及法兰克福股票交易所同时上市的公司，这意味着公司必须遵守美国政府的海外反腐败法，特别是反对在美国上市的公司向外国政府官员贿赂的规定。

在肖斌解释A公司的伦理规范和商业贿赂的法律后果时，刘培一直在观察王志宝。他知道这些规定给销售带来了难度，但公司政策很明确，他希望销售团队的每个成员都能够明白这一点。其实，这已经不是第一次遇到这种情况了，在执行安全和环境标准时也遇到了类似的抵触。因为重庆公司的生产设备一直执行着德国的国家标准，中方合作者认为这种投资是一种"浪费",是一家新兴企业无法承受的开支。但是,在总部的支持下,刘培一直坚持执行严格的安全和环境标准,这使中方合作者非常不满,认为成本太高。刘培拒绝妥协,因为他曾目睹过另一家中国公司因此引起的爆炸事件造成 200 名员工及周围居民受到伤害,停产一个多月。

培训接近尾声了,肖斌示意刘培说点什么。刘培稍微犹豫了片刻,环视着重庆公司的同事,说道:"A 公司的伦理规范是没有商量余地的,我们在运营中必须记住这些规定。我们不仅仅是一家中国公司,还是一家国际公司。"大家神情凝重,一言不发。

两周后,刘培再次回到重庆,参加第二季度的董事会。刚进入希尔顿大厅,就碰上一脸郁闷的财务总监乔治。乔治来自中国香港,他不仅要对公司总经理负责,还要对上海总部的财务总监负责。"刘先生,我很担心这次会议,上周和王先生的谈话很不愉快,"乔治沉沉地说,"王先生马上就要达成一笔 300 万元的销售订单,但是客户采购经理坚持要 1% 的佣金,说这是其他公司给他的额度。""我们不能这么做,"刘培说。"我也这么说了,但王先生坚持说,如果我们不这么做,至少要给这位经理提供一次欧洲之旅,参观一下 A 公司总部。""那你怎么说的?""当然不行。但是他怪我损害公司利益,说我们'外国人'钱多,不关心公司的绩效。"乔治边说边走向会议室,刘培跟了过去。

会议刚开始,合资公司董事会主席、重庆第二化工公司高管陈东就提出了佣金问题。董事会副主席、负责业务开发的副总裁多尔夫首先回应:"陈先生,在这些问题上,我们不能妥协,"多尔夫说,"这里不能有例外,A 公司必须是一个守法的企业公民,其员工也一样。"

陈东不想继续讨论,他坚持认为佣金是必须的:"据我所知,许多外企都给其中国客户回报,一些公司组织海外访问,还有的公司提供管理培训、安排外出打高尔夫等,这些在中国都是很好的实践。要竞争,我们必须得灵活。不提供佣金,至少考虑去慕尼黑总部参观一下。"多尔夫一时语塞,刘培解围道,"佣金或旅行,都是一回事,都是商业贿赂。没有这些我们也可以拿到订单。""订单?什么订单?这个季度我们只完成了目标的 60%。建立这家合资公司的时候,我们投入了最好的人员,包括最好的技术人员、销售人员和管理人员,为什么?因为我们相信自己能生产出世界上最好的化工产品,因而能得到更多的订单。但是看看这里,"陈东拿起会前发下去的财务报告扔到桌上,"我们的绩效下滑很快,公司除了让我们受到伤害,根本没有任何回报。"稍作停顿后,陈东继续说到:"我们把钱都花在高成本垃圾处理这些没必要的东西上,还有高薪酬。最近听说又要投资与总部联网的 ERP 软件,这种开支什么时候能停下来?如果继续这样的高支出,我们不可能实现利润目标。"陈东坐回到自己的位子,双臂交叉在胸前。

多尔夫也坐回到自己的位子,乔治由于震惊而脸色苍白。刘培不知道该说什么好了,他很吃惊陈东会那样反驳乔治。

一阵沉默后,多尔夫终于开口了:"陈先生,谢谢你的坦诚。我想所有这些问题还是有讨论余地的。"刘培一时语塞,不知道多尔夫在想什么。看到刘培的表情,多尔夫看看表,然后说,"咱们要不休息 15 分钟?"边说边站了起来。

当刘培走出会议室后,多尔夫一把抓住他的胳膊,把他拉到旁边的一间小会议室。刚关上门,多尔夫就焦急地说,"刘先生,我们该怎么办?你觉得我们该不该对这些要求妥协?这个公司对我们非常重要,你知道的。"

刘培意识到,多尔夫不是在向他提问,而是希望他妥协。休息时间马上就结束了,他们必须回到会议室对陈东的要求做出回应①。

✎ 刘培应该怎么办？刘培和陈东冲突的原因在哪里？

10.1 存在伦理相对性吗？

1. 道德和伦理的相对性

桑切斯·伦德在讨论跨文化管理时曾经说过："我们需要区别真理和不同文化背景下针对显然相似的情形人们是如何以不同的方式发现并传递真理的"（Sanchez-Runde 等，2013）。罗素也说过："我不会为信仰献身的，因为我的信仰有可能是错的"，那么今天我们是否可以说，真理不是永恒不变的，而是在底线之上的逐渐矫正呢？同样，道德和伦理是否存在相对性呢？

道德相对论的说法很多，有三种观点较为普遍（Byrne，2014）：第一种常被称为道德相对主义（moral relativism），认为源于文化差异的实践，必须是具体情境下的行为，是不可改变的，因此外来指责是无效的。第二种是认识论相对主义（epistemological relativism），否定文化之间道德沟通的可能性，认为在一种文化中合乎伦理的行为，在另一种文化中可能是不道德的。第三种是应用较为广泛的文化相对主义（cultural relativism），认为在普适性规范下可以存在各种不同的实践（Perry，1997）。

对有关道德相对论的争论，需要从道德标准的起源进行分析。一种观点认为道德标准是内生于所有社会的，与文化无关，因而具有普适性；另一种观点认为道德标准与文化共生，是对特定文化的回应，因而具有相对性。在商业活动中，诸如忠诚、感激、仁慈、赔偿、不伤害、自我完善等道德标准在几乎所有的国家和文化中同样受到认可。虽然不同地域确实存在态度、观点、动机、仪式上的差异和许多独特的文化特征，但如果仔细考察，总是会发现其核心标准的惊人相似之处。

伦理作为对道德的哲学研究，使道德系统化并对后者提出质疑和完善，最终为其正当性作出解释。在普适论者看来，伦理识别、制定和解释了能够普遍接受的最基本的客观原则（Kreeft，1990），这些客观原则不分社会、群体或时代而适用于所有道德主体，独立于个人品位、风格或其他主观条件。因此，某个社会普遍接受的价值观和行为，并不一定是可接受的伦理规范。例如，在有些国家普遍盛行贿赂行为，但这不意味着贿赂在道德上是正确的，贿赂并不是可以接受的伦理规范。

相反，在相对论者看来，在人类历史的不同时期、不同社会或相同社会的不同群体或个人之间，甚至相同个体的一生中，其道德判断都可能有所不同。我们的经验经常支持这一点，特别是在一些有争议的事情上，但 Koehn（2013）将这种现象称为经验观察而不是

---

① 本案例编译自哈佛商业评论，2011年9月。

伦理判断。

相对主义判断行为伦理性的基础是该行为是否能满足多数人的最大利益。Hofstede（1984，1997）认为，相对主义文化强调冒险、回报、竞争、进步、挑战和个人决策，在涉及需要考虑伦理因素的情况下，它们会比较所有可能的方案，从中选择最佳方案。较之理想主义者[①]，相对主义者更可能为了个人利益而违反社会规范（Forsyth 和 Nye，1990），更倾向于原谅满足自我利益的不道德行为（Barnett 等，1996）。

在普适论者和相对论者的争议中，经常存在把道德标准混淆为法律标准的现象。虽然在多数情况下，法律标准和道德标准并不相互矛盾，但在个别情况下，二者却可能存在冲突。例如，第二次世界大战时期德国迫害犹太人的法律，从根本上违反了人类的道德底线和尊严。

与伦理规则不同，法律与社会和时代相关，是权力机构确立并可以修改或废止的，其决定会受到先例和成文法规的影响，但多数人的意见或书面规定并不能决定伦理结论的可靠性。在现实中，如果行为不是源于自觉接受的伦理规范，在对不当行为不受惩罚或惩罚力度较小的情况下，人们就可能做出不正确的行为。

一些人认为承认伦理相对性会促进宽容（Robbins 和 Coulter，2009），但实际上却可能因为缺乏伦理标准而造成混乱和冷漠（Kreeft，1999），认可人类行为的多样性不一定意味着在伦理上的同意或反对。在 James Rachels（1986）看来，分歧本身并不能否认真理的存在。虽然道德和伦理的相对论观点有很多支持者，但在一个更为全球化的今天，商业活动中总是存在某些普遍被接受的共同规范，认识、理解并遵循这些规范，对取得长期的商业成功是非常重要的。

2. 道德生成与伦理普适性

科尔伯格（Kohlberg，1976/1981）的道德发展阶段论认为道德发展经过前传统、传统和后传统三个层次。

在前传统层次，只有当某一行为有助于一个人避免惩罚并能产生快乐和满足时，才认为该行为是"好"的（Weber，1993）。儿童和认识封闭的人通常属于这个层面，他们认为诸如真理、公平、互惠、共享、忠诚和正义等道德标准是遥不可及的，追求快乐才是"正确的"的行为（Rawwas 和 Singhapakdi，1998）。

在传统层次，"好"的行为与"可接受"的行为一致，自身行为应使他人快乐。刚成年的人通常属于这一层次。

[①] Forsyth（1980）为了区别理想主义伦理和相对主义伦理，基于结果论（teleology）和道义论（deontology），开发了伦理立场问卷（EPQ）。Hunt & Vitell（1986）认为，道义论注重一个人的特定行动或行为，结果论强调这些行动或行为的结果。与结果论相呼应，根据上述问卷，理想主义者认为没有任何理由伤害他人，但在理想主义维度得分较低的人则认为，要到达理想的结果，有时候伤害是不可避免的。另外，相对主义倾向较高的人判断对错的标准基于特定的形势及其评价的行动，而在此项中得分低的人则使用源于道德标准和法规的一致性原则决定对错，无论情况可能处于怎样的进退两难。因此，Ramasamy & Yeung（2013）认为，相对主义与道义论相关。鉴于理想主义与相对主义的垂直关系（Hastings 和 Finegan，2011），一个人可能在任何一个方向的得分或高或低，或者处于任何一个维度所延伸的某一点上。

在后传统层次：成熟的个体能够主动识别、整合道德标准后作出道德判断，认为真理不仅仅是普适的法律条文，因为后者是由人制定的，可能不总是正确的（Brenkert，2009）。他们视普适性道德规范高于法律条文。值得注意的是，道德完善是一个永无止境的过程，不经深思熟虑和不断探索是难以企及的（Lourenco，1996）。

与前两个层次相比，具有道德发展后传统层次意识的人，其差别在于如何处理伦理困境（Page，2008）。理想主义者和相对主义者，通常都追求社会秩序、尊重普适规则和权威。他们判断行为好坏的标准是是否遵守社会和政府机构制定的规制和法律，并以此作为道德判断和伦理选择的依据（Rawwas 和 Singhapakdi，1998）。但在面对伦理困境时，理想主义者很可能会举报其经理人的不当行为而不考虑举报后果；相对主义者可能会因为结果不是最优而不会举报这些行为；而道德达到后传统层次的人，可能会基于其道德认识特征和道德思考对举报行为进行评估，所涉及的不仅是一个简单的行为选择，而是其存在方式（McCloskey，2007）。

3. 文化差异与价值导向的普适性

文化差异不仅影响不同文化对商业伦理的建构，也影响其对伦理情境的解释和特征赋予（Kuntz 等，2013）。

早在 20 世纪 60 年代，Kluckholn 和 Strodtbeck（1961）就指出，价值导向是认知、情感和指引这三个因素互相作用而形成的复杂原则，其中，指引因素尤为突出，因为它会对人的思想和行为发出指令并付诸实施。为了解释价值导向的普遍构成要素，包括文化间的差异，他们提出了三个假设：①人类最基本的价值导向源于其始终面临的若干基本问题，这就形成了价值导向的普适性；②解决这些基本问题可能有若干种方法；③不同的人会选择不同的解决方法，因而形成了千差万别的社会偏好。基于以上假设，Kluckholn 和 Strodtbeck 总结了五种不同的价值导向：人性导向、人与自然导向、时间导向、活动导向和关系导向。

（1）人性导向。人性是善恶兼具的，这意味着尽管管理与努力都是必不可少的，但是一旦失效也是可以理解的，不必过分责备。

（2）人与自然导向。人与自然的关系是一种和谐关系，人、自然和超越自然是密不可分的。然而，对于这三者的侧重可能因文化而有所不同，有的可能会首先选择做自然的主宰，把所有自然之力为人类所用；有的则更可能屈服于自然，听天由命。

（3）时间导向。时间表现为过去、现在和未来，有的文化更强调未来的强大和美好，认为过去的已经过去，就不能算是美好，因而很少满足于现在。例如，在这种价值观的引导下，美国人会对变化高度评价，只要变化不会威胁到现有的价值秩序——美国人的生活方式。

（4）活动导向。存在、变化中的存在、行动，这三种活动形态造就了有的文化更注重通过行动改变存在，行为动机源自成就和晋升；有的则更注重当下经历，强调传统经验，即使变革也要看是否符合传统做法，其行为动机源自保持社会和谐的未来回报。

（5）关系导向。人与人之间可能存在的直系关系、旁系关系和个性化关系，这就形成系统内部和系统之间的细微差别，而不是强调通过这些概念来突出系统的差异特征。

Trompenaars（1993）在此基础上进行了拓展，他认为每种文化都有其解决问题的独特方法，因而不存在所谓"最佳途径"，在不同地区经营的公司应该更好地解读其所面临的文化困境。Trompenaars将文化分成三个主要维度：人、时间和环境，并构建了三者相互之间的7种关系（见表10-1）。

表 10-1 人、时间和环境的关系

关系维度	解释
①普适主义 vs. 宗派主义 ● 社会义务 vs. 个人义务	普适主义：不考虑情境而对规则的绝对应用 宗派主义：更侧重情景和关系而不是绝对性 商业实例：契约的作用
②个人主义 vs. 集体主义 ● 个人目标 vs. 集体目标	个人主义：个人的福祉和自我实现 集体主义：对社会的关心和利他 商业实例：谈判和决策的目标
③中立关系 vs. 情感关系 ● 关系中的情感导向	关系中的情感导向，关注文化表达情感所选择的背景和方式 例如，商业关系中该不该有情感流露
④特定关系 vs. 一般关系 ● 联系 vs. 契约 ● 交往 vs. 负责	特定关系：公司员工是按照系统特定绩效要求而通过契约雇佣 一般关系：公司员工是在一起工作的群体成员，他们彼此之间以及和公司的关系决定了公司的职能方式
⑤成就 vs. 归属 ● 合法权力 vs. 地位	在成就导向文化中，评价商业人士的标准基于其在所分配职能上的绩效；在归属文化中，诸如地位等往往归于年长者、家庭背景好或特别合格的人
⑥有序时间 vs. 无序时间 ● 单一的 vs. 多重的	有序时间：时间是有形的、可分割的，一次只进行一项活动，不喜欢随便变更日程表 无序时间：时间是灵活而无形的，可能同时分配在多件事情上，无须约定，重在与人的交往和参与而不是事情的达成
⑦内在指引 vs. 外在指引 ● 对环境的内在或外在管理	内在指引：行动取决于个人信念，可能导致和他人的冲突和有悖于自然 外在指引：对环境敏感，追求和谐，往往态度灵活，愿意妥协

（资料来源：本章编者编译自 Browaeys 和 Price，2011。）

在这7种关系维度中，前5个用以描述人与人之间的相处方式，而后2个则与时间和环境有关。运用7种关系维度，通过不断提出问题来识别和模拟各种文化差异，可以帮助管理者形成自己真实的全球经验（Trompenaars 和 Woolliams，2000）。

伦理规范是否具有普适性？Stouffer 和 Jakson（1951）曾经设定了一个让我们更深刻体会普适主义者（universalist）和宗派主义者（particularist）区别的情境：假设你乘坐朋友驾驶的汽车撞到了一个行人，你很清楚朋友是超速驾驶，你也知道你是唯一的目击证人。如果你出庭作证，你的诚实会导致朋友面临严重法律后果。你会怎么做？

普适主义者认为，合理的制度建立在人们可以对自己的世界做出预期，同时可以保留不参与权（Sanchez-Runde 等，2013），他们反对为了个人利益而要么说实话，要么说谎，那会使生活变得太过混乱和不可靠。在上述假定情境中，普世主义者可能会做出两种选择：一种选择认为友谊不是做决定的因素，客观地尽一个证人的义务才是正道；另一种则会选择回避，尽管知道没有尽到对朋友和司法部门的义务，但总比撒谎或以某种方式使朋友面临严重后果要少承担一些道德责任。

宗派主义者则会以不同方式面对这一情境。要么为了朋友而撒谎，要么会先了解情况后再做决定，但不会通过回避方式而避免陷入困境。他们或者只考虑朋友的利益，或者自认为不应该拒绝为了恢复事故所打破的平衡/公平而做出努力。相对而言，普适主义者更强调规则、价值的客观性以及预见性，而宗派主义可能更看重关系、主观性和模棱两可。

文化选择经常是影响价值普适性的重要因素。例如，公司绩效考核本应按照事先确立的客观标准一视同仁地对待所有员工，但我们仍然经常听到各种质疑：为什么在完成同样目标的情况下，那些更努力的人会得到更多的认可和奖励？难道是因为他比那些更有能力的人投入更多时间和精力去完成同样任务吗？在有些文化中的确如此，人们更偏爱那些努力的人。反之，在有些注重结果导向的文化中，情况可能正相反。这一事实并非否认伦理普适性，但却反映了伦理普适性在实践中的差异。

在如何应对不同国家伦理标准和伦理实践差异性问题上，Thomas Donaldson（1996）认为人类共同的核心价值观决定了所有公司都应该遵守最低限度的伦理标准，尤其是对人类"尊严"、"基本权利"和"公民权利"的尊重。但在履行伦理标准的过程中，由于理解和应用上的差异，即使完全认同这些核心价值，其实践也千差万别。

普遍存在的文化差异，导致人们倾向于伦理相对性。对此，Koehn（2013）指出了其认知上存在的误区。其一，过多关注行为细节而忽略了对支撑人类行为的伦理或德性的探索。其二，将文化视为静态和整体的，这一点并不符合事实；每一种文化都以自己所拥有的资源和概念对不同的条件和情境下的诸如公平等普适德性进行解释，每一种文化内部通过对实践的理性判断，在其德高望重者的再诠释下，在其文化中便形成了经过沉淀之后所谓的"自己"的伦理文化。其三，错误地认为某种文化中出现的问题只有一种解决办法，进而错误地认为"其他"文化和"我们"的文化拥有不同的伦理。

回到本章开篇引例刘培所面临的问题正是如此。刘培显然是一个伦理普适论者，他不仅考虑公司的现实经济利益，也在考虑公司的声誉。因此，尽管连多尔夫都在考虑在伦理规范上进行妥协的情况下，刘培却最终仍然坚持不放松伦理标准。因为在他看来，随着时间的推移，他所坚持的伦理价值终究会被其同事所普遍接受。

至此，我们或许可以得出如下结论：在看似不同的道德判断背后，一些最基本的价值和原则普遍存在于各种不同文化中，这些伦理标准是人类繁衍生息的根本信条。正如Melé and Sánchez-Runde（2013）所说，伦理价值在时间和空间上不是普适的，但通过时间和空间肯定会变得普适的。

10.2 文化认同与文化冲突

什么是文化？梁启超在《什么是文化》中说，"文化者，人类心能所开释出来之有价值之共业也"。近代大儒梁漱溟在《中国文化要义》中说："文化，就是吾人生活所依靠之一切……文化之本义，应在经济、政治，乃至一切无所不包。"而在Kluckhohn（1951）、Hofstede（1999）等人看来，文化就是由各种反映"好"与"坏"、"合法"与"非法"等意义、符号、价值和假设构成的综合系统，是社会实践与规范的基础，人们借此诠释自己的存在和经历，并激发其行动（Geertz，1957）。

正因如此，人们对自己群体所属的文化往往具有高度认同，我们观察专栏 10-1 中 Huntington 讲述的例子。

> **专栏 10-1　旗帜与文化认同**
>
> 国旗经常被视为特定国家的民族及文化认同的象征，当人们出现在各种重要场合时，往往高举国旗。
>
> 1994 年 10 月 16 日，为抗议否决非法移民及其子女享受加州福利的 187 决议，7 万抗议者高举墨西哥国旗走上洛杉矶街头进行游行。很多观察者质疑：为什么他们举着一面墨西哥旗帜走在街上，却要求这个国家给予他们免费教育？他们为什么不拿美国国旗？
>
> 两周后，许多抗议者扛着上下颠倒的美国国旗走上街头，这些旗帜表明 187 决议支持者获得了胜利，59%的加利福尼亚选民支持该决议。
>
> 在这两场游行中，墨西哥国旗和上下颠倒的美国国旗，就成为了文化认同的象征。
>
> Michael Dibdin 在其小说《死亡环礁》（Dead Lagoon）中，通过威尼斯一个民族主义煽动者形象的表达了一种很严肃的世界观："没有真正的敌人就没有真正的朋友。除非我们痛恨我们不是什么，否则我们不会热爱我们是什么。这是我们一百年来在痛苦中逐渐发现并深觉伤感的古老真理。那些否定这些真理、否定自己的家庭、遗产、文化、与生俱来的权利、甚至否定自己的人，绝对不会得到原谅。"
>
> （资料来源：Huntington，2011。）

Huntington 在这个故事中，试图说明人们对于寻求文化认同的关切，他宣称政治家和学者不能无视文化认同和冲突，"对于寻求认同和彻底改造中的族群，必须拥有敌人，而且有可能最危险的敌人就出现在主要文明的断层线上"。

从最广义的层面来看，文化和文化认同其实就是文明的认同，文化的冲突也在某种程度上代表了文明的冲突。今天，各种不同文化在全球化中不断碰撞并可能产生各种冲突。

人们对不同文化的行为模式经常会有刻板印象。Patel 等（2002）在研究文化对跨国会计公司中澳大利亚、印度、中国和马来西亚审计人员的影响时，分析了不同文化背景的审计人员面对审计—客户冲突进行职业判断时的不同做法。他认为：中国文化植根于儒家思想，家庭、社会和政治的稳定和谐是其终极目标，因此，人是在等级关系中定位的，不需要进一步去论证其合理与否，只要发挥其所在角色对稳定和谐的维护就是符合伦理的；Brindley（1989）也持类似观点，认为中国文化强调忠孝，"个人欲望从属于对父辈、祖先、甚至上天的一系列等级服从"，人与集体的关系才是人的本质，道德标准及伦理判断不会内化或独属于个体，而是由外在环境决定的，因此，人们更倾向于接受多重道德标准。同样，在印度文化中，个体也是集体的一部分，由后者而不是个体决定行为是否可接受的规则，人们更关心行为是否得体而不是是非对错（Triandis，1994）；伦理判断取决于个人及其背景、家庭、友谊、种姓荣誉与保持和谐被放在了更重要的位置（Trompenaars，1993）。相比之下，美国、澳大利亚等国家的文化则表现出盎格鲁-美利坚文化中人文发展的目标，即实现"有能力的自我"、"有效的自我观，能够管理自己的人生并从中活出自我，不同于受制于他人、感到无效、无能、不得不遵守一个人不可能改变的规则"（Brewster-Smith，1968）。精英政治（meritocracy）强调个体对自己命运而不是其家庭、社会背景的掌控，这形成了澳大利亚等盎格鲁社会的基础（Edgar 等，1993）。

Patel 等人的分析，显然将跨国公司中审计人员的不同判断与其文化和文化认同联系在一起。这与 Hofstede（1980）将文化视为集体心理历程的看法一致。Hofstede 认为人们在特定条件下与其他群体、部落、区域、少数/多数人或民族共享不同的生命经历时，由于分享类似的家庭、教育、宗教、管理经验、地理和气候等形成的心理编码是特定文化中的共享知识，他针对各种文化的差异，列出了以下 4 个主要标准。

（1）权力距离。即一个社会对体制或机构权力分布不等的认同程度。例如，一个人把问题归咎于体制还是问题的受害者。

（2）不确定性的规避。这是一个社会对不确定或模糊情况所带来威胁的感受程度，由于这种情况会产生不适，所以只能通过制定限制各种异常思想和行为的正式规则才能缓解。这可能体现在对情感表达方式的偏好、民族主义的强烈程度、社会中广受青睐的规则的多寡等。

（3）个人主义/集体主义。这一标准基于社会网络的松紧程度。个人主义意味着网络的松弛，人们更关心自己及其家庭，更重视隐私和个人决定。相比之下，紧绷的社会网络表现出强调（相对于群体外的）群体内部能动性的集体主义，表现出对群体内部成员的持久而强烈的忠诚，认同感建立在社会系统之上。

（4）男性特质/女性特质。以男性特质主导的社会认为男性应该在社会中发挥主导作用，这种社会更强调绩效。女性特质的社会则表现出某种不固定的性征，更强调同情心或和谐。

在之后针对中国人价值观衡量的研究中，特别是对儒家思想给中国人带来的影响的认识时，Hofstede（2001）又补充了文化差异中存在的第 5 个维度。

（5）长期导向/短期导向。长期导向的文化更注重对未来品德的培养，强调坚韧、节俭、基于社会地位的有秩序的关系和羞耻心等价值观；短期导向则是指与过去和现在相关的美德培育，尤其强调尊重传统、爱"面子"和履行社会义务，例如，注重相互问候和帮助、互赠礼物、个人稳定等价值观。

设想如下场景：几个来自中国、法国和厄瓜多尔的商业伙伴正在讨论各自国家的招牌菜，很快，对于该不该吃老鼠汤、炖蛇或炸蚂蚁等，彼此会产生很大的分歧。尽管如此，没有人会认为这是什么本质的冲突。如果再进一步设想，那位厄瓜多尔的朋友终于说服了自己的法国同伴，使他相信炸蚂蚁比炖蛇更好，那位法国人决定在法国一处风景优美的著名渔人码头开一家炸蚂蚁特色餐厅。接下来可能出现什么情况呢？也许会遭到隔壁宗教社区的反对，甚至面临法国卫生部门针对食品安全而提出的质疑。

在这个场景里面，文化差异可能会使饮食口味更丰富，有些人也许真的从此喜欢上炸蚂蚁，想要尝试；另外，文化差异也会促使出台更多法律、法规，如针对炸蚂蚁安全性所的法规。这个场景实际上阐释的是"个人体验"与"可接受的法律行为"之间的区别。我们在思考跨文化冲突对商业伦理的影响时，应特别关注三方面的挑战（Sanchez-Runde 等，2013）。

- 接受或拒绝不同的体验和喜好。尽管人们通常都同意个人或某些群体的喜好可以有所不同，但是如果某种偏好直接影响到其他人，管理者就很难不闻不问。例如，某重要肉食供应商的销售代理可能会是一位素食主义者，于是他/她会拒绝与客户共进肉类产品，管理者该怎么办？

- 平衡道德律令和法律要求。许多体制性要求，包括法律、法规，其实施是为了加强社会的规范信念（道德标准）。例如，社会规范或道德标准都禁止偷窃，就会有支持这一信条的法律出台，从而使偷窃成为违法行为。道德律令和制度规则在许多社会中有很高的关联性，在有些文化中，法律要求甚至直接融入宗教信仰。如果经理人面临自身伦理信念与当地法律法规发生冲突而无法调和时，许多文化会将优先权给予伦理而不是法律。

- 容忍或执着于不同的价值。首先，许多经理人认为价值观冲突是跨文化管理中在所难免的，但也许这是因为我们在许多情况下更多强调文化差异。实际上，这种冲突也会发生在文化内部，特别是在那些为自己融合不同观点并高度赞赏其多样性而感到自豪的文化中。其次，许多看似不同文化之间的价值观冲突，其背后的价值渊源是相似的、不矛盾的。正如一些人类学家所指出的那样，接触另一个文化有助于认知和理解我们自己文化中普遍存在但却被认为理所应当甚至被忘掉的价值和实践。

这三方面的挑战集中说明了各种价值观并不能始终得到同样的重视。伴随着全球化的不断深化，文化差异也许不再体现在其所反映的价值差异中，而是如何通过特定实践来衡量并整合各种价值以实现特定目标。随着文化的不断交流和融合，所谓价值冲突可能更多体现在文化内部而非文化之间。

Sanchez-Runde 建议从下面几个方面理解跨文化中的伦理冲突：伦理行为的普适价值究竟指什么？在跨文化伦理冲突中，价值与实践是如何相互作用的？个人和组织的伦理价值观之间以及与相应的管理行为是如何联系的？只有回答了这三个问题，才能解释跨文化冲突为什么会对全球经理人带来如此巨大的挑战，甚至影响到他们忠诚地履行自己的义务。

古希腊哲人亚里士多德认为"德性是一种'中道'，'过度和不及都属于恶，中道才是德性'"，这与中国文化的"中庸"思想不谋而合。程子在《中庸章句》开头说："不偏之谓中，不易之谓庸。中者，天下之正道，庸者，天下之定理。"

文化的差异并不否认伦理的普适性。在是否对错观念上，任何特定文化都可能随时间而通过文化本身发生变化。每个社会在回答人生最基本的问题时，几乎总是坚信自己比前辈更进步。这或许也可以视为人类价值观和基本规则的普适性。但从长远来看，任何一种文化在任何时间所坚持的伦理标准，又似乎并不是绝对普适的，人类对价值的理解随时间和空间始终臻于完善。

伦理的普适性或许可以理解为许多文化共同拥有的信仰。正如人类自身及其文化随着时间和空间而不断演变一样，伦理信条和价值也因理解和应用上的差异而在不同文化中时隐时现，但几乎所有文化都坚持的"尊重他人"、"保护弱者"等普遍接受的伦理价值观构成了伦理普适性的基础。也许，职业经理人在实践价值的过程中，最终会走向文化和价值的融合。

10.3 塑造组织文化与价值观

在商业组织中，如何把一个人的伦理立场与日常经营活动联系在一起？个人价值观和自我意识能力，与公司运用内在道德形成方式而构成的治理模式之间，很可能存在冲突和分歧。通常，企业组织会倾向于创造服从和排斥差异的氛围，这取决于组织中的差异性和自我塑造的生命力。

1. 化解伦理冲突

如果你的公司让你推销的产品是你很不赞同的，例如，你和你的国家许多人一样，都反对吸烟，但是，在国家对于那些减少制造香烟的生产商和致力于烟草出口的制造商都给予鼓励性补助时，你会怎么做？这就会涉及组织与组织、组织与个人之间的伦理冲突。许多人可能会理直气壮地说，公司总应该有自己的文化、愿景和使命吧，或者员工如果不愿意，他可以另谋高就啊，但事情往往没有这么简单。如果公司不能达成一致的价值取向，要落实到个体员工身上，可能只会出现阳奉阴违的局面。

人的天性乐于避免不确定性、追求生活和工作质量，制度化的伦理满足了这一天性。为了正面影响员工行为，许多公司加大了伦理制度化力度，甚至认为应该用立法形式鼓励伦理制度化。所谓伦理制度化，是指一个组织通过显性或隐性方式把伦理贯彻在其决策过程中的程度。隐性伦理是指那些没有直接表述的伦理行为，如伦理领导力、开放性沟通等；显性伦理则是那些被明确、正式表述的伦理行为，如伦理规范、伦理培训等。

通过制定规章制度，可以减少组织内部的伦理不确定性，但在不同文化中，伦理制度化对个体工作质量的影响可能存在明显差异，Marta（2013）在比较美国和泰国伦理制度化和工作生活质量之间关系的差异性时，发现美国个人主义文化成为加强或削弱伦理制度化对工作生活质量影响的一个重要因素，而在集体主义文化较为浓厚的泰国，伦理制度化的成效则会得益于泰国更为强烈的集体能动性。

在集体主义社会，人们更容易接受社会忠告、更乐意服从并形成对社会规则更广泛的遵从，其伦理规制表现出更强隐性化。

但无论是个人主义还是集体主义文化中，对个体利益是否应服从集体利益的判断都是伦理战略选择的重要因素；这一点在不同文化中并无差别，越是相信前者应该从属于后者，采取非伦理行为的可能性就越小。

2. 坚守价值底线

不同企业往往会根据自己的商业实践制定并利用伦理规范，在伦理规范的指导下决定什么行为在道德上是正确的或错误的。

伦理原则是公司在各种情境下做出道德选择时的方向指引（Allison 和 Gediman，2007），强调对一系列伦理原则的坚守，是企业能够取得成功的必要基础。

当伦理价值观和行为发生冲突时，何者为先，如何解决？针对这一问题，Buller 等人（2000）提出了一个基于特定情境采取特定战略的决策树，以帮助管理者和公司员工更好地进行伦理管理。这一框架考虑了跨文化伦理差异的因素并对伦理冲突提出了解决办法（见图 10-1）。

在这一决策框架中，面对可能的伦理冲突，这些策略涵盖了从完全适应所在国家或地区的伦理标准到坚守自身伦理标准，依据道德重要性、权力大小和紧急程度，区分了 6 种

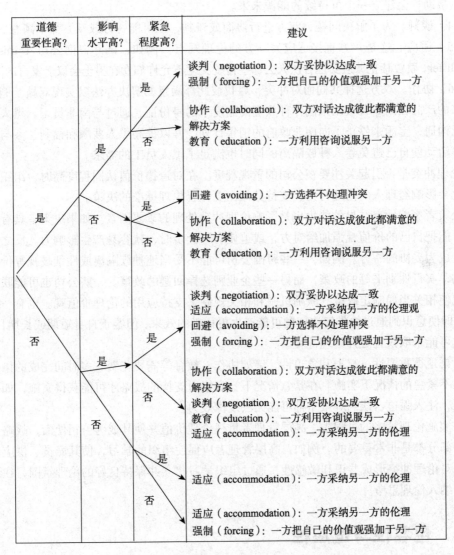

图 10-1　管理交叉文化伦理冲突的决策树
（资料来源：Buller 等，2000。）

不同的策略，形成了一个连续的决策选择。

（1）回避。决策者选择忽略或不处理冲突。例如，IBM 通常执行不在贿赂成风的国家经营的政策。

（2）强制。决策者会把自己的伦理理念强加给另一方，这种情况通常出现在强势的跨国公司中。例如，以著名时尚设计师命名的时装品牌 Calvin Klein（CK），建立全球范围的调查和法律行动网络体系、严惩包括路边摊贩在内的任何非法盗用其商标的非法交易以保护自身品牌免受仿冒。

（3）教育。这种方法旨在了解彼此观点，更倾向于改变对方立场，使其转而支持自己的观点。例如，壳牌国际在全球范围内对其合伙人和客户开展可持续发展理念和实践的教育，以帮助社会建立一个可持续的能源未来。

（4）谈判。为了解决问题，双方进行协商或谈判，但可能一方或双方都不满意。

（5）适应。这是一方直接适应另一方的伦理观点。例如，国际咨询公司 Burns and McCallister，就曾禁止派遣女性合伙人去那些传统文化不允许妇女在男士会议上发言的国家。

（6）协作。双方选择共同面对冲突，寻找彼此都满意的解决办法以实现双赢。例如，宝丽来的产品在南非曾被用来制作种族隔离制度下的身份证，通过与南非员工、黑人社区的广泛沟通，宝丽来停止了向南非政府的销售计划，并以提高黑人薪酬和福利、参与社会公益等活动使自己避免卷入种族隔离的同时也满足了黑人员工的需求。

伦理冲突是否引起关注要视公司的重视程度。在对道德价值认同程度高时，组织的伦理文化会影响经理人的伦理行为，支持其做出更符合伦理标准的决策。

决策者影响冲突结果的能力也是影响伦理冲突处理的重要因素。如果决策者具有高度权力，能把自己的价值观强加给对方，或迫使对方让步时，就容易产生影响力。反之，则可能会成为妥协的一方。例如，一些跨国公司可能不受当地种族隔离或性别歧视等价值观的影响，实行性别平等的政策，而另一些企业则选择回避的政策。一些公司也可能联合起来，促使相关当局制定政策、激励机制和相关规制来支持应用的伦理价值观。也有一些管理者，即使意识到通过协作解决问题可能产生更积极的效果，但鉴于自身短期或长期目标，他们也可能采取权宜之计处理冲突。

考虑道德重要性、权力和急迫性，诸如协作、教育等需要花费较多时间完成的策略，通常在不紧急的情况下实施。在紧急情况下，有权力支持的战略才可能获得实施，如果权力有限，注入强迫、谈判等策略都可能无法发挥效力。

在实施伦理策略的过程中，高层管理者重视伦理价值并使其成为公司使命、战略和文化的一部分都是非常重要的。例如，高层管理者应促使组织的学习，使其雇员、供应商、客户面对伦理冲突形成共识和敏感性，通过组织学习建立并保持良好的伦理氛围，在组织运作中纳入伦理思考。

10.4 包容性与适应性

商业活动中的伦理思考和判断，几乎与商业贸易本身同样古老。早在公元前 560 年，希腊哲学家 Chillon 就曾说过（Ahmed, 1998）：商人与其赚取不道德的利润，毋宁接受损失。

商业伦理的价值已经被广泛认可，但在普适性价值和当地文化之间的不和谐部分中，将普适性价值多元化是否能够解决伦理冲突呢？"任何民族或任何时代的哲学，总是有一部分相对于那个民族或那个时代的经济条件具有价值，但是总有一部分比这种价值更大一些（冯友兰，2013）"，如何实现包容而不是排斥，仍然是当代跨文化伦理管理中的挑战。结合专栏 10-2，我们观察达能和娃哈哈之间的冲突。

专栏 10-2 达能和娃哈哈之争

1996 年，杭州娃哈哈食品集团与法国达能集团、中国香港百富勤公司共同成立了合资企业，生产以"娃哈哈"为商标包括纯净水、八宝粥等在内的产品。达能和百富勤共同在新加坡组建金佳投资集团投资 5 亿元人民币，持有合资公司 51% 的股份，娃哈哈集团持有 49% 的股份。亚洲金融风暴后，百富勤将股权转售至达能，使达能以 51% 控股合资公司。

虽然达能公司为控股股东，但集团的生产和经营权仍集中在宗庆后手中，在与达能合资之初，双方约法三章：品牌不变、董事长位置不变、退休职工待遇不变、不得辞退 45 周岁以上职工。

在对娃哈哈商标的使用达成方面，双方达成了合同，其中一条规定："中方未来在其他产品的生产和销售上可以使用娃哈哈商标，这些产品项目已提交给娃哈哈与其合营企业的董事会进行评估……"，这意味着使用娃哈哈商标生产和销售产品，中方需要经过达能同意或者与其合资。此后十年，双方合资成立了 39 家公司。随着娃哈哈的快速扩张，双方在厂址选择等方面产生了诸多矛盾。与此同时，达能收购了娃哈哈当时最大的竞争对手乐百氏，双方矛盾进一步激化。

1999 年，宗庆后和中方决策班子决定，由职工集资持股建立一批与达能没有合资关系的公司。这些公司大多建立在达能不愿意投资的西部和老少边穷地区。至 2006 年，这些公司总资产达 56 亿元，仅当年利润就达 10.4 亿元。

此时，达能突然以商标使用合同中娃哈哈集团"不应许可除娃哈哈达能合资公司外的任何其他方使用商标"为由，要求强行收购这些公司。2006 年 12 月，达能与娃哈哈就收购其余非合资公司签署了合同。3 个月后，宗庆后反悔并决定另外成立一家销售公司，脱离合资公司渠道销售非合资公司产品。

事件一经披露，引起了舆论广泛关注。2007 年 4 月 3 日，《经济参考报》以《宗庆后后悔了》为题，独家报道称达能欲对娃哈哈进行低价并购。达能随后发表声明否认强购事件。随后，宗庆后、娃哈哈经销商、娃哈哈职工也加入舆论争辩，强调："法国达能公司欲强行以 40 亿元人民币低价并购杭州娃哈哈集团有限公司总资产达 56 亿元、2006 年利润达 10.4 亿元的其他非合资公司 51% 股权。"4 月 10 日，杭州娃哈哈工会委员会以全体职工代表的名义，发表声明称：从 1996 年确立合资关系以来，外资（法国达能）没有给合资企业任何技术、研发等方面的支持，关于员工工资奖金的要求也多次遭达能委派的董事会成员的反对。4 月 11 日，法国达能亚太区总裁范易谋在上海的新闻发布会上表示，法国达能已给双方合资公司的董事发出"最后通牒",如果30天内法国达能提出的问题得不到回应,那么法国达能将以双方合资公司的名义,向合资公司之外的娃哈哈销售公司提出法律诉讼。

2007年5月,达能正式启动对娃哈哈的法律诉讼。此后,双方进行了数十起司法诉讼,但达能几乎无一胜诉。2007年12月—2008年4月,在两国政府协调下,双方中止了法律程序进行和谈。达能要求以200亿元左右的价格将其投资在合资公司的股权转售娃哈哈,被娃哈哈拒绝。

2009年9月下旬,法国达能集团宣布放弃对"娃哈哈"商标的索赔。9月30日双方发表联合声明称:双方达成协议,达能在合资公司拥有的51%的股权,将出售给中方合作伙伴,以此对双方争议所涉及的所有法律程序做出了结。

(资料来源:根据网络公开资料整理。)

回顾达能与娃哈哈之争,我们可以观察到双方立场存在极大不同。在并购谈判中,宗庆后多次对外宣称与达能的合作并不愉快。在宗看来,当初合资的初衷不仅没有达到,而且娃哈哈连市场也要失去了,完全中了达能的"陷阱"。他声称,已经做好最坏打算带领娃哈哈团队出走,另创品牌。宗的立场得到了经销商和部分地方政府的支持。

此外,宗认为达能的并购违反了2006年9月8日实行的《关于外国投资者并购境内企业的规定》中相关的条款,构成对中国饮料企业的垄断。宗还指出双方合同中对娃哈哈单方面的限制是不公平的,合同没有对达能收购竞争产品的企业做出限制,应予以修改。

2007年4月11日下午,达能亚太区总裁范易谋召开新闻发布会做出澄清。达能方面称收购娃哈哈旗下非合资公司的行动并非外界风传的"强购",双方早在2006年12月已开始协商解决"非法"使用娃哈哈品牌的问题。有关外界传闻的40亿元并不是用于"收购"娃哈哈,而是主要用于设备的购买、更新,还有土地的购买、使用等。

范易谋强调,那些"非法"的公司完全"不应该存在"。他说,双方合同不存在陷阱,非竞争性的条款以及我们对于娃哈哈品牌的"独有使用权"是达能与娃哈哈的合作协议中的一部分,娃哈哈通过合同得到了大笔投资。

在有上万网民参与的调查中,93.61%的投票网友认为"达能收购知名品牌是为了垄断",85.8%的网友认为收购主要目的在于垄断,而认为外资企业并购是为了整体发展和行业良性发展的仅占2.11%和3.25%。

对此,Harris Moure PLC的律师史蒂夫·迪金森则认为许多合资企业违反了在中国运作的基本原则。这些原则主要包括:不要使用教条的法律手段来维护或获得对合资企业的控制;不要期望在合资企业中,51%的所有权权益必然会带来有效的控制;合资公司的成立基于不牢靠、不确定的法律基础时,必须立即叫停;外方必须积极监督或参与合资公司的日常管理。

在本案例中,中外双方对达能并购娃哈哈销售公司一事有着截然不同的观点。双方在对各自角色和职责的理解上也有非常大的差异。此外,在冲突解决上,法国方面坚持合同条文的"严格兑现"而诉诸法律程序,而中方企业可能更倾向于舆论、人情和对合同公平性的论辩。

那么，面对类似的争论，我们应该如何思考？

1. 广度平衡反思

20世纪80年代以来，许多哲学家开始更偏向于经验性和描述性研究，对不同文化背景下的道德标准的社会意义进行重新解构，这虽然有助于管理者更好地理解不同社会背景下的伦理决策，但却可能忽视道德标准的一致性。面对这种局面，Doorn 在 Rawls、Daniels 等人研究的基础上提出了广度反思平衡法在不同的道德框架中寻找个体决策的正当性（2009）。广度反思平衡方法有助于我们更好地在充分理解不同文化的伦理标准的同时保持道德的一致性。

这一方法包括三个层面的思考：对特定案例或情境经过思考后得出的道德判断、道德原则、描述和规范的背景理论。以"公平性"标准为例，我们尝试理解广度平衡反思方法。

假设所有人都想实现明确而完全的公平，就需要在不同层面的"公平"上进行连贯性思考，而不是简单的"公平"概念的集合。通过对不同层面"公平"进行思考和反复推敲，进一步修正那些相互不很契合的公平理论和原则，人们开始实现一种"反思平衡"。

这里的"平衡"，是指各种不同思考之间的连贯性和相互支持性；所谓"反思"，是平衡地实现源于对各种思考的反复考察，从而形成彼此相互协调的新的思考和观点；所谓"广度"是指在道德判断、道德原则、描述和规范的背景理论这三个层面的思考之间达成了连贯性。

这样，我们对"公正"理念的思考，就从原来狭义的思考达到了广度反思平衡，在这个过程中，个体充分考虑了其他个体/群体道德信念对自身的影响，从而对一个基于公平、秩序良好的社会有了更全面的认识。

为解决冲突，Rawls 提出了重叠一致性（overlapping consensus）的概念，即尽管存在相互冲突的道德价值观和道德理想，但只要人们共享对社会基本结构的某种道德承诺，就能够共同生活。在一个多元化的社会中，人们有着各种各样复杂的信念，在接受公平公正理念时，总会有重叠的地方，虽然不一定在每一件事情上都能达成共识，但在一些最基本的诸如"公平"、"正义"原则上，则应达成一致见解；这些原则反映了重叠一致性所体现出的公民合作的公平条款，以及社会基本体系实现公平公正的条件。由于这些原则是重叠一致性的一部分，而非经过妥协谈判的结果，因此其结果也就更加稳定（Doorn，2009）。

2. 价值与实践

尽管文化可能有不同界定，但各种文化之间在核心价值上似乎总是有某种一致性，作为理念模式、相关价值观和规范来指导人们的行为，并成为我们在社会上共同遵守的行为规范的依据（Alvarez，2014）。

这里我们需要区别两个相互联系但又不同的概念：基于文化的理性和文化中性的理性。

所谓基于文化的理性，与文化的通常界定一致，即"理性"是基于某一特定群体的。例如，基督教和非基督教文化熏陶下的不同群体，他们在对组织中"适者生存"、"绩效考核"经常会有不同的理解,不同群体之间可能会产生质疑。而文化中性的理性,则适用于绝大多数群体,具有普适性特点。例如,中国文化所遵循的"己所不欲,勿施于人"和西方文化并无二致,这一原则无论在哪个社群,都被认为是普适的。

Herodotus(2007)曾经假设,如果评选世界上的最佳习俗,即使经过深思熟虑,绝大多数情况下,人们会认为自己民族的习俗是最好的。鉴于此,Herodotus建议,避免冲突或将冲突降低到最低程度的唯一办法,就是人们尽量不要干涉其他人的习俗和实践;如果做不到这一点,那最可能做的是聚焦彼此可以达成一致的地方,从事大家都可以接受的、基于共同价值观的活动。

在近期对财富100和全球100的公司伦理规范进行的一次调研中,Sharbatoghlie(2013)发现,不管这些公司的文化背景如何,服从(compliance)、尊重(respect)和公平(fair)都被认为是最重要的三个伦理原则。从本质上看,人类为了谋求更大幸福,往往需要舍弃若干个人利益。即使是在那些更偏向个人主义的国家,也会在公共领域控制那些可以在私人活动中自由行使的权利。自由和道德之间的关系,看起来似乎是一种悖论。自由促使我们接受新的约束,促使我们不断进行道德思考、在各种矛盾冲突的目标中选择首要问题。思考和冲突是痛苦的、麻烦的,但正因如此,我们才能成就大事、能在各种矛盾中舍弃次要而关注更重要的事情。这就是我们为什么需要道德的原因(Midgley,1994)。

在价值的应用中,文化界定了其背景和情境,而核心价值则内嵌于文化的最深处,体现在各种态度、规范和行为模式的表达中。许多核心价值是没有文化界限的,也不一定是从其他文化中习得的,而是植根于人类的德性。对此,Ahmed(1998)用"核心价值"和"行为方式"两个同心圆进行了解释。

在Ahmed的解释中,核心价值居于最内层,是有关是非对错、好坏的基本概念,是恒定不变的。而外面的同心圆则是行为方式,是在核心价值支配下受文化影响和约束的。

全球化影响了各种文化的演进,同时也创造了新的商业机会,从而形成了全新文化形式。Nederveen Pieterse(1995)曾经感慨:"摩洛哥姑娘在阿姆斯特丹进行泰国拳击,伦敦人表演亚洲说唱艺术、吃着爱尔兰面包圈、玉米面豆卷,而印裔美国人则在庆祝狂欢节。"

我们不得不承认文化是动态的,也是瞬息万变的,当某种特定文化形式或实践被强加给某个地区时,可能遭遇各种不同的诠释或抵制,甚至经常会出现完全出乎意料也并非本意的东西。例如,Howse(1996)就做了如下描述:

"任何进口的东西,包括可口可乐,都不会完全摆脱被混合的命运。事实上,人们会发现,可可在特定文化中常常被赋予的含义和用途都与制造商的想象有所不同……通过与其他饮料混合,可可也本土化了…… 最终,在许多不同的地方都被认为是当地产品,你会发现人们都相信这种饮品源于自己的国家而不是美国。"

尽管文化的多样性造成了文化的冲突和很多伦理困境,但文化间的差异性仍然是宇宙完美不可或缺的一部分(das Neves 和 Melé,2013)。在遵循人类共同的基本原则的前提下,对不同思想和伦理立场应持包容和宽容的态度。这将减少误判和歧视,保证我们在行为上的公正性。将问题设定在一定的背景下寻求解决途径,其本质就是在信念与妥协、普适原则和文化特性宽容与对话之间寻找平衡。

要达成这种平衡，就需要我们坚守最基本的态度：同理心和包容心、承认每个人都有其独具的德性，同时还应坚持关爱之心，有智慧能够在具体文化差异中践行普适原则并在普适性和习俗的习得之间保持平衡，在尊重人的尊严和权利的基础上，达成"善"的一致。

本章思考题

1. 你认为MBA教学中开设商业伦理课会对你的商业认知产生影响吗？为什么？
2. 如何理解文化差异？是否可以归结为伦理相对性？为什么？
3. 请结合自己或身边的企业，谈谈你对求同存异的理解。
4. 全球化是否意味着今后的企业会遵循一致的伦理规范？

参考文献

[1] Acevedo A. But, Is it Ethics? Common Misconceptions in Business Ethics Education, Journal of Education for Business, 2013, 88: 63-69.

[2] Ahmed M M. Cultural and Contextual Aspects in Business Ethics: Three Controversies and One Dilemma, Journal of Transnational Management Development, 1998, 4(1): 111-129.

[3] Allison J, Gediman D. This I believe: The personal philosophies of remarkable men and women. New York: Holt, 2007.

[4] Alvarez A A. The Place of Culture-Based Reasons in Public Debates, Human Affairs, 2014, 24: 232-247.

[5] Barnett T, Bass K, Brown G. Religiosity, ethical ideology, and intentions to report a peer's wrongdoing. Journal of Business Ethics, 1996, 15(11), 1161-1175.

[6] Brenkert G G. Innovation, rule breaking and the ethics of entrepreneurship. Journal of Business Venturing, 2009, 24, 448-464.

[7] Brewster-Smith M. Socialization and Competence, in Socialization and Society, J. Clausen, ed. Boston: Little Brown, 1968, pp. 161-171.

[8] Brindley T A. Socio-psychological Values in the Republic of China 1, asian Thought And Society, May-October, 1989, pp. 98-115.

[9] Browaeys M J, Price R. Understanding Cross-Cultural Management, 2nd ed. Prentice Hall, 2011.

[10] Buller P F, Kohls J J, Anderson K S. When Ethics Collide: Managing Conflicts Across Cultures, Organizational Dynamics, 2000, 28(4): 52-66.

[11] Byrne E F. Towards Enforceable Bans on Illicit Businesses: From Moral Relativism to Human Rights. Journal of Business Ethics, 2014, 119: 119-130.

[12] Crook C. The good company. The Economist, 2005, 374(8410), 3-18.

[13] Daft R L. Management (9th ed.). Mason, OH: South-Western, 2010.

[14] Das Neves J C, Melé D. Managing Ethically Cultural Diversity: Learning from Thomas Aquinas, Journal of Business Ehtics, 2013, 116: 769-780.

[15] Donaldson T. Values in tension: ethics away from home. Harvard Business Review, 1996, 74(5), 48-58.

[16] Doorn N. Applying Rawlsian Approaches to Resolve Ethical Issues: Inventory and Setting of a Research Agenda. Journal of Business Ethics, 2009, 91: 127-143.

[17] Edgar D, Earle L, Fopp R. Introduction to Australian Society, Sydney: Prentice-Hall, 1993.

[18] Finkelman J, Lopez P D. Global Consulting in a Culturally Diverse World: Ethical and Legal Implications, Consulting Psychology Journal: Practice and Research, 2012, 64(4): 307-324.

[19] Forsyth D R, Nye J. Personal moral philosophies and moral choice. Journal of Research in Personality, 1990, 24: 398-414.

[20] Forsyth D R, O'Boyle E H, Jr, McDaniel M A. East meets west: A meta-analytic investigation of cultural variations in idealism and relativism. Journal of Business Ethics, 2008, 83: 813-833.

[21] Forsyth D R. A taxonomy of ethical ideologies, Journal of Personality an dSocial Psychology, 1980, 39(1): 175-184.

[22] Garcı́a Morente M. Ensayossobre el Progreso. Madrid: Encuentro, 2011.

[23] Geertz C. Ritual and social change. American Anthropologist, 1957, 59: 32-54.

[24] Hastings S E, Finegan J E. The role of ethical ideology in reactions to justice. Journal of Business Ethics, 2011, 100: 689-703.

[25] Hellriegel D, Jackson S E, Slocum J W. Managing: A competency-based approach (11th ed.). Fresno, CA: South-Western, 2007.

[26] Herodotus. The Histories R. B. Strassler (ed.). New York: Phanteon Books, 2007.

[27] Hill R. EuroManagers. Brussels: Europublications, 1998.

[28] Hofstede G. Culturas y organizaciones. El software mental. Madrid: Alianza Editorial, 1999.

[29] Hofstede G. Culture's Consequences, 2nd ed. Thousand Oaks, CA: Sage, 2001.

[30] Hunt S D, Vitell S. A general theory of marketing ethics. Journal of Macromarketing, 1986, 6(1): 5-16.

[31] Huntington S P. The Clash of Civilizations, Simon @ Schuster, 2011: 19.

[32] Kluckhohn C. The study of culture. In: D. Lerner & H. D. Lasswell (Eds.), The policy sciences. Stanford: Stanford University Press, 1951.

[33] Koehn D. East Meets West: Toward a Universal Ethic of Virtue for Global Business, Journal of Business Ethics, 2013, 116: 703-715.

[34] Kluckholn F, Strodtbeck F L. 1961. Variations in Value Orientations, Connecticut: Greenwood, in Browaeys M J, Price R. 2011. Understanding Cross-Cultural Management, 2nd ed. Prentice Hall.

[35] Kohlberg L. Moral stages and moralization. In T. Lickona (Ed.), Moral development and behavior. New York: Holt, Rinehart and Winston, 1976.

[36] Kohlberg L. Essays in moral development: The philosophy of moral development, Vol. 1. New York: Harper & Row, 1981.

[37] Kreeft P. Making choices: Practical wisdom for everyday moral decisions. Ann Arbor, MI: Servant Books, 1990.

[38] Kreeft P. A refutation of moral relativism. San Francisco, CA: Ignatius, 1999.

[39] Kuntz J, Elenkov D, Nabirukhina A. Characterizing ethical cases: A cross-cultural investigation of individual differences, organizational climate, and leadership on ethical decision making. Journal of Business Ethics, 2013, 113(2): 317-331.

[40] Lewis R. When cultures collide. London: Nicholas Brealey Publishing, 1999.

[41] López J A P, Santos J M S. Does Corruption Have Social Roots? The Role of Culture And social

Capital, Journal of Business Ethics, 2014, 122: 697-708.

[42] Lourenco O. Reflections on narrative approaches to moral development. Human Development, 1996, 39(2): 83-99.

[43] Ma Z. The SINS in Business Negotiations: Explore the Cross-Cultural Differences in Business Ethics Between Canada and China, Journal of Business Ethics, 2010, 91: 123-135.

[44] Marta J K M, Singhapakdi A, Lee D J, Sirgy M J, Koonmee K, Virakul B. Perceptions about ethics institutionalization and quality of work life: Thai versus American marketing managers, Journal of Business Research, 2013.

[45] McCloskey D. The Bourgeois virtues: Ethics for an age of commerce. Chicago: University of Chicago Press, 2007.

[46] Melé D, Sánchez-Runde C. Cultural Diversity and Universal Ethics in a Global World, Journal of business ethics, 2013, 116: 681-687.

[47] Midgley M. The Ethical Primate: Humans, Freedom and Morality[M]. London: Routledge, 1994.

[48] NederveenPieterse. J. 1995. Globalization as hybridization, in Featherstone M, Lash S, Roberstson R. (Eds.), Global Modernities, Sage, London.

[49] Oe' K. Cuadernos de Hiroshima (Encuentro, Madrid. The Japanese was published in 1965 in Tokio as "Hiroshima noto: Iwanami Shoten"), 2011.

[50] Page J S. Peace education: Exploring ethical and philosophical foundations. Charlotte: Information Age Publishing, 2008.

[51] Patel C, Harrison G L, McKinnon J L. Cultural Influences on Judgments of Professional Accountants in Auditor-Client Conflict Resolution, Journal of International Financial Management and Accounting, 2002, 13(1): 1-31.

[52] Perry M T. Are human rights universal? The relativist challenge and related matters. Human Rights Quarterly, 1997, 19(3): 461-509.

[53] Pratley P. The Essence of Business Ethics. London: Prentice Hall, 1995.

[54] Rachels J. The End of Life: Euthanasia and Morality. Oxford University Press, 1986.

[55] Ramasamy B, Yeung M C. Ethical ideologies among senior managers in China, Asian Journal of Business Ethics, 2013, 2: 129-145.

[56] Rawwas M Y A, Singhapakdi A. Do consumers' ethical beliefs vary with age? A substantiation of Kohlberg's typology in marketing. Journal of Marketing Theory and Practice, 1998, 6(2): 26-38.

[57] Robbins S P, Coulter M. Management (10th ed.). Upper Saddle River, NJ: Prentice Hall, 2009.

[58] Sanchez-Runde C J, Nardon L, Steers R M. The Cultural Roots of Ethical Conflicts in Global Business, J Bus Ethics, 2013, 116: 689-701.

[59] Schlenker B R. Integrity and character: Implications of principled expedient ethical ideologies. Journal of Social & Clinical Psychology, 2008, 27: 1078-1125.

[60] Scholtens B, Dam L. Cultural values and international differences in business ethics. Journal of Business Ethics, 2007, 75: 273-284.

[61] Sharbatoghlie A, MOsleh M, Shokatian T. Exploring trends in the codes of ethics of the Fortune 100 and Global 100 corporations, Journal of Management Development, 2013, 32(7): 675-689.

[62] Stouffer S A, Jackson T. Role conflict and personality. American Journal of Sociology, 1951, 56(5): 395-406.

[63] Triandis H C. Culture and Social Behavior. New York: McGraw-Hill Inc, 1994.

[64] Trompenaars F. 1993. Riding the Waves of Culture: Understanding Cultural Diversity in Business, London: Nicholas Brealey Publishing Ltd.in Browaeys M J, Price R. 2011. Understanding Cross-Cultural Management, 2nd ed. Prentice Hall.

[65] Trompenaars F, Woolliams P. 2000. Competency framework for the millennium manager, in Browaeys M J, Price R. 2011. Understanding Cross-Cultural Management, 2nd ed. Prentice Hall.

[66] Velasquez M G. Business ethics (7th ed.). Upper Saddle River, NJ: Prentice Hall, 2009.

[67] Weber J. Exploring the relationship between personal values and moral reasoning. Human Relations, 1993, 46(4): 435-463.

[68] 冯友兰. 中国哲学简史[M]. 北京：北京大学出版社，2013.

附录

考克斯原则

(Caux Round Table Principles for Business)

原则 1　商业责任：超越股东范围之外的股票经纪人

一个企业对社会的价值在于它所创造的财富、就业机会以及按与质量相称的合理价格向消费者提供的产品与服务。为了实现这种价值，一个企业必须要维持良好的经济状况和动作，但仅仅生存下来是不够的。

企业的功能之一在于提高其所有消费者与雇员的生活，股东们通过分享他们所创造的财富而受益。供应商与竞争者同样也希望他们本着诚实与公平的精神信守其义务。作他们经营地区的地方、国家、区域和全球社会的负责人的市民，企业共同参与这些社会未来的建设。

原则 2　商业对经济与社会的影响：面临革新、公正与国际社会

驻扎于他国，在外国发展，生产或销售的企业为那些国家创造了劳动就业机会，并提高了他们市民的购买能力，从而也为那些国家的社会发展做出了贡献。这些企业同样致力于其所在国家的人权、教育、社会福利并赋予生命。

企业应当通过有效而谨慎地利用资源，自由公平竞争，注重技术、生产方式、营销和沟通方式上的革新，不仅在所在国而且在全球范围内促进经济和社会发展。

原则 3　商业行为：超越法律条文之外的信任

在承认交易机密的合法性同时，企业还应当认识到诚挚、真诚、诚实、守信、透明化，有利于其自身的信用和稳定，还有利于商业贸易的顺利进行和效率，特别是在国际间。

原则 4　遵纪守法

为了避免贸易摩擦，改良贸易的自由性、竞争的平等性条件、所有参与者待遇的公平平等性，企业应遵守各种国际国内法律。此外，还需留意，有些行为即便合法也可能带来负面效果。

原则 5 维护多边贸易

企业应当拥护 GATT（关税与贸易总协定）/世贸组织和相似协议中的多边贸易体系。它们应当努力合作，推动贸易自由化的进程与合理性，降低那些阻碍全球化商业、不合理的国内标准，同时对国家政策目标持以应有的尊重。

原则 6 尊重环境

一个企业应当保护并尽可能改善环境，推进可持续发展，避免自然资源浪费。

原则 7 避免非法经营

一个企业不应当参与或纵容受贿、洗黑钱或其他腐败行为；一个企业的确应当寻求同其他企业杜绝这些行为。更不应当从事用于恐怖活动、贩毒或有组织犯罪的武器及其他物资的交易。

原则 8 顾客

我们坚信，无论顾客是否直接购买我们的产品或服务，都应尊重每一位顾客，否则就在销售中熟识他们，因此我们有责任：按照顾客的要求给他们最优良的产品和服务；在我们生意的各个方面要公平地对待顾客，这包括高水准的服务以及对顾客不满意的弥补性措施；尽力确保顾客的健康和安全，而且我们的产品和服务将会维护或提高他们的环境质量；力保在产品的供给、销售和广告中尊重人的尊严；尊重顾客文化的完整性。

原则 9 雇员

我们坚信应当尊重每一位雇员，并严肃对待员工利益。因此我们有责任：提供工作和补贴，提高工人的生活条件；提供的工作环境将尊重每个员工的健康与尊严；诚恳地与员工沟通，并共享信息资源，但要受法律与竞争规则限制；倾听员工的建议、想法、要求与不满，可能的话还应采取对应措施；当产生冲突时应开展富有诚信的谈判；避免歧视行为，并保证均等机会与待遇，而不论性别、年龄、种族、宗教方面因素；在企业自身范围内，加强对不同才能的人雇佣的力度，使他们走上能让他们真正发挥能力的岗位；保护员工在工作地点免受伤害和疾病；鼓励并支持员工发展相关和换职的技能与知识等；对经常涉及商业决策的严重失业问题保持敏感性，努力同政府、员工团体、其他机构及每一个人共同解决这些异常问题。

原则 10 股民与投资者

我们坚信应当不负投资者赋予我们的信任，因此我们有责任：运用专业和勤勉的管理，以保证股民得到公平、竞争性的投资回报；向股民/投资者公布相关的信息，但仅限于合法要求和竞争规则；保卫、保护并增加股民/投资者的资产；尊重股民/投资者的要求、建议、投诉和正规方案。

原则 11　供应商

我们与供应商、转包商的关系应当建立在相互尊敬的基础上，因此我们有责任：在我们所有的活动中寻求公平、诚信，包括在定价、许可、销售权方面；确保在活动中避免强迫和不必要的诉讼；同供应商建立长期稳定的关系，回报将是价格、质量、竞争和信赖；同供应商共享信息，并将他们融入策划过程中；根据时间与商议好的交易条件付予供应商薪金；寻找、鼓励雇佣行为尊重人的尊严的供应商和转包商，并对他们表示敬意。

原则 12　竞争者

我们坚信，公平的经济竞争是增加国家财富的基本条件之一，也是最终可能实现产品服务公平分配的基本条件，因此我们有责任：建立开放的贸易投资市场；鼓励有益于社会与环境，展开竞争者间相互尊敬的竞争行为；避免涉及或寻求有问题的有利价格保证竞争优势；尊重物质产权与知识产权；拒绝以不诚实或不道德的途径获取商业情报，如产业间谍。

原则 13　地区社会

我们坚信，作为全球化的企业市民，我们能为所在地区的社会正努力进行的改革与人权贡献一分力量。因此，对这些地区社会我们有责任：尊重人权及其国内的制度，在任何可行的地方维护他们；意识到政府在宏观上对社会的法律职责，支持公共政策与活动，通过商业与其他各方社会的和谐关系促进当地人的进步与发展；与这些地区投身于提高健康、教育、工作安全、经济福利事业的力量联合起来；推动、促进可持续发展，在保护自然资源、提高生态环境方面发挥领导作用；尊重当地文化的完整性；通过慈善捐助、对教育和文化的贡献以及员工参与地区社会和市政事务成为一个好企业公民。

教师服务

感谢您选用清华大学出版社的教材！为了更好地服务教学，我们为授课教师提供本书的教学辅助资源，以及本学科重点教材信息。请您扫码获取。

》教辅获取

本书教辅资源，授课教师扫码获取

》样书赠送

会计学类重点教材，教师扫码获取样书

清华大学出版社

E-mail: tupfuwu@163.com
电话：010-83470332 / 83470142
地址：北京市海淀区双清路学研大厦 B 座 509

网址：http://www.tup.com.cn/
传真：8610-83470107
邮编：100084